中国现代文化名人评传丛书

艾青评传

程光炜 著

南京大学出版社

总主编 张一兵 执行主编 丁帆

教育部人文社会科学重点研究基地
南京大学中国新文学研究中心 策划

中国现代文化名人评传丛书

顾　　问　（按姓氏笔画排序）

刘再复　袁伟时　葛剑雄　董　健

总 主 编　张一兵

执行主编　丁　帆

编　　委　（按姓氏笔画排序）

丁　帆　王一川　王中忱　王彬彬

叶兆言　田本相　朱晓进　孙　郁

吴义勤　吴为山　张一兵　张　法

陈思和　郑也夫　胡　明　徐兴无

蒋述卓　曾华鹏　温儒敏　赖永海

总　序

《中国现代文化名人评传丛书》是教育部南京大学中国新文学研究中心酝酿多年的一个课题计划，它的主旨就是要为广大读者提供一个认识现代社会以来中国文化在极其复杂的语境下是怎样孵化出一大批文人名流的窗口，从而回到历史的现场，更真切地从历史的脉络和缝隙中识别那个时代的文化真实，体悟那个时代里名人的心路历程。

近三十年来，海内外陆续出版了许多文化名人的传记和评论著作，可谓十分繁多，其中亦不乏可圈可点之佳作。但总起来说，其局限性也是很明显的——要么就是注重文本的传记特征，凸显其文学性，而淡化了史料性和学术性；要么就是从纯学术性入手，只注重对传主遗留文字内涵的学术性发掘与剖析，而忽略了对人物内心世界的揣摩，对其工作与生活事件的叙述以及对文本艺术性和文学性的追求。从技术层面上来看，这似乎只是个体例问题，其实它关乎到的却是文化理念以及方法运用等宏观统摄的大问题。

我们这里特别要强调的是关于怎样在大量的史料基础上完成评与传的问题，尤其是传的部分，如何运用合理的"历史的想象力"，是每一个学者应该持有的基本价值立场。

当"历史是一个被任意打扮的小姑娘"成为许多历史学家回避历史真实性的遮羞布时，当克罗齐的"一切历史都是当代史"成为史学界治史的箴言时，我们不能不看到历史一次次被歪曲的历史悲剧。我们是一个不缺乏历史教育的国度，但是，我们的历史教育往往是建立在充满着过度丰富的“历史的想象力”之中的，实用政治对历史学的干预往往建立在夸张、扭曲、变形和虚构的基础之上，造就了一代又一代人对历史的误读——远离历史的真实成为一种历史的常态，这是一个十分可怕的事情。当然，我们也十分清楚，历史是永远不可能“还原”和“复原”的道理，但是，尽可能接近历史的真实，却是每一个史学工作者最最基本的学术道德底线。然而，这个底线为什么会在不同的历史时期一次又一次被突破呢？实用历史的观念把历史学推向了深渊。曾几何时，对秦始皇的过分褒扬而掩盖其非人性的残酷一面，无非是为彼时的专制制度树碑；对各朝各代法家的歌颂无非是为维护其专制统治而立传；对成吉思汗穷兵黩武的膜拜无非是为人类“兽性”张目，因而，当“惜秦皇汉武，略输文采，唐宗宋祖，稍逊风骚，一代天骄成吉思汗，只识弯弓射大雕”不是一个浪漫主义诗人的文学抒情，却成为史学界的治学指南时，注定会产生历史学教育的悲剧结局。同样，对辛亥革命的由贬到褒的过度性阐释，片面地追求“历史的想象力”，也正是体现了史学界实用主义的治学理念，倘若这种理念不改变，我们的历史学教育仍然会沿着错误的道路滑行。即便是并不遥远的现代史，涂抹历史的记忆也同样是易如反掌的事情。

我们以为，“历史的想象力”应该建立在丰富的史料公开的基础之上，它应该是照亮历史幽暗处的一束光线，使其成为更加光明的原动力；它更应该是填补历史细节不足的润滑剂，成为使其更加丰满起来的驱动力。它不能建立在凭空想象的基础上，没有坚实的史料作为基础，没有基本史实作为实证的依据，就不能抵达历史真实性的彼岸，只有在实证加合乎逻辑的想象前提下，才能更加接近历史真实的原态。

如果从文学的角度来谈“历史的想象力”，可能会有许多古往今来的事例可举，只一部《红楼梦》就足以证明它在文学艺术中的生命力所在。

但是我想举证的恰恰是二十世纪末以来中国文学在消费文化的影响下滥用“历史的想象力”的弊端。

自台港文学中的武侠历史小说流入大陆以后，效仿戏说历史的风潮开始蔓延，作为一种消遣休闲文学，这似乎是无可指责的创作方法。但是，我们不能不看到这样一个悲剧性的事实：许多喝着这样文学奶汁成长起来的年轻人居然将那些虚构出来的人物故事当做历史教科书的内容来阅读，尤其是在这个人文意识日趋淡薄、工具理性日益发达的时代，那些只希望在“快餐”中获得和完成人文教育的人，是无视历史学和消遣文学之间的界限的，这不能不说是我们文学教育和历史教育的悲哀。

如今的历史题材创作已经到了不戏说和不杜撰历史就不能成书的地步了，其中一个最重要的原因就是作家们对于那种需要查阅大量史料，在基本史实的基础上有凭有据地发挥“历史的想象力”的功夫已经失去了耐心，那种“十年磨一剑”、“二十年磨一剑”、“一辈子磨一剑”的严肃创作态度已然被消费文化时代的“快餐”制作法所取代，谁还愿意穷几十年的皓首来“磨铁杵”呢？传统意义上的历史题材的严谨创作已不复存在，为弄清楚一个历史细节花费巨大精力的创作将会成为历史。不知道这是文学的幸还是不幸呢？

从没有“历史的想象力”到过度的“历史的想象力”，我们的历史和文学走过的道路并不曲折，但都不是我们所需要看到的结局。我们需要的是贴近历史原态的价值理念，所以，我们希望这套丛书成为一个运用合理的“历史的想象力”的典范。

本着兼顾学术性与可读性的原则，我们在准备编纂这套丛书时，就明确要求作者将“传”与“评”尽可能完美地结合。所谓“传”，是作者以叙事的方法再现传主的生活历程；所谓“评”，是作者直接站出来阐释、论说传主的人生意义与文化成就。做到在真实可靠的史料考察基础之上，既具备叙事的文学魅力，又不失清晰的学术剖析。我们充分注意到了读者的受众面——既要为少数文化研究者提供可资的史料和学术视野，同时也要兼顾广大文化和文学爱好者拜视文化名人的嗜好，为文化普及做好基础工作。因为我们深知，无论是专业研究，还是业余爱好，一旦失去了其趣味性，是无论如何不可能达到一个"自由王国"境界的。所以，我们倡导在严谨的叙述中，避开那种繁琐考证和过多纠缠于枝节问题的写法，力图着眼于大事件和传主之间的勾连，以及传主行状与时代思潮之间的关联性，以此来勾勒与构筑传主在历史现场的真实存在。

毫无疑问，我们这个时代已经进入了一个文化消费的时代，我们不能要求每一个人都是守成主义者，固守拒绝任何想象的传统"评传"写法，摈弃一切文学的想象和合理的推论。但是，我们绝不提倡那种以出卖传主隐私而获得名利的商业性炒作，反对那种"演义化"写法。因此，本丛书的编撰原则就十分清楚了，广大读者也可从中看出某种端倪。

为了丰富本丛书史料的直观性，我们要求作者尽可能提供一些有关传主的图像资料，内容包括生活照、手稿、书影等等。其目的就是在严肃的学术性观照中增加历史现场感，同时给书籍的装帧增添一些活泼的色彩，融学术性与艺术性为一炉。

丛书将会以成熟一批出版一批的方式呈现在读者面前，其中多属新制原创，少量是旧著修订新版，我们也将在此过程中不断改进和不断完善，将这一套丛书做成一流品位文化书籍。我们相信，有众多高水平作者的支持，有广大高品位读者的呵护，有一个高要求的编委会以及出版单位的努力与支持，这套丛书一定会达到预期的目标。

丛书编委会

2012 年 1 月

目　录

第一章　雾一般的童年（1910.3—1925.8）

一　“克父母的人”

乌江和武义江一路奔腾宣泄、夺关闯隘，在浙江省东部偏西的地方稍作停歇，汇合一处，然后朝不远的富春江轰然而去。这个地方就是金华。金华东临义乌，西界丘陵与盆地，兼有浙东和浙西地势的特点。史载，金华春秋时为越国所辖，楚来越后又属楚。公元前222年，秦再灭楚，于吴、越故地置会稽郡，金华为该郡的乌伤县。东汉初平三年（192年），划乌伤西南置长山县，因县东北的长山（即今金华山）得名，仍归属会稽。这是金华建县之始。但正式使用金华一名，是在南朝梁末，即陈天嘉三年（562年），改东阳郡为金华郡。《康熙金华府志》引《玉台新咏序》说：“金星与婺女争华，故曰金华。”[①]后经隋唐、五代以

① 《浙江分县简·下》第523—525页，浙江人民出版社1984年版。

及元明清数朝，金华县名数次变更，如曾沿用婺州、东阳、宁越等名，或复用金华，但在文化的区域与空间观念上，人们是始终把它作为吴越旧地来认同的。

年代的流逝虽然改变了古代区域的精确性，但模糊的地域观念却早已转化为对文化界分的标记，深深积淀在人们的头脑之中，并且产生着深远而广泛的影响。《汉书·地理志》就曾明确提出过“域分”（即按不同历史区域划分民俗民风）的概念：

> 凡民函五常之性，而其刚柔缓急，音声不同，系水土之风气，……好恶取舍，动静之常，随君上之情欲。

把人的行为秉性和观念归因于两个因素，即水土的构成和王侯的引导，这个观点是颇有意思的。就现实而言，地域性格的形成不外两种因素：自然环境和社会结构。所谓“浙东多山，故刚劲而邻于亢；浙西近泽，故文秀而失之靡。”[①]是说自然环境对人类行为的决定性作用。春秋之际，吴越两国连年征战，尚武之风在民众中已然盛行。“吴越之君尚勇，故其民好用剑。”[②]且“士有陷坚之锐，俗有节慨之风。”[③]但晋永嘉后，吴越这一民风发生了转变。“永嘉以后，衣冠避难，多萃江左，文艺儒术，于今为盛，盖因颜谢徐庾之风焉。”[④]因而变得“其民至于老死不识兵革，四时嬉游，歌鼓之声相闻。”[⑤]从“尚勇”到“崇文”，可以窥见社会风气的转变过

---

① 旧《浙江通志》。

② 《汉书·地理志》。

③ 左思：《吴都赋》。

④ （明）《成化记》。

⑤ （宋）苏轼：《表忠观碑记》。

程,不妨说,它恰好也构成了吴越人刚柔相济的两重文化性格。1983 年,已入晚境的七旬老人艾青谈起自己的性情时,反复强调:“我这个人,既很硬,又很软。我从小脾气就很倔……无论对歧视中国人的洋人,监狱里的看守,重庆国民党的部长,还是我的顶头上司,我都是倔得很。但是,我的心又是很软的。我对土地、家乡、穷苦人,总是充满同情。”①无论是最初的记忆,还是人后来的命运遭际,大抵都离不开历史文化氛围在潜移默化中的制约和浸润。但谁会料到,前者竟会成为艾青以后人生选择的基础呢!

出金华的义乌门向东走约七十里,有一个叫畈田蒋的村子。1910 年3 月 27 日(阴历二月十七)春节刚过,这里人正在春寒料峭中准备新一年的农事时,从一条小巷的蒋忠樽家的门宅里,传出了一声响亮的啼哭,一个男婴来到了人世。② 然而,伴随这婴儿来到人间的,还有一个有趣的说法。

婴儿母亲怀孕时,在梦中曾看见儿子站在一个被汪洋大海包围着的孤岛上,四周波涛汹涌,海鸥惊飞,整个大地都外在摇晃之中。这个不祥的梦,使她和族人颇感不安。为了消灾避难,他们一边天天烧香念佛,寄希望于无所不在的佛祖,同时让孕妇吃了许多人参等补药。

然而,这一切都无济于事。孕妇生产时因为婴儿过大,在产床上无论怎么挣扎喊叫,孩子就是生不下来。有几次孕妇眼看已不行了,在屋子外面的外公、外婆说:“生下来就生,生不下来在天。”最后的话虽没说

---

① 周红兴:《艾青研究与访问记》第 300 页,文化艺术出版社 1991 年版。

② 艾青出生时,父亲蒋忠樽正在金华省立七中读书,未回畈田蒋。他此时是新学堂学生,由于受到流行的维新思想的影响,观念比较开化。为艾青请算命先生的是他的奶奶徐氏和母亲楼仙筹,两人信奉佛教,尤其深信其“一切皆苦”的思想。她们请算命先生,是出于对解脱论的一种世俗化的理解。

出，但意思却很明确：保不住孩子，就保母亲！过了两天两夜，一声啼哭终于从屋子里传出，这时，母亲已经奄奄一息了。婴儿刚出生不久，母亲即由佣人抬回了义乌的娘家。

楼仙筹怀孕四个月时就生病，此后一直小病不断。这次难产，更使她对那个梦痴信不疑。为了平息不祥的预感，她为婴儿起名海清，取澄清海水、镇平灾祸之意。蒋忠樽后来觉得名字不雅，遂改为正涵，字养源，号海澄。迷信卜卦的楼氏还特地请来算命先生。算命先生要了婴儿的生辰八字，捻了一会儿胡须，才说："这孩子是克父母的命。"接着，又神秘地叮嘱："你年方十九，还不足以做婴儿的母亲。以后，让孩子称你'婶婶'，称其父为'叔叔'。至嘱，至嘱。"

因此，艾青自小就对父母以"叔叔、婶婶"相称。大概算命先生和楼氏没有想到，这一古老的习俗影响了孩子的一生，包括他的家庭观念，对人际关系的态度，以及不同于人的独特的行为方式。以至七十年后，他还在一篇文章中写道："据说我是难产的，一个算卦的又说我的命是'克父母的'，只许叫'叔叔、婶婶'。我等于没有父母。这就使我讨厌算卦，反对迷信，成了'无神论者'。从少年时代起，我从美术中寻求安慰。"①他在延安写的《我的父亲》，把父亲描绘成一个"中庸、保守、吝啬"的形象。据说，因为在感情上"没有父母"，解放初回乡省亲，他专程拜谒了奶妈大堰河的坟墓，却没有去看看埋在不远处的父母。② 在艾青其他几处文字中，他对父母的看法与上述所说似乎又有矛盾。如："我母亲难产是

① 艾青：《在汽笛的长鸣声中》，《读书》1979 年第 1 期。

② 周红兴：《艾青研究与访问记》第 153 页。

因为补得太多,而算命先生一开始就挑拨了我和父母的关系。"[①]言下之意,是说怪不得父母,全是算命先生的错。1980 年夏,在与青年诗人谈诗的时候,他解释道:"《我的父亲》就是作为那个时代的一个典型来写的。很强烈地想写这个典型。他的环境,他的社会关系,都是我有意识要写的。"[②]这首诗产生于 1941 年延安的"语境",正由于"想写这个典型",根据典型的创作原则,它是可以做艺术上的想象和加工的,因为,典型允许比真实的生活"更高、更强烈、更集中"。

童养媳出身的奶奶徐氏,却对这个"克父母的孩子"倾注了少有的慈爱。小海澄还没出生,盼长孙心切的徐氏连佣人都没带,一个人扭着小脚兴冲冲赶到附近镇上,扛回来了半条猪。因不小心,把腿摔伤了。按金华习俗,婆家生孩子,要送半条猪到产妇娘家"报喜"。若是男婴,报喜

---

① 据艾青小妹蒋希宁女士 1996 年 6 月 5 日下午,在北京西单背阴胡同二十八号家中谈话,关于艾青与父母的关系,亲属中似有不同意见。艾青的侄子蒋鹏旭曾著文说,爷爷并不像大伯所说是封建家长,其实是很开明的。因与艾青意违,艾拒绝侄子登门,伯侄俩几乎十年未见,这种局面直到艾青去世才告结束。1996 年 5 月 10 日,蒋鹏旭终于在北京八宝山参加了伯父的追悼会。

周红兴《艾青研究与访问记》第 242 页也证实,艾青对蒋鹏旭发表的《艾青的少年》一文确有微词。文章说,"畈田蒋村第一所小学叫乔山小学,也是艾青父亲创办的。"我问艾青此事确否?艾青回答说:"我从来没听说过。"艾青还对蒋文中称他在金华七中因读进步书籍被校方记大过,又挨父亲打的文字不以为然,说:"根本没有此事!我父亲根本不知道我读这本书,怎么会打我呢?"又说,"写诗需要想象,而且越丰富越好。但是写文章则必须尊重事实。"

蒋希宁女士回忆说:"我父亲因为哥哥是家中长子,出于望子成龙的心理,故对他要求也比较严格。虽有打骂的事,但与一般父母没有区别,不存在歧视和虐待的意思,我不明白哥哥为什么要说自己是'不受欢迎的人'。哥哥想去法国留学,还请西湖国立艺术院的老师孙福熙来家游说,父亲起初是不肯的,见他去意已决,最后拿出了一千多块大洋。母亲怕他在外受委屈,又偷偷加上了体己钱四百多块大洋,不爱自己儿子的父母,是做不到这些的。"

② 艾青:《与青年诗人谈诗》,《诗刊》1980 年第 10 期。

的礼品则更厚重，除了猪肉，还有好酒、酥心饼和绸缎等。因蒋家在当地是家道殷实人家，而义乌的亲家也属体面士绅，因此，这个脸面一定得有。

徐氏八岁来蒋家做童养媳，长丈夫四岁，十九岁左右圆房。她性情忠厚柔顺，对蒋家上上下下恭敬服帖，一心一意地相夫教子，但也受不了气，尤其爷爷三十岁上娶回为人刁泼的小老婆宝珠之后，徐氏更成了两人动辄斥骂的出气筒。自楼氏被娘家接回后，她便把全付母爱倾注到小海澄的身上，不仅一人承担起全家人饮食起居的家务，调度分派几十个粗细佣工，而且精心地照顾着长孙。第一个请来喂养海澄的奶妈不是大堰河，而是本村的媳妇珠云姐。因蒋家有钱，老太太又心地善良，请人条件较优厚，体格强壮的珠云倒很卖力。可惜似乎总也吃不饱的小海澄，一吸住奶头就不松口，半年下来，珠云姐的奶头都被吮吸烂了，这样，才不得不换了大堰河。因时间太短，没见过艾青有任何回忆这位奶妈的文字。倒是小艾青十岁的小妹蒋希宁听人隐约说起过，她还听家中长辈多次谈到特别爱护海澄大哥的心眼极善的奶奶。奇怪的是，艾青本人也未回忆过奶奶。奶奶死时，艾青大约已六七岁了。

二　身世内外

艾青稍解人事后，就注意到，每天除了几十个男女佣人出出进进之外，在重要的节日如春节、端午、中秋或红白喜事的日子，总有一拨又一拨自称是堂伯父、堂叔、舅舅、姨妈之类的人前来叩访。有的着长袍马褂，戴一顶瓜皮帽，手里还提着一包点心之类；女眷则身穿粉红或浅绿的旗袍，一边手牵与自己年龄大约差不了多少的孩子，一边操着金华柔细的嗓音咊咊笑着走进堂屋。

蒋家青砖墙围起来的高大院宅,建在畈田蒋一条东西走向的小街上。推开约两米高的大门,先见着一间待客或家人围聚的堂屋,穿过堂屋,是一个三四米见方的天井。在江浙一带,天井有多种用途,除为全家老小浣洗之外,兼有为四周房屋采光之用,大户人家,还在天井靠近正屋的地方设有供奉祖宗的牌位,每逢喜客盈门,则可以摆下数桌宴席。天井对面为蒋家正屋,左边是西厢房,右边是东厢房,均为上下两层木制楼房,正屋、西厢房为蒋家老小居住,东厢房分别为书房和客房。屋梁、檐头、窗户雕刻着形态生动、寓意吉祥的图案,据说,有的还出自擅长书法绘画的蒋忠樽之手。东阳工匠们筑造这幢房屋时,蒋甚至成了被众师傅信服的设计者。宅第大门上方的金匾上“天伦叙乐”四个大字,就是蒋忠樽的手笔。

在艾青幼年恍恍惚惚的记忆里,这是一个关系错综复杂的大家族。据老人们说,蒋家世代在畈田蒋居住,有史可查的有四代人,历经咸丰、同治、光绪、宣统、民国等数朝,迄今这个家族已有一百五十余年的历史。艾青的曾祖父叫蒋田相,他从祖上继承了二三百亩良田,和一处已具规模的宅院。蒋田相与原配洪氏生有四个儿子,洪氏故世时,儿子们已成家立业,并多半做了父亲。内有高宅,外有良田,一份不能算小的家业亦已由儿子们支撑起来。蒋田相完全可以撒手过几天消闲的日子,可他老先生偏偏六十岁上娶了年近四十的刘氏,在家里掀起了一场风波。刘氏(艾青的亲曾祖母),原籍江苏扬州,太平天国时与丈夫儿子逃难到畈田蒋,丈夫儿子最终仍死在乱刀之中。兵祸过后,刘氏一人沦落在此,因语音不通,只好挨家帮佣度日,境况很是凄凉。蒋田相娶她,可能是缘于一时怜悯。不想这一善举却招来四房儿子、媳妇的坚决反对。理由无非是,六十老翁娶一个贱妇,实在有损蒋家体面。性格倔犟的蒋田相却不理这个茬,照样把刘氏接进府里。儿媳们不敢把父亲怎样,私下里则把怨恨撒在名不正言不顺的继母身上，因非明媒正娶，刘氏只好隐忍着。在蒋家老少的眼里，这位妇人权且是一老妈子，家里挑水、做饭、喂猪和打猪菜等一应粗活完全由她一人承担，谁都可以支使她，给她脸色看。日子渐长，刘氏的肚子开始慢慢隆起，这意味着家族中将会增添一个小小的家产继承人。对蒋田相公死后家产一直各有打算的四房媳妇，对刘氏身体的变化自然非常敏感。好在时值冬季，刘氏推说是衣服穿得太多的缘故，这才遮掩了过去。

冬去春来，全家上下都在为新的一年兴奋地忙碌着，对东厢房楼上的动静，谁也不曾留意。直到有一天早晨，东厢房上面传来一阵又一阵婴儿尖锐的啼哭声，全家人才猛然意识到，一个新成员来到了这个家庭。一时气急败坏的四个媳妇立即咚咚咚地冲上楼，声言要摔死贱妇的小孽种。但她们马上被限眼前的一幕情景惊呆了：地板上铺着一堆凌乱的稻草，草堆里躺着蜷缩在一起的母子俩。时值春寒，刘氏却只穿着一件单衣，所剩衣服都当做了婴儿的襁褓。只见这男婴天庭宽阔，鼻梁笔直，虽然脸还是皱着的，没有完全展开，但仍可以辨出十分清秀的面目来。可能是对这个可爱的小生命动了恻隐之心吧，几个媳妇没吱声就下了楼，等于承认了他在这个家族的存在。这个生不逢时的婴儿，就是艾青的祖父蒋文蓬。

这场变故，对蒋田相公刺激不小。一日，他把四个儿子叫到堂屋。阴沉着脸说："我老得不中用了，当不了家。这个家，还是分了的好。"家被分作五份，好房子都给了儿子，蒋田相只留给自己和刘氏两间破房。为了养晚年所得的儿子，心气很高的蒋田相像年轻时一样，再次走出家门，要闯出一份像样的家业来。这种血气，对后来的艾青多少是有影响的，它或许就像遗传基因，流进了蒋家一代代人的血脉里，导演着子孙们生活的悲喜剧。艾青说："我这个人有时候很硬。"这显然不是游戏之言。

蒋文蓬幼年入私塾,受到严格的四书五经的传统教育。他人聪颖机敏,而且能说会道,加上长得高大漂亮,又写得一手好字,在当地很有些名气。按照蒋家传统家风,凡男丁尤其是长子一旦受过教育,就应充任家庭的主要角色,所以,蒋文蓬刚十六岁,即随已年迈的父亲做起了生意。开始,蒋田相主要做豆腐生意,稍有些本钱,就开始把米贩到杭州、上海去卖,几年下来,生意居然像滚雪球一样越做越大。文蓬从父亲手中接下一笔不小的财产,因其不俗的才干,到他传给儿子,又添置三百余亩地,一处新房产,以及设在孝顺镇上规模可观的几家店铺。① 可惜他寿短,刚及三十六岁即过早谢世。问题就出在后娶的小老婆宝珠身上。宝珠来时带着一个女儿,为人刁钻,一进蒋家就明里暗里与大夫人徐氏作梗。徐氏性情柔和,自然不是宝珠的对手。蒋文蓬起初虽看不过去,但宝珠一再蛮搅,也拿她没有办法。他开始只是一个人生闷气,后来就跟着宝珠抽起了大烟,没过多久,人瘦得只剩下一副骨架,犹如一个活骷髅。蒋文蓬的死,或许还与宝珠同徐氏的一场激烈冲突有关。一天,宝珠找徐氏,想让养女做蒋家的儿媳妇,男方即艾青的父亲蒋忠樽。徐氏当然明白她的用心,嫁女只是名目,目的还是为了蒋家财产,遂一口回绝。怀恨在心的宝珠因此不断寻衅闹事,两人经常大吵。见家里乱成这个样子,蒋文蓬心情极坏,干脆足不出户,整天在床上抽大烟,把卧房弄得乌烟瘴气。与其父蒋田相寿终正寝的死不同的是,蒋文蓬是一口痰没咳出来,活活给憋死的。

---

① 据蒋希宁女士 1996 年 6 月 12 日谈话,孝顺镇距畈田蒋约十五华里。蒋文蓬最初在该镇开办一爿叫蒋贤兴的小杂货店,后规模逐渐扩大,增至六个门面,二百余间房,除杂货店,又新开糕点店、酱油作坊等,生意颇兴隆。其中蒋家糕点尤受青睐,销至金华和杭州等地。解放后,蒋家店铺先被公私合营,继而转为国营,成为国家的财产。

应该说，家传到艾青的父亲蒋忠樽手里是风平浪静的，然国势却有如海上一艘颠簸不止的破船，再也经不起任何折腾了。甲午年，洋务派经营的北洋水师在中日海战中一败涂地，清王朝从此江河日下。这一事件，大大加剧了中国社会殖民化的历史进程。就是说，四年之后出生的蒋忠樽所遭遇的是完全不同于前几代人的历史命运，因此，势必也决定了他会被迫做出另一种文化选择。蒋忠樽，字景，号衡石，受的是半旧半新的教育，九岁入私塾，凡九年；十八岁考入新学堂金华省立第七中学，接受了六年现代教育，差点还留校做了民国的新式教员。倘不是多病的妻子拖住后腿，他或许会走另一条人生道路。① 不妨说，这奇怪的教育方式也培植出蒋忠樽半旧半新的行为举止及人格。

艾青回忆说："当时中国学生已受'进化论'的影响，那我父亲为什么还讲迷信？真迷信还是假迷信？我看是假迷信。他生活在农村，交往的却是县里的县长，镇上的警佐。警佐是吴晗的父亲。吴晗的母亲是我们村里人。小时我俩常一块玩。在那个地方，警佐很有地位和势力。另外，父亲还结交了军官、大学生，在'万国储蓄会'里有存款，订了《东方杂志》、《申报》，就是这么一个典型，那样的时代产生了这么个人物。不过，他讲迷信有时又是真的。有一次，他头上被麻雀拉了泡屎，就递给我一个木碗，叫我去讨七家的茶叶，给他'洗晦气'，我不去，他一气之下把碗扣在我头上，血流了出来。我就生活在这样一个家庭中，很不愉快的。父亲常打我。有一次我被打后，气得写了张纸条：'父贼打我！'放在抽屉里，他看见了，从此就不再打我。"末了，艾青又开玩笑说："可见，有反抗

---

① 蒋忠樽在畈田蒋附近的兰溪读完私塾后，考入金华省立七中，在长达十五年(私塾九年，中学六年)的求学生涯中，他始终是一个勤奋刻苦、学业优秀的学生(据蒋希宁1996年6月5日下午谈话)。

他也害怕。”①

蒋希宁是从另一视角认识父亲的：“哥哥是长子，爸爸对他期望甚高。要求自然比其他子女严，打得比较多。世上父母哪有不打自己孩子的？这看怎样去理解了。我记得哥哥幼年时很老实，父亲先送他到村中蒙馆(对幼儿实行启蒙教育的初级学校)和村办乔山初小念了约四年光景。后来，又让哥哥读质量较高的傅村镇的育德小学，亲自把艾青交给自己的启蒙老师付冰如、子冰两位老先生。‘文革’中红卫兵斗著名历史学家吴晗时，揪住不放的就有吴的两句话：‘两块冰’(指两位先生)教出来的学生，没有考不上学校的。’可见两人在当地的声望之高。在育德小学，哥哥各科成绩都好，作文还经常被张贴出去。父亲是中国第一批新学堂的中学生，因迷信梁启超的维新思想剪了辫子，回乡之后，订过很长一段时间的《申报》，常在东厢房楼上书房阅读新书，思想并不保守。另外，他还擅长书法、绘画，村里常有人请他写字，艾青从小喜欢画画，不能说没有父亲的影响。”②

比起父亲，艾青母亲对他的影响可能不甚显著。楼仙筹生于1890年，是金华邻县义乌王阡村一个大户的小姐，曾与蒋忠樽生育过八个子女，三个早夭，只剩下五人，即蒋海澄、蒋希华、蒋希宁、蒋海济和蒋海涛。除海涛就读南京中正大学外，海澄、希华、海济均出身于杭州国立艺术院(今浙江美术学院)。蒋海涛在晚年说：“母亲可说是真迷信，因为她多病，想求神保佑她的身体，信过佛教，也信过耶稣教。由于多病，又有感伤情绪，她虽不识字，可还听她吟咏过‘去年今日此门中，人面桃花相映红。人面不知何处去，桃花依旧笑春风’。”艾青特有的幽默里似乎留下

---

① 艾青：《与青年诗人谈诗》，《诗刊》1980年第10期。

② 蒋希宁1996年6月5日下午谈话。

了母亲的“影子”。楼仙筹言语风趣，并不逊于同样能言善辩的丈夫。看见头发稀少的秃头，她就说：“看，多像是捆着几根稻草的西瓜。”因丈夫眼珠突出且大，常开玩笑道：“恐怕苋菜籽落进他眼睛里，他都察觉不到的。”经常是一言刚出，众人已笑得不能自抑。对长子，楼仙筹尽可能地表现了关切。1928年寒假，当她得知艾青想赴法国留学而丈夫正为川资所愁时，毅然悄悄拿出四百多块大洋交给了他。艾青留法以后，经济非常拮据，楼仙筹利用小弟楼德权赴法留学的机会，请他带钱给艾青，但没想到，这位后来回国做了国民党参议员、南京外国语学校校长的弟弟却把钱私自花掉，根本没给外甥。

鲁迅在谈及自己的身世时，笔端不失沉痛之感：“有谁从小康人家而坠入困顿的么，我以为在这途路中，大概可以看见世人的真面目；我要到N进K学堂去了，仿佛是想走异路，逃异地，去寻求别样的人们。我的母亲没有法，办了八元的川资，说是由我的自便；然而伊哭了，这正是情理中的事，因为那时读书应试是正路，所谓学洋务，社会上便以为是一种走投无路的人，只得将灵魂卖给鬼子，要加倍的奚落而且排斥的，而况伊又看不见自己的儿子了。”①

一样是“逃异地，去寻求别样的人们”，也一样是“办川资”的母亲为游子送行，在艾青却是另一番感受。他说：“对父母，我一直是很淡泊的。”这是因为，“我妹妹是吃母亲自己的奶长大的，我是吃保姆的奶长大的，我和母亲亲热不起来。我到姥姥家，总是离母亲远远的，她生气地拽住我说：‘我又不是老虎，你怕什么？’”②

数十年后，艾青所以一而再、再而三地说到自己的“家”，表明并非是

---

① 鲁迅：《呐喊·自序》。

② 周红兴：《艾青研究与访问记》，文化艺术出版社1991年版，第170页。

“很淡泊的”,恰好证明,他是非常在乎这个家的。艾青的性格乃至创作中,实在贯穿着一个偌大而刻骨铭心的“家”的情结。他愈是声称自己的遗忘,读者便愈会强烈地感觉到,家就像是一个摆不脱的幽灵,纠缠着他,撕扯着他,把他的心直弄得鲜血淋漓。1944 年 4 月 26 日,他在诗集《献给乡村的诗·序》里,曾懊恼地谈到自己的出身:“我的这个集子,写的是旧的农村,用的是旧的感情。我们出身的阶级,给我很大的负累,使我至今还不可能用一个纯粹的农民的眼光看中国的农村。”①1980 年夏,他对一些青年人说:“我稍稍长大,就想赶快离开家庭。西湖艺术院的院长鼓励我到国外学习,我也想离家庭越远越好。就这样,我骗我父亲,说外国留学回来可挣大钱,他给了我去法国的路费,我就跑出去了。”②仅过了两年,他在家乡又指着自家旧房对众人说:“这都是畈田蒋过去地主家的房子。……不过,我这个地主,四十九年前,在写‘大堰河’时就‘交代了’!”然而,1941 年夏秋之间,当家人写信告知父亲去世的消息时,艾青从延安寄回一首诗,上云:“我没在你坟上撒三把土”之类。撒三把土是金华祭奠亲人的一种风俗,艾青在诗里转引此意,含义是很明显的。可惜,这首诗在逃难中不幸散失了。

令人诧异的倒不在艾青对于“家”的“叙述”,而在这一叙述中表露的人生的深刻困惑。在某种意义上,人们只有感应到这一困惑,才有可能走进艾青的世界。

三　大堰河的儿子

“我曾听说,我的保姆为了穷得不能生活的缘故,把自己刚生下的一

---

① 艾青:《献给乡村的诗·序》。

② 《艾青全集》第 3 卷第 459 页,花山文艺出版社 1994 年版。

个女孩，投到尿桶里溺死，再拿乳液来喂养一个‘地主的儿子’——我。”艾青说，“自从听了这件事之后，我的内心里常常引起一种深沉的愧疚：我觉得我的生命，是从另外的一个生命那里抢夺来的。这种愧疚，促使我长久地成了一个人道主义者。”[①]自 1934 年 5 月《春光》杂志(第 1 卷第 3 期)刊出《大堰河，我的保姆》以来，艾青还是第一次在文章中提到自己的保姆。就在这之前，(1941 年 6 月 21 日)艾青父亲蒋忠樽在金华福音医院病逝。两个月后，他心情复杂地写出著名的诗作《我的父亲》。虽然，通常人们都把这首诗理解成诗人与他父亲所属阶级的“诀别”，但诗行间分明还透露着另一些值得注意的信息：“近来我常常梦见我的父亲——/他的脸显得从未有过的‘仁慈’，/流露着对我的‘宽恕’，/他的话语也那么温和，好像他一切的苦心和用意，/都为了要袒护他的儿子。”诗节的前半截充满怀念的情愫，后半截多少又有些讽刺。显然，尽管父亲“宽恕”了儿子，儿子却终未能原谅父亲。在回顾了父亲的一生及其与自己的恩恩怨怨后，艾青的笔墨在平淡中深藏着沉重，他写道：“如今我的父亲，/已安静地躺在泥土里。/在他出殡的时候，/我没有为他举过魂幡，/也没有为他穿过粗麻布的衣裳。”问题是，既然父亲之死令艾青如此悲痛，却为何又不能真正原谅他？既然他已意识到：“那时实际上已开始‘整风’，需要写工农兵的、大众化的作品，写那个东西，当时在延安似乎不大合适。”[②]缘何甘冒风险地写了地主的父亲呢？对艾青，这是怎样一个情肠百结、欲理还乱的生存的苦痛！正因为生存的尴尬，和从这尴尬中逼迫出的对父亲的幽怨，艾青借给延安某刊物“六一”儿童节专栏著文的机会，也借着谈大堰河，对内心纠结多年的情结做了淋漓尽致的发泄。

---

① 艾青：《赎罪的话》，1942 年 4 月 4 日《解放日报》。

② 艾青：《与青年诗人谈诗》，《诗刊》1980 年第 10 期。

他写道:“我记得:在故乡的污浊的泥塘里,我曾看见一个腐烂了的婴尸,不知是哪个母亲偶然犯罪的结果,把它遗弃了的。乌鸦和青蛙站在模糊了的小小的身体上。在城市的郊外,常常有用砖石砌成的‘千人池’,里面堆积着无数的死婴的腐肉和骸骨。他们里面大多数是私生子……一天,我从市集回家,在村边遇见了一个老人,用锄头背了一只平常捡狗屎用的篾箩,那里面,在稻草的掩盖下,露出了一个死的孩子——他的头被菜刀砍了一下,却还没有完全断气,无力地垂挂在篾箩的边沿上,从那微微连续着的颈口,鲜红的血,一滴滴地落在冬天的冻结的道路上。这孩子,因长期地生病,吃了很多药,他的父亲以为是‘讨债鬼’,把自己用酒灌醉,把他用菜刀砍死了。现在,他的祖父背了他去埋葬。”艾青愤激地说:“人类是罪孽深重的:每天在互相杀戮着,死亡的数目,百倍超过诞生的数目,好像非到完全消灭不得甘心似的。”本意是为抗战中死难的儿童所写,笔不由得回到了畈田蒋;表面上是在写“别人”,却处处情不自禁和不由自主地落墨在自己沉痛的潜意识里。人们不禁要对艾青与大堰河使人着迷的“关系”,表现出难耐的好奇了。

大堰河年纪比蒋忠丕稍长,她是畈田蒋附近大叶荷村的人,自幼卖到畈田蒋,做蒋忠丕的童养媳。当时金华一带有重男轻女的观念,妇女地位很低,许多穷苦人家没有文化,生养的女儿一直到老都无姓名者比比皆是。如果嫁人,就随丈夫的姓叫某某氏。可能是大堰河卖到畈圈蒋时年龄太小,她本人不知道自己姓什么。由于重男轻女,本村的人也无心追究,干脆叫她“大叶荷”了事。而艾青笔下的大堰河,正好是金华口音大叶荷的谐音。与蒋忠丕圆房后,虽然她起早贪黑地为家庭操持,不曾停歇过,家运未见好转,丈夫却在她生下第二个儿子不久撒手人寰。丈夫死后,大堰河的生活更加困窘,后经人介绍,从邻村姜村招赘,并与第二个丈夫姜正兴生了二子一女。姜正兴经常酗酒,因家里太穷,心情比较郁闷，常借故毒打大堰河。村里老人说“大叶荷命苦”，也有人在私下里议论，说她生辰八字不好。后一种意见自然是无稽之谈，不足为道。大堰河的家在村子的北边，离艾青家不远。有一个一丈见方的小院，房屋比较破旧，台阶四周生满苔藓。再往里走，房子的墙壁被柴烟熏得很黑，除了一张很宽的木床，一个开裂的饭桌和几把矮小的凳子外，家中几乎没有什么摆设。倒是有几个姜正兴喝光的酒瓶子，散乱地丢在一边。无论从家里人口、男主人穷愁潦倒的状态，还是从可以想象到的经济来源看，在畈田蒋，大堰河家的生活可能都接近于赤贫。这也是后来她的几个儿子均不成器，或赌博、或当土匪的一个原因。

大堰河是怎样做了蒋家长孙的保姆的？在畈田蒋生活了二十余年才离开的蒋希宁老人回忆说：“我哥哥的第一个保姆是珠云姐，她在我们家约有半年时间，后来是因为奶头烂了，不能再喂养了才离开的。奶奶四处物色人，最后选择了大堰河。这里大概有两个原因：一是她家离我们家近，比较方便；一是她人老实。倒不是因为她刚断奶，畈田蒋断奶的媳妇不是她一个，而且她已生了五个孩子，奶水并不比别人的好。当时，奶奶想让大堰河住到我家来，她因为要照顾四个孩子，还要养鸡，走不开，这样就改作每天早上来，晚上带艾青回去睡。大堰河天天也让四个儿子过来一起吃饭，为了她奶水好，把孙儿养好，心善的奶奶并没有反对。那五年，都是这样过来的。”①在蒋家，大堰河不只是带艾青，有时，还帮主人家做些零活，比如，做饭和缝缝洗洗等。因为她人勤快，且老实敦厚，于是很得老太太的信任，蒋忠樽和楼仙筹对她也算客气。老太太回娘家时，甚至把自己陪嫁的二十多个箱子的钥匙交给她，若逢上很好的晴天，就嘱她把压箱的衣物拿出来翻晒，大堰河均一一照办，很令老太

---

① 据蒋希宁 1996 年 6 月 12 日上午谈话。

太满意。这位善良的妇人把母爱也给了自己的乳儿。据艾青说,虽是多年前旧事,他还依稀记得,尽管大堰河家几乎徒空四壁,但仍搜其所有,在年节里给他切“冬米的糖”。常常放下手中的活计,把艾青抱在怀里,“用泥黑的温柔的脸”贴着他的脸,亲他的嘴唇。晚上入睡前,艾青透过屋顶的明瓦看天上的星星,大堰河给他讲流传民间的故事。她还把艾青送给她的关公画当作年画贴在灶边的墙上,逢人便夸乳儿的聪慧手巧。年纪稍长,艾青就和大堰河的四个儿子玩到了一起,像兄弟们一样土里滚、泥里爬。这种朝夕相处的生活,以及近乎肌肤相亲的母爱,无疑在艾青幼小的心灵里深深培植了“家庭”的气氛,对他心理发展所产生的深远影响,几乎是难以估计的。在仔细研究了弗洛伊德心理学与文学的关系后,美国学者卡尔文·斯·霍尔发现:

> 在人格结构中,人格是不断变化和发展的,这在婴儿期、儿童期和青春期尤为突出。人格发展多取自两个因素:一是挫折。任何使痛苦或不快得不到排除的因素都可叫做挫折。换句话说,挫折是阻碍“唯乐原则”得以实现的因素。某人遭受挫折,或是因为他追求的目标在现实环境中并不存在(这种挫折叫缺乏);或是因为这一目标存在着但他却不能获得或被他人剥夺(这种挫折叫剥夺)。缺乏和剥夺被叫做外部挫折,因为它们都来自外部环境。二是寻求替代。在婴儿的感觉中,母亲是完美无缺的女人。可是他发现他不能独占母亲的爱情,而且母亲也并非完美无缺,于是他开始寻求母亲的替代。这个替代应该是既完美又可得,可是他发现这个替代不是存在缺点就是难以获得。在寻求母亲替代的过程中,“移位”相继发生,形成一个对象宣泄网。宣泄受到阻碍时,就像河水受到堵截而溢向许

> 多通道一样，分散到许多新的活动中去。就这样，他的完全占有“理想的母亲”的欲望一再受到挫折，能量移位便一再发生，他的兴趣、癖好、习惯、性格、价值观、态度、情操、依恋等便因此而受到影响。①

被算命先生断定是“克父母的人”，并因此而叫爸爸、妈妈为“叔叔、婶婶”，是幼儿阶段的艾青在家庭遭受的一个致命的挫折。他有权追求“理想母亲”这一目标，但这个目标在现在现实中并不存在，不是他本人愿意这么突然就进入“寻求母亲替代”的心理移位过程的，而是蒋家强制性地为他安排了另一个“母亲”大堰河。幸好，她虽然存在缺点（并非真正的母亲），毕竟心地善良，尽心尽职地给了艾青母爱的补偿。然而，在人格发展的本质意义上，“替代”只起暂时的作用，却不解决根本的问题。这就是说，对一个生命个体的形成和发展，它只具有建设性而非决定性的“意义”。艾青说：“我妹妹是吃母亲自己的奶长大的，我是吃保姆的奶长大的。”②显然，在人格的潜意识深处，“母亲”和“保姆”两个概念的本质区别是被艾青划分得极其清楚的。大堰河在他记忆里顶多是一个善良的保姆，绝对不能算母亲；她可以被写进诗里、被歌颂，但最终只能是相对手“自己”、“自家”以外的“别人”。所以，在艾青诸多正式的文章和作品中，专门涉及大堰河的只有诗作《大堰河，我的保姆》同文章《赎罪的话》，涉及父母之处则举不胜举。否则，像《在汽笛的长鸣声中》和《母鸡为什么下鸭蛋》两篇重要的谈身世与创作的文章，只谈到父母，则完全未提大堰河，就不好理解了。

---

① （美）卡尔文·斯·霍尔：《弗洛依德心理学与西方文学》第 70—79 页，湖南文艺出版社 1986 年版。

② 周红兴：《艾青研究与访问记》第 170 页。

“我和家庭关系不好，还表现在从小不许我叫‘爸爸’、妈妈’，只许叫‘叔叔’、‘婶婶’，这使我直到现在‘爸爸’、‘妈妈’的音都发不好。这些都刺激着我产生反封建的意识和叛逆家庭的情绪。”《与青年诗人谈诗》一文中的话，表明艾青对自己童年时代在家庭关系上的挫折感是始终耿耿于怀的，他一再批评自己的父母，恰恰说明他在以另一种方式强烈地寻找着情感的补偿。而大堰河，正好成为他与父母关系中的一个关键性的参照。

四　最初的习画者

金华素有“小邹鲁”之称，文章书画，代有名家。据说，唐张志和善画山水，书迹狂逸。颜真卿以渔歌五首赠之，张即为卷轴，随句作画，掩人物、舟船和飞禽于烟波风月之中，曲尽其妙。真卿叹服不已。朱景玄在《唐代名画录》中定逸品三人，张志和被列其中。宋僧人若芬玉涧喜画海潮和雪后湖山，但画竹最佳，为中国画史三画僧之一。明徐原夫，善画梅，笔法清劲，有出尘之意。清乾嘉年间崛起以杜鳌及众弟子姜岱、王备、土蕙、诸葛豫等形成的指墨画派名噪一时。近现代大画家潘天寿曾给予高度评价，认为“金华乾隆年间指墨画很值得研究”。近代黄宾虹为金华画史上的又一高峰。宾虹幼承家学，中年画风苍浑清润，晚年尤精墨法，有“北齐(白石)南黄(宾虹)”之弥。受此熏陶，金华民间泥塑、漆画风气颇盛，习画为生者甚众，承接金华书画的绵长脉息。蒋忠樽引书法、绘画为一生嗜好，艾青兄妹五人，习画者居然占了三人，由此略见一斑。

蒋忠樽虽是一个地主，但身上文人气味甚浓。每天，除经营店铺生意、处理收支账单、安排佃农生产外，凡有闲暇，就一人到东厢房的书房里，或读《聊斋志异》、翻翻世界地图，或沉浸在研习书画之中，自得其乐。

好像不是惯于稼穑传统的财主，俨然是一个舞文弄墨、性情飘逸的旧式文人骚客。书房墙壁上有一条幅，上云："百年燕翼唯修德，万里鹏程在读书。"是很能印证书房主人当时心境和气质的。在此环境中耳濡目染的艾青，不可能不受到这种艺术气氛的影响。"从少年时代起，我从美术中寻求安慰。"[①]寄养大堰河家时，艾青喜欢用红泥土捏各类小动物玩，但真正习画的启蒙教育，还是自乔山小学开始的。当时校方在低年级开设美术课，配有专门的美术教员。恰好艾青班上的这位教员不仅画很好，工艺美术也较擅长。他为文明戏做美工，舞台背景画得清逸生动，同时还身怀制作精致文房四宝的绝技，这无疑引发了艾青对美术极大的兴趣。

在畈田蒋，各种节日里的民间艺术活动，与四季循环中的大自然几乎浑然一体。艾青与邻居家一个叫成功的孩子，是这些活动热情的尾随者。

每年春耕结束后的头件盛事，是"娱神自娱"的斗牛活动。斗牛始于北宋明道年间，原为祈天酬神的庙会活动。清人陈其元在《庸间斋笔记》曾有记载：古婺江两岸"每逢春秋佳日，乡氓祈极祭赛之时，辄有斗牛之会……此日至之时，国中千万人往矣！"参加角斗的牛，一般都是黄牛，水牛只是少数。人们以为水牛好斗，黄牛相反，其实不然。水牛体形高大，虽好斗，但只是把对方赶走而已，气势并不惊险。黄牛平时性极温驯，一经发性，则斗势凶猛，扬起尖角，直刺对方喉咙，大有置之于死地之势。黄牛其实性躁，角的形状也与水牛不同，民谣云：

---

① 艾青：《在汽笛的长鸣声中》。

水牛角,向里弯,

黄牛角,向外翘。

水牛逐角擦层皮,

黄牛逐角似刀铰。

善斗的牛,一般多为颈部短、肩部高大,外形若雄狮者。养牛的人平时教以斗法,使其学会撞、挂、拼等技法。还根据不同个性,取一个外号。如个小而善战者,称其“铁榔头”、“千斤撞”;对体形庞大而动作缓慢,角斗时两眼紧闭者,呼之“睡眼虎”;两角锐利者,则干脆叫“小金刀”。古风尤存的金华人,还将自己崇拜的古代英雄好汉之名移用在喜欢的牛身上,如赵子龙、关公、武松等。这种情形,无疑使艾青和他的朋友大受刺激。他最初的美术习作中常出现关公、班超等人的形象,与此恐不无关系。但更引人入胜的还是激烈的斗牛场面。凡斗牛之日,先举行入场仪式,名之曰“迎牛”。其时,斗牛头簪金花、身披红绸,由四个身着彩衣、头扎汗巾、腰缠飘带的护牛壮士,呼拥而入。斗牛场大都选在地势广阔、观众在高处可一眼尽收的地方。场地四周,打上木桩、拦以绳索;场地两旁,各以两枝青竹弯成拱门、上挂红布,名曰:“场门”。各村斗牛入场后,评判者也相继入场,他们头缠青布、赤足短裤,俗呼“拆牛人”。斗牛一旦汇集,各村即拈阄决定角斗秩序。斗牛入场,对视片刻,牛性发作,即互相进击。只见两牛四角交架,尾巴紧夹,尖角相磨,碰击有声。斗到三五回合之后,双方壮士上去将牛强行分开,目的是以此间隙挑拨牛性,令其仇视。如此几经拆合,牛性愈斗愈旺,观众也热血沸腾,喊声震天动地。最后,胜者横冲直撞,所向披靡;败者血肉淋漓,奔走逃窜。斗牛是乡民郁结情绪爆发性的宣泄,是繁重的春耕过后的一种自娱,对来年则意味着朦胧的期待。民国初年,金华人王廷扬的《斗牛歌》对斗牛情景有生动的描绘：

一牛入场十人拥，叱声驰下如潮涌。
盛气相吞未接锋，全场肃立皆神悚。
须夹双方互接触，四角八蹄无退缩。
观众欣欣同声嗟，何惜卖力争买椟。
进退变化若自如，腾跨牛背声唏唏。
忽然跃下猛抵项，落头倒项相撑持。
其时情势最险急，刘项兴亡在呼吸。
趁机须用蒯通谋，楚汉两雄斯并立。
不然胜骄气则靡，再衰三竭鼓不起。
忽焉转败奏凯歌，翻令一睬资酒喜。

未见到艾青童年时观看斗牛的记载，七十年后，他的长诗《古罗马的大斗技场》倒唤起人们的“今昔之感”。诗人仿佛沉湎在人生某一时刻的回忆之中：“也许你曾经看见过，/这样的场面——/在一个圆的小瓦罐里，/两只蟋蟀在相斗，/双方都鼓动着翅膀，/发出一阵阵金属的声响，/张牙舞爪扑向对方，/又是扭打、又是冲撞，/经过了持久的较量，/总是有一只更强的，/撕断另一只的腿，/咬破肚子——直到死亡……”在写作的刹那间，诗人面对的究竟是已是耄耋老者的自己，还是那一个早成逝烟的少年呢？当年爱做梦的少年大概没想到，牛与牛之间的“残忍”，竟又原封未动地在人世间上演，而且更加惨烈和残忍。

在畈田蒋隶属的孝顺镇，秋收过后经常举行庙会。每逢会日，附近村镇的善男信女云集焚香朝拜，游客、商贾也接踵介入，热闹非凡。间有演戏和迎灯舞龙等节目，在临时搭起的戏台上连场表演，舞龙则在狭窄的街道边走边耍，引得观众阵阵喝彩。艾青奶奶和母亲均是虔诚的信徒，自然对赶庙会乐此不疲。艾青和妹妹希华、希宁因此常成为其中的看客。

当地最流行的有高腔、昆腔、乱弹、徽戏、滩簧、时调六种声腔的婺剧。婺剧俗称金华戏，它不仅保存了古老剧目，而且在表演上保留了传统傩舞、傩戏、百花、木偶戏和目莲戏的表演技巧和程式。由于长期在乡村草台和庙台上演出，观众多，而且人声嘈杂，要求演员的表演动作尽量夸张，于是产生了“大花过头，老生平耳，花旦平乳，小花平脐”的表演效果。婺剧六种声腔曲调不一，一般花旦、小生在唱腔上都采用真假嗓相间的唱法，人称“雌雄音”或“阴阳音”。音乐的特点是“闹”。开场之前必定是闹花台，先锋一吹、鼓乐齐鸣，颇有万马奔腾之势。艾青对婺剧似无特别印象，倒是其中色彩夺目、生动逼真的各种造型唤起这个少年绘画者极大的兴味，尤其对它精湛的工艺美术惊叹不已。他说：“我从小爱美术，喜欢图画和手工艺。用竹节做成小小的水桶之类，或者用红胶土做个人头，脖子上插上笔套，眼睛、鼻子、嘴、耳朵都有洞洞，吸一口烟往里一吐，七窍喷烟。”①直到晚年，艾青还幽默地回忆说。“我喜欢这些东西，常常废寝忘餐。格言说：‘玩物丧志。’我也的确为它们消耗了时间。”②更重要的是婺剧中奇特的人物、布景和光怪陆离的颜色，于一种潜移默化中培养了艾青对色彩和造型敏感的创造力。婺剧多为表现锄强扶弱、表忠除奸的剧情，高亢的唱腔因有激昂鼓乐的衬托，而显得鲜明热烈，是金华柔韧兼刚毅民性的生动展示。这种情绪，似乎也潜入到了艾青某些诗作之中，令人觉得眼熟。

---

① 《母鸡为什么下鸭蛋》，《艾青全集》第 5 卷第 249 页。

② 《我曾经喜欢》，《艾青全集》第 5 卷第 283 页。

迎灯舞龙有龙灯、狮舞和花灯舞数种。龙舞在灯会和庙会均可表演，形式比较灵活。龙舞中有纸龙、板龙、布龙等，一般用打击乐和唢呐伴奏，人数视情形而定，在几十人至上百人之间。如遇其他村子的龙舞队，则更热闹，双方的表演中不免夹杂了较劲的成分，常常是数百人捧喝，形若赛场。艾青更倾心于庙会之外的花灯舞，认为它富于变化的图案感，可以"不息地把许多事物的意象、想象、象征、联想……集中起来，组织起来。"①他喜欢花灯舞可能还有一层原因，花灯舞男女老少皆宜，均可提灯列队起舞，而不像看完全由成年男子组成的龙舞，顶多是一个冷淡的旁观者。花灯的制作十分精致，灯罩上或雕或描，或绣或剪；各类图案变化多端，计有动物灯、花篮灯、鱼灯、马灯、酒坛灯等，形象生动活泼。金华各镇中，以孝顺镇的花灯最为著名。一般是二月初一起灯，白天花灯不燃烛，称"游灯"。初二是正日，花灯日夜燃烛最为热闹，戏班演通宵戏。初三晚上，花灯中的"板龙"拔灯。孝顺花灯有"台阁"、"秋千"、"舞狮"、"散灯"、"仪仗"等诸多样式。台阁是一个由四位壮汉扛抬的流动的小舞台，每台都扮一出戏，角色从十岁左右的儿童中选出，如饰《桃园结义》中的刘备、关羽、张飞，则需勾出脸谱。秋千类似北方的旱船，船身装滚轮，推动前进，船头船尾各有一青年男女扮作渔翁渔婆，船舱里有四位妙龄女子挥舞彩巾唱时曲小调。秋千被公认是花灯中的翘楚。舞狮的狮身用钢丝竹篾制作，狮毛为染绿的苎麻，纷纷然颇为可笑。狮子装在可抬的小舞台上，台后因有人以纤绳、提线操纵，故头、腰、脚、尾俱能转动，因此它在灯会上常成为儿童追逐笑闹的对象。散灯乃为花灯队伍中的精华，其中最大数牡丹灯，每盏高约两层楼，上扎几十朵直径三十厘米以上的牡丹花，须数人扛抬才能挪动。到迎花灯时，队伍长达一公

---

① 艾青:《诗论》,桂林三户图书社 1941 年 9 月版。

里,万人空巷,灯火照耀如昼。

虽然同为浙江人,艾青不像周作人对考察民间艺术抱有浓厚兴趣,他的著作中几乎看不到这一类文字。在《泽泻集·陶庵梦忆·序》一文中,周作人对当时的绍兴迎神庙会给予了很高评价:“明朝人即使别无足取,他们的狂至少总是值得佩服的,这一种狂到现今就一点都不存留了。”作为诗人,艾青与民间艺术的精神联系却是感悟的而非认知的,长诗《火把》中隐隐约约遗留着花灯舞的某些记忆。他的诗歌明显不同于其他现代诗人对色调令人惊奇的敏感,也是可以在这里找到根据的。

鲁迅在《故乡》里,曾经对闰土丰富的大自然知识发出过这样的感叹:“啊!闰土的心里有无穷无尽的希奇的事,都是我往常的朋友所不知道的。他们不知道一些事,闰土在海边时,他们都和我一样只看见院子里高墙上的四角的天空。”艾青也有一个形影不离的童年伴侣,是邻居家叫成功的男孩子。与鲁迅不同的是,艾青不是以“城里人”的眼光看乡村的;他也没有鲁迅那种到乡下避难的经历。“乡下”不仅不是暂时的寄托之处,恰恰相反,它是艾青艺术生命的摇篮,童年的天国。与“过节”相比,大自然是童年经验中更富有想象力的所在,因为,倘若说过节是自然的人格化,是模仿中的自然,自然的本色对人的童年则更具莫大的吸引力。

畈田蒋村南二里外有座名叫羊乔山的小山。山上草木丛生,因为有一片片褐红色的枫树点染其中,煞是好看。临近深秋,艾青常与成功来此收集树叶,有时也画一两张速写。艾青性素沉静,平时不多言语,加之他常说的那种“寂寞”,无形中养成了对事物敏锐的观察力。枫叶亦叫枫香,属落叶乔木,叶片如掌状,春季开花,秋季渐呈红色,于深秋凋零飘落。当枫叶挂在树上时,是很丰盈的,进入深秋,叶片转为干枯,这时的枫叶最经不起风雨的吹打。秋雨一来，即飘落一地，令人揪心。据民国三十六年《金华新志稿》，当地树种品类繁多，除松、杉、柏、椿、樟、檀，还有黄柳、冬青、银杏和杨梅等，枫树并不常见。少年艾青缘何对它情有独钟？因为没有可靠的材料，很难推知他当时的心理活动。艾青回忆说："我家隔壁的确有一个穷孩子，名叫成功。与我最要好。因为家穷，他念不起书，后来当店员勉强糊口。没有多久，就被日本飞机炸死了。"①个体生命如此之短促，犹如由绿到红就迅速凋落的冷雨中的枫叶！尚在少年的艾青未必有这般深刻的生与死的生命感受，但他显然听人唱过古老的《哭灵歌》，歌词云：

你今归阴在暗房，
男女孙媳泪成行。
作田新米未曾尝，
你去阴府心怎放？

其实，他从这段凄惨的唱词中听出了自己内心"关不住"的寂寞。也正因如此，艾青对与故乡唱词相类似的民歌，从来就抱有一份特殊的好感。他说："一个民歌，是写死了丈夫的女人在扶棺恸哭时说的几句话的：'我愿和你隔千山万水，却不愿和你隔一层无情木。'仅只两句话，却充满了感情被切断的痛苦。"②艾青由此援引出他所以喜欢收集各种小摆设的理由来："大自然是慷慨的。所有这些就是它的馈赠，它的施舍。我从这些东西得到了美的享受，因之，我也更爱生活。"③

---

① 周红兴：《艾青研究与访问记》第 152 页。

② 《艾青全集》第 3 卷第 340 页。

③ 《艾青全集》第 5 卷第 283 页。

在艾青的记忆里,乔山小学后面的禅定寺也极有趣。寺前古柏参天,溪水十分清澈,各种颜色的鹅卵石散落在河滩上。“我小的时候,喜欢到附近的小河边去拣晶莹的小石子,玲珑剔透的小石块。”①放学回家并不一定非得取这条小道,这样做无非是要在河边盘桓一段时间,好拖延那必到的归期。而这一回回相遇的“河边”,正是少年艾青痴迷的一种朦胧的境界。他说:“我爱静,不是死寂,却是要求没有喧闹来驱散我的思绪。当我在思索着什么的时候,我是完全把脑力集中在那被思索着的东西上面的。这时候,我和别人的答话,完全是敷衍,常常连自己都不知道曾说了些什么。”②

妹妹希华、希宁也曾间接参与过大哥的艺术生活。蒋希宁回忆说:“本村有个名叫老四的人,人很穷,但性较油滑,曾向我母亲借了一百多块银元。原先说好,做生意赚了钱就还的,不知为什么竟不了了之。于是每年一放寒假,妈妈就让大哥去讨钱。走在半路上大哥再三叮嘱:回家就说去过了,别人穷,反正也追不回来。然后就带我和希华偷偷去画画,故意挨到天快黑了才回。如果碰上下雪,大哥会去画雪景,有时呆呆地看着远处,一句话也不说。课余时间,大哥还常去老佣人陈凤芝家,画她家的草房。他那时很老实,平常不言语,但心里是很明白的,之所以反复画陈家的草房,是因为颇同情它的主人。”③这可能是艾青第一次不是从书本上,而是从自身的观察中,体验掩藏在画里面的人生的“忧郁”。因此,它是终生难忘的。直到后来很长一段时间里,这种体验都在折磨着艾青的良知。在晚年,他还对人说:“我对土地、家乡、穷苦人,总是充满同情。我写的《我爱这土地》,我把自己比作一只鸟,即使我死了,羽毛

① 《艾青全集》第5卷第283页。

② 《艾青全集》第3卷第340页。

③ 据蒋希宁1996年6月12日谈话。

也要腐烂在故土上面。诗的最后，我说：'为什么我的眼里常含泪水？/因为我对这土地爱得深沉。'这前一句，也许有些夸张；这后一句，的确是发自灵魂韵真音。"①

除了画画，艾青还学过金石，在篆刻上下过一番工夫。在金华故居，至今仍保存着当年放图章的竹簧盒子，上面有艾青亲手刻的"守信冬日"的字。艾青一度痴迷篆刻，显然是受了当地风习的影响。清人姜元、俞元之的篆刻有"寄情铁笔，高古有致"的声誉。续其艺术余脉，民国人物金维坚等发起"龙渊印社"，倡导篆刻艺术，著有《龙渊印社史纪略》、《万绿庐印存》。该社发起人之一的毕民望，右手在抗战中炸伤，后食、中二指内缩，状似佛手，故自号宅第为佛手庵。以疾手操刀的毕民望，仍以罕见的毅力留下了《蛮石斋印集》等卷。这些在当地艺人中流传甚广的轶事，在少年艾青脑海里留下了深刻印象。篆刻因表现形式的限制，不可能像书法和绘画那样有较大的表现空间，因之对章法有特殊要求。它同时又是一门汉字在方寸之间变化的艺术，故在所谓篆法、章法、刀法三要素中，章法最为要紧。章法的变化因人而异，它能极大限度地体现篆刻者对所要表现文字的独到见解，调动所储备的知识进行艺术处理，同时还可以吸收金文、甲骨、陶文、货币、砖瓦文字以及古图形印的造型形式来丰富自己。可能是篆刻所受到的空间限制束缚了艾青艺术想象力的缘故，他对篆刻的热情没有持续下去。虽然后来间或也曾给朋友治印，但不过是为了消闲，权且把它当作一种手艺而已。

年幼的艾青对绘画的理解，是与民间艺术和大自臻的特殊氛围联系在一起的。在他的心目中，残酷激烈的斗牛，五颜六色的戏曲道具、脸谱，散发秋天气息的枫叶，河边奇形怪状的鹅卵石，构成了人间社会和自

① 周红兴：《艾青研究与访问记》第 300 页。

然世界最不可思议的部分。它似乎成为艾青全部生命中一道稳定的底色:无论现实如何荒诞,也无论他的生活如何被命运扭曲,这些植根在心灵最深处的记忆,却始终不曾泯灭。

五　到金华去

1924年前后,对畈田蒋可以说是一个“多事之秋”。《金华县志》记载,1922年6、7月至中稻收获期,婺江水五涨,孝顺镇水涌至楼板,镇上街道可以行船,通济桥桥墩垛尖尽遭水毁。全县四百二十余村受重灾,百分之八十稻谷颗粒无帆。因为衢江张峰锄决口,罗埠二带四分之三的农田遭淹,毁房丰余间。大水过后瘟疫流行,酿成有名的“壬戌水灾”。8月,狂风暴雨再临金华,漫天倾泻、水势如山,灾情之重为数十年所罕见,十四万灾民流离失所。① 1924年6月,当地大旱,达四十五天;一个月后,浙东各县山洪暴发,殃及金华,田庐人畜,损失甚巨。②

这一年艾青十四岁。当时的社会思潮对他的心灵也有所冲击。他在一篇文章中写道:

> 五四运动开始的时候,我已经九岁。小学课本里已有启蒙思想——要求民主和科学。女学生们开始放足了。中学教师第一次出的作文题是《自修室随笔》,我写了一篇《一个时代有一个时代的文学》,反对念文言文。老师的批语是:“一知半解,不能把胡适、鲁迅的话当作金科玉律。”老师的批语并没有错,

---

① 《金华县志》第84页,浙江人民出版社1992年版。

② 《浙江百年大事记》第179—185页,浙江人民出版社1992年版。

我却在他的批语上打了一个“大八叉”![1]

父亲所订《申报》上的消息，使艾青朦胧地感受到帝国主义瓜分中国的严峻现实，这也是他第一次接触西方世界。虽然西班牙天主教早在清顺治元年就传到金华，几经挫折，在汤溪、孝顺等地设立教堂，甚至渗透到蒋家，使女主人楼仙筹变成了虔诚的信徒，毕竟对艾青还没有产生直接的影响。而现在，他的故乡浙江不仅成了西方列强瓜分的对象，并且威胁到国家、民族乃至家庭和个人的生死存亡。1923 年 3 月 9 日，法国政府强求以金佛郎支付庚子赔款，浙江公民大会通电反对，导致所谓“金佛郎案”。从 4 月 6 日起，杭州各旅馆公寓一致拒绝接待日人。5 月 5 日，浙江学生联合会暨各社会团体成立检查日货委员会。同月 31 日，浙各团体抵制日货，提倡国货，成立实业救国会。由于西方资本主义经济对中国市场的冲击，广大农村濒于破产边缘。据报载，各县入春以来，匪氛日炽，杀人越货无日不有。在两个星期内，嘉兴之长水乡，南田之九都，嵊县、新昌、嘉善、临安、汤溪、富阳、常山以及杭州附廓等地连续发生抢劫、伤人、杀人案件多达三十余起。蒋家在傅村镇经营的酱油、点心、杂货等店铺受此影响，生意日见萧条。与胡适、陈独秀、鲁迅和周作人相比，艾青和他的同时代人，即本世纪第二代知识分子注定要遭遇与前者不尽相同的历史命运。艾青在他刚刚接触人生、思考社会问题时，就感受到了如此强烈的民族危机，这对他的心灵的影响是深刻而长远的。因为西方文化是借助坚舰利炮强制输入的，这一代人在接受西方文化时，不仅像上一代人那样难以摆脱刻骨铭心的民族屈辱感，而且由于他们刚进入青年阶段，就碰上中国知识分子的再一次的大

---

① 《艾青全集》第 3 卷第 389 页。

分化和大抉择,使他们的历史性格及其归宿无论从那一方面看,都极大地迥异于前者。

少年艾青及其同时代人在面临“外患”时,还不得不面对“内乱”。《浙江百年大事记》1924年一栏,不断出现如下记载:

1月12日,苏、浙风云日紧,两省绅商发起和平运动。

6月12日,皖系福建督军李厚基失败后,其部属臧致平、杨化昭率残部入浙,至常山。卢永祥派员前往视察,拟即收编。

8月22日,苏督齐燮元、浙督卢永祥为争夺松沪地盘,加以皖系的离间,日本军人的挑拨,苏浙战事势已难免。29日,卢永祥发表谈话,谓苏如侵浙,破坏和平,将惟齐是问。因局势紧张,一般贫民携物向典当铺强当,督署出示禁止。

9月3日,江浙军阀战争爆发。

9月4日,奉军张作霖调动大军入关,并汇巨款支援卢永祥。

9月7日,曾锟发表讨伐卢永祥令。

9月10日,江浙战争爆发后,浙西吴兴、长兴一线,浙军虽有小胜,但不久即陷入两面夹攻之中。直系闽军孙传芳乘机率全军攻浙,一路进攻仙霞岭,一路绕道玉山攻江山,占领江山、常山。浙军第二师炮兵团长张国威叛卢投孙,战局突变,闽浙前线全军溃败。

9月末,孙传芳入浙后,占领杭州,且马不停蹄,直扑松江,迅速迫近高昌庙。

10月13日,卢永祥夜间召集所部陈乐山、臧致平、杨化昭、何丰林、卢小嘉开紧急会议。同日通电宣布下野。次日晨即偕何丰林、卢小嘉乘日轮去日本。江浙战争至此暂告结束。夏超为浙江省长，孙传芳为浙江军务善后督办。

12月4日，旅津浙人发表公告，全文仿骆宾王《讨武则天檄文》，号召浙人"同平浙水之潮，共定吴山之鼎"，"试看今日之湖山，究被何人之混乱"。

正准备报考初中的艾青，对促发全国政局巨变的江浙战事没有任何记载。倒是刚从日本归国就随江浙战祸调查团前往考察的郭沫若，以宜兴之行为我们留下了极其珍贵的"现场实录"：

12月1日启程，车过真如、南翔、黄渡、安亭、昆山和无锡，这一带田野荒芜，杨柳枯槁，芦草衷黄，秀丽的江南之惨淡，这不就意味着中华的沦丧吗？第二天改乘轮船，在昏茫的运河上察看两岸的累累战痕，更令人感到凄凉、神伤。抵达宜兴以后的四五天，足迹沿着蜀山、兰右、湖汶、悬脚岭，直到浙江境内长兴县界上的尚儒村。沫若的眼睛像是摄影机的镜头，在"镜头"前掠过的是：满载太师椅、红漆马桶等战利品的车皮，弹痕累累的竹林，穿着灰色军装的大兵，拖儿带女从上海归来的难民，遍野眼神呆滞、烧着纸钱的带孝妇女，汗水淋漓、疲惫不堪的担煤少年和老头，贪婪地啃着沾满泥屑的骨头的孩子，……而随着人们嘴唇喃喃地蠕动，沫若眼前又幻化出被奸淫的产妇一双绝望的眼睛，真如、南翔大火中被火舌舔卷着的惊恐的人群，抓着糟豆腐、生豆渣往嘴里塞的饿疯了的民夫，……他的躯体被愤怒充斥得几乎要爆炸了。为什么中国老百姓要像猪狗一样的活着？为什么他们要任人宰甚孽而不起来反抗？为什么中国新兴的文艺家无视这被屠宰者的生活?你们为什么定要跑到巴黎,跑到德意志,为什么定要龟藏在你自己的生活里,做些虚伪的表现呢?①

这位浪漫主义后来又转为现实主义的诗人真正愤怒。以十四岁的人生经验,艾青还不能完全理解这种“愤怒”,但他在潜意识里感觉到,他个人的命运也将被裹挟到全民族共同的命运当中。十三年后,他正是带着这种愤懑成为一位诗人,迎接“命运”更加严酷的挑战的。

是年6月,艾青生活中发生了两件大事:一件是该月16日,黄埔军校在广州成立;另一件是他即将参加“中考”。两个在表面上似乎缺少联系的事件,“暗示”了艾青即将做出且一生中也一再面临的人生选择。“黄埔”距畈田蒋应属遥远,但它命中注定赋予了蒋家长子难以化解的“黄埔情结”,而“中考”则意味着他离开故乡的一次“远游”,这种本世纪知识分子多半都要经历的人生形式,使他们不同于守着乡土的父亲这辈传统的国人。事实上,他们与发动五四新文化运动、后来主要是在“书斋”清议社会改革的上一代知识者也有着根本区别。在人格的底蕴上,他们应属葛兰西所说的“有机的知识分子”,而非“传统的知识分子”。②

蒋家对长子的要求,一是学到谋生的知识,二是学成回来守住家业。1924年夏,艾青报考金华省立第七中学,作文题目是《苦旱记》,因他没有稼穑的体验,在考场枯坐良久,未得一字,只好交了白卷。榜上无名。1927年后,艾青对父亲当时的沉痛心情仍然记忆犹新,他在《我的父亲》里含蓄地写道:他“要我们用功念书,/密切地注意我们的分数,/他知道

① 龚济民、万仁念:《郭沫若传》第88页,十月文艺出版社1994年第四版。

② (英)詹·约尔:《“西方马克思主义”的鼻祖——葛兰西》第117—120页,湖南人民出版社1988年版。

知识是有用的东西——一可以装点门面,/二可以保卫财产。"这是艾青"走出故乡"遭遇的第一次严重挫折。它也意味着在"金色童年"结束以后,艾青仍将会走上传统为一代代知识分子安排好的并不平坦的老路——通过科举改变命运。背着"为弟妹们做出榜样"心理负担的他,难免有如履薄冰的心情,在同一首诗里,照旧留下了这种心理活动的痕迹:"他送我到村边,/我不敢用脑子去想一想/他交给我的希望的重量,/我的心只是催促着自己:'快些离开吧……'"

"走不出去",就得"转回来"。艾青落第回到畈田蒋,碰上的两件事都令他难以忍受。先是父亲请人为他补习古文。这位老古董只会开列《左传》一类佶屈聱牙的书籍,这与艾青所受到的新文化教育无疑发生了严重冲突。事隔多年,艾青还清楚地记得这事,他说,读了一暑假的《左传》,只记"郑伯克段于鄢"一句。另外就是帮父亲收租和完粮。弟弟妹妹尚年幼,艾青不得不在补习之余,协助父亲担负起沉重的家庭的担子。收租、过称、记账,甚至还要代表父亲与店铺的客户打交道,这些事情不光琐碎,而且还得留点心计,不然,碰到稍为奸诈的人,不单吃亏,无形中还有被愚弄之感。艾青都全力以赴地去做了,但他显然对此毫无兴趣。父亲整日劳顿的身影不仅不能引起他的同情,反而成为他心理上"卸不下"的沉重负担。他当然更不想做在收租、完粮中过一辈子的蒋家少东家。

在内优外患形势的巨大压力下,时代为艾青及同代人提供的是一个"走出去"的人生模式。在这个黑格尔式的正题和反题中,似乎每个人的宿命早已被安排好了:你要么走出去,要么转回来。表面上好像是人在选择自己的时代,实际上"时代"早已不容商量地"选择"并指定了你的命运:要么去生,要么去死。这是一个看似合理,其实令人啼笑皆非的发生在不止一代知识者身上的选择的悖论。可能是"同病相怜"的心理作用,艾青不止一次对俄国乡村诗人叶赛宁走出故乡时碰到的麻烦报以极大的同情。这些文字甚至让你感到超出了“同情”的界限：

> 他的母亲反对他写诗，也反对他的生活方式。1924 年，他接到母亲来信，劝他“不如劳动在田里，早些学会耕田扶犁”、“你父亲空空地计算，你写的诗篇，究竟能值多少戈比”、“在这个世界里，你失去了孩子，妻子也被别人娶去”、“我家没有车辆和马匹”，“根据你的才智，在乡委员会里，可以当主席”。他给母亲的回信里说：“我生活在这个世界上，应该做些什么”，“我最爱的是春天”。“我更爱，春天的急流泛滥”，“但是，我深爱的，那是春天的壮景，我称它伟大的革命！只有为了它，我才肯去自愿忍受一切苦痛。我的心惟把它等待，久久盼它早日来临”。“……我们已经武装起来了，它正在发挥着威严：有人坐在大炮旁边，有人拿起战斗的笔杆”。最后说：“当时光到来，熊熊大火能把整个大地照亮……”
>
> 他怎么能回到家乡去过农民的生活呢？他已离不开城市的喧闹的环境。[①]

“同情”终归是同情，要想真正走出去，还得有一段委曲求全的时日，甚至不得不向某些东西暂时妥协。在这种情况下，艾青接受了父亲的安排，暑假之后，到金华县立长山小学补习，前后约半年。该校在金华县城，离畈田蒋有七十余里的路程。长山小学前身为明清之际的长山书院，历史悠久，学养深厚，蒋忠樽看中的是该校曾培养了大批人才的实

---

① 《艾青全集》第 3 卷第 562 页。

力，所以不惜较贵的学费和生活费用，把长子送到这里。以蒋家当时的经济实力，盘缠大概不会成为问题，临行，母亲为艾青准备的行李一应俱全，甚至把路途的吃食也细心做了预备，如酥饼、咸干菜、萝卜鲞等。这是艾青第一次独自离开家，因有佣人挑着行李，也没有舟船辗转之苦；但麻烦在于，两地之间由于尚缺交通工具，七十余里路程得全靠徒步完成。由畈田蒋到金华县城，须经傅村、深塘坞、孝顺、金轮、含香、东孝等村镇。时值秋后，天气闷热，一路颇是辛苦，除在中途简单吃点干粮外，基本上不敢停歇。艾青和佣人赶到县城，天色已近傍晚，一路打听，才找到长山小学，并安顿下来。长山小学高等小学部设修身、国文、算术、手工、图画、本国历史、地理、理科、体操九科，男生加修农业科，女生加修缝纫科，再视学生情况，分修商业或英语。九科当中，除手工、图画较有把握之外，其余都很难说。据说，艾青"小学毕业前夕，老师出了个题目，要求把唐代大诗人杜甫的《石壕吏》改写成小说。艾青改写的小说获得老师的嘉许，被贴在墙壁上。一次，全校推选出三篇最优秀的作文，其中两篇是吴晗和他妹妹的，另一篇即艾青写的，题目是《百闻不如一见》。"①但考初中"砸"就砸在作文上，原因何在呢？这显然跟性情有关。有人回忆说："他既不是乡下饱读经书的世家子弟，也不属于典型的城市青年，而是一个不守规矩和随随便便的人。"②李又然也谈起过艾青对学院式教育的逆反心理。他说，艾青"引导我接近艺术，我带他到大学听课。他说，'以前走进大学，像走进教堂一样厌恶'。"③即使在教室里坐下来，也是以画老教授的秃头为乐的。对此，艾青本人并不忌讳，他承认："我是

① 周红兴：《艾青的跋涉》第14、15页，文化艺术出版社1988年版。

② 据诗人牛汉先生1996年3月6日上午在北京八里庄寓所的谈话。

③ 李又然：《艾青——回忆录之三》，《新文学史料》1983年第2期。

反对学院派的,既没有条件,也不想进学院。”[①]但他也不无苦恼,“我是在一种缺乏指导与帮助的情况中,进行自由阅读的,因此,所受的影响也是复杂的。”[②]可以推测,带着如此散漫的情绪,艾青在长山小学的补习,效果不会理想。所以,在此只待了半年,蒋忠樽又把儿子转到了金华县立师范附属小学。第二年 8 月,艾青终于列名金华省立七中 1925 年新生榜中,当年该校共录取一百六十名初一学生。

8 月底,艾青最后一次来到羊乔山。满山的枫叶尚在葱绿之中,没有一丝泛红的迹象,这多少让他感到有些茫然。蒋家长子的岁月结束在即,而新的人生行旅又将从哪里开始呢? 面对在风中翻腾不息的树浪,他内心竟没有浪漫的浮想,脱口吟出的却是子冰老先生教给的李白自哀自怜的《傀儡》诗:“刻木牵丝作老翁,鸡皮鹤发与真同。须臾弄罢寂无事,还似人生一梦中。”

然而,在本该胡思乱想的长夜,居然无梦。

---

① 《艾青全集》第 3 卷第 422、297 页。

② 《艾青全集》第 3 卷第 422、297 页。

第二章　在个人进退之间(1925.8—1929.春)

一　《一个时代有一个时代的文学》

1925年8月最后一两天，艾青怀着在兴奋中又隐隐不安的心情，踏进了金华古城。在小贩们卖“冷逃”(凉粉)、“骨打酥”(甜脆饼)的嘈杂吆喝声中，他忽然滋生出与一年前客居该城全然不同的感觉。这倒不是因为常感自卑的“乡下口音”已经得到矫正，而分明是，自己由怯生生的“补习生”变成了今天的“正式学生”。这意味着，客居的羞辱感也将随着身份的重新确认一去不复返了。

与畈田蒋相比，金华应该算是繁华的市镇了。但在邻近的上海和杭州人眼里，金华还只是一个土气未脱的“乡下”。当时金华的街道比较狭窄，除个别街道外，多数不能通过汽车，倘遇上赶集，只好用水泄不通来形容了。街巷里铺的多是青石板与鹅卵石，古时有钱人骑着高头大马走过，马的铁掌在石板上留下“咯噔”、“咯噔”的声响，倒显得非常威风。夜深人静,家家掩门之后,若有人在其中行走,沙沙的脚步声,则又显得寂寥和深远。金华城里名声最大的老字号商肆,要推创办于道光年间的仁寿堂药店和同治年间的九德堂药店,两家均有养鹿场,能自制全鹿丸等名贵中药。由兰溪人祝湘岩办的祝裕隆泰记字号绸布染房,当时资本三十多万银元,雇员近百号人,不仅与相邻的义乌、遂昌、龙游、武义等县有频繁商业往来,生意还做到了杭州城里。艾青家傅村镇上的点心、酱油铺在这些老字号面前,多少是有些小家子气的。他说:“那时,我们家只是其中较小的一个地主。”①然而,他想的是:“我一句话不说心里藏着一个愿望,/我要到外面去比他们见识得多些,/我要走得很远——梦里也没有见过的地方:/那里要比这里好得多好得多。”在几乎是一种“诀别”的悲慨情绪中,又多少夹杂着一丝对过去岁月的留恋:“再见呵,我的贫穷的村庄,/我的老母狗,也快回去吧!/双尖山保佑你们平安无恙,/等我也老了,我再回来和你们一起。”②

他“梦里也没有见过的地方”究竟怎样呢?

艾青一行人经东关进城,由孝衔拐入石榴巷,穿过路口不远,便是省立第七中学所在的酒坊巷了。酒坊巷里最著名的建筑大概要数侍王府,省立七中就设在这里面。此府在唐宋时原为州治,元明时为官衙,清时又一度改做试士院,不过规模都不太大。直到咸丰十一年(1861 年)侍王李世贤率太平军攻下金华,把这里当作太平天国浙西指挥中心,并大加修葺,才有这般规模。建筑大体分为宫殿、住宅、林园、练兵场四个部分。宫殿建筑以大殿为中心,前为照壁,大门、二门,后为二殿和耐寒轩。殿宇高数丈,画栋雕梁,宏伟壮丽。学监及教员备课室,学生的教室,主

---

① 周红兴:《艾青研究与访问记》第 152 页。

② 《少年行》,《艾青全集》第 1 卷第 522 页。

要是在大殿及周围的建筑物内。大殿西为住宅建筑，称西院。西院共四进，每进九间房，一进与二进之间有长廊衔接，呈“工”字形。尤其有趣的是，每进都有庭院天井，一进门厅为卷棚式抱厦，称八字墙。西院除少量为教员住宅，多数是学生宿舍。王府大门前有大石狮一对，门柱上方赫然写着“浙江省立第七中学”几个大字。这种气势令艾青惊讶不已。第七中学的校史也不简单。它的前身是始建于康熙六十一年的丽正书院，取丽泽、崇正两书院中的一字而得名，是清时金华最大的书院。清末废科举，丽正书院遂于 1902 年改为金华中学堂，十年后又改为现名。这所中学学风淳厚，声名甚佳，邵飘萍、陈望道、何炳松、吴晗均出自该校，其中吴晗与艾青还是前后届同学。学校设修身、国文、外国语、历史、地理、数学、博物、物理、化学、法制、经济、图画、手工、音乐、体操等课程，比较注重学生的基础训练。白天，由学监巡视各教室，发现学生上课时走神，轻则训斥，重则叫出去，让其在走廊上罚站。晚上 10 点钟熄灯，铃声响过，各宿舍的油灯齐刷刷地一下全灭了。这种刻板得与军营无异的生活，使艾青很快感到厌倦。初来时对环境的新鲜感，渐渐也由习惯变为淡漠。用他的话说，“我不是它的好学生”。正因为对课程兴味索然，“我经常装着上厕所，偷偷溜出去画画。”①而且居然一次也没被学监发现。

这种情绪也影响到国文课的学习。虽然五四新文化运动在反对文言文、倡导白话文方面掀起了很大声势，然而在社会的中下阶层，复古主义的情绪仍十分炽热。艾青入学不久，即参加国文课的作文考试，题云：《自修室随笔》。这个题目从表面上看，似乎有些新派色彩，其实骨子里照样重蹈旧学堂的做法，让学生写八股式的文章。艾青不由产生出强烈的抵触情绪，他恶作剧地绕开老师出的题目，自己命题写了一篇叫《一个

---

① 周红兴：《艾青研究与访问记》第 156 页。

时代有一个时代的文学》,公然与老师唱起反调。问题还不在倡明“反对文言文”,要害乃是对学校的现状流露出拂逆的态度。语文教员对这位来自乡下却表现得桀骜不驯的新生颇不以为然,他借批语训斥道:“一知半解,不能把胡适、鲁迅的话当金科玉律。”表面上敦实而骨子里孤傲的艾青,立即做出了强烈反应。事隔近六十年,艾青回忆起少年时的意气来颇为得意,他说:“老师的批语并没有错,我却在他的批语上打了个‘大八叉’!”[①]五四新文学运动绝不只是推翻了旧文学,它极力标榜的个性解放精神,所造就的乃是一代人的叛逆性格。在艾青易受外界影响的年岁,他是很容易成为一个告别旧偶像之后,立即又开始寻找新偶像的“少年叛徒”的,“胡适、鲁迅的话”岂止“金科玉律”,简直可以说是俘获了这个少年人全部的心!艾青曾谈到他那时的阅读情形:“念小学时,就读五四时期的作品,如蔡元培、梁启超、孙中山的文章。还读过胡适的《尝试集》。他写的白话诗,那时影响很大。……当时俞平伯、康白情也写诗。那时郭沫若的诗影响很大,我读他的《女神》、《凤凰涅槃》,我还读他的《瓶》,这是一首充满感情的诗……”[②]可以想象,从这些书中走出来的“盗火者”,对省立七中略显沉闷的学习空气大概不会产生好感,艾青对学院派教育的反感,可能就始于这个时期。

为了逃避枯燥的课堂学习,艾青把兴趣转向绘画。庆幸的是,他在七中遇上了绘画生涯中的另一位恩师张书旗。张出自著名书画家吴昌硕门下,在国画和篆刻上有很高造诣,当时正巧是初中一年级的美术教员,他恰好又是一个乐意做学生伯乐的好先生,一开始就注意到了这位少年不俗的艺术秉赋。张书旗功底深厚,讲课深入浅出,十分生动,他不

---

① 艾青:《在汽笛的长鸣声中》。

② 《艾青全集》第5卷第574页。

仅在课堂手把手地教学生，还经常带大家出去写生。艾青对这位先生怀有极大的敬意，在他的悉心指点下，画艺提高很快。把兴趣几乎全部投入到画画上，对其他功课就更加冷漠下来。刚开始还只是装模作样地听讲，在课桌下面画速写，后来，逐渐由零星的开溜，变成了经常性的逃课。这类行为尽管很刺激，毕竟带有极大的冒险性。所以，艾青只是在侍王府附近画速写，还不敢盘桓得太久，估计快到打下课铃的时间，立即奔突而归，然后趁老师在黑板上板书之机，蹑手蹑脚地溜回自己的座位。可能是艾青动作有些滑稽，有时引起同学的一阵窃笑，他马上装出一副俨然的样子。老师回过头，见教室并无异样迹象，随即又转过去抄他的板书去了。以十几岁的年纪，小小恶作剧重复几次，就索然无味了，于是，艾青对逃课也渐生厌倦。

在刻板的学习生活中，一周之内，艾青最盼望星期六和星期天。在这段时日里，他不仅有重获"自由"之感，更令其快慰的是，可以回到所喜爱的大自然中去，呼吸到远比人间社会自在畅快和清纯的空气。在金华求学的三年，古城一带的名胜，艾青几乎都曾逛过，有的地方还不止一次。出省立七中往南，不远处即是八咏楼。八咏楼原名玄畅楼、元畅楼，后因南齐诗人、东阳郡太守有名的"八咏"诗得名。宋时女词人李清照"千古风流八咏楼，江山留与后人愁。水通南国三千里，气压江城十四州"的诗句，更使后来的文人骚客心仪已久。艾青所以屡屡登临，一则因此楼距学校颇近，来往便利，兴致较高时，一上午可得速写数幅，还能从容地回校吃午饭；二则是楼的确气度不凡，它坐北朝南，面临婺江，楼高数十米，仅台基就高九米余，门楼高十一米，而这君临大江，似乎将于瞬息间飞起的形象，与他总是在朦胧中有所期待的少年心理形成了某种默契。显然，"一个时代有一个时代的文学"所隐喻的并非文学本身，而是由学校及社会的那一代人特有的叛逆情绪，它同时也夹杂着"栏杆拍遍无人会”的深深寂寞。这种心理，自然使艾青在那一时期成了精神上的“漫游者”。除城内各处，他还与同学光顾城北的北山。北山并无什么异处，但是它大大小小的溶洞却又奇妙得很。大小各洞中最佳应推双龙洞。明代徐霞客曾说，“双龙洞外有二门，中垂重幄，水陆兼奇，幽明凑异者矣。”逛过此洞的郁达夫对“黄龙吐水”也甚欣赏，称其“温泉小瀑布”。双龙洞分内外两洞，外洞碑文石刻甚多，一泓清泉自内洞溢出，纵贯外洞；内洞四壁钟乳，奇岩怪石，形象各异，洞顶有青黄色岩纹凸起，仿佛卧龙一般，洞中有一道溪水，长七十余米，清可鉴影。双龙洞上方的冰壶洞也颇有趣，入洞几十步，就闻水声隆隆，飞沫溅面，水气迷蒙。再下十余步，洞身突变宽大，一条大瀑布悬空而下。瀑布上束下宽，终年不息，实为罕见。显然，这些“游历”给了正沉迷于绘画的艾青无尽的灵感，随着他的画在学校画展上出现，艾青这个名字也开始受到同学们的注意，甚至传到了别的学校。他曾得意地忆起一次去看妹妹的情景：“当时是男女分校。我妹妹在教会学校读书。有一次我去看她，当我离去时，她的两个同学在门口喊：‘下次给我们带画来。’我回头看，她们马上躲进去了。后来我问妹妹她们怎么知道我爱画苗。我妹妹说，她们是在美展里着到了我的画，一边看，一边说：‘这是蒋希华哥哥画的。’并说她们都喜欢我的画。”“初中三年期间，我的功课数绘画最好。”①

在艾青与异性接触的经验中，这是他第一次直接受到女性的欣赏，它对因其他功课并非“最好”而产生的自卑心理，无疑也是极大的心理补偿。对金华三年的学习，艾青几乎没有正面提起过，大概这一自卑心理始终是一种不能抹去的隐痛吧。

自然，周末的时间有时也用来下馆子。每逢周柬，本城学生便纷纷

① 《艾青全集》第5卷第250页。

回家，宿舍顿时人走室空。家道稍宽裕的人，会约一两个同学往城西南热闹的地方游玩，择一干净的酒店坐下，要几个菜、半斤黄酒，慢慢品尝。手头紧的人，便夹了书到教室里，看书多少是可以挽回一些面子的，不过人虽坐在那里，心不一定真能静得下来。院墙外倘这时有迎亲的队伍走过，也会伸长脖子朝窗户外瞅一瞅的。艾青属于夹在这两类人中间的。他不会为吃酒而吃酒，但也不至于坐在教室里表示清高，即使外出打牙祭，也是要看什么地方可去。民国初年，金华有名的酒家和面食店多开设在城西的通济街一带。据说，最早的是江西人李欢澜的后人开设的李春林黍作店。该店工精料细，经营的喜庆点心、寿面、酥饼有二百种之多。这地方饮食业的兴旺或许与此家面食店的声名有关。奇怪的是，金华本地菜并不吃香，菜馆多以徽帮菜为主。徽菜擅长烧、蒸，用火慢慢炖，清淡少油，比较对当地人的口味。周末那天，艾青往通济街大抵是先步行到天宁寺，有一搭没一搭地在寺周围溜一圈儿，并不急于赶路，如天色不早，便雇车沿婺江路抵达。有时，如果食欲不旺，就在周义春点心店约略吃点酥饼，或是一点点汤包；如果忽发兴致，并与同学相邀而来，则一定选家门面讲究的酒馆，一边与人吃酒，一边打量着来往的行人。灯火初上，街市鼎沸，最宜坐在窗前，置身于凡夫俗子、市井气氛之中，把不相干的心事丢在一边。此等乐趣，若干年后艾青还回味无穷：

> 聂鲁达在他的回忆录中这样写道："我们在世界上最独特的饭馆里吃饭（确实独一无二，那儿只有一张桌子）。"那家饭馆由皇家后裔经营。
>
> 这儿指的就是二十多年前在新开路的一家私营备寺小饭馆"康乐"。当时他曾说这是他在中国吃过的最好的一顿饭。

其实当时的“康乐”有三张桌子。[①]

在什么地方、请什么人吃饭无关重要，关键是“吃饭”里所浸润的文人的气氛。中国传统士大夫文化本离不开“吃食”，吃是一种文士风度，一种情趣，或者说是文人不同于一般人的存在方式。艾青除写诗，最快意的就是请朋友或被人请去吃酒了，可能是潜意识的心理作用，他在忆旧、忆友的文字里，对这些情形常常津津乐道：

> 今天在这儿举行该公司为了招待各国作家的宴会，宾主共三十桌，每桌四人。
>
> 宴会有钢琴伴奏。吃的是法国冷汤、生菜、小牛肉米饭、咖啡冰激凌、咖啡、红白葡萄酒。据熟识美国情况的人，这就是美国最好的宴会了。[②]

事实上，艾青在通济街吃得最多的是价廉物美的小吃，如汤包、肉饼之类。有时闲暇、饭后再到茶馆坐一坐，品品清香的茶。放开一点看，吃饭使他暂时“游离”了不喜欢的学堂，回到自我的世界中。

然而，在大革命的风暴中，金华省立七中不可能成为置身其外的世外桃源。这所学校的学生们，愈来愈明显地感觉到了它的降临。就在艾青入学前的6月，该校爆发了一场声援“五卅”运动的学潮。师范部学生钱兆鹏等人，获知上海发生工人顾正红被杀的惨案后，立即以学生联合会的名义，召集各界人士，成立金华各界“五卅”惨案后援会。群情激愤

---

① 艾青:《往事·沉船·友谊——忆智利诗人聂鲁达》,《世界文学》1980年第3期。

② 《艾青全集》第5卷第278页。

的学生还手执各色小旗，出现在金华主要街道，不断高喊反日口号，动员工人罢工，劝说商贾罢市，查禁美、英、日货，在南市街五百滩当众焚烧外烟三十多箱，之后，又组队分赴金华所属八县向民众宣传反帝主张。钱兆鹏(1907—1927)，男，又名奚求、胜芝，仙桥乡下钱村人。1921年考入七中师范部，因领导同学抗议校方克扣伙食费，在学生中声望渐高，被推为校学生自治会主席、金华学联代表，成为七中的学生领袖。他后来担任国民党金华县党部常务委员、中共金华独立支部书记，“四·一二”一政变后惨遭杀害。处在青年人易于偏激的群体氛围当中，艾青不可能不受到影响，他回忆说：“那时我和吴晗以及许多同学都积极参加了这些活动。”[①]但从发现的资料看，艾青与学生领袖钱兆鹏并没有个人接触，因为他只是初中一年级的学生，没有机会与高年级同学接触。按他喜欢独来独往的性格，即使有这种机会，他恐怕也不会主动与人结识。处在群体之中的艾青，对“挺身而出”的角色一向不太有兴趣。所以，在七中几起有浓厚反帝色彩的学运中，艾青的表现并不十分起眼。一次，学生到金华大桥附近的梅花门、船埠头等处清查英国货和日本货，在途中听到某些奸商因卖外货大发不义之财的传闻，一时怒起，立即赶到名声最坏的太谷公司和大元商店门前，乒乒乓乓地砸烂了它们的招牌、橱窗，又把仓库的存货弄到南街沙滩上一并烧毁。还有一次，艾青随同学到“县禁烟督察署”示威，抗议该署以“禁烟”为名行向商贩转销外烟之实。这时，围观的市民中有人说，督察署还偷偷做着鸦片的生意，听者不由群情激愤，不知是谁喊了一声“冲!”众人闻声而入。艾青在其中虽不是中坚分子，但无疑在这些事件中受到极大震动。

---

① 周红兴:《艾青研究与访问记》第322页。

二　“黄埔”之梦的幻灭

1926年对每一个中国人来说,都是重要的一年。这年春,受到南方革命运动影响的北方军事将领冯玉祥转向革命,为阻止奉系军阀南下,冯军封锁了天津要塞大沽口。这事件引起日、英、美、法等西方列强的公然干涉。7月9日,国民革命军十万人从广州出师北伐。北伐军兵分三路,分别向盘踞两湖的吴佩孚部和福建、浙江的孙传芳部猛烈进击,一路势若破竹。中国革命与反革命力量之间的一场大决战势所难免。处在新旧势力激烈对峙之中的思想文化界,显出少见的活跃。许多具有不同文化背景和党派色彩的报刊,经由上海或杭州的渠道涌进地处偏僻的金华,在七中学生手中传播。《创造》、《洪水》、《向导》、《现代评论》和《赤光》等报刊上的各种言论与其说表现出思想界的活跃状态,毋宁说隐含着知识分子在决定中国命运大决战前夕的又一次分化组合和文化选择。比如,思想在时代漩涡中迅速左转的郭沫若,在刊于《洪水》的《文艺家的觉悟》一文中写道:

> 朋友们哟,和我表同情的朋友们哟!我们现在是应该觉悟的时候了!我们既要从事于文艺,那就应该把时代的精神和自己的态度拿稳。
>
> 我们现在所需要的文艺是站在第四阶级说话的文艺,这种文艺在形式上是现实主义的,在内容上是社会主义的——我在这儿敢斩钉截铁地说出这一句话。

几乎在同一时期,胡适除在《现代评论》上发表一系列有关他的文化观的文章外，还在北京、上海等地多次讲演，鼓吹“学术救国”的思想。就在“三·一八”惨案发生后的第三天，他在上海大同学院做了一次演讲。他说：“我今天主张要以人格救国，要以学术救国。今天只就第一点略为说说。在世界混乱的时候，有少数的人不为时势所移，从根本上去做学问，不算什么羞耻的事。我在上海病中看了一本法人巴士特(Pasteur)的传记，有些地方看得我竟哭了。据传记所载，巴氏是1870年普法战争时法国的科学家。当时，法国为战败国，割地两省给德国，并赔款五十万。巴氏看到国之将亡的惨象，十分悲愤。他作文章说，法兰西为什么会打败仗呢？那是由于法国没有人才。为什么法国没有人才呢？那是由于法国科学不行。之后，巴氏埋头研究科学，搞实验，最后终于做出了三件大发明：第一，关于制酒的事。他研究发酵作用，将酒煮到五十五度，酒就不会坏，而且还能保存下来。这样法国南部生产的酒便可运往非洲去卖，于是避免了过去坏酒的现象，为法国每年增加收入几万万。第二，关于养蚕的事。法国蚕业，每年收入极大。但有一年蚕子忽然发生瘟病，损失甚大。巴氏研究的结果认为没有什么病，是由于作蛹变蛾时，染上了微生物的缘故。后来他想出一个简单办法，用显微镜来选蚕种，效果非常好。国家推广他的经验，蚕业得到发展，收入大增。第三，关于畜牧的事。法国向来重农，畜牧很盛。有一年，牛羊忽然得脾瘟病，不多几天便都出黑血而死。全国损失牛羊不计其数。巴氏认为这是一种病菌传入牲畜身上的缘故，于是便进行实验。经过四五年的研究，他把毒性小一点的病菌注入牲畜身上，之后这些牲畜遇着毒大的病菌也不会生病了，因为体内已经有了抵抗力。这个发明不仅治了牲畜的瘟病，而且使医学大为进步，给全世界人民都带来了好处。巴士待为法国争得了荣誉，成为近代微生物学和免疫学的奠基人。后来有一英国人说，巴士特一人实验的成绩，足以为法国赔五十万而有余。”于是胡适总结说：“巴士特是我们的模范,这是救国。我们要知道既然在大学内做大学生,所做何事?希望我们的同学朋友注意,我们的责任是研究学术,以贡献于国家社会。没有科学,打仗、革命都是不行的!”

与胡适的改良主义比较,郭沫若的激进主义态度无疑更具“时代性”。在艾青这种容易冲动的年龄,时代感强烈的言论势必有更大吸引力。就在这难以平抑的心态中,一天,一本油印的《唯物史观浅说》传到了艾青手里,他几乎是一口气读完了这本书,虽然对其中深奥的概念未必全懂,但它对世界的令人惊奇的解释,却叫他终生难忘。他说,它“使我第一次获得了马克思主义阶级斗争的观念——这个观念终于和我的命运结合起来,构成了我一生的悲欢离合。”①议论显然不能解决时代的“难题”,这一代人最热衷的是,怎样迅速地将思想转换为行动。

北伐军东路军一部在江西境内击溃军阀孙传芳主力之后,于12月抵金华。该部因力量单薄,不久即撤离。1927年1月21日,孙传芳所属孟昭月部复占金华、汤溪,并在汤溪、洋埠、游埠和诸葛一线构筑工事,准备与随后将至的北伐军主力决战。1月28日,北伐军东路总指挥何应钦、前敌总指挥白崇禧率大军从衢县、龙游地区进发,并力进击。29日,双方激战终日,次日孟部终于不敌,全线败溃,北伐军大获全胜并进入金华。北伐军受到市民和学生空前热烈的欢迎,在第七中学的操场上,北伐军首领发表了富有感召力的讲话。他说:“我们北伐军来此的目的是为了打倒旧军阀,全军将士浴血奋战是为了什么?就是为了消灭贫困、落后并建设新中华的!我们也有自己的父老乡亲,同样也有不能割舍的家乡故土,但我们更爱我们苦难深重的国家。军阀一天不打倒,我们就一天也不放弃为真理而战。同学们!老乡们!是热血的好儿男就快加

① 《艾青全集》第3卷第390页。

入到北伐军的行列里来呀!”看到北伐军战士一张张英气勃发的面孔,尤其发现队伍中还有一支投笔从戎的学生军时,手持小旗的艾青的心激动地嘭嘭跳了起来。一个从未体验过的诱惑把他紧紧地攫住了。艾青回忆说,大会散后,“我和一个同学在操场上闲走,两个青年军官上前来和我们谈话,把我们带到他们营地玩,还请我们吃小笼包子。然后叫我们骑在他们的马上到城外转,实际上是叫我们带路了解地形。”[①]这次看似“偶然”的郊游,对艾青显然具有另一层特殊意义,或者说,它突发性地沟起了艾青那久蓄心底的个人隐秘——“出走”。这一行为又与时代的特有气候有着深刻的关联。从郊外回校后,艾青做出了也许是他一生中第一个重要抉择——弃学到广州黄埔军校当兵。

清末民初,由于中国屡屡败于西方列强的惨痛教训,尚武在许多知识分子中蔚成风气。梁启超在《论尚武》一文中坦言相陈,他说:“尚武者,国民之元气,国家所恃以成立,而文明赖以维持者也。”他还引证俾斯麦的话说,国家的生存不依赖国际法律,靠的是铁和血。一个民族倘若缺乏尚武的国民和铁血精神,便无以自立。古代尚武国的典范是古希腊城邦斯巴达。近代尚武国的典型是俾斯麦铁血政策下的德意志,德国上升为军事强国只花了短短几十年时间。日本依靠武士道成为又一个军事强国。要在中国促进武力崇拜,中国人必须增强毅力和胆识,并提高身体素质。唯其如此,中国人才能克服他们的怯懦。1904 年,梁氏为鼓吹尚武精神,特地写就《中国之武士道》一书,认为,从历史上看,中国人是体质弱、爱和平的民族,但他们原先并不缺少尚武精神。植根于中国文化传统中的尚武思想,只要时机成熟,是可以被激发起来的。这种风气,同时也深刻影响了中国一代代弃文从武的知识分子。艾青是这样理

① 周红兴:《艾青研究与访问记》第 156 页。

解关乎民族存亡的尚武之风的："这战争不只是两国间军事的交锋，不只是为了仇恨的报复与耻辱的洗雪，也不只是为了国家的空洞的光荣的争取，这战争是为了：假如我们不坚决地击退敌人，我们即被敌人永远奴役，永远宰割"，所以，尚武不是单纯的个人行为，它"必须同时是政治、经济、文化……整个民族的全般生活。"[①]但他同时意识到，"战争的路给谁都是最艰苦的"。[②] 因此，纯粹从每一个个体出发，在中国士大夫理想中成长起来的知识分子，于国势悬危中的这一选择，在深层次上显然又是"被动"的。徘徊在"文"与"武"之间，正像哈姆雷特在生与死之间难下决心一样，是一种时时被其撕扯着的深深的隐痛。以艾青当时的经验，他大抵还没有这般沉痛的体会，他显然把去黄埔军校当成了一次适合自己年龄特点的不乏想入非非的"漫游"。

艾青弃文从军的壮举在父亲那里"破灭"，完全在意料之中。冯兆基认为，尽管有"文武兼备"的说法，然而"中国人传统的一个主要弱点，就表现为对军人作用缺乏社会理解。中国传统社会鄙视军人有两个根源：中华帝国文明中的和平主义态度以及兵源来自无地劳动者和其他无业游民。他们一贫如洗，目不识丁，以至不被任何体面的社会层次接纳。"[③]这种传统观念对蒋忠樽的影响是根深蒂固的。当年寒假，艾青从金华返回畈田蒋。一天，他对父亲说想去投考广州黄埔军校，"但是他却沉默着，两眼混浊，没有回答"。话显然很难再谈下去。父亲的冷漠，对艾青的刺激不小，他当然也明白，这个要求不止拂逆了父亲对自己的希望，而且也伤了父亲的心。对这场父子冲突，很多年后艾青还记忆犹新。可以说，由此也形成对父亲比较固定的看法："他是一个最平庸的人，因

---

① 《艾青全集》第 3 卷第 165、121 页。

② 《艾青全集》第 3 卷第 165、121 页。

③ （澳）冯兆基：《军事近代化与中国革命》第 112—116 页，上海人民出版社1994 年版。

为胆怯而能安分守己，在最动荡的时代里，度过了最平静的一生。像无数的中国地主一样，中庸，保守，吝啬，自满，把那穷僻的小村庄，当做永世不变的王国。"[①]因此，这种冲突在艾青和他父亲之间是不可避免的，在表面上，它以"稳定"和"漫游"的对立形式显露出来，而实质上它却反映的是两代人对大革命截然不同的两种人生态度。

开学不久，国内形势发生了急剧变化。1927 年 4 月 12 日，刚刚在上海立足的蒋介石突然发动反革命政变，不仅到处捕杀共产党人，甚至纵兵滥杀无辜百姓。轰轰烈烈持续不到一年的大革命，毁于旦夕之间。外界传来的消息越来越严峻，据闻：转入殿塔村隐藏的七中学生领袖、中共县支部负责人钱兆鹏，于 6 月 6 日被捕，旋被处死。又听人说，七中藏有钱的同党，军警要进校搜查，校园里的空气骤然间紧张起来。艾青突然觉得自己生活在恐惧的世界里：白天在教室，他总见着有几位同学在窃窃私语，似乎躲着他似的；晚上即使夜已很深，还隐约听见有人在蚊帐里收拾着什么。几天后，艾青不祥的预感终于被证实了。一天早晨，紧急集合的哨声响了，待同学们乱纷纷从各宿舍跑到大操场，只见平索装得很革命的新任校长方豪站在台上，一脸的凶气。跟在同学身后的艾青见气氛不对，马上装着要小便的样子，急急折回宿舍，从窗户后面取出《唯物史观浅说》，将其丢到阴沟里，这才躲过了一场风险。

这一事件，给对改革社会抱有浪漫幻想的知识分子严重的教训。时在广州的鲁迅听到与自己向有来往的热血青年毕磊被惨杀的消息，而且还听说，毕磊是被装进麻袋扔进珠江的。9 月 4 日，他在《答有恒先生》的信中无比悲愤地写下了这样的文字："血的游戏已经开头，而角色又是青年。"在寓居产州的最后一个月里，他决定不再沉默，他说："泪揩了，血

① 艾青：《我的父亲》。

消了，屠伯们逍遥复逍遥，用钢刀的，用软刀的，然而我只有‘杂感’而已。”[①]已声明“闭门读书”的周作人，当他从报上得知，一些著名的知识界领袖竟联名支持“清党”，既吃惊又愤怒，他对这些所谓名流乃至对整个民族都感到了一种彻底的失望。这种极其复杂的心情，被他写进了《怎么说才好》中。他说：“我觉得中国人特别有种杀乱党的嗜好，无论是满清的杀革命党，洪宪的杀民党，现在的杀共党，不管是非曲直，总之都杀得很起劲”，“最奇怪的是知识阶级的吴稚晖忽然会大发杀人狂，而也是知识阶级的蔡、胡，身在上海，又视若无睹。此种现象，除中国嗜杀之说外别无方法可以说明”。“把杀人当作目的，借了这个时候尽量地满足他的残酷贪淫的本性”，“这在中国总是一种根深蒂固的遗传病，上自皇帝将军，下至学者流氓，无不传染得很深很重。”不幸被周作人言中，大革命失败后，“五四”时期就隐约存在着的知识分子的分化趋向，应了这残酷的“血的游戏”，其进一步的加深和公开化已势所难免。

大捕杀的风潮过后，艾青突然有了一种彻底的幻灭感。这倒不是因广州之行未果引起的，这时的他甚至想：幸亏没成，即使去了能怎样？自己曾暗暗钦羡的钱兆鹏已成了刀下鬼，那么，下一个王兆鹏、刘兆鹏又能怎样呢？艾青发现，不知从何时起，自己开始怀疑起人生这出复杂难测的戏剧来了。在显然带有“总结”痕迹的长诗《我的父亲》里，他不无沉重地写道：

革命像暴风雨，来了又去了，
无数年轻英勇的人们，
都做了时代的莫祭品，

---

① 鲁迅：《而已集·题辞》。

在看尽了恐怖与悲哀之后，
我的心像失去布帆的船只，
在不安与迷茫的海洋上飘浮……

这时，艾青行为中多少有了些玩世的味道。据他说："我在七中时，不算是守纪律的学生。毕业时我还把学校的灯泡砸坏了。学校把此事通知了我父亲，并警告说，不赔偿损失，不给毕业文凭。我父亲把我训了一顿。"①可能是在寻找解脱，或许还有其他原因，艾青忽然对写诗有了兴致。事情起因于一次旅行。1928 年春，学校组织毕业班同学游览杭州。这是艾青第一次到本省省会，难免有一种隐隐的兴奋。当时金华未通火车，到杭州只有一条简易的公路，而且也是时坏时修的状况，因此，本属半天光景的路程，由于路途颠簸，到达目的地，差不多已是掌灯时分。与金华相比，杭州的不同倒不完全是因为它的繁华，也不只因其有名扬天下的西湖风光，而是由于暂时离开七中沉闷的环境。这使艾青大半年来头次感到了心灵的松懈。艾青发觉，无论是蒙在霏霏细雨里的三潭印月、白堤断桥，还是掩藏于绿树丛中的亭台楼榭，都让人感觉似乎还生活在南宋，与刚刚过去的惊天动地的大事变毫无干系。他心中陡然生出一缕异常悲凉的隔世之感。"徘徊，徘徊在西子湖滨！/心极无聊呀，愁思绵绵！/忆起了以往的豪华，/如何能抑制心里的悲梗?"这首题名《伤怀"古来多少英雄骨，埋遍西湖南北山"》的小诗，渗透着当时诗坛正在流行的伤感的调子。与另一首口占的《湖心》一样，艾青合成《游痕(二首)》的处女作，实实在在地透露了他在大革命失败后一种茫然无助的心境。《游痕》后来刊予该校校刊《学蠡》上。艾青后来曾说："最初写诗是在中

① 周红兴:《艾青研究与访问记》第 322 页。

学时代。用八十磅的光道林钉了一册横长的本子,结了丝绳。封面上用鲜艳的色彩画了蝴蝶或紫罗兰。至今想起来是很可笑的。最初被用铅字印出来的诗,是两首感叹西湖的、吊友的诗。在每个感伤的诗句后面,拖了一个疲乏的韵脚。那两首诗,一定是受了当时正在流行的浪漫主义的影响。"[①]然突如其来的"诗兴"正如那个时代许多突如其来的"革命"一样,是很难维持得久的。所以,自《游痕》后,艾青再没写诗,而是在聊无所寄中打发着所剩无几的时日。当然,八咏楼和城北的五洞十景,也很难重新燃起这位诗人的热情。艾青想,该是到卷铺盖回家的时候了。虽然刚到7月,偌大的省立第七中学的院子,荒草却在这时令人奇怪地疯长着,让人觉出一缕来得过早的秋凉。

三 短暂的西湖国立艺术院岁月

对自己为什么把铺盖卷拎到杭州西湖国立艺术院,而不是像他所说要拎回家,艾青在文字中没有详细交代。恐怕,在他求学的生涯中,羁留这里的日子实在太短,印象轻浅,究竟缺少"写"的兴味。

1928年秋,艾青考入西湖国立艺术院。在南方,初秋时的炎热仍未解除,穿一件薄长衫,尚有汗流浃背的感觉,更不用说手里还拎着行李。因国立艺术院远在孤山,距长途汽车站较远,出车站后,艾青雇一人力车穿过市区,然后又四处向人打听,才找到学校,颇是辛苦。学校春天刚刚创办,只有半年光景,条件看起来还比较简陋,新校舍不多,多半是旧房利用。教室设在三贤祠里,照胆台暂时辟为礼堂,将总办公室一齐安排在罗苑,另外的苏公祠、白公祠和莲花松舍,就只好委屈些,分别作为男、

---

① 艾青:《我怎样写诗的》,《学习生活》第2卷第3、4期合刊,重庆1941年3月。

女学生的宿舍了。学校仅四十余亩，甚至还不如省立七中看起来气派，艾青感到有些失落。因学校刚开办，教学设施亦不够齐全，讲义多为教员临时写出，再油印若干发给学生。教学用的石膏、颜料之类，有些还是教师们七拼八凑来的。更不方便的是用水，虽说不上短缺，但要用木桶到山下水井里去拎，拎一桶管上一天，倘有人趁你不在挪用若干，就无法维持到晚上。有时，艾青写生回来，见水被人用完，又因累懒得去拎，这脚就干脆不洗。偶尔也听见有人私下骂娘的："这叫他妈的什么大学！"但艾青颇感庆幸的是，西湖艺术院拥有一批留学归来或从国外聘来的著名教授，如林风眠、李风白、吴大羽、李骧、潘天寿、李金发、斋藤佳藏（日籍）、林文铮、蔡威廉（蔡元培女儿），讲师有李苦禅等人，可谓人才济济，几乎占去南方艺术院校的半壁江山。艾青虽是绘画系第一届第二期学生，却不是本科生，这个系在当时只相当于高中或中专程度，以初中毕业生为录取对象。全班有十几个学生，年纪都在十八岁上下，教油画的王月芝、教中国画的潘天寿和教水彩画的孙福熙等老师，都是二十几岁的年轻人，课堂上一脸严肃，课下倒没有什么先生的架子。孙福熙乃北京《晨报》副刊编辑孙伏园之弟，为人谦和，颇有兄长之风，艾青与他最为亲近。

艾青对杭州似乎没有多少好感。日子一久，他发现杭州人的秉性并非如想的本分实在，"人们依然保持着中世纪的情感在过着日子，一种近似伪饰的安闲浮泛在各处"，在一种普遍戴着人格面具却偏偏装着很亲热的气氛里，艾青有种"沉闷"和"难于呼吸"的窒息感。[①] 杭州人的市井气也与金华不同：金华人是浙东人的脾气，虽有精明的一面，然而"硬气"和"诙谐"却构成其民性的底色，加上爱打抱不平，即是市井小儿，倒也透

① 艾青：《忆杭州》，《七月》第1集第6期，1938年1月武汉版。

出几分原色的憨愣来。如艾青浙江同乡周作人所说,“这四百年间越中风土的影响大约很深,成就了我的不可拔除的浙东性。”[①]这种所谓的“浙东性”,在艾青性格里分明是浸透得很深的,故当他以如此的眼光打量杭州时,自然容易生出一丝厌恶来。有回他有事路过丰乐巷,见几位烫着摩登卷发的妇人在路旁神情怪异的正谈着什么,其中一位还抽抽搭搭的,周围有一群人围着看热闹,出于一时好奇,便也拢了上去。渐渐才弄明白,几个妇人津津乐道的,无非先生夜宿不归,公公扒灰未遂之类不便于拿到街上的话题,然四周围听众居然乐不思蜀,像是完全沉浸在这极无聊的故事中了。对杭州人这般平庸的享乐主义,艾青曾深恶痛绝,他在《忆杭州》中以讥讽的口气说道:“我的画学生时代的教师们,多数仍在杭州,他们都买了地皮造了洋房。成了当地的名流,有的简直不再画画了。”[②]其实,说到底是身上“乡下人”自尊心在作祟。与其说金华县城浓厚的城乡相混意味,所透出的几分随和的土气,还能给这位农民之子留出一点生存的空间,毋宁说这一空间在十分摩登的杭州几乎是不存在的。沈从文的小说《棉鞋》,曾入木三分地写到主人公村弟在都市生活中的困窘处境,美籍学者金介甫认为,这个“村弟”其实就是当时的沈从文自己。在谈到二三十年代进入都市的中国“乡村籍”作家时,金氏说:“在都市,即使是混得不错的乡下人,也没有自己独立的文化,他们同这个城市的价值情趣是格格不入的。很多人,很可能大多数人,会自以为他们比城里人在道德上要高明,即使如此,他们仍然得保持乡下人的格局。”[③]在内心深处,很难说艾青就没有相类似的“棉鞋情结”……

即使这不是主要的,恐怕也是其中一个原因,在西湖艺术院,他迅速

---

① 周作人:《雨天的书·自序二》。

② 《艾青全集》第5卷第5页。

③ (美)金介甫:《沈从文传》第150页,湖南文艺出版社1992年版。

转向了孤独。在这种很不愉快的处境中，艾青有过一次朦胧的“单恋”，“我曾凝视过一个少女的侧影，但那侧影却不曾在我的画册上留下真实的笔触之前就消隐了”。这位少女是艺术院学生，还是写生时偶遇的，或许出于自尊，在文章里艾青仅留下一点相当吝啬的笔墨。有幸的是，孤山所处的地理位置，为这位心怀不遇的画家提供了难得的安放孤独魂灵的小小空间。沿着古树遮蔽的山道直达孤山山顶，极目四望，周围简直就是一面不断展开和延伸着的画板。近处乃跨虹桥、玉带桥，稍远则是山峦起伏、翠竹苍松的三竺。左面隔湖可及湖心亭、阮公墩和三潭印月；向北远眺，保菽塔尽收眼底；再往东看，就是星星点点的白堤、平湖秋月和锦带桥了。不用离开孤山半步，这空濛的山光水色仿佛就是一幅天然神妙的泼墨，只需三勾两画，即可出手成画。艾青喜欢在早晨作画，往往天刚蒙蒙亮，同屋的人还在酣睡，他已在孤山露水打湿的山道上了。他喜欢独自在寂无一人的小路上漫无目的地走着，仿佛在畈田蒋，想到羊乔山去拾几片枫叶，或放学路上，倘有些疲倦，索性往禅定寺前的河滩上这么一躺，是极随意的。人生就像笔直向前的路，是不可能重新开始的，它没有“第二次”，而这绝无返回的处境，正是艾青一次次陷入孤独的最深刻的根源。他说：“那时的我，当是一个勤苦的学画的学生，对于自然，有农人的固执的爱心；对于社会，取着羞涩韵嫌避的态度……因为自己处境的孤独，那种飘忽与迷蒙，清晨与黄昏的，浮动着水蒸气的野景，和那种为近海地带所常有的，随气候在幻变的天色，也常为我所爱。”①奇怪的是，对于杭州，艾青除为了完成作业画若干速写之外，并不曾特别留心，自然，也不会留下关于杭州的作品。正像后来，他虽长期待在都市，频频出现在诗歌中的却多是北方乡村和故乡的意象一样。这一世俗生

① 艾青：《忆杭州》。

活与艺术生活之间的背离，只能解释为活动在他富有想象力的世界里的，从来都是他的“乡下人”的刻骨铭心的“记忆”，而非其他。他参加学校画展的作品《桥》，即是这种心理的微妙反映。画的构图并无特别新颖之处，画面的中央是一座孤零零的桥，围绕着桥的则是飘忽与迷漫的雾。作品使熟悉艾青的同学立刻联想到作者本人，借助迷雾中的桥则想到他茫然悲凉的心境。艾青画的就是他自己。据说，钟敬文看了这幅画后感慨地说，画里的东西比它的技巧更令人难忘。艾青本人也承认，他总是“用自己喜爱的灰暗的调子，诚挚的心，去描画自己所喜爱的景色。”①

擅长表现俄罗斯农村衰败现象的屠格涅夫，就是在这个时候进入艾青的视野的。屠氏最先吸引他的作品是《猎人日记》。别林斯基认为这部作品的成功是因为“他以他从前任何人都没有这样接近过的角度接近了人民。”②而在艾青，可能是作品中所散发的浓郁的乡村原野的气息，以及其中对农民的深刻理解和同情，强烈地唤起了他对故乡的回忆。这种回忆，恰恰是他得以摆脱孤独和自卑的重要因素。据他说，那时他“对于社会，取着羞涩的嫌避的态度；而对于贫苦的人群，则是人道主义的，怀着深切的同情——那些小贩，那些划子，那些车夫，以及那些乡间的茅屋与它们的贫穷的主人和污秽的儿女们，成了我作画的最惯用的对象。”③正是在这里，《猎人日记》中形形色色人物的命运，唤起了艾青心中似乎与生俱来的感情共鸣。他记得，短篇小说《里郭甫》写苏绰克(俄语即树杈的意思)和土地被主人转卖七次，换了七个主人。主人们完全把他当牲畜用，毫无人身自由可言，一会儿当厨师，一会儿当马车夫，当小厮、咖啡师、园丁和猎犬师等。最后，女主人出于恶作剧心理，竟让他

---

① 艾青:《忆杭州》。

② 屠格涅夫:《猎人日记》第 5 页，人民文学出版社 1979 年版。

③ 艾青:《忆杭州》。

到一个连一条鱼也没有，且永远也不再会有鱼的鱼塘去当渔夫。他活到六十多岁，却始终没有正式的名字，主人随意赐他一个污辱性的名字，村里人则喊他为“树杈”。艾青对屠格涅夫笔下霍尔和卡里内卡这两个稍有觉醒的农民，也颇为赞赏。卡里内卡属于俄国乡村社会里的浪漫主义者，他热爱自然，乐天知命地过着穷苦的独身生活。他擅长养蜂，但也精于养马和治病，假如没有他，“波鲁特金先生一步也走不动”。他伺候主人，然而“毫无卑屈的态度”。他会弹琴，爱唱歌，且“很悦耳”。他注视朋友霍尔的神情，使有教养的“猎人”也感到吃惊：“我实在料不到农人也有这种温情。”屠氏对农民如此深刻的观察大概当年使艾青很受震动，以致在后来谈到大堰河时尤有触及，他说：“我的保姆为了穷得不能生活的缘故，把自己刚生下的一个女孩，投到尿桶里溺死，再拿乳液来喂养一个‘地主的儿子’——我。自从听了这件事之后，我的内心里常常引起一种深沉的愧疚：我觉得我的生命，是从另外的一个生命那里抢夺来的。这种愧疚，促使我长久地成了一个人道主义者。”①除上述之外，屠格涅夫对 19 世纪处在俄国社会急剧变革中知识分子的深刻认识，也令艾青吃惊。灯下披览，他甚至觉得这是屠氏在与自己对话，仿佛自己心灵的虚无和惶乱，也被他显微镜般的眼睛看穿了。在《父与子》中，当阿尔卡狄向他父亲介绍巴扎洛夫时说：“他是一个虚无主义者。”作者是这样写的：

“他是一个虚无主义者，”尼古拉·彼得洛维奇说，“依我看，那是从拉丁文字来的，那么这个字眼一定是说一个……一个什么都不承认的人吧？”

“不如说是，一个什么都不尊敬的人。”巴威尔插嘴说。

---

① 《艾青全集》第 5 卷第 47 页。

又如巴扎洛夫与阿金左娃在一起谈到爱情：

阿金左娃说："我的理想是：不完全则宁无，一个生命换一个生命。拿我的去，给你的来，没有后悔，没有回头。否则不如不要。"

"唔，"巴扎洛夫说，"那倒是公平的条件，我很奇怪您到现在……还没有找到您要求的东西。"

"您以为把自己交给某一样东西是容易的事吗？"

"倘使一个人考虑起来，等待起来，而且给你自己定了价，我是说，把自己看得很高，那就不容易了；可是不用考虑就把自己交出去却是非常容易的事。"

"人不能不把自己看得很高呢！倘使我没有一点儿价值的话，谁还用得着我的忠诚呢？"

"那不是我的事，要找出来我值多少，那是别人的事情。主要的是能够献出自己。"

阿金左娃抓住这句话问："可是您能献出自己吗？"

"我不知道。我不喜欢吹牛。"他答道。

似乎，阿金左娃和巴扎洛夫道出的正是自己内心里的磔刻疑惑，是把自己"看得很高呢？"还是视为很低？在把自己"交出去"与"不交出去"之间，是否用得着"考虑"？这使艾青想到，大概任何时代都有属于自己价值观的"潮流"。问题在于，自己是随潮流而走，还是留下来，看看"再说"更为妥当？有意思的是，艾青并没有以这玄奥不解的人生问题就教于本校教授，也是当时声名火炽的象征派诗人李金发，甚至未曾读过他的诗。

在回忆杭州求学的经历时,艾青说:“西湖,是我艺术的摇篮,但它对于我是暧昧的,痛苦的。它所给我的,是最初我能意识的人生的寂寞与悲凉。”[①]由此可见,他是在最初这一阶段获得了人生的自觉意识,才可能如此地痛苦辗转。这种认识,使他的“故乡”的概念和情感,发生了极其微妙的变化:此前故乡是他飘浮的羁旅生涯中的固定的因素,而现在,一种更加宽泛的人类之爱替换了相对狭隘的故乡之爱。故乡演变成更超脱的一种文化精神。这种变化对艾青以后的发展显然是至关重要的。

但它也意味着这是对杭州时期的一种告别,因为,它对艾青精神的成长,毕竟空间太小。

① 艾青:《忆杭州》。

第三章 “我喜欢艺术的法国”(1929.春—1932.1)

一 上午干活,下午学画

促成艾青赴法留学的是西湖艺术院年仅二十八岁的院长林风眠。在《母鸡为什么下鸭蛋》一文中,艾青回忆说:“我在那儿(笔者接:指西湖国立艺术院)学习不到一个学期的时间,院长林风眠看了我的画之后说:‘你在这儿学不到什么,你到外国去吧。’这样的一句话,使我在第二年的春天敢于冒险,出国到巴黎了。”对怎样留学,艾青交代的未免简单,但事实却未必简单。那么,其中的重要环节是什么呢?艾青当时在艺术院并不是知名的学生,因教务缠身,且自己也是名画家的林风眠,不可能很快就注意到他。其中,定然有个赏识艾青而且与林比较接近的第三者。这个“第三者”极有可能是艾青最喜欢的教员孙福熙。据艾青小妹蒋希宁说“哥哥留学时,孙福熙是请来做父亲工作的‘说客’。”可见,倘艾、孙二人关系不密切,孙不会风尘仆仆地从杭州大老远地赶到金华,替学生做家长的工作。他这么"用力",证明他是艾青留学的"始作俑者",是他介绍艾青认识了林风眠,并以教员和朋友的双重身份极力推荐的。林风眠或许是看了艾青的画,才最后认可孙的举荐和促成这件事的。然而,出国留学并非易事,一是要经过复杂的考试和履行若干手续,倘没有奖学金资助,所需经费是非一般家庭能够撑持的。据留学早艾青近二十年的胡适回忆,应试分两场进行,上午一场考国文和英文,下午一场再考其他科目,场内气氛甚为紧张。倘有幸录取,被录取者得留在京中肄业馆预备半年至一年,然后才获准出洋留学。[①] 至20年代末,官费留学的"预留期"被取消,在方式上也有较大改动,出现了官费与自费并举的现象。艾青属于校方向法国推荐、自费留学的性质,因所需经费数额较大,旅费及到法国后一段时间的生活费也要自己负担,与胡适当年留学几成天壤之别。1910年6月30日,胡适在致母亲的信中,对优厚的官费生待遇颇为自得,甚而将其与振兴家族联系起来,"吾家家声衰微极矣,振兴之责,惟在儿辈。而现在时势,科举即停,上进之阶惟有出洋留学一途。且这次如果被取,一切费用皆由国家出之。闻官费甚厚,每年可节省二三百金。则出洋一事,于学问既有益,于家用又可无忧,岂非一举两得乎?"[②]艾青意识到,因为经费"甚忧",欲出洋,父亲这关不可不过。寒假艾青回家。一天,见父亲情绪尚好,就去东厢房讲了留学一事。半晌,蒋忠樽抬了抬眼皮问:"官费还是自费?"艾青犹豫片刻,只好说了实话。蒋忠樽一听,立即坐起身子,张口就是一番训斥。意思是,本想让你学经济或法律,业,日后还可以回来接下祖业,你偏偏学什么绘画。你只读一学期,又异想天开要留洋。此等不肖之子,将来又与纨绔子弟何异!他气一上来,

---

① 白吉庵:《胡适传》第45—46页,人民出版社1993年版。

② 1910年6月30日《胡适致母亲信》。

便猛烈地咳嗽起来,一边咳一边骂。艾青苦无良策,就写信把计划一同赴法的老师孙福熙搬来。见是儿子的先生,蒋老先生脸色有所缓和,并将孙让入兼作书房的东厢房闲谈。孙福熙在蒋家只做了两天客人,即起程回杭。由于孙氏说项并担保,蒋忠樽勉强同意了儿子的要求。据艾青说,“就这样,我骗我父亲说外国留学回来可赚大钱,他给了我去法国的路费,我就跑出去了。”①蒋希宁后来回忆说:“父亲给了哥哥一千块鹰洋做盘缠,另外四百光洋,是母亲私下给他的体己钱。当时留学时兴学经济、法律或者工科,想必是回国比较实用,对学艺术,是不屑一顾的。从家里境况看,当时还算得上殷实,但负担一个留学生,却难免显得吃力。”②

然而,真到踏上旅途,艾青的心情又有些黯淡。1929 年春,他与老师孙福熙、其兄孙福源③、同学雷圭元、俞福祚和龚珏等结伴由杭州出发,经上海前往巴黎。他们乘的是艘法国邮船,为了省钱,买的是三等舱票。说是三等舱,条件其实相当简陋。床铺挨着床铺,所余空间甚小,如有人抽烟,空气更显污浊;稍不留意还会碰着脑袋,所以只能低下头,才好出得舱门。当时,邮船需经香港、西贡、科伦坡,然后绕道苏伊士港,最后才抵达巴黎,因路途遥远,航期约一个多月。船除了在停靠的码头补充淡水和食物外,基本上是在漫无边际的大海上航行,遇有风浪,还会有顶厉害的晕船反应,因此,生活不只寂寞,甚至近于无聊。稍晚留法的诗人戴望舒对此深有体验,并略有记载:“现在我全然后悔远去法国的轻率而愚蠢的决定。离开所爱者去远方是为了什么?如果可以,我真想返回。”之后(即 1932 年 10 月 22 日),他又记道:“如此的寂寞,使我不禁要

---

① 《与青年诗人谈诗》,《艾青全集》第 3 卷 459 页。

② 据蒋希宁 1996 年 6 月 12 日在北京西单家中谈话。

③ 孙福源,即孙伏园(1894—1966),北京《晨报·副刊》编辑,鲁迅的学生与友人。

哭了。整整一天沉浸在神情恍惚中。""我们好像在沿着内陆的航道航行。萨茫大海,除了蔚蓝色的无垠的洋面,无物可看。偶尔有一些飞鱼和飞鱼般的海鸥绕船旋飞,仅此而已。"[①]虽然艾青当时没留下任何笔墨,但由此可想象他当时的心境。他发自心底的深刻忧郁,终于在十二年后得以发泄:"早晨的阳光照在石板铺的路上,/我的心在怜悯我的村庄,/它像一个衰败的老人,/站在双尖山的下面……/再见啊,我的贫穷的村庄,/我的老母狗也快回去吧!/双尖山保佑你们平安无恙,/等我也老了,我再回来和你们一起。"(《少年行》)刚踏出国门就想到"还乡",的确不是出洋留学的准确感觉。艾青想,当你一旦确定了目标,你又即刻陷入怀疑。

那么,在近于苦涩的感觉里,他在寻找什么呢?

抵巴黎的当天,艾青与雷圭元、俞福柞等落脚市郊的玫瑰村,住在法国人格里姆家。这也是不得已,市中心的租金贵得惊人,没有厚实家底,着实很难问津。一打听大学学费,也颇令人咋舌。当时留学生分为两类,官费学生并不为衣食所虑,所以个个都有优越感;自费生的境况则普遍糟糕,不单交不起学费,生活也竟成问题。据施蛰存回忆,手头紧缺是戴望舒给他信中讨论的主要问题。因经济拮据,施要求戴"电报也还是少打,太花钱了"。有一个时期,戴曾因"不耐贫困急于回来"。后来,甚至发展到"一度在华人开的树声楼饭店吃包饭,由他的好友陆懿付钱"。[②] 处境的确难堪。由于父亲突然中断寄款,艾青也不得不转与戴望舒们为伍,过起半工半读的日子。起初,艾青与俞福祚是在一个美国人的工艺作坊打工。这家作坊专做中国漆的加工。坯子材料为铜质,盒

---

① 引自 Gregory Lee:《Dai Wangshu—The Life and poetry of a Chinese modernist》,香港中文大学出版社 1989 年版。

② 见施蛰存 1933 年 1 月 15 日、9 月 5 日给戴望舒的信,《戴望舒》,香港三联书店版。

子是现代图案,比较考究。工作分若干程序,一道道衔接进行,艾青属最后工序,模仿买主的签名,描在打火机和香烟上。这工作唤起了艾青幼时的徊忆:在育德小学读书时,凡遇自习,自己总是偷偷在下面捏小泥人。江南土质性粘,不易松散,若做人像,可以有极细腻的表现,因而捏成的人物,不惟有头有脸,而且嘴巴、鼻孔和耳朵相通,朝里喷,二口烟,尚有“七窍出烟”的效果。这种儿时的游戏,练就了艾青一双巧手,但他却没想到,它在十余年后激烈竞争的生存环境中竟被派上了用场!如今回想起来,是既辛酸又略带苦味的。描打火机不比描红,只是机械的操作,毫无艺术性可言,天天如此,未免显得枯燥,艾青偶尔也觉厌烦。好在它并不繁重,若按件计酬,每天可得二十几个法郎,一月下来,尚有六百元收入,基本可免生活之虑。虽然艾青一向淡手钱财,但在用度上不得不倍加小心。他想,每月除去五十法郎房租,尚余五百五十法郎,倘吃饭每餐五法郎的饭食,加上略添书籍,极可能出现赤字。所以,他把每餐五法郎改成三法郎,将热量的摄取控制在最低限度。在玫瑰村这段日子,最难以忍受的还不是打工,而是房主格里姆的喧嚣。格里姆开的是一家自行车小装配铺,白天叮叮当当的,往往是艾青干完一上午活刚回来躺下,就被吵醒。格里姆还是个酒鬼,如果喝醉了,不仅装疯卖傻,还在客厅大嚷大叫,令人啼笑皆非。

艾青和俞福祚后来搬到巴黎第六区伏西拉尔大街一个葡萄牙人开的里斯本旅馆,除讨厌格里姆,可能还有看画方便和新住址价格低廉一层的原因。艾青所住的小房因有下水道,房价比其他房间要低。女老板心不算黑,对穷学生能容忍拖欠房租,也不催逼。这令艾青和俞福祚大为感激。在二三十年代画家的心目中,巴黎是艺术的首都,这里云集着来自世界各地的画家和流亡作家,画廊遍布大街小巷,不少画廊在世界画坛首屈一指。午后的塞纳河,在阳光下静静流淌着。河边有三三两两的钓鱼者，睡午觉的流浪汉用破草帽盖着脸。艾青经常从这里到塞纳路，花钱买张门票，然后整个下午都待在画廊里。当时，巴黎正盛行野兽派和立体派画风，除少数画廊展出印象派作品外，多数画廊基本为前者占据。与立体派比较，野兽派简单而富有激情的手法更令艾青倾心。亨利·马蒂斯(1869—1954)是野兽派的领袖人物，早年在巴黎装饰美术学校和美术学院读书，素描基础和写实功力扎实。后因受塞尚和高更影响，画风转为单纯、狂野和富有装饰意味，其中《舞蹈》、《棵妇》倍受人们青睐。在艾青眼里，野兽派画家不重形而重表现主观意志，忽视轮廓、细节而崇尚夸张线条和强烈色彩对比，是生命洋溢的一种活力，就像故乡的斗牛，牛性一旦被人激起，便生死不顾，恰恰是充实、自由的生的证明。于是，他有些欣赏那些喝劣质酒、在街头神情恍惚的流浪汉，他们率性而为，喜怒于形，竟有几分像畈田蒋附近的那些乞丐，是并不以穷为耻的。每逢村人办喜事，照样贺喜的贺喜，闹房的闹房，最后，像其他客人一样有桌酒席。在艾青看来，乞丐的人格并不一定就比“上等人”污浊。野兽派的画，唤起了他异常亲切的感觉，正如他在拉乌尔·杜飞的《画家在勒阿弗尔的画室里》所享受到的轻松一样。几年后，他还由衷地赞叹道：“乌脱里育是从野兽派的运动遗留下来的一个，因为他能较现实地捉住城市陋巷与污浊的万家屋顶这些题材，使他的作品，在野兽派已盖棺了的今日，还多少有存在的命运。我们很少在他的作品里寻找到一些抄袭自遗传的东西，无论是色彩、笔触、描图，作者都有他自己独特的处理的天才。”①奇怪的是，艾青还从乌氏小市民题材的作品中，找回了他在巴黎一度遗失的反城市的“乡下感”。他说：“他的作品的大部分，是巴黎的小市民式生活的巢穴，在商业的店铺门前，常常是着 19 世纪衣饰的老

① 《乌脱里育》，《艾青全集》第 5 卷第 337 页。

妇、小手工业者、泥水匠。他对这些感受得最真挚,于是表现这些也较迫切些。他爱小街的墙角,破落了的墙角,被尘灰的重压所枯萎的街树,磷石铺成的行人道,巴黎的永远是灰色的天,无光的白墙,褪了色的店铺门面,一切凋落了的小市民的东西,他都用似乎是和它们共同相依的命运的态度去感受它们。”①

当时,散布在巴黎各处收藏馆的后期印象派画家的作品,对异国的青年习画者也颇具吸引力。据艾青回忆,他与吴作人初次看印象派画展时,曾为他们不同寻常的“经历”所激动。听看门人介绍,马内、莫奈、德加、塞尚和雷诺阿也曾默默无闻,因反对学院派艺术,作品始终不能在官方沙龙中展出,因此,对官方的检查制度抱有强烈反感。1866 年前后,他们经常聚集在巴黎盖尔波瓦咖啡馆,商讨如何利用光学和色彩学上的科学成果,探索一条艺术的新路。就在八年后,他们终于以“无名的艺术家、油画家、雕刻家、版画家的展览会”的名义,在一片斥骂声中“暴得大名”,给法国画坛以极大的冲击。这也使他第一次领略到了法国人独特的气质,“无论我写诗,还是他作画,都共同感到法国的存在”。② 而这所谓法国人的“气质”和“存在”,这被人称之为“法兰西”的东西,艾青通过观察发现,它大概就是同这个民族的历史一样漫长和根深蒂固的想象力了。这一非凡的“想象力”几乎弥漫在印象派画家每一幅作品的构思和色彩里。看莫奈的画,艾青那根忧郁的心弦,被深深地触动了。他觉察到,在作画时,莫奈沉浸在光和色彩无比奇妙的实验中,他把太阳中的光和色彩分解出许多明亮而单纯的单色,用这些单色错综交并地组织在画面上,成为变幻多端的光与色彩的灿烂组合。莫奈享有盛名的《在哈佛

---

① 《乌脱里育》,《艾青全集》第 5 卷第 337 页。

② 《在授勋仪式上的答词》,《艾青全集》第 5 卷第 306 页。

海岸的露台上》、《林荫道上》、《圣格拉尔车站》、《学景》等，首先吸引人的是华丽的色彩和鲜明的阳光感受，其次才是模糊不清的物象。艾青记得，自己不止一次地在故乡羊乔山目睹了这壮观的场面。两年前的夏天，当他初次听到七中学生领袖钱兆鹏被杀的消息，除了极度的恐惧外，第一次有了彻底的幻灭感。生与死，幻灭与企求，原来距离竟如此之近，如此之变幻莫测！冥冥之中，他感觉自己的心与这异族画家居然有一种不可思议的心灵感应。生命，不，应该说万劫不复的阳光所赐予人的生命，才真正是一种非时间、空间所限和不可征服的事物。一次，艾青在书摊上看到一本杂志，其中有著名作家左拉的文章《爱德华·马奈》，他惊叹于左拉对马奈技法深刻的理解，直到书贩收摊，他才发觉自己的失礼。所幸书贩也是马奈的崇拜者，见艾青如此沉醉其中，反而以笑表示理解，并未恶畜相赠。左拉写道：

> 爱德华·马奈一般总是把调子定得比实际亮一些。他的画，亮而且鲜，光度始终如一而且稳定。他爱用大片白光柔和地照射对象。没有一点故弄玄虚的效果；人物和风景沉浸在充满整个画面的一片特别轻柔、流畅的透明气氛之中。
>
> 其次使我震惊的就是对调子变化规律的信守不渝。当他面对某一个对象时，他就全神贯注地开动自己的视觉，观察这个对象的各种不同互相影响的颜色。例如，一个位于墙壁背景之前的某个人的头部，就变成为一个仅仅是位于或强或弱的灰色背景之上的或强或弱的亮斑；一件与身体相对比的衣服，就变成为一个同或强或弱的白色块并列的或强或弱的蓝色块……由此而产生一种强烈的单纯感，几乎完全没有细节，有

的只是一个由精练、准确的局部所组成的整体,这些局部在一定距离上造成画面的一种动人心弦的浮雕感。

左拉对马奈的评价给艾青留下了深刻印象,或者说,马奈对事物深刻、准确的表现力给了他强烈的震动。马奈对他后来诗歌色彩表现的影响,大概就开始于这一时期。无论《乞丐》、《雪落在中国的土地上》、《向太阳》,还是《吹号者》和《火把》,在光线色彩的对比及用心上,大约都可以看出马奈的某些痕迹的。

除了观赏,艾青下午时分主要是到蒙巴那斯大街一家“自由工作室”画人体素描。他所以选择这里,一是因为该室门票比较便宜;另外一个原因,则是颜料太贵,画油画不如画素描省钱。由此可见,艾青当时经济上是比较窘迫的。来这个画室的多半是穷留学生和本国的流浪艺术家,因为语言或其他原因,艾青与他们只是一般认识,没有深交。艾青颇觉庆幸的是,“自由工作室”经常雇有模特,这得以使他弥补油画训练上的缺陷,从素描方面打好基础。然而,不能在油画上有所发展,毕竟是一个严重的缺陷。艾青当时事实上面对的是进退两难的处境:出于反学院派与付不起学费的原因,他不会读艺术学院,受到严格的油画的训练;问题是,仅仅“泡”在业余性质的画室,要想在人才济济的巴黎画坛崭露头角,希望可以说极其渺茫。应该说,这一“处境”是颇为尴尬,也是非常痛苦的。事隔多年,从艾青回忆的语气里,人们仍能隐约体味到某种余痛来。他说,那时所谓作画,“也不过是通过简练的线条去捕捉一些动态,很少有机会画油画。只记得曾有一张画几个失业者的油画参加了‘独立沙龙’的展览。那张画上我第一次用了一个化名‘OKA’,后来我有一些诗就用了‘莪伽’这个笔名。”接着,他又补充说,“我没有条件进行有系统的学习和阅读，只能接触到什么吸收什么。”[①]在夹杂着自卑、愤愤不平也许还有某种嫉妒的复杂情绪之中，是很容易派生出诸如反学院派、反传统的心态的。在晚年的重要记述中，他特别给一篇文章标以《母鸡为什么下鸭蛋》的题目，除了谈创作缘由，恐怕还会有值得品嚼的某些东西吧！可以想象，艾青的心情一定不会轻松。他后来的诗《画者的行吟》对此也曾有所记述：

沿着塞纳河
我想起：
昨夜锣鼓咚咚的梦里
生我的村庄的广场上，
跨过江南和江北的游艺者手里的
那方凄艳的红布……

以“游艺者”手里那方凄艳的红布自比，未免太凄惨了些。前途渺茫的人，是很容易产生类似漂泊无着的联想的，或者说，当你面临多种人生的选择时，“荷戟独彷徨”几乎也是一种曲曲折折的生命的映照，是无法避免的。

二　读书、生活及其他

在巴黎，艾青的另一嗜好是买书和读书。买书的目的除了购得若干书籍之外，最大的乐趣莫过于一个“逛”字。“逛”的实际含义不在于是否

① 艾青：《母鸡为什么下鸭蛋》。

“买”到,而在以一种闲散与欣赏的态度在书摊上浏览,一本一本、有一搭没一搭地翻看着什么。如果急匆匆抱着某种极明确的目的,或极热烈的愿望前去搜购某书,而且给弄得一头大汗,是全然体会不到“逛”的乐趣的。但倘在翻捡中偶尔发现一本好书,自然也会感到高兴,将它买下来。正因为是出于逛的目的,所以艾青每次去书店,通常不坐有轨电车,多半徒步而去。先是顺着约可伯路、大学路走,然后从巴克路拐到五桥路,旧书摊由此开始,如走到头,大约有几里路的样子。他常常从这一家书摊出来,接着又踅入另一家,看书是先看封面装饰,若封面比较独特,即特别留心。然后再看书的内容,凡有吸引人之处,干脆就当成自己的书阅读起来。果真见到很喜欢的书,恰好身上又没带钱,有时也同书商装出讨价还价的样子,如此有两个好处:一是可以得到某种满足,二是真的想买,先讲好价钱,下回再买也不失一个参考。怀中有点钱,就像技痒一样,总要蹭到书店去,每回都把早先已看好的书搜罗一空,于是和俞福祚相视一笑,道:“又光了!”这话不乏当学生的幽默,或说穷学生的“苦趣”吧。但这种时候并不常见,每月打工所得,除去买画廊门票、吃饭,已经所剩无几,买书实在是清苦生活中的一种奢侈。好在逛书摊成了额外的补偿,还可从加路赛尔桥到新桥,经圣米式尔场、小桥最后抵须里桥,浏览街景,一饱眼福。如尚有余兴,还可到塞纳河右岸专售鸟石鱼虫的商行观赏,不仅能勾起孩提时的某些回忆,对个别价格低廉的小玩艺还能偶尔购得一二,拿回旅馆去赏玩。以至在晚年,艾青对自己这一“收藏癖”还津津乐道:“人各有癖好。我喜欢收集小工艺品……我常常为了想购买一个海螺,往返几次,徘徊在商摊旁边。”①

买书当然是为了读书。艾青首先接触的是译成法文的俄国诗人布

① 《我曾经喜欢……》,《艾青全集》第5卷第280—281页。

洛克的《十二个》、马雅可夫斯基的《穿裤子的云》、叶赛宁的《一个流浪汉的忏悔》和《普希金诗选》等，这种选择可能是因为受了国内热衷介绍弱小国家文学作品的风气影响的缘故，如鲁迅所说："包探，冒险家，英国姑娘，非洲野蛮的故事，是只能当醉饱之后，在发胀的身体上搔搔痒的，然而我们的一部分青年却已经觉得压迫，只有痛楚，他要挣扎，用不着痒痒的抚摩，只在寻切实的指示了。"[①]艾青后来说，自己"强烈排斥'学院派'的思想和反封建、反保守的意识结合起来了"。[②] 然而，这大抵与他的个人气质也有些关系。他在《我怎样写诗的》中，承认自己性格是有些神经质的，"我的思想活动是终日不停止的。我的脑在睡眠之外没有休息。我常常为我的脑痛苦；为了强迫它休息，我常常楼上楼下地走，在喧嚣的大街上走，在奔忙着的人群里走……"。他曾经幻想过那种马雅可夫斯基式的极其简单的生活，"有一架自行车，一架打字机，一架电话机，外用访客衣服，以及雨伞，等等"。他对"揉皱过的原稿纸"非常敏感，"钢笔一漏水"，也会波及他的情绪。[③] 所以他对命运多舛的这位俄国诗人似乎有种本能的认同感。当他听到马雅可夫斯基自杀的消息时，不由得"感到惘然"，如同失去了一个相知的友人，及至五十年后还回忆说，他"死时留下一个纸条：'生命的小船，触上爱情的暗礁。'"[④]马氏在成为社会主义现实主义诗人之前，曾是俄国立体未来主义诗歌的中坚人物，他提倡自由主义，反对现实主义，否定古典文学遗产，随意制造生词，喜欢声音的模拟组合，以极度夸张的幻象来表达诗人的主观感受，一时被年轻的艾青引为知音。对布洛克诗歌中的深刻与神秘，他也极其佩服，但不免

---

① 鲁迅：《南腔北调集·祝中俄文字之交》。

② 艾青：《母鸡为什么下鸭蛋》。

③ 艾青：《我怎样写诗的》。

④ 《关于叶赛宁》，《艾青全集》第3卷第565页。

怀着几分敬畏,以至后来竟又疏远了。在所购置的书籍中,叶赛宁渗透着深深忧郁的诗篇令他久久难忘。在叶氏所写的小传里,他发现,主人翁的“命运”与自己竟如此相似:从小被寄养,在乡村成长并浸渍着乡下人的气质,厌恶大学,只读了一年半就辍学回乡,“离开乡村以后,我不得不很久才搞清楚自己的生活方式”。一方面,他深爱着俄国的农村和大自然,深爱俄罗斯农民的勤劳及纯朴的习俗;另一方面,又对农民悲剧性的历史宿命深怀忧虑。他一生都矛盾重重,既高呼革命的到来,新旧思想的冲突又迫使他陷入对革命的深刻怀疑之中。那些年,辗转于都市与乡村之间的他,就像一个痛苦不安的幽灵,犹如一片凋零的树叶在萧瑟的风中徘徊不定。“我是乡村最后一个诗人,/简朴的木桥写进了我的歌声,/我伫立做告别的弥撒,/用白桦树叶来焚香拜灵。”叶赛宁幻灭意味很浓的诗句,唤起了艾青心里一种难以诉人的“预感”:这注定也是我人生的选择吗?这突如其来的感觉,使他不禁感到一阵颤栗。但他克制不住对叶赛宁的欢喜。诗人在生与死面前的复杂态度,以及异常的轻松,更叫他惊愕不已。叶赛宁曾自嘲:“我是光棍、无赖,写写诗,我酗酒、变傻”,“但我的心是热的,/趁它还未冷却生出霜花”。“再见,朋友,不相握,不交谈,/无须把愁和悲锁在眉尖——/在这样的生活中,死并不新鲜,/但活着,当然,也不叫人稀罕”。艾青惊讶他们洞察人性所达到的深度,和在大生大死之前的坦然,但同时,又拥有如此随意与镇静的心。诗人写道:

> 我是谁?我不过是个爱幻想的人
> 蓝色的眼神丧失在烟雾之中
> 我跟世上某些人一样
> 随随便便地浪费自己的青春

跟你亲吻，我习以为常
因为我吻过很多人，很多人
我说那钟情、动听的话
像划火柴一样容易、轻松

叶赛宁几乎不加掩饰的人生态度，给艾青留下很深的印象。后来他多次向人援引过“划火柴”的比喻，在谈到自己的恋爱时，又幽默地说，“我在恋爱上性急得很”。[①] 但他对叶赛宁在“时代”面前的怅然若失，似乎更有种刻骨铭心的复杂的感受。叶氏在一首诗里曾这样写道：

风雪正急速地旋转，旋转，
那是别人的马车奔驰在田间。

车上坐着一位陌生的青年。
我的幸福在哪里？我的快乐又在哪边？

啊，就在这急旋的风雪下面，
疾驰的马车把我的一切夺走了。

艾青后来回忆说，叶赛宁是患了精神抑郁症后自杀的。“他好像始终在恋爱中，被人抛弃与抛弃别人，时而悲伤，时而欢欣；他生活得颓废、狂热……”但“以旧俄罗斯农民的眼光，看着暴风雪疾驰而至的心情迎接

---

① 徐刚：《艾青》第10页，北岳文艺出版社1986年版。

了革命。他的诗充满了哀怨,留给人们以难忘的记忆”。① 在另一场合,他又补充说:“我欢喜兰波和叶赛宁的天真——而后者的那种属于一个农民的对于土地的爱,我是永远感到亲切的。”②正因如此,他相信马雅可夫斯基得知叶赛宁噩耗后说过的一句话:“死是容易的,活着却更难。”③

在中国留学生中,“混日子”者不在少数。有些官费生甚至公然出入当地妓院,带着法国女人招摇过市,俨然清末某些玩世不恭的八旗子弟。对此,艾青是颇为鄙薄的。在一种近乎沮丧的心情中,艾青也时有空茫之感。这片刻的恍惚,不久就因一个朋友带来的几本书打破了。二十年后,他回忆当时的情景说:“19 世纪俄罗斯旧现实主义的大师们,揭开了我对现实社会认识的帷幕。”《外套》是果戈理创作高峰期的一部杰作,因为作品渗透着作者对小人物命运的深刻体验和同情,故读来颇有刻骨铭心之感。亚卡基·亚卡基耶奇是个九等文官,在俄国等级森严的社会倍受欺侮,上司对他冷淡而又粗暴,年轻的同事拿他开心,连看门人也瞧他不起。亚卡基默默抄写文牍,凡事忍气吞声,做梦都幻想有一件新外套,然而,新外套刚刚到手,旋被盗贼席卷而去。从汉译本序言中艾青得知,果戈理的个人生活也是相当不幸的,他贫病交加,终生未婚。在生命中的最后几年,身无寄托,不得不在朋友家借住,缺少家庭的温暖。1851 年,他的旧病复发,身体日渐衰弱,内心矛盾也空前激烈。1852 年初春,他在把《死魂灵》第二部残稿焚之一炬后,溘然长逝。艾青把果戈理的死看作人类历史中的一次小小的“劫难”,是只能承受,而无法“绕过

---

① 艾青:《关于叶赛宁》。

② 艾青:《我怎样写诗的》。

③ 艾青:《关于叶赛宁》。

去”的。在后来的回忆中，他不失诙谐地联想到：“越过了多次仅免于死亡的灾难，我总算在人间混了七十个年头……没有一个人的经历，会和另外一个人完全相同。”[①]直至到法国之前，艾青过的始终是“学生生活”。虽然也为大革命的浪潮触及，但与那些直接投身社会实践的革命者毕竟不同，也就是说，他多半是一个生活的“旁观者”。表面上看，他在法国与这些俄国作家的相遇纯属“偶然”，其实，在文化的选择上是非常自然、也是不可能规避的。像果戈理一样，陀思妥耶夫斯基震撼艾青心灵的是他的“疾病”。他在莫斯科玛丽贫民医院里长大，目中所见多为贫困和疾病，后来又不断忍受着贫困和疾病的折磨，至死都未能解脱。所以，认为人生和病痛是不可分割的，不单成为陀氏人生观的基础，也是他内心始终焦灼不安的一个重要因素。艾青看到的《穷人》并不是陀氏最好的小说，小人物玛卡尔·杰符什金与瓦连卡爱情的悲剧也未出他意料，然而却对它情有独钟。令艾青沉迷的是作品充满着一种歇斯底里式的悲剧气氛，男女主人公的通信让他感到，生活中的一切都是不稳定、不平衡的，各种偶然的灾祸随时都会降临。对陀氏作品中高度紧张和病态的冲突，有人认为与他所患疾病及狱中经历有直接关系。在服苦役时，他亲眼目睹了刑事犯对政治犯的敌对态度，这使他对自己的思想追求非常失望，由此想到：既然人民（平民囚徒）如此敌视那些自以为了解人民的知识分子，这只能证明，革命知识分子所选择的道路在出发点上就错了。“苦役和随之而来的流放在肉体上和精神上摧残了陀思妥耶夫斯基。他的病——羊痫风——也因此加剧了……但是，他在服苦役和流放期间最不幸的后果是精神上的消沉”。[②] 这也使陀氏更深地陷入偶然性

---

① 《〈艾青抒情诗选一百首〉前言》，《艾青全集》第 3 卷第 454 页。

② 卡普·斯金：《十九世纪俄罗斯文学史》（下）第 481 页，高等教育出版社 1958 年版。

的种种幻觉之中。那时,艾青非常看重这一点,因此对他的某些主张也颇为倾心。陀氏说:“被大多数人几乎称为幻想的和特殊的事物,对我来说都常常是构成现实最本质的东西。日常的生活现象和对这些现象的公认的看法,在我看来,还不是现实主义,甚至是相反。”[①]艾青一生都没有谈自己“病”的习惯,他所以注意果戈理和陀思妥耶夫斯基与“病”的关系,显然是把它理解成东方人的忧郁了。也许正像他本人一样,身体虽没有“病”,精神却始终沉陷在不能自拔的“忧郁”当中。再说,艾青毕竟是一位画家,以这种特殊心态,容易倾心比较非理性的陀思妥耶夫斯基而疏远作家屠格涅夫和安特列夫,也是不出意料的。在巴黎时期,应该说艾青读书的特点是“多而杂”的,然而又带着鲜明的个性。就是说,艾青多半是以个人情趣来评价书的优劣的。在他看来,书于人是否有益,要看作者是不是诚实,讲了真话;其次,能否真正深深打动他。这种读书上的“选择”,对他以后的创作有很大影响,却又使他一生屡遭“麻烦”。

据说,除胡乱和盲目地在巴黎各大学旁听之外,艾青花时间最多的是学习法语。与他在绘画和写诗上显露的天赋相比,艾青的语言能力则要蹩脚得多,后来他也说:“我的法文基础很差。”[②]有意思的是,学法语却给他沉闷的留学生活带来两个意外收获。学法语使他得以深入了解法国现代大诗人阿波利奈尔、兰波,以及用法语写作的比利时大诗人凡尔哈伦,这对他由画画转向写诗,起到了重大影响。可以说,他一生的创作都是与这几位诗人紧密联系着的(因后面将有详述,这里暂略)。另外值得一提的是,学法语使他得以结识一位波兰女学生,平生第一次获得接触异性的经验。刚开始,艾青上的是一所法文补习学校,该校上课没

① (苏)勃拉果依主编:《俄国文学史》(俄文版)第 3 卷第 411 页,科学出版社 1964 年版。

② 艾青:《母鸡为什么下鸭蛋》。

有固定时间，这倒给厌倦上课的艾青，“制造”了某种方便。某日，同屋的俞福祚请一位波兰女孩担任法语教师，约定每周辅导三次，时间为七时至八时。最初几次，艾青未曾留意，印象比较平淡。日子稍久，不知怎的，每当这女孩要来之前，艾青情不自禁从心里泛起一丝兴奋，或者叫期待的那种东西。一天，女孩突然发现艾青桌上堆着许多诗集，颇觉好奇，见艾青正在看一本马雅可夫斯基的诗集，不由问道：“听说这位诗人自杀了，你知道吗？”艾青放下书说：“那是叶赛宁。”女孩马上纠正道：“不，确实是马雅可夫斯基。叶赛宁五年前死的。”艾青这是第一次与异性如此接近，以他异常敏感的心，是不会毫无所动的。但他毕竟缺少经验，一时竟找不到合适话题，好在女孩还健谈，且对文学颇有兴味，并没因此冷场。那天在慌乱中胡乱说了些什么，艾青已不记得了，只隐约记得对她滋生出某种好感，还约定跟她学法语来着。

怀着朦胧初恋的男女之间起初的交往，大凡是以借书为借口的。借书必有还书，还了并不影响下回再借，这种方式是再文雅、体面不过的了。借还书之间不仅可以不经意使对方产生极其美好的联想，它更可以使双方的来往由不自然到自然，以至有一天发现，“借还书”竟然变成心灵之间一缕细细的丝线。艾青跟波兰女孩学法语究竟有多少长进，是很难估计的，不过她到艾青住处借书的数量，却是一天天明显增加了的。起初，她倒是什么书都借，并不加以挑选。后来，艾青渐渐发觉，她对拉辛、莫里哀和雨果等作家的偏爱，似乎远胜于陀思妥耶夫斯基和波德莱尔等人。据她说，这是因为现代作家的描写“让人太压抑”的缘故。在言谈之中艾青还得知，她毕业于华沙大学，到巴黎是为了攻读心理学学位。这显然意味着，因为心地善良，故心理上不自觉地排斥“太压抑”的东西；选择心理学专业，正好印证了她有着一颗异常敏感和极其细腻的心。艾青不禁有了一种“知音”之感。不仅在读书的情趣，在生活的细节上，也是可以轻易感受到一个女性的气质的。她独居的家在巴黎郊区,坐车去需一些时辰,但非常幽静。在她宽大的闺房里,路易士式的家具疏落有致,干净而又温馨。书柜里摆满书籍,透出女主人性格中浓浓的书卷气。她不单熟知欧洲古典文学,甚至对毕加索的作品也有不俗的见解。当艾青听着她“微颤的金声”时,也会忽然有走神的时候。但奇怪的是,两人居然都没有捅破心里的这一层纸。一天晚上,图书馆里的灯一盏盏灭了,波兰女孩走出来预备回家,在环绕图书馆的林荫道上,她“恰好”与正在此处散步的艾青相遇。周围晚雾环绕、月光稀疏的气氛,是很容易在已有好感的男孩女孩之间“发生点”什么的,然而据艾青的朋友回忆:当时艾青“同她一起走路,隔得远远的,像鲁迅所说柔石一样,挺学究的”。① 艾青后来在《古宅的造访》一诗中,明显流露过对她的爱慕,他动情地写道:“当那静静的风,/拂动了静静的白的窗帷,/你开始以微温的呼吸,/嘘动你大波形的,/单薄的胸间衣皱”,不只观察到房间里特有的女性的气息,甚至注意到对方单薄的衣衫,继而涌出了一缕怜惜之情,作者本人已然起伏的内心活动,可以说是和盘托出了。尤其是“那使我遥遥地想起/拉飞尔的/充满妩媚的日子”的怅然有失的微叹,更使人相信这是一则“仅留半阙”的人生的故事,是因为女孩年岁稍长于艾青,还是他出于一时迟疑,使这一朦胧的初恋终致中断,现在已无从猜测。时隔不久,她被母亲接回波兰。艾青回国之后,还曾收到她寄来的一帧小照及书信,遂请友人代为回函,但随着他被捕入狱,两人之间的联系也从此中断了。

在此前后,艾青生活中发生的一件重要事情,就是与李又然的结识。李又然,又名李家齐、李罗曼、李则兰。浙江慈溪人,为艾青乡党,散文作

---

① 李又然:《艾青——回忆录之三》,《新文学史料》1983 年第 2 期。

家。他年长艾青四岁，曾为学徒，后入上海南洋高商和群治大学学习英文、法律，1928 年赴法国留学，就读于巴黎大学哲学系。在法期间，思想左倾，成为法共中国支部一员，并为中共欧洲刊物《赤光》秘密撰稿，对艾青有所影响。抗战爆发后，与艾青同去山西临汾民族革命大学任教，后赴延安，曾为女大、延大教员。解放初期，先在鲁艺任教，继而被错划右派，之后长期在商务印书馆供职，1984 年逝世。李又然是艾青为数不多几个保持了终生友谊的朋友之一。据李又然生前回忆，他和艾青 1931 年结为知己，但两人此前已见过一两次面的，“我记起来，在卢森堡火车站上遇见过他；他说更早，在巴比塞的《世界》周刊社主办的一次集会上见过我，留下很深的印象，从此天天在一起了。他有钱，分一半给我；我有钱，分一半给他。两人都很难向人借钱的，但都为了对方，会去借，分了用”。艾青讨厌大学，视其与教堂同类。有时被朋友拖去旁听，也不用心听讲，而在下面偷偷画某教授的光头，以为游戏。① 他与艾青的认识是颇为戏剧性的。李又然当时亦为穷学生，经常吃了上顿，下一顿就没了着落。一天，他又没了饭钱，便去巴黎的一家叫天津饭店的饭庄寻一位朋友。时近中午，朋友因故未来，而这时吃饭的人已陆续就座，为遮掩窘状，他要了一份最便宜的菜，打算一边慢慢吃着，一边等朋友来。眼看饭快吃完，仍不见朋友踪影，李又然不免有些着急。邻座一位青年似有觉察，走过来会意地说：“我来请客。”两人起身走出饭店，那青年又拿出十张饭票和五十法郎给他，待李又然跟他到寄宿的里斯本旅馆，才知他叫蒋海澄，也是留学生；更让李吃惊的是，房间里除一些画册、诗集，搞雕塑的木架子和凌乱丢着的颜料外，几乎徒空四壁。如此困窘的人，却又如此仗义，李又然不由不大发感慨了。艾青的义气，还表现在

---

① 李又然：《艾青——回忆录之三》，《新文学史料》1983 年第 2 期。

一次送一位朋友夫妇回国的事情上。当时,艾青也正预备回国,父亲寄来的几百元钱仅够他一人的旅费,但听说朋友迫切需钱,使借给了他。那位朋友表示,回国后即还给艾青。李又然后来说,这话等于白说,艾青“回来后在杭州遇见这个同学,做了官,很阔气,根本不提这笔钱。艾青也不提,只谈这个同学的一幅风俗油画。他妹妹生气,去讨这笔钱,他却不让”。[①] 令艾青庆幸的是,李又然亦乃热血忠义之男儿,在他身遭不测时,同样是在所不顾,挺身而出的。1932 年秋,李又然一回国就听到艾青被捕的消息,马上赶到苏州探监,一时激愤,甚至预谋揍狱警一顿,借此陪他坐牢。后来,又多方奔走,冒险照顾艾青,替他传递诗稿及各种讯息,令艾青颇为感动。

三 凡尔哈仑的信徒

1940 年底,艾青在应重庆《抗战文艺》之约写的一篇文章里,首次涉及他与凡尔哈仑的“关系”:“我不隐讳我受了象征主义的影响……我的诗里有些手法显然是对凡尔哈仑的学习——这位诗人如此深刻又广阔地描写了近代的欧罗巴的全貌,以《神曲》似的巨构,刻画了城里与乡村兴衰的诸面相,我始终致以最高的敬仰。而他的那种对于未来世界的向慕与人类幸福彼岸之指望,更是应该被这艰苦的世纪的诗人们公认为先知者的声音的。”[②]之后不久,他在《我怎样写诗的》一文中,再次不无好感地谈到这位比利时大诗人:“凡尔哈仑是我所热爱的。他的诗,闪耀着对于近代社会的丰富的知识,和一个近代人的明澈的理智与比一切时代

---

① 李又然:《艾青——回忆录之三》,《新文学史料》1983 年第 2 期。

② 艾青:《为了胜利——三年来创作的一个报告》,《艾青全集》第 3 卷第 121 页。

更强烈更复杂的情感。”

直至晚年，他还多次提及这个心目中的“艺术偶像”，久久不能释怀。

为什么凡尔哈仑令艾青如此倾心？

艾青后来在回忆巴黎时期的心境时说，那时他“很孤独”。显然，在经历了画家之梦的幻灭、爱情的夭折等一系列人生的失意之后，那个赴法后一直被深深埋藏在心底的“走出去”还是“返回来”的困惑，重新死灰复燃了。它啃噬着艾青敏感、有时也不免脆弱的心，摧残着已若薄翼的留洋宏志。这使他陡然发现，出国也好，回去也罢，人生不过是一个不可理喻的“圆圈”，最终都要回到起点上，为你那不能排遣的“东西”所折磨。目过辛亥革命的失败，对此早有沉痛体验的鲁迅，在小说《在酒楼上》中借吕纬甫之口说：“我在少年时，看见蜂子或蝇子停在一个地方，给什么来一吓，即刻飞去了，但是飞了一个小圈子，便又回来停在原地点，便以为这实在很可笑，也可怜。可不料现在我自己也飞回来了，不过绕了一点小圈子。又不料你也回来了。你不能飞得更远些吗？”身在五光十色的都市巴黎，艾青时常觉得就在畈田蒋的泥泞不堪的小路上，在内心深处感受不到任何的变化。他在金华，在杭州碰上的人生难题，在巴黎不仅未能“解决”，倒似乎更为深重起来。因此，艾青需要有一种东西，使他能够刻画“城里”与“乡村”兴衰的“诸面相”，在极度孤独的心境中找到另一个“彼岸”。正是在这种情形下，他与有着相同人生感受的凡尔哈仑“相遇”了。凡尔哈仑此时就像一个先知，将惶惑不安的艾青引上了另一条路：写诗。写作在本质上是不能解决生活意义上的“圆圈”一难题的，然而，它从始到终、周而复始所产生的强大旋律，却在另一层意义上使因前者引起的烦恼变得无足轻重了。这是因为，写作是一种远比世俗的存在要强大、明确、坚韧和富有诗意的人生的形式。艾青敏锐地觉察到，“我的心被更丰富的世界惊醒了。我对生活，对人世都很倔强地思考着，紧随着我的思考,我在我的画本和速写簿上记下了我的生活的警句——这些警句,产生于一个纯真的灵魂之对于世界提出责难的时候……这些警句的性质,它们包括了对于资本主义世界所显露的一切矛盾:恋爱、政治、经济、文化、艺术……的矛盾。”[①]紧接着他发现,作品里,凡尔哈仑表现出对“原野”(更广大的“乡村”)更独特和深邃的理解;或者说,凡尔哈仑看出了深藏于混沌之中的乡村灰色的灵魂,而它几乎有一种宿命的意味。凡尔哈仑是这样写的:

从很久,他们就经历麓时间
从原野到原野地走着:
牵引着或是跟随着他们的
那些伸长着的轨道上的货车,
朝向小小的村庄和小小的道路,
那些不间断的货车,轧碾出悲痛的嘶声,
白日,黑夜,
由它们的轮轴朝向无限。

——《原野》

凡氏在比利时安特卫普的圣·阿芒镇长大,由于与乡下同学接触较多,从其父辈身上感受到比利时农人深沉的苦痛。这一经历使他认识到,时间对某一个农民可能是具体的,生死病痛与悲欢离合可以以时间来衡量,然而,它对于整个农民的生存而言,则是无法来衡量的。因为,那一种“死”是真正的大死,无以表达的死。这一观念,使艾青在很长一个时

① 艾青:《我怎样写诗的》。

期里，对农民的命运始终持一种很悲观的看法。在看到埋葬士兵的尸体时，他沉痛地说："不只一次了，我体验到这些穿着草黄色的脏制服的命运，他们每日以最粗糙的草秣饲养了自己，而又以一个生命所可能贡献出的血液，毫无悔恨地，去染红了无边的暴怒了的土地——"[①]一位老妇在谈及儿子的死时，艾青发现，"她竟那么平静，像述说一只鸡死掉一样"，"而且是宿命的事"。[②] 不能不使他深感惊愕，以致无以言对。

在读凡尔哈仑的诗作时，艾青还觉察到，凡氏是站在深刻反省资本主义文明的角度描绘大都市的生活面貌的。破产农民盲目流向城市的惨状，屡屡出现在他的笔端：他们拖儿带女，背井离乡，带着舍不得丢弃的牛羊猪狗，"喝着雨，舔着风，吸着雾"，走在无尽的贫困的道路上，"脚下的大地打着圆圈，在茫茫苦海和黑夜，这圆圈，套着世界"，而城市，也并非是王道乐土。

一个盲女靠着墙
卖着五个生丁一盒的火柴，
…………
广场呀，旅馆呀，商铺呀，市场呀
这般，强烈地叫嚣着激动着暴力
而垂死者们
却徒劳地在寻找着，
应该瞑目的静寂的时刻。

---

① 《埋》，《艾青全集》第5卷第28页。

② 《乡居》，《艾青全集》第5卷第20页。

这些诗句不禁唤起了艾青对孝顺镇的回忆:十二岁时,故乡忽降大雨,两个多月不止。山下农夫因山洪冲毁房屋,无处栖身,成群涌到镇上避难。有些商铺怕灾民起事,连忙紧闭房门,很多衣不遮体的老人和孩子倒卧街头,连口水都喝不上,哭声连天,其景甚惨。城里人对乡下人的冷淡,他本人也是饱尝过的。在金华省立七中,他最盼望也最怕的就是周末,城里同学纷纷回家,偌大的校舍顿时只剩下几个家住乡下、有家不得归的人。因此,除前面说过的到郊外画画,艾青整日都在街上闲逛。偶尔遇上熟识同学,有的还略一点头,表示认识;有的则老远绕开,形同路人。这种屈辱中夹杂的孤独,以至到了杭州西湖国立艺术院都未曾消散。他说:“因为自己处境的孤独,那种飘忽与迷蒙,清晨与黄昏的,浮动着水蒸气的野景,和那种为近海地带所常有的,随气候在幻变的天色,也常为我所爱。”[①]或许是出于对城市的某种对立的潜在意识,艾青很是欣赏凡尔哈仑“现代城市是一条章鱼”的讽刺性比喻。章鱼头顶生有八只腕足,上面有若干吸盘,每次向敌人发动进攻,腕足便会突然一齐伸出,吸盘将对方狠狠吸住,然后以尖嘴刺入毒汁,置敌手于死地。遇到强敌袭击,它会喷出浓墨,令敌人晕头转向,自己则溜之大吉;它有时还会像霓虹灯般变幻颜色,巧布疑阵,引人上当。章鱼象征着新兴现代城市对破产农村的巧取强夺。在艾青看来,这正是现代都市典型的文化性格。在他后来为数寥寥的与城市有关的诗作中,这种文化性格一再被呈现为诸如“白痴”、“醉汉”、“肮脏的咖啡馆”等病态的意象,让人依稀辨认出了凡尔哈仑的影子来……显然,凡尔哈仑所吸引艾青的不只是对城乡对立中农民历史命运的深刻考察,而是把留学期间的他带向另一个全新的境界。他后来说:“我们喜欢惠特曼、凡尔哈仑,和其他许多现代诗人,我们喜爱

① 艾青:《忆杭州》。

《穿裤子的云》的作者,最大的原因是由于他们把诗带到更新的领域,更高的境地。"①

四　受到"超现实主义"影响

艾青到巴黎前后,法国超现实主义运动正呈燎原之势。1924 年 11 月,安德烈·布勒东执笔的《超现实主义宣言》发表,该团体正式成立。布勒东为超现实主义所下的定义是:"现实主义,阳性名词。纯粹的精神的自动性。人们打算通过它,以口头、书面或任何其他的形式表达思想的真正活动。它是思想的照实记录,没有丝毫理智的控制,摆脱了任何美学或伦理的成见。"为便于活动,超现实主义者在巴黎格勒奈尔街设常设机构。就在艾青抵达巴黎的 9 个月后,布勒东又在《超现实主义革命》上推出了他著名的文章《第二次超现实主义宣言》。

当时立志做一名画家的艾青,显然未注意到弥漫在整个巴黎文艺圈子中的这一特殊气氛。他把注意力转向超现实主义,还是在读了该流派的精神导师阿波利奈尔的诗作后。后来他回忆道:"我也读了一些法文诗:《法国现代诗选》、阿波利奈尔的《酒精》等……"由于"没有条件进行有系统的学习和阅读,只能接触到什么吸收什么"。② 起初,他对超现实主义的了解是颇为表面的,甚至还有那么一点"陌生"之感,但不久即不自觉地发生了变化。艾青发现,1913 年版的阿波利奈尔的《酒精集》,虽多写爱情的失意及早年生活的坎坷,现代生活的变化作为一种潜在的背景,却又被诗人巧妙地隐藏在个人的生涯深处,表现出一种不动声色然

① 艾青:《诗的散文美》,1939 年 4 月 29 日《广西日报·南方副刊》。

② 艾青:《母鸡为什么下鸭蛋》。

而又令人吃惊的“诗意”。

过去一天又过去一周
不论是时间是爱情
过去了就不再回头
塞纳河在密腊波桥下奔流

让黑夜降临让钟声吟诵
时光消逝了我没有移动

——《密腊波桥》

阿波利奈尔 1914 年参军入伍,先是炮兵,后升为步兵少尉。1916 年头部负重伤,遂出现幻听,曾非常痛苦。在这首诗里,他将人间至痛至惨之事,以“游戏”的态度待之,或如鲁迅所说,“从血泊里寻出闲适来”。[①] 后来,艾青多次在他的诗作里平静地写到“死”,并赋予它以不同的形式,表现出“时光消逝了我没有移动”的超脱与沉着。显然,他虽没有对死报之以游戏的态度,却是透露出不为所动的内心品质。

更令艾青着迷的还是阿波利奈尔处理“现实生活”的奇特方式。在阿氏的人生观念里,人生意味着痛苦,摆脱它的最有效的方法即是创造出一种“想象”。阿波利奈尔认为,现实并不依附于物质的物理属性,而要依附于头脑的创造。因此,文艺要像科学那样把非自然的现象变为现实,造出世上本不存在的东西。他的剧本《被杀死的诗人》中有这样一幕场景:“紧靠海处,一男人买了一份报。在提词人旁边的房子里出现了一

① 鲁迅:《且介亭杂文·病后杂谈(四)》。

个两手是电灯泡的兵士。一位三米高的巨人从一棵树下走过来。他摇撼灰泥做成的报贩。她倒下，碎裂开来。此时一位法官走上台，用一把剃刀乱砍一通，杀死了所有的人。一截跳过舞台的小腿踢中了法官的鼻子。法官倒下。小腿唱起一首美妙的流行歌曲。"对这类超现实主义"情景"，阿波利奈尔解释说，当人想摹仿行走的动作时，人没有发明机械腿，而是发明了轮子。轮子就是人类纯粹的创造性工作的产品，是一种无意识的超现实主义的表现。1930 年前后，艾青的写作状态很有些"超现实主义"意味，据他回忆："我开始试验在速写本里记下一些瞬即消逝的感觉印象和自己的观念之类。"①但由于所写多半是梦幻似突如其来的片断，或是跳越过大，不甚连贯的半截意象，因此，1930、1931 年两年之间的这些残简断篇，完全未予留存，基本上都已散失。这颇有些像超现实主义者的"自动写作"，可能在艾青看来，是不太值得仔细保存的。不过，这种影响倒使他的"语感"获得了明显的飞跃，对语言创造的重视，差不多贯穿在他一生的写作之中。对阿波利奈尔这一潜在的影响，艾青并不否认：

当我不得已而采用一些现成的词汇的时候，我是每次都感到恶心的。但是为了那些现成的词汇比自己创造出来的更自然，更完全地表达了思想情感，我又不得不袭用了它们。

但我确是如一些批评者所说，在同时代的诗人里面，比较的欢喜努力着创造新的词汇的人，我最嫌恶一个诗人沿用一些陈腐的烂调来写诗。我以为诗人应该比散文家更花一些功夫

---

① 艾青：《母鸡为什么下鸭蛋》。

> 在创造新的词汇上。我们应该把“语言的创造者”作为“诗人”的同义语。①

然而,正如他后来所说,由于“生活与艺术都促使我走上革命的道路”,超现实主义终究没有成为他创作的主导倾向。对艾青本人而言,这究竟是他之不幸,还是他之所幸呢?

五 圣约克街六十一号的革命者

巴黎的酒吧和夜总会是很兴盛的。灯火初上,夜总会门前便会车水马龙、人声鼎沸起来,空气中弥漫着法国人特有的崇尚享乐的气味。沿街的房屋结构标新立异的酒吧,更令人眼花缭乱,浓烈的烟草味,异样的法国香水味,偶尔随某一穿着妖冶、神色放荡的应召女郎的出现飘散而来,令艾青感到厌恶。虽然他听说,法国的艺术家、诗人历来与酒吧有某些“缘分”,也常有朋友来拉他前往“寻找”艺术灵感,不知什么原因,艾青对这类场所素无好感。但这倒不妨碍他对电影抱有兴趣。当时,巴黎影院里上演的电影可谓形形色色,即有内容严肃的影片,也有近乎色情的娱乐作品,偶尔还能看到苏联革命电影。看电影者也是阶层混杂、良莠参差的,甚而有人在影院里拉皮条。一天,艾青刚刚在一家影院坐下,黑暗中就听见坐在前面的一位女郎回头对他讲起法语,意思是你想快乐一下吗?略感吃惊的艾青本想起身走开,或许是恶作剧心理作怪,他低声用法语开了一个玩笑。那女郎听了,反而先自溜掉了。这件事倒给了艾青一个教训,凡看电影,也不是不可以挑挑影院的。所以,打那日之后,

① 艾青:《我怎样写诗的》。

艾青就把常看电影的地方改在了工人区，一是票价便宜，“不愉快”的场面可以避开；另则是这里时常偷偷放映苏联电影，倒很有些刺激的意味。

在巴黎，要完全避开这个民族天生的政治嗜好，就像你拒绝那些遍布城市大大小小的艺术博物馆一样，几乎是不可能的。对此，艾青体会尤深，他说，“无论我写诗”，还是干其他的什么，你都能强烈地感受到“法国的存在”。[①] 在出国之前，艾青对《马赛曲》略有所闻，及至踏上法国的土地，听人说起有关它的故事，才真正领悟其中的所谓“法兰西性格”。据说，1792 年 4 月 20 日，驻守在斯特拉斯堡的工兵上尉鲁日·德·里斯尔，突然收到凯勒曼将军的一封简信，请他为志愿军出征写一首歌。他连夜谱写了一首名为《献给吕克纳尔元帅的军歌》。次日凌晨 6 时，赶到迪特里希的私邸，坐在钢琴前自弹自唱起来。当时在场的共有十人，除市长迪特里希夫妇，还有市政厅书记官格鲁梯埃、家庭教师和两名大学生等。当里斯尔唱出“前进，祖国的儿女们……快拿起武器，同胞们”的歌词时，客厅陷入死一般的沉静。忽然，检察官先生竟像孩子般放声大哭起来。一位大学生举起手中的帽子，高呼：“法兰西万岁！”另一名大学生激动地补充道：“它们是一个整体！”里斯尔顿时被眼前的场面惊呆了，他万万没想到，自己写出了久蓄在法兰西民族内心深处的史诗。后来，马赛的义勇军在向巴黎的进军路上，不断高唱着这首激动人心的歌曲，将它传遍整个法国。这种特定的“马赛情绪”，在艾青学法语所接触的书籍中随处可见。在《社会契约论》中，卢梭发表了他独特的见解，他说：“由于主权是不可转让的，同样理由，主权也是不可分割的。因为，意志要么是公意，要么不是；它要么是人民共同体的意志，要么就只是一部分人的。在前一种情形下，这种意志一经宣示就成为一种主权行为，并且

---

① 《在授勋仪式上的答词》，《艾青全集》第 5 卷第 306 页。

构成法律。在第二种情形下,它便只是一种个别意志或者是一种行政行为,至多也不过是一道命令而已。”①较之卢梭,孟德斯鸠则要冷静得多,他在其著作里着重讨论的是管理国家的“细节”问题。比如他说,在一个自由的国家里,每个人都被认为具有自由的精神,都应该由自己来统治自己,所以立法权应该由人民集体享有。然而这在大国是不可能的,在小国也有许多不便,因此人民必须通过他们的代表来做他们自己所不能做的事。代表的最大好处,在于他们有能力讨论事情。人民是完全不适宜于讨论事情的。这是民主政治的重大困难之一。

然而,在更深入的阅读中艾青发现,渗透在法兰西民族血液中的“马赛情绪”,同时也与深刻的精神矛盾相伴随。从1789年到1870年,短短八十一年中,法国竟爆发了四次革命,经历过君主专制制、君主立宪制、共和制、民主专政制、帝国制的频繁更迭。起义与恐怖、革命与反动、内战与卫国战争,把近代法国搅得天翻地覆。在这种异常过激的革命中形成和发展起来的政治文化传统,深深刻有革命派特有的政治危机意识的痕迹,从而呈现出浓郁的分裂性、激进性和二元对抗性。在与法国人的接触中,艾青深切感受到了这个民族性格中鲜明的内在矛盾:既崇尚理性,又热情奔放、富于幻想,常常沉迷于不切实际的空想,陷入非理性的狂热之中。对后者,他是深有感触的。一天,艾青照例背着画架外出写生,在路上,突然与一个神经兮兮、面目丑陋的法国人相遇,那人见他是个中国人,向他说出一连串侮辱性的话,并像疯子似地挥舞着拳头。这使艾青深受刺激,让他一瞬间陡然发现了被卢梭和孟得斯鸠疏漏了的“另一个”法国。一件小事,居然给他留下如此之深的印象,以至在晚年还曾向人说起。有意思的是,艾青在工人区又“看到”另一群大智大勇的

① (法)让·雅克·卢梭:《社会契约论》第36页,商务印书馆1980年版。

法国人。因为放的是苏联革命电影，常常在放映当中，突然会有警察闯入，胡乱抓人，有几次都是一群当地人把艾青往人群中一夹，然后才得以从地道溜掉的。对这种“有惊无险”的经历，艾青后来也大为感慨。有如变魔术一般的法兰西文化，对艾青后来做人和写诗无疑都是有很深的影响的……然而，艾青 1932 年 1 月 16 日晚前去参加圣约克街六十一号的集会，却纯属偶然。李又然是该组织的成员，适逢开会，便拉上了艾青。在此之前，他曾约艾青参加过在法国作家巴比塞的《世界》编辑部召开的一次左翼会议。艾青猜想，这次活动大概又是讲演之类。待艾青与李又然走进会场，他忽然感受到了一种与上次集会完全不同的气氛。

参加这次集会的大都是来自东亚的青年，可能因最近受到歧视的缘故，情绪十分偏激。有人在激烈争辩着什么，也有人在低头看报纸，烟雾腾腾的房间里，还不断传来谁急剧的咳嗽声……反帝虽然是今晚的会议话题，但倍受欺凌的民族命运所掀起的更广泛和深入的讨论，就像是朝会场投出的一团火，把大家的情绪即刻点着了。突然激动起来的艾青从桌上抓来几张纸，低下头就飞快写了起来，因为情绪过于激动，手微微颤栗着，以致纸都被划破了。在这首题目为《会合》的诗里，艾青写道：

团团的，团团的，我们坐在烟圈里面，
高音，低音，噪音，转在桌边，
温和的，激烈的，爆炸的……
火灼的脸，摇动在灯光下面，
法文，日文，安南话，中文，
在房子的四角沸腾着……
长发的，戴眼镜的，点卷烟的，
读信的，看报纸的……
思索的，苦恼着的，兴奋的……

这些急切跳越的诗句更像是速写的线条,看似没有规则,然而极具感情的张力,把在场的众人的一幅幅“肖像”飞速勾勒了下来:他们“流着汗,/闪出泪光……/紧握着拳头,/捶着桌面,/嘶叫/狂喊!”他大概没想到,他在会场上随手写下的诗,形象地记录了30年代留法学生当时的革命情绪。关键是,他真正“懂得”革命是怎么一回事了。十年后,他才说出这种感触:“革命的理论是从思想上去影响人朝向革命,组织人为革命而行动;那么,革命的文艺创作则是从情感开始到理智去影响人走向革命,组织人为革命而生,为革命而死。”①

如果不是一系列突发的事情,艾青也许还会在巴黎盘桓些时日,每天出外看看画展,或躺在旅馆里读读闲书、写点什么,继续做他未完的梦的。因法国政府政策上的歧视,艾青在求职、租房等方面,开始感受到来自各方面的刁难。最使他难堪的,也许是沿街咖啡馆里销售的一种名叫“中国人”的点心,倘此时正巧有人前来就餐,便会唤小伙计道:“喂,来几块‘中国人’!”这使他深切体验到了弱国的屈辱,继而是心灵无地可置的茫然。还有一天,严济慈约艾青去看歌剧,当他们经过地下道时,突然听见一声呼叫:“中国人,在法国不要讲中国话,讲法语!”艾青不觉愕然立定了。刹那之间,他终于明白了,卢梭所说的人类意义上的“法兰西”原来是仅仅就法国而言的,它并不适用于其他民族,尤其不适用于弱小、贫穷的民族……在灵魂深处,他不禁有了一种空落落的感觉,直透心底……意识到这一点,艾青感到分外地沉重。

一缕思乡的情绪,这时悄悄爬上了心头……

---

① 《我对于目前文艺上几个问题的意见》,《艾青全集》第5卷第398页。

| 第四章　吹芦笛的诗人（1932.3—1937.7）|

一　黯然回乡

艾青先从巴黎乘火车抵马赛，打算在马赛购得船票后回国。在他眼里，马赛与三年前相比，愈发显得破旧和败落了。城堡式的街道虽然仍隐隐透露出欧洲文化深厚的诗意，然而，沿街而卧的流浪汉、招摇过市的摩登女郎，毕竟让人更多地看到了现代文明阴暗的一面。艾青不由得怀疑，这就是曾诞生过高昂、悲怆的《马赛曲》的城市吗？可能是心境变化了的缘故，他看街上的人，或是阳光照射着的地中海，都再没有了初来时那种异样的感觉。这时，教堂悠悠响起的钟声，令他心头陡地一冷：那个艾青大概正像往昔的马赛一样吧，在这里不过是一段已经消失了的历史的回忆。“少小离家老大回，乡音无改鬓毛催。儿童相见不相识，笑问客从何处来。”吟起贺知章《回乡偶书》中的句子，艾青不禁悲从中来。带着这番心绪作出的诗，自然在色调上是含混不清的。在巴黎至马赛的途中，目睹从车窗匆匆掠过的起伏不定的原野，艾青忽然想到了时间问题。赴法的一千多个日日夜夜，在个人的生命中也许太重要了，然而，在历史的长河之中，它顶多只是一束水花而已。"紫蓝的林子与林子之间，/由青灰的山坡到青灰的山坡，/绿的草原，/绿的草原，草原上流着/——新鲜的乳液似的烟……看，/微黄的灯光，/正在电线杆上颤栗它的最后的时间。"(《当黎明穿上了白衣》)历史中的一切，原来是这么古老，纹丝不变，人的生命与"微黄的灯光"究竟有何区别? 1932 年 2 月 3 日，邮船进入苏伊士河流域，艾青无心浏览两岸景致，更不想参加甲板上那帮留学生对归国后事业的种种宏伟的筹划。"时间"令他沮丧，他想，更多的旅客也许正像自己一样，盲目地来，又盲目地去，在这条寓言式的河流之上，不过是在重复着别人的悲剧，在时间面前显得非常可笑，然而又毫无所察。就在当天，艾青吟得《阳光在远处》一首，诗云："暗的风，/暗的沙土，/暗的/旅客的心啊。"26 日，《那边》里的情绪更趋阴暗，他甚至联想到，即将抵达的"那边"的情景："一切都静默着"，在"黑的河流，黑的天/在黑与黑之间"，是"永远在挣扎的人间"。艾青回到畈田蒋时，上海的"一·二八"事变刚刚过去。他发现，可能是时局的影响，畈田蒋更显颓败了。正值春耕，村里却到处都是疏懒的景象，人们穿着油污的棉袄，靠在墙根上无所事事地聊天。街巷里，不知谁家的女人突然发出一声凄惨的哭叫，大概是男人在外输了钱，回家拿什么去典当的缘故。几个孩子先是怔怔地看着这位从未见过的生客，继而，又回过头去。为一个什么吃食扭打一团。三年不见，父亲已显出老态来，那块"天伦叙乐"的匾愈发陈旧，东厢房里除新添的器具，其他均是原来的老样子。艾青木然地看着、听着，生活在亲人中间，他竟然有一种排遣不去的陌生感。更令他倍觉难受的是，在"功名"思维异常发达的文化里，畈田蒋的亲戚照样用是否讨得"功名"的眼光来打量他。起先，来家坐坐还装着几分恭维，得知他的真实情形后，便又做出惋惜的样子来。蒋忠樽虽然嘴上没说什么，然而神色却让艾青觉出，他心里是伤痛的。以后，凡有客来，艾青干脆闭门不出，一个人躲在东厢房里，一待就是一整天，心情更加灰暗起来。然而，大哥从法国的归来，对不谙人事的弟妹们却是神秘、甚至是充满诗意的。二弟蒋海涛多年后还回忆道：

> 我记起了在家里的堂前，在写着"望益"那块匾额的下面，晚上他对弟妹们讲读外国名著《茵梦湖》里的故事……他教我下围棋，那黑白棋子还是用马粪纸剪的，有时下得竟忘了吃饭。他还同我们到村子附近的西周高背一带游览、写生，或者到风光绮丽的山坡上，池塘边观赏，沐浴在大自然的波光色海里。他从外面带回来许多书刊，有红壳面的《呐喊》，有封面上好像几个人挨在一起的《彷徨》，他住的东厢楼上的书橱里挤满了厚厚的现代杂志。这些都启引过我在少年儿童时代就去轻敲文学的门扉。这一切，都像云烟消散一般地过去了，但当记忆一丝丝地重新萦绕脑际的时候，又好像没有因年月的消逝而褪色。①

在艾青的文字中，从未有对这些时日的记述。这说明，与弟妹们嬉戏，权且是苦涩之中的一点排遣罢了，在他内心深处，却是丝毫都不曾轻松的。所以，在翻看阿波利奈尔、兰波和凡尔哈仑诗歌之余，他焦心等待的还是上海朋友的来信。这种"等待"是与故乡更深的疏离联系着的。

---

① 蒋海涛：《关于艾青生平和创作的一些情况》，引自骆寒超编《艾青研究论文集》，新疆人民出版社 1984 年版。

亲人、村人的不理解,除了增添彼此间进一步的隔膜外,只会令他倍觉孤独。可能与灵感枯竭有关,艾青回乡近一个月,居然写不出一句诗。

二　“春地艺术社”

1932 年 5 月,艾青抵上海,落脚在萨波赛路丰裕里四号。据李又然回忆,丰裕里四号是二层小楼,集体宿舍,十分嘈杂,“艾青与一群进不起学校或不愿进学校的美术青年住在一起,在一个美术学校的附近。渐渐地这个学校的同学也有不到学校去,而来过集体生活和学习的。”[①]在这里,经同学力扬介绍,艾青认识了江丰。[②] 较之神采飞扬的力扬,江丰性情沉默,很少言语,然而为人忠厚。三人都没想到,这次见面,竟成为他们终生友情的一个小小的序曲。据说,力扬、江丰曾介绍艾青加入中国左翼美术家联盟,但据许幸之回忆,该组织并没有成立,属于误传。[③] 他们找艾青,目的是想拉他参加“一八艺社”。该社 1929 年成立,因十八名社员、民国十八年在杭州发起而得名“一八艺社”得到著名画家林风眠的支持,但因思想左倾,被国民党浙江省党部取缔,成员中杭州艺专的学生,亦向遭驱逐。力扬、江丰均为该社成员,但因原社名目标较大,故与艾青商量易名问题,艾青建议改称“春地艺术社”,比较浪漫,且又可遮人耳目。毕竟是年轻人,社名刚定,马上就动作起来了。5 月 22 日,由力

---

① 李又然:《艾青——回忆录之三》,《新文学史料》1983 年第 2 期。

② 江丰,著名画家,出生于上海一个普通工人家庭。1932 年入党,1938 年赴延安,任美术家协会主席。解放后,担任中央美院院长,1955 年,因受“丁、陈集团”牵连,被罢免,后又被打成右派。1979 年后复出,复任中央美院院长及中国美术家协会主席。1982 年 9 月去世。

③ 据江文 1996 年 5 月 15 日在北京木樨地寓所的谈话。江文即著名画家江丰的儿子,现为中央美术学院美术史系副教授。

扬手书的“春地艺术社”木牌在丰裕里四号正式挂出。经费由社员凑集，家道殷实的多拿些钱，一般人则视能力而定，鲁迅先生也捐资二十元，略表心意。一位山东籍老人做门房兼模特，月薪十元，其余除交房租、略添文具，已所剩无几。教员纯属义务教学，无任何酬劳，身兼教员、杂役的艾青、力扬、江丰，自然也在“其列”了。画室里除几个木制画架，一个条桌，一条长凳，一无所有。黑板还是借来的，学生只好席地而坐，先生则更委屈，颜料、画笔还得自己设法，更不用说讲义之类了。好在课程比较丰富，主要有人体、舍外、石膏三科，理论则为美术史、艺术概论、艺术社会学和美学等。然而，他们在《文艺新闻》上登出的“宣言”却很有意思：艺术也如其他的文化一样是跟着时代的巨潮而生长着演进着的，所以艺术必须成为教养大众鼓动大众与组织大众的武器。然而，目前一般艺术界，都是空虚的、颓败的、享乐的、欺骗大众、麻醉大众的作品。各御用艺术学校更是苛捐杂税，使一般艺术爱好者流落街头，无由研究，因此，为着完成文化的建设，为着培植时代的艺术，以及把艺术深入群众中，春地艺术社就这样产生了，它必然的在广大艺术爱好者的合作下走向健全的道路上去，我们热烈的期待着。[①] 主张艺术有强烈的时代感，并对“空虚的，颓败的，享乐的”作品予以抨击，原是无可厚非的，也因而表明了春地艺术社所坚持的艺术宗旨。但借此攻击艺术学校收费是“苛捐杂税”，导致“艺术爱好者流落街头”，就难免有“做广告”之嫌了。事实上，春地艺术社恐怕也有招不到学生之忧，虽然，有黄山定、于海、吴似鸿（蒋光慈之妻）等青年画家加盟，但毕竟难解缺米之炊。在春地艺术社，终于有了某种“归宿感”的艾青，稍有空闲，便又有些技痒了。6 月 6 日，“小试锋芒”的艾青，即在当日的《文艺新闻》上发表了以莪伽为笔名的两篇文艺评

---

① 1932 年 5 月 30 日《文艺新闻》。

论。在《乌脱里育》中,艾青以热情的笔调介绍了这位法国野兽派画家。他认为,乌氏作品的意义在于他成功地表现了小市民的生活场景,同时表现出罕见的艺术想象力:“我们很少在他的作品里寻找到抄袭自遗传的东西,无论是色彩,笔触,描图。作者都有他自己独特的处理的天才。”另一篇属于诗歌评论,题目叫《十二个诗人》。此文受艾青一位在法国的友人所托而写,主要是介绍法国左翼诗坛的十二位诗人。从文章看,艾青显然是为了还朋友“文债”,似乎多敷衍之词,并未“用心”。重要的是,通过这些文字,艾青重新“发现”了自己的价值,这无疑是极为难得的。春地艺术社最大的活动,还是 6 月 17 日在八仙桥上海基督教青年会举办的“春地画展”。为这次活动,艾青、江丰专门从沪杭两地组织了约一百幅木刻、油画、漫画,鲁迅派人送来自己所藏的德国版画家珂勒惠支的《织工暴动》和《农民战争》,以示支持。因为有鲁迅和冯雪峰的关照,开幕当天,观众甚多,反映热烈。20 日的《文艺新闻》著文评价说,这次画展是“近来中国艺术运动上最青春的一页,其中之木刻作品,实可与外国木刻相抗衡,而为中国木刻运动上之一新阶段。”① 26 日下午,正值艾青当班,鲁迅偕夫人许广平前来参观画展。只见他着一身灰色长衫,神态沉凝,一边细细观看作品,一边低声向艾青询问。这是艾青第一次、也是最后一次见到鲁迅,心情自然非常激动,对先生的问话,有时竟不知如何作答。他后来回忆说:

在这个展览会上我展出的只是一张从拍纸簿上撕下的纯粹属于抽象派的画。那天刚好由我值班,我在签名簿上看到鲁迅很小的签名,我就陪他参观,而他并不知道我是谁,却指着我

① 《最青春的一页》,1932 年 6 月 20 日《文艺新闻》。

> 的那张画问："这是原作还是复制品？"我说："是原作。"他说："是原作那就算了。"看来，假如是复制品他就想把它要去。但是我当时的反应很迟钝。多少年来我一直后悔没有把那张画送给他。①

鲁迅临走购木刻十余幅，并捐款五元。艾青在晚年还为此深觉遗憾，他说："从那之后，我再也没有机会碰见他——我们时代的最善于战斗的勇士。"②参加春地艺术社，是艾青由绘画转向写诗的一个契机，虽然，这个颇显活跃的青年艺术团体仅仅存在了半年。

三 在狱中

在法租界内，一个艺术社团如此声张，是断不了要有麻烦的。春地艺术社成立不久，就引起巡捕房的注意，因拿不到"证据"，暂时没有动手。据艾青回忆说："7月12日晚上，'春地画会，正在上世界语课，突然遭到法租界巡捕房密探的袭击，进行了半个小时的搜查之后，我和其他十二个美术青年一同被捕。"除艾青之外，被抓的还有江丰、黄山定、李岫石、于海等。力扬当时不在现场，侥幸逃脱，但后来又在另一所学校被捕。巡捕房密探让他带路，顺便搜抄了他和艾青同住的房间，抄走《人道报》及从法国带回的所有诗集。艾青一行被关在建德路和思南路交界的上海法属第二看守所，艾青的编号是P.65504，周熙（江丰）的编号是P.65498。当时正值上海酷暑，监外气温高达近40度。艾青所在的号子

---

① 艾青：《母鸡为什么下鸭蛋》。

② 艾青：《母鸡为什么下鸭蛋》。

阴暗、潮湿，十分狭窄，因为关有二十四个犯人，显得极拥挤。十二个人睡在铺上，十二个人只能睡地上，视“表现”变动。睡觉时，需众人一起动作才能翻身，假如一人睡死，不管怎样难受，也只好挨到天亮了。更不堪忍受的是，二十几人共用一个便桶，因没有放风制度，一天才能倒一次，所以室内臭气熏天。据说，还曾有犯人活活给闷死的。然而，对嗜书成瘾的艾青来说，最痛苦的还是整天在那里枯坐，无书可读，亦无事可做。赌博是同室犯人每天的功课，每当饭后，便集聚于铺上，喧闹不休，有时甚至为一张出牌大打出手，这更加深了艾青内心的寂寞感。这种状况持续了约半年光景。他与江丰商量，联名索书，实际是求助的信。江丰儿子江文回忆说：“父亲在信中用的是笔名介福，艾青用的是伽的笔名，表示还想画画，希望得到先生的帮助。鲁迅着人送来本珂勒惠支的画册。”[①]鲁迅 1932 年 12 月 31 日日记：“昙，风。午后季市来。下午得介福、伽等信。为知人写字五幅，皆自作诗。”自作诗五首依次为《所闻》、《无题二首——其一》、《无题二首——其二》、《无题》(“洞庭浩荡楚天高”)、《答客诮》，分赠内山夫人、滨之上学士、坪井学士、郁达夫等。表面上看，这纯属朋友间的应酬唱和，但细读给郁达夫的那幅字，又见出其中蹊跷，诗云：“洞庭浩荡楚天高，眉黛心红浣战袍。泽畔有人吟亦险，秋波渺渺失‘离骚’。”得知青年画家遇险的消息，鲁迅的心显然被深深揪痛了，所以才有“洞庭浩荡楚天高”的愤懑不平之气，有近于茫然的“离骚”。不久，艾青等人被引渡给国民党政府，江苏省高等法院第三分院向艾青等提出起诉，列举罪状如下：

从所内搜出之美联 4 月份工作、美联章程、名单登记表及

① 据江文 1996 年 5 月 5 日回忆。

> 历次会议记录，并按期发行美术画报等大宗宣传品，认定春地美术研究所即为左翼美术联盟之机关，且系以危害民国为目的而组织之团体，并有宣传与三民主义不相容之主义之行为，而蒋莪伽、季春道、李岫石等均加入联盟，既有美术登记表及联盟员履历足资证明，蒋莪伽、季春道并曾列席于联盟会议，复有记录可稽。该上诉人等之以危害民国为目的加入组织而宣传与三民主义不相容之主义已极明确。原审以危害民国紧急治罪法第六条、第十条，刑法第九条、第四十二条，处蒋莪伽、季春道各有期徒刑六年……

艾青等不服，重新提出上诉，理由是：他们所从事的纯系艺术活动，与所谓危害民国无关。7 月 12 日晚，来此上课的肖聪随身带着一牛皮纸信袋，其中“语联”刊物上确有镰刀斧头记号。但据此认定所有在场者均与此有染，在逻辑上是站不住脚的，法律上更是证据不足，因此要求重新审理。上诉被驳回，艾青等即被押解到对面的上海第二特区法院看守所，大概以示更严厉的惩处。

然而，对艾青威胁最大的还是严重的肺病。上午，尚且能在床上勉强倚着，下午由于发烧，经常处于昏睡状态。狱方怕他的病传染给其他犯人，于是将他转入专门的“病监”，像处理以前患病的犯人一样，坐等其死，则根本不给治病。眼看就要入秋，余热未散，秋虫在高墙外彻夜长鸣。处于迷糊之中的艾青，再一次彻底地体验到了“死”，假如说金华那次的经验还是外在于个体生命的死，这一回则完全是被什么“击穿”了的感觉。他心想，这次恐怕是“出不去”了，他遗憾的还不是生命如此之快地结束，而是命运没有给他留下写作的时间，至少，写一写自己。深埋在他心底的那首古老的《哭灵歌》，又像一丝游魂般地飘了过来，歌词凄惨地唱道："你今归阴在暗房，男女孙媳泪成行。作田新米未曾尝，你去阴府心怎放？"它紧紧攫住了艾青全部的意识，只剩下一个极其简单的念头：活着不如死了好。他忽然有一种轻松之感，因为一旦不再把死当作生命的负担，人倒像一下子真正获得了解脱。但问题是，即使是在"暗房"里，人又怎能不一遍遍地在活着的亲人的呼唤里去经历死，重蹈死的经验呢？艾青深深感到了一种知音永绝、无人可援的绝望。可以想象，假如不是刚从法国归来的李又然的极力相救，他是否能够"挺过来"，实在难以预料。通过狱卒的关系，李又然把买来的针药送进艾青的号子，又贿赂狱医为其治疗，总算保住了他的性命。一天，李又然前来探监，告诉艾青说，《会合》在丁玲主编的《北斗》第 2 卷第 3 期上刚刚发表，编辑另加了个副标题"东方部的会合"。对丁玲这个人，艾青略有耳闻。艾青并不关心她为什么要发表这首诗，因为他惊喜地发现，在狱中，究竟还是可以做些事情的。人在病中，大约想得最多的还是往事。然而，往事又最能使人突然产生写点什么的欲望。艾青说："我自然而然的接近了诗。只要有纸和笔就随时可以留下自己的思想感情。我思考得更多、回忆得更多、议论得更多。诗，比起绘画，是它的容量更大。绘画只能描画一个固定的东西，诗却可以写一些流动的、变化着的事物。我在监狱里写了许多诗。从《芦笛》开始，《透明的夜》、《马赛》、《巴黎》……决定我从绘画转变到诗，使母鸡下鸭蛋的关键，是监狱生活。"①1932 年秋某夜，暑热不退，艾青夜不能寐，偶作《聆听》，一首："法南水电厂的吼声/彻叫着：夜/沉在监狱的房里/震摇的/夹着难友的鼾声呀/像大航船般/在深蓝的海洋上。"囚犯的处境与留学途中的情形叠印一处，只能唤起苦涩的今昔之感，尤其是，这么趴在床上摸黑写诗，恍然如一场噩梦。这种情绪的延

① 艾青：《母鸡为什么下鸭蛋》。

伸，很容易使他忆起故乡斗牛的场面来，在这里，视死如儿戏、然而英气逼人的斗牛士的形象，对被囚的生活是很刺激的。艾青的笔不觉变得尖锐起来：“酒，酒，酒/我们要喝。/油灯像野火一样，映出/牛的血，血染的屠夫的手臂，/溅有血点的/屠夫的头额。/……夜的醒者/醉汉/浪客/过路的盗/偷牛的贼……”(《透明的夜》)或者说，这些社会的“越轨者”令艾青感到了自己的卑琐。受其影响，他此时所作的《病监》不免有点伤感，这首诗甚至让人感到，艾青对死有一种不能自禁的“嗜好”。他把自己的病，称作“肺结核的暖花房”，精细地体验着“死后”的情景，把露珠想象成“亡人额上的圣水”。对人们的表现，亦有了某种分析的味道：“黑猫无声地溜过时，/人们忙于收殓死者的卧榻了。”1933 年春，艾青的肺病略有好转。3 月 28 日，天气已透露出转暖迹象，这番情景，居然与四年前去法国时有几分相像。在对法国生活的回忆中，他不禁吟出“我是犯了‘罪’的，/在这里/芦笛也是禁物。/我想起那枝芦笛啊，/它是我对欧罗巴的最真挚的回忆”的诗句来。(《芦笛》)这种回忆，使他对监狱生活愈发反感，此种情绪是不能向人述说的，只能在诗里尽情地倾吐。在《巴黎》中，他不无怨恨地写道：“巴黎/你是健强的！/你火焰冲天所发出的磁力/吸引了全世界上/各个国度的各个种族的人们，/怀着冒险的心理/奔向你/去爱你吻你/或者恨你到透骨！/——你不知道/我是从怎样的遥远的草堆里/跳出，/朝向你/伸出了我震颤的臂/而鞭策了自己/直到使我深深的受苦！/巴黎/你这珍奇的创造啊/直叫人勇于生活/像勇于死亡一样的鲁莽！”写完巴黎，艾青又把眼光转向马赛。就在一年前的这个时候，他在怅然中离开这座城市，未想今天竟落到这等地步，展开稿纸他不由写道：“如今/无定的行旅已把我抛到这/陌生的海角的边滩上了。/……在你这陌生的城市里，/我的快乐和悲哀，/都同样地感到单调而又孤独！”人在病中，是最容易感到脆弱的，因此与人交谈的愿望越加强烈,无形中,法国的种种旧事和回忆便成了艾青倾心相与的对象。所以,无论诅咒也罢,怀念也罢,都无非是这种情绪的曲折,晦涩的表达。狱中三年所以形成艾青早期创作的一个高峰现象,如果与他当时特有的心境加以联系,是不让人感到意外的。

李又然来探监时,总是取走艾青刚写就的诗稿,又悄悄把作品发表的情形告诉他。写在回国途中的《当黎明穿上了白衣》、《阳光在远处》、《那边》,刊于《现代》1 卷 5 期(1932 年 9 月),《监房的夜》与《叫喊》在庄启东的《春光》杂志 1 卷 1 期发表(1934 年 3 月),《聆听》见于该刊 1 卷 2 期(1934 年 4 月)。另外,《一个拿撒勒人的死》在《诗歌月报》1 卷 4 期上登出(1934 年 7 月),《铁窗里》载于《新诗歌》2 卷 4 期(1934 年 12 月),云云。为避免狱卒的注意,艾青的诗稿有时也托律师和其他朋友带出监狱,然后再由李又然分别投寄或送至上海各家诗歌杂志。对当时的情形,李又然曾有记述:"艾青要移解到别处去了,设法把他的诗稿交给我。我估计他要被关死的,当他的遗作保存着。"他还曾对《现代》编辑杜衡积压艾青的某些诗稿愤愤不平。出于对朋友的感激,艾青写了《ADIEU——送我的 R 远行》作答。ADIEU 是法语再见的意思,"R"指李又然。在对个人前途的黯淡心境里,对朋友由衷的祝福油然而生,该诗写道:"除开无端的烦恼,/一切在走着的东西/都有它一定的方向——/空阔的长街,怅望着,/朝向北边的地平线,/列车高喊的驰去了……/像一支磁针般指着/另一个声音的出现:/噫,那在旅程中的你!"借朋友之游表达友情,但文字未达之处,难免亦会有顾影自怜的痕迹,这实在难为了身陷囹圄的艾青。

据艾青大妹夫张祖良回忆:"他被押到苏州反省院时,我与我的父亲,他的妹妹希华一起去看他。当时只让进去两个人;我在外面等着。

他剃了个光头，反省院叫他看三民主义的书，还有陈立夫的《唯生论》。"[1]这次探访对艾青来说，意义非同小可。因为不久，张祖良寄来了巴黎水晶书店出版的《兰波诗选》，希华也托人将凡尔哈仑的法文版诗集转交给艾青。出于一时兴奋，他在兰波诗集的扉页上题道："伽在狱中，良寄兰波的诗，聊以使黑暗之日付诸忘怀意也。"也因为这种情绪的影响，艾青决定着手翻译凡尔哈仑的这部诗集。然而，对法语和法语文学翻译都不能算是内行的艾青，这不啻是一份相当艰苦的工作。决心刚下，他就有些踌躇起来。后来他回忆说："我的法文基础很差。"[2]但问题还有，在人声嘈杂、间或尚有争吵打闹的号子里，艾青简直无法工作。因此，他只能把翻译改在深夜和黎明时分，借助窗外微弱的灯光或是一线曙光，一边查找法语辞典，一边揣摩凡尔哈仑的原句，因时间零碎，一天下来，往往翻不了几句诗。可以想象，这一"过程"是相当痛苦的，因而在艾青的译作中，不免留下了这一情绪的痕迹。比如，在《原野》里，他翻译道："在天穹的悲哀与忧虑的下面/捆束的人们/往原野的四周走去；/在那云拉着的/沉压的天穹的下面/无穷尽的，捆束的人们/在那边走着。"从畈田蒋到金华，从金华到杭州，从杭州到巴黎，再从巴黎到上海，到苏州反省院，像自近代以来大多数中国知识分子一样，艾青也呐喊过、抗争过，但回应它的只有沉默的高墙。当时的中国，正处在战乱之中，又有谁会关注、倾听呢？"走着"不是麻木，但它必须对心境做近似麻木的处理。想到这里，艾青低头继续译道："那些心儿紧缩着了；灵魂窒息在/一种无限的忧怨里，而且放声嘶喊着：/人感到这同一的时刻就是那/将要生产繁荣或是毁灭的主宰者。"(《群众》)尤其令艾青感到难耐的是，在这断断

① 《一九八四年五月十一日晚访问张祖良纪要》，《艾青研究与访问记》第 371 页，文化艺术出版社 1991 年版。

② 艾青：《母鸡为什么下鸭蛋》。

续续的翻译工作中，他还要面对反省院所要求的念经式的“反省”。学“三民主义”，是犯人们每天的功课，狱方要求不仅会诵读，而且有些还需背下来。艾青起先以识字不多推诿，见躲不过去，也只抱着“混混”的态度，含糊地念上几句交差了事。“——打开吧，人们呀，我是雨滴，/我是着了灰色袍子的寡妇，/我的命运是无定的，/在煤灰色的浓雾里。”(《来客》)后来，艾青50年代在中国作协、70年代在石河子，都做过检查和“反省”，从这个角度看，他个人的命运的确是“无定的”，既然反省是要你毫无保留、不留余地的“交出”自己的灵魂，那么灵魂怎么固定，究竟该往哪儿固定呢?

因心绪无定，凡尔哈仑的诗只译出九首就停下了，没有再翻译下去。后来，艾青大妹将译稿交出版社出版，不过那时，艾青已在延安了。在那里，凡尔哈仑已变得可有可无，问题是，在另一场命运的挑战面前，这个外国大诗人显然帮不了艾青什么。

四　《大堰河——我的保姆》

1933年1月14日，监狱外下了整整一天大雪，鹅毛似的雪片在院子里铺了厚厚一层。狱卒送饭进来，因为临近年关，饭碗里好像多了些油星，但丝毫引不起艾青的食欲。他记得，在故乡的大年三十晚上，总是先在堂屋的地上烧纸做的金元宝，然后，在香案上点香、摆酒菜，奶奶说这是给谁的，那是给谁的。之后，把大门打开，送走列祖列宗，放上一整夜的鞭炮。大年初一，再跟父母到祖坟上坟，又是放许多鞭炮。可能是与父母感情比较淡薄，在艾青的记忆里，这些情景原是很模糊的。他对年后回到大堰河家里的事，倒记得清清楚楚。她家堂屋有一张木桌，因年代长久，已裂开一个很大的口子。大堰河喜欢在桌上摆一些冬米糖，木碗盛着腌肉，还有畈田蒋人喜爱吃的酥饼，让小海澄与家人一起品尝。在晚上，艾青记得大堰河抱着他，坐在火塘前，给他讲一些当地流传的民间故事，如“北山邢公”、“武状元朱秋魁”、“鞋塘庄四八”等。其中有一则叫“黄大仙叱石成羊”，故事是这样的：相传，晋朝钟头村赤松宫里有一道士，一次来到金华县城，碰上年轻后生黄初平。道士见他眉间有轩昂不凡之气，于是带他到钟头修行。在此之后，黄初平一面在对面山上放羊，一面跟道士修炼。转眼过去了许多年头，其兄黄初起上山来看弟弟，一见大吃一惊，因为弟弟黄初平仍黑发飘拂，身板矫健，如一刚届二十的少年，而自己的胡须都已斑白了。做兄长的不免奇怪，于是问道：“你吃的是何种长生不老之药?”弟弟笑而答道：“说起你或许不会相信，我吃的是松树子，一边放羊，一边修炼，并无其他绝招。”见如此说法，兄长便留了下来。又过去很多年，黄初平兄弟皆成仙人。有一日，黄初平想试试自己的法术怎样，就站在山顶一声吆喝。说来也怪，随着喊声，“轰隆”一声巨响，满山的石头，即刻变成一群群活蹦乱跳的羊。接着他又吆喝一声，刚才还满地奔跑着的一只只活羊，忽然又变成一块块石头，散布在这山的各处。后来，人们就把这山叫做卧羊山了。

对一个孩子而言，这类富有传奇色彩的故事无疑是很有吸引力的，所以，大堰河刚刚讲完这一个，小海澄马上会缠着让她再讲一个，还会不时问一些古怪的问题……以囚徒的处境，这些旧事虽极温馨，然而却是十分令人伤心的，艾青深深地感到了一种亲情永绝、无人可以倾诉的悲凉。于是，铺展稿纸，他不禁写出：

大堰河，今天我看到雪使我想起了你：
你的被雪压着的草盖的坟墓，
你的关闭了的故居檐头的枯死的瓦菲，

你的被典押了的一丈平方的园地，

你的门前的长了青苔的石椅，

大堰河，今天我看到雪使我想起了你。

……

大堰河，在她的梦没有做醒的时候已死了。

她死时，乳儿不在她的旁侧，

她死时，平时打骂她的丈夫也为她流泪，

五个儿子，个个哭得很悲，

她死时，轻轻地呼着她的乳儿的名字。

大堰河，已死了，

她死时，乳儿不在她的旁侧。

天上人间，乳儿与乳母进行着永无回应的一场“对话”——然而，它对于一直处于流浪状态的艾青来说，这种永无听者的呼喊，在他内心的感情上又是一种不可想象的极大的满足。因为，“故乡”于艾青来说，已不只是一个特殊的空间，而变成了一种绵延不绝的时间概念，它总是在他身陷绝境时蓦然出现，从童年直到晚年，到死——对一个人而言，故乡是一个源源不断、永不会断绝的时间的长河——而于艾青来说，大堰河则是其中最深的一个漩涡……写完这首诗，艾青意兴未尽地低声吟哦起来，念着念着，同屋一个犯人突然哭了起来，这时，艾青也早已泪流满面了。这诗是交李又然带出去的，据他回忆，先是给了《现代》，不知何故受到冷遇。“庄启东、方土人要编《春光》，问我要稿，我把这‘遗作’拿给他们。他们发了一首长的，这就是有名的《大堰河——我的保姆》。传到日本，轰动一时，有人读了流泪，有人译成日文。"①艾青回忆说："我曾听说，我的保姆为了穷得不能生活的缘故，把自己刚生下的一个女孩，投到尿桶里溺死，再拿乳液来喂养一个'地主的儿子'——我。自从听了这件事之后，我的内心里常常引起一种深沉的愧疚：我觉得我的生命，是从另外的一个生命那里抢夺来的。这种愧疚，促使我长久地成了一个人道主义者。"②应该说，这首诗预示着艾青由受到法国民主主义思想影响而向着民族主义者的重要转变。在更多的中国知识分子那里，则因为受到俄国民粹思想影响而表现出一种典型的"向民众忏悔"的特有的历史情结，每当民族危机的严重时刻，这一情结就表现得愈发强烈。1920 年 5 月，陈独秀不无歉疚地说，世界上"只有做工的人最有用，最贵重"，"因为他们的力量才把社会撑住，若是没有做工的人，我们便没有衣、食、住和交通，我们便不能存在。"在此之前，他亲自送儿子陈延年、陈乔年去上海做工。据陈独秀友人潘赞化回忆，两兄弟"寄宿在《新青年》发行所亚东图书馆店堂的地板上，白天在外工作，谋生活自给，食则烧饼，饮则自来水，冬仍衣夹，夏不张盖，与工人同做工，故颜色憔枯，人多惜之，而怪独秀之忍也。"③后来陈妻高君曼"流涕不已"，央求潘赞化劝说独秀，然陈氏坚持不从。这种自虐性的心理情结，在心素平静的周作人那里亦有积极的呼应。1919 年 7 月，他亲赴日本九州宫崎县访问"新村"，在实地勘察与亲自劳动后，他留下如下颇感欣然的文字：

我和第五高等(学校)的学生，也学掘地，但觉得锄头很重，

---

① 李又然：《艾青——回忆录之三》，《新文学史料》1983 年第 2 期。

② 艾青：《赎罪的话》，1942 年 4 月 4 日《解放日报》。

③ 潘赞化：《我所知道的安庆两个小英雄故事略述》，《安徽革命史研究资料》第一辑，1980 年 1 月。

> 尽力掘去,吃土仍然不深,不到半时,腰已痛了,右掌上又起了两个水泡,只得放下,到豆田拔草。恰好松本君拿了一篮甘薯苗走来,叫我帮着种植……回到中城在草地上同吃了麦饭,回到寓所,虽然很疲倦,但精神却极愉快,觉得三十余年来未曾经过充实的生活。[①]

在本世纪中国知识分子这一特殊情绪氛围里,艾青是不可能不受到深深浸染的。与其说"入狱"事件触发了他对大堰河的怀念和深沉的忏悔,莫如说,它实际是与上述因素深刻地关联着的。

艾青的《大堰河——我的保姆》,在得到批评界的热情关注的同时,却意想不到地在多次发表他的作品的《现代》杂志那里受到了冷遇。先是编辑杜衡将作品按下不发,等于是在拖延,继而又含蓄地露出希望修改之意。李又然虽然没指名道姓,但显然是冲着杜氏等人来的,他说,该诗"寄给过《现代》,退回来。古今中外的名诗,现代派也一定读了不少的,但他们没有能力认识这首现实主义的杰作,这也就是受阶级的局限,不是书读得多所能冲破的。原稿我给一个诗人看过,他说:'有诗的气息,但是写得太嫩,要改一改。'"[②]然而,《现代》对艾青的其他作品却算不薄。据统计,回国途中所写的《当黎明穿上了白衣》、《那边》,写在狱中的《马赛》三首诗,被《现代》1 卷 5 期刊用,就在杜衡退回《大堰河——我的保姆》之后,1934 年 3 月,《泡影》等六首小诗又被该刊 4 卷 5 期采用。虽然,这并不影响艾青后来与《现代》主编戴望舒的个人友谊,但毕竟说明,艾青的这首代表性作品与《现代》所标榜的现代诗学观,是有明显差

① 周作人:《访日本新村记》。

② 李又然:《艾青——回忆录之三》。

异的。假如说，一首诗预示着诗作者今后的命运，那么，现代派诗人们与艾青完全不同的人生旨趣，在这个时候，可以说已经有所交代了。

五　结婚

1935年底，艾青与表妹张竹如结婚。据蒋希宁回忆，这门亲事是由艾青妹夫张祖良介绍的。“起先大哥并不同意，理由是：‘我是个犯人，没有资格谈婚姻问题。’这可能是他的推脱之辞，主要是不喜欢这种结交女友的方式。但妹夫劝道，做个朋友总可以吧。艾青便没有反对了。”[①]这件事真正的“始作俑者”，估计是其父蒋忠樽，目的无非是迫使儿子结束“不务正业”的游荡生活，早一天支撑起这个家。张祖良显然是秉其意行事的。张竹如与艾青母亲同为浙江义乌县上溪村人，其母为楼仙筹的表姐，故与楼以姨甥相称。此时，张家因男主人去世，家道已经中落，张竹如来蒋家名义是照顾病中的楼仙筹，实际是含有“借助”之意的。当时张竹如虽不满十六岁，但“举止文静，容貌清秀，人也比较能干。虽只小学毕业，却写得一手好字。”[②]深得楼仙筹喜欢，所以，当表姐流露结亲意思时，便应承了下来。楼氏问及外甥女的意思，张竹如也许受了当时风气影响，对艾青的政治犯身份不以为然，对这门亲事，心里自然高兴。很快两人有了鱼雁往来，一来二去，家里便把亲事定下了。此时，狱中的艾青离刑满还有三年。为使大儿子获得保释，蒋家进行了紧张的活动。蒋忠樽先是请付杏春帮忙斡旋，为此还打点了不少银两。付乃国民党的一位将军，与国民党警特系统有较深关系，他本是蒋家亲戚，听说艾青被囚苏

---

① 据蒋希宁1996年6月5日回忆。

② 蒋海涛：《关于艾青生平和创作的一些情况》，引自骆寒超编《艾青研究论文集》，新疆人民出版社1984年版。

州反省院,倒乐得做些顺手人情,于是便向有关方面打了招呼。这一着果然奏效,没过多久,狱方即对说客暗示:可请律师在法庭上装装样子,在程序上可给舆论界一点交代。蒋忠樽只好狠狠心,在杭州、金华分别请了律师,除必须交的诉讼费之外,又暗中给了两人“红包”。1935 年 10 月,苏州反省院以艾青“认罪态度较好,病情较重、需监外治疗”为由,将他提前释放。那天,李又然在反省院外接他,听说“释放内幕”,艾青当时就骂了起来,说,他宁肯死,也不要国民党的人保他。可能是一时负气,艾青没直接回家,先与李又然赴上海,与江丰相处一些时日,把父亲给的盘缠花个精光。眼看待不下去,又转赴杭州法国时同学雷圭元家,借钱三十元,与李又然各分一半,这才在雷、李的劝说下返回金华完婚。

艾青回畈田蒋的当天,未曾见着未婚妻。听家人说,张竹如几天前已回上溪准备嫁妆去了。阔别三年,畈田蒋没有多少变化,倒是来看艾青的亲戚恭喜的话里有讥刺之意,有人怪声怪气地说:“读书了,读书了”(谐音是“都输了”)。艾青听了很是愤然,但亦无法,只好躲在自己房里,不再见客。婚礼在紧张地准备,当事人艾青反而成了一个“闲人”,要么一个人躺在东厢房里看书;要么和希华、希宁等在村子周围嬉戏。蒋忠樽虽不满儿子所为,但大礼临近,为图个吉利,也就睁一只眼、闭一只眼了。

畈田蒋一带的婚俗礼仪原是很繁琐的。从说媒到结婚,一般要经过说媒、定婚、迎娶、拜堂、拜三朝、回门等,时间之长,程序之复杂,是令人咋舌的。据说,在有的稍讲究的人家,光完婚一项就有闹腾半个多月的。说媒是男方委托媒人向女方求婚,女方收下“定包”。然后请吃汆蛋(汤溪一带兴吃汤团),表示允婚,否则即是拒婚。说媒过后是定婚,当地俗称“行聘”。定婚礼中有桂园、枣、衣料、首饰及聘金等。然后就是迎娶了。吉日前十天男方家里要向女方送“羹饭礼”,有“四鹅八鸡留头猪”,

还有糕、馒头等食品，女方则回赠新郎衣冠鞋袜之类。吉日前三四天，男方再送“上轿礼”，女方家里开始向男方送嫁妆，俗称“移陪嫁”。迎娶当日，迎新队伍要有花轿和乐队，大户人家还有彩旗、高照等仪仗；贫寒家庭只能用一种用竹子做成的笼子抬新娘。二婚的娘子，只好更委屈一些了，只允许坐青衣轿，而不能坐上述几种轿子，据说是怕“触霉头”。婚礼在各项礼仪中最显隆重、气派。一开始，新郎戴礼帽，着长衫马褂，新娘则头戴凤冠，着彩衣霞帔，在鼓乐声中行三叩九拜之礼，再由“利市人”颤巍巍地送入洞房。其后的拜三朝，亦叫“拜大小”，受拜人得赠予红钱包，否则视无礼之举。最后是回门，一般是结婚三天之后，新郎陪新娘回家探望父母，无论路途多远，不能留宿，必须当日双双返回夫家。①

据蒋希宁说，艾青与张竹如的婚礼办得很是体面。家里张灯结彩，屋檐下那块经过佣人仔细擦洗过的“天伦叙乐”的匾，更显得闪耀生辉，满堂喜气。每当、客人在正门出现，恭候在此的女佣就要高喊一声：“贵客到了！”蒋忠樽立即会迎上前去，双手作揖道：“欢迎，欢迎！”最不喜应酬的艾青这时也只好频频点头，以表谢意。这天，艾青上着青色长袍，外套灰色夹袄，脚穿锃亮皮鞋，既合当地礼仪，又不失留洋学生的派头。张竹如头戴粉色头饰，本来就高挑苗条的身材，因粉红色旗袍的衬托，更显出了江浙女子的绰约风姿。两位新人并肩而立，倒很般配，不由引来女孩子们羡慕的眼光。蒋家仅吃酒就进行了三天。按金华规矩，头一天晚上要喝“暖房酒”，有祝愿新婚夫妻恩爱如初、白头偕老之意。第二天才算正席，叫“喜酒”。因主人要图个喜庆，热闹是少不了的，客人为讨主人的欢喜，便恣意喧笑，即使有恶作剧，主人毫不介意；倘来客规规矩矩，只知埋头吃酒，主人反而会有失落之感。因当时艾青不能喝酒，一帮年轻

---

① 《金华县志》第 698 页，浙江人民出版社 1992 年版。

人又把他和竹如追得甚急，大弟海济只好上前“挡驾”，请同学章生代劳数杯。但闹酒最凶的也是海济的一帮同学，尽兴耍闹，至夜半方散。第三天称作“散席”，然而散席不“散”，照样屋里屋外摆下数桌酒席，任来往宾客吃喝。有意思的倒是，方圆数里内的乞丐闻讯而来，并不萎缩卑微，竟像客人一样在桌上吃喝，道理是，“人穷志不短”。艾青后来的《乞丐》，对乞丐命运饱含了同情，与当地这一开明风俗的影响恐怕不无关系。

六　往返于常州、上海与杭州之间

胡适晚年谈及蔡元培的知遇之恩时说，如果不是孑民先生的提携，他这辈子恐怕顶多是一个生活飘荡不定的三四流报刊编辑。艾青不愿死守家业，但又不像胡适之有“恩师”之宠，所以，注定生活很难有“稳定”之感。

婚后不久，艾青离家只身去了常州。当时，张祖良正在常州所属武进女子师范执教，因国文课缺少人手，便向校方推荐了艾青。据他说，“记得正是阴历大年初三或初四，艾青到了常州，他穿的是一件很薄的长袍，可能他不知道这里比他家里冷得多。我叫他在旅馆住下，在商店买了一件大绸袍子，第二天才到学校报到。”[①]据当时是女师初中部学生韦荧回忆，艾青担任两个班的国文课，在课堂上很有些留学生派头。讲课亦与学校那些秀才出身的教员不同，前者讲究旧学功底，总让学生写之乎者也的文章；在课堂上，艾青最喜欢讲西洋文学，兴奋起来，还当众朗诵诗歌。写作文则不加任何限制，只消写满五百字即可，他这种西方式

① 《艾青研究与访问记》第371页。

的教学方法很受同学欢迎。[1] 在一种受欢迎的气氛中，当时只有二十六岁的艾青，是很容易投入学生的活动中去的。艾青担任了该校校园刊物《洗心》的主编。按校方的意思，《洗心》是学生文化生活的窗口，反映学校活动，记载某些动态。一上任，艾青就对刊物进行了大刀阔斧的改革，先是取消了校园活动的栏目，然后将文艺作品一栏扩大，并亲自写了富有诗意的发刊词，云："每个学生都有自己的心声，就如同潜流隐藏于地下一样，总有一天要冲出地面滔滔流向大海……"常州乃消息闭塞、社会气氛沉闷的小城，女师在这位留法的教员来之前，基本上是死水一潭。因此，艾青此举不仅有违校方之意，而且与环境也是极不协调的。他虽未招致学监直接的批评，同事中隐隐出现的敌视情绪，却是可以察觉到的。这对艾青显然是一种"挫伤"。之后，发生了一件对艾青不利的事情。一次，省里派督学大人前来视察，女师学生本来就对学校管理状况心怀不满，督学来访无疑是火上浇油，于是，一经发动，便有许多学生赶赴车站示威，使督学及陪同的校长极其尴尬。张祖良与艾青均在抗议队伍当中，引起了校方的不满。

与 1932 年至 1935 年创作的高峰期相比，艾青在 1936 年则要寂寞得多，大约只留下六七首诗。生活的不稳定是一个原因，或许出狱不久的他，一时也没找到与环境、心境稍相适应的协调办法。因此，人们在艾青的短诗《常州》里读到了他诸多的抱怨，以及与此相关的对这座小城的"恶劣印象"："这里是一片/低矮的住房，朝向天/晃着灰白的反光……/人走在街上，耳边永远/是一串包车的铃声混合着/那店铺里收音机的/低级的歌唱，围困住你！/避路的时候/常要和人相碰；/雨天/须当心踏

---

① 据韦荧 1996 年 4 月 10 日在其北三里河寓所谈话。韦荧 1939 年在新宁与艾青结婚，1955 年离异，与艾青有四个子女。现为最高人民法院离休干部。

进了水潦;/在僻静的小巷里/有太多的小便处——/阿木尼亚的气味/最普遍地流散着……""印象"不只是外在的,显然也与因女师某些人的刁难所产生的反感情绪有关,对当地这种人际关系的氛围,艾青挖苦道:"所少的是前后吆喝的/小喽啰们,不然/我就以为是在清朝了。"据说,他在常州不只留下这一首诗,另外还有《窗》、《骨子里的造反》和《眼睛》三首,明显是情诗,但不知是写给谁的,后来有人询问其中原委,艾青总是笑而不答。[①] 有人在当地报纸上攻击艾青"名为留学生,平日和女学生跳舞作乐"。然而,他在女师只待了一个学期,却是因学校未再续聘的缘故。

这年夏,艾青先回畈田蒋,之后偕妻子张竹如到上海谋职。一到上海,艾青很快发现,这里的境况未必就比常州"理想":他先在闸北一个极糟糕的亭子间找到安身之处,因环境实在嘈杂,不久又移往法租界拉都路一所简易的楼房;因有房租压力,且又多了一个吃饭的人,所以,不得已在新华艺大每周担任几个钟点的美术课,同时在陈唯稷主编的《天下日报》兼做副刊编辑。因物价飞涨,艾青常能感到入不敷出的窘迫。除上述工作,他还得做一些跑腿的社会工作,以补贴家用。这种四处奔走的处境,使他顿生"飘泊"之感,他承认:"老实说,完全靠写诗维持生活是不可能的。"[②]更糟糕的是,在上海,他始终没找到自己的归属。在忆及这段"经历"时,艾青曾对朋友慨叹道:"成为一个人类最伟大的歌手不是没有原因的。他必须在写作之外有比写作更多的耐心去做那些更实际的工作。这在我,简直是不可能的……人类受生活习惯的支配是最可怜的了。我写作,写作,第三个还是写作——人生在我的活动里显得多么

---

① 据诗人牛汉1996年3月6日,在其北京八里庄寓所谈话。

② 艾青:《母鸡为什么下鸭蛋》。

简单。假如有一天,我对自己的写作生活起了怀疑,那一天当是我的末日。"[①]由于以"最伟大的歌手"苛求自己,会越发体验到生存深处的尖锐痛苦,觉察到生命中的某种"末日感",而这种愈益强烈起来的感觉,有的时候几乎是无法控制的……

好在艾青精神上的这场危机很快因另一件事而转移了。这就是诗集《大堰河》的筹备出版。刚开始,艾青把《大堰河——我的保姆》、《透明的夜》、《芦笛》等九首诗编在一起,打算交文化生活出版社出版,编辑俞福祚送审后,却被总编辑退了回来。当时已是艾青的朋友的田间,曾试图把这本书推荐给鲁迅写的总序——《新诗歌丛书》,但丛书后来不知何故未出。在这种情况下,艾青决定自费出版。关于这本书的出版原委,历来说法不一:一说是艾青凑足买纸钱款,再由俞福祚作保以记账方式印刷出版的。[②] 另据李又然说,由江丰四处奔走借来钱才得以出版,后来也由江丰拿到书店寄售。[③] 该书封面由艾青自己设计,书中还有四幅插画,看起来很别致。版权页上写着 1936 年出版。发行人张正和,印数一千册等字样。对这本书能否受读者欢迎,艾青心里没底,所以刚开始一些行为不免有点"可笑":"他时常跑去看看,有没有卖掉一本。但是他每次去,都仍旧那几本。后来他不去了。因为他一去,人家就要他拿回来。"[④]然而,意想不到的是,《大堰河》却倍受文学批评家茅盾、胡风的青睐。田间回忆说:"后来艾青自己自费出版。出版后,我又向胡风建议,请他写一篇评介。至于他算不算新诗歌派,赞成或不赞成新诗歌的大众

---

① 《一封信——给徐亮先生并写信给我的读者们》,《艾青全集》第 5 卷第 363 页。

② 参见周红兴《艾青传》,作家出版社 1993 年版。

③ 李又然:《艾青——回忆录之三》,《新文学史料》,1983 年第 2 期。

④ 李又然:《艾青——回忆录之三》,《新文学史料》,1983 年第 2 期。

作风，这我还没有问过他。”①

胡风也曾忆起这段“缘由”：

> 上年底(指1935年)，茅盾约我为他支持的《文学》新诗专号写一篇新诗人总论。就是对两三年来已经有了文坛地位的诗人每人给一个概括的评价。我觉得这样对作者不好，对读者更没有什么用处，但又不好拒绝他，于是写了《吹芦笛的诗人》。用写给个人的信的形式，就是为了说明，我的投稿不是为了支持《文学》而是回答他的好意。那是介绍艾青的诗集《大堰河》。艾青是一个初见的名字，又是这样一个毫无诗意的书名……但是我读了受了吸引，有所感动，认为感情内容和表现风格都为新诗的传统争得了开展，诗人的健旺的心将为人民创造出更多的精神财富。我这一点评价大概促使读者接受了艾青，我自己和他也就认识了，在友好的接触中更认识了诗人的气质。我编这个丛刊的时候(笔者按：指《七月》丛刊)，尽可能地鼓励了他。他发表一组译诗，两组创作。创作里面，我记得有一首《龙华的桃花开了》，那是深情地悼念在龙华牺牲了的烈士的。

茅盾是怎样注意到艾青的，因无详实材料，不得而知，但他在谈论众多诗人创作的文章《论初期白话诗》中提到了艾青：“新近我读了青年诗人艾青的《大堰河——我的保姆》，这是一首长诗，用沉郁的笔调细写了乳娘兼女佣(大堰河)的生活痛苦，这在体制上使我联想到《学徒苦》。可

---

① 《田间自述·二》，《新文学史料》1984年第3期。

是两诗比较，我不能不喜欢《大堰河》。”①

从“二十册”诗集里独独挑出《大堰河》，说明了胡风对这位新人的诗的看重：“不仅因为他唱出了他自己所交往的，但依然是我们所能感受的一角人生，也因为他的歌唱总是通过他的脉脉滚动的情愫，他的言语不过于枯瘦也不过于喧哗，更没有纸花纸叶式的繁饰，平易地然而是气息鲜活地唱出了被现实生活所波动的他的情愫，唱出了被他的情愫所温暖的现实生活的几幅面影。”②

曾把《大堰河——我的保姆》这首诗压下未发、当时是《现代》编辑的杜衡，似乎不满意两位评论家对艾青的结论。在他看来，“要了解诗人艾青也许不是一件容易的事”。他发现，艾青是“匆忙”离开了大堰河，又“突然”出现在马赛和巴黎的，“这一种从乡村到都市的跃过，从大堰河到塞纳河的跃过，诗人自己并没有给予我们些微过程的暗示”。正是在欧洲，“那大堰河的单纯的少年却开始把灵魂分开了两边。他诅咒，诚然，但他也赞美；他厌弃，诚然，但他也耽爱；一方面是渴望着毁灭的暴徒，一方面是虔诚的艺术的巡礼者；一方面是带回来怨毒，同时却又悄悄的带回来了一枝脆弱的芦笛。”由此逻辑出发，他的推论完全与茅、胡不同，在后来艾青的研究中，也是“独一无二”的。他说：

> 艾青是果然有两个吗？不错。甚至在《大堰河——我的保姆》里，艾青却已经有两个了：一个是“大儿子做了土匪，第二个死在炮火里”的大堰河的乳儿，一个却是“地主的儿子”，只是，后者是被前者完全吞没了去，后者推让着，只让前者充分的去

① 茅盾：《论初期白话诗》，《文学》8卷第1期，1937年1月1日。

② 胡风：《吹芦笛的诗人》，《密云期风习小记》，1936年12月20日。

> 发展,那才成就了他个人的调和。在塞纳河边的两个艾青却不是这么简单的事。他们是自己并不意识到的到了歧路口,而且各人都迈步地前去,似乎并没有想到回头来把自己的同伴招呼一下的。
>
> 那两个艾青,一个是暴乱的革命者,一个是耽美的艺术家,他们原先是一对携手同行的朋友,因为他们是从同一个地方出发的,那就是对世界的仇恨和轻蔑;但是,这一对朋友却到底要成为互相不能谅解……因此,要了解诗人艾青,至少在一般人,也许并不是一件容易的事,我害怕他在两方面都会得不到原谅。然而正因此,艾青才是诗人。①

在1936年10月创刊的《新诗》上发表这篇文章,显然是有着深刻复杂的文艺论争的"背景"的。五年前,杜衡曾化名"苏汶"以《论文学上的干涉主义》与左翼作家发生争吵,所以,"我害怕他在两方面都会得不到原谅"这句话,就令人费解和晦涩了。杜衡文章刚刚问世,属于左翼阵营的批评家雪苇立即在《中流》第2卷第5期上著文反驳,还提起五年前那本"旧账",说:"这回杜衡先生之论到艾青,也在'美'和'革命'的对立上,将硬剖成'两个',之后,又预言着(像当年对于胡秋原先生的预言一样):要这两个艾青可以互相得到'谅解',只有在遥远的将来才有希望。并代为断言,'目前'是只有'在两方面都会得不到原谅'的了。"

这篇评论和胡风的文章,基本上为后来的"艾青研究"定了调子。连艾青也未想到,《大堰河——我的保姆》的出版,不仅引起当时文坛两位炙手可热的评论家的重视,而且还触发了文艺界内部的一场争论。受到

---

① 杜衡:《读〈大堰河〉》,《新诗》第1卷第6期。

鼓舞的他，在写作上因此而“一发不可收拾”：在12月的《新诗》3期上发表了短诗《窗》、《小黑手》，刊于次年1月《热风》1卷1期。《马槽》见于同月《新诗》1卷5期。《晨歌》继而又在《新诗》1卷6期问世。由于有了“评”与“被评”的关系，茅盾与胡风共同主编的综合性文艺刊物《工作与学习丛刊》，更是极为慷慨地为这位文学新人留出诸多版面。接连在上海最重要的几家文学刊物上露面，使艾青一时声名大噪。对当时情形，胡风回忆说：“新的作者的稿子，都是由我约来或投寄来的。艾青是精力充沛的，吸引了读者的一个。我记得有《龙华的桃花开了》，沉痛地哀悼了在龙华牺牲的烈士们……可以说，艾青是在这个刊物中开始吸引读者的。”[①]或许，一半出于对胡风的感激，一半有“练练画笔”之意，艾青为《工作与学习丛刊》的三、四两期设计了封面。这种“介入”，使艾青与胡风等人的来往更加频繁。可能是胡风的介绍，4月底在上海重庆酒楼举行的“中国诗人协会”成立大会，正式邀请艾青出席。大会由王统照主持，参加者有：宋寒衣、穆木天、番草、辛劳、柳倩、许幸之、任钧、冼星海、关露、林林、厂民等，当时在日本的郭沫若、王亚平，未在上海的阿英、臧克家、陈子展、杨骚和白薇等也声明入会。最后，会议推举王统照、任钧、穆木天、许幸之、柳倩、关露和艾青七人为理事。这次会议对正在“崛起”的艾青本人是极其重要的，它说明，他不仅已经为文坛所承认，更重要的是，开始进入“诗人”的行列之中。可以说，把艾青推向中国现代诗坛的关键人物是胡风，而在其中“穿针引线”的，则是早艾青出名的诗人田间。五十年后，当艾青不无动情地回忆起这两个已撒手尘寰的老朋友时，三人相识的情形不禁历历在目：

---

① 胡风：《〈工作与学习丛刊〉始末》。

一天,一个穿西装的青年来访,看样子不会超过二十岁,捧了两本诗集,一本《中国牧歌》,一本《中国农村的故事》,用瑞典纸精印,毛边,是当时最阔的。在书的第一页上写着"海澄哥教我",使我很感动。这个青年就是田间,光华大学的学生,当时已是出名的诗人。而我虽然发表诗文已三四年了,却还没有出版过诗集呢。

1936年11月,我从在狱中所写的诗中选了九首,自费出版了第一本诗集《大堰河》,出书之后当然送田间一本。

不久,田间来告诉我:"有人写了一篇评论你的诗的文章,想见见你。"我不知人家怎么评论的,就回答:"等我看了文章再说吧。"

文章发表了,在王统照主编的《文学》上,题目是《吹芦笛的诗人》,作者胡风。我看,文章是田间叫他写的。

从此,胡风和田间成了我的朋友。胡风1902年生,比我大八岁,田间1916年生,比我小六岁,胡风自然是长者。但他不爱发议论,从来没有告诉他的地址,我也没有问过他。

他来,总是静静地坐着,看见我的桌子上有诗稿,就拿起自己读,读完了就带去发表。他在文坛交往比较广……①

在三四十年代的中国文坛,胡风是一个举足轻重的人物。由于与鲁迅的特殊关系,他不只是鲁迅思想的权威阐释者,在时人眼里,也是鲁迅精神得以延续和发扬的一个引人注目的象征。加之他是一个著名的评论家兼刊物编辑,因此,受到他及他主编的杂志的重视,意义是非同小可的。有人统计,在胡风主持的大型文艺刊物《七月》上,舒芜发表作品五

---

① 艾青:《思念胡风与田间》,1986年4月18日《人民日报》。

十一篇，路翎二十二篇，阿垅二十一篇，曹白二十篇，艾青十七篇。艾青的主要诗作和诗论，多半都见于这个杂志，另外，被胡风编入有名的《七月诗丛》的，还有《北方》和《向太阳》两部诗集，于1942年在桂林南天出版社出版。① 除所谓“胡风反党集团”的成员外，艾青是在该杂志发表作品最多的作家。据胡风夫人梅志回忆，在1936年底至次年7月艾青去杭州之前的半年间，两人来往日益密切，“当时，艾青夫妇住在辣斐德路(今上海复兴中路)，每次去，他都要留我们吃饭。如果正好有稿费，四个人就去外面下馆子，或者由张竹如烧菜在家里吃。见他们谈得很兴奋，好像有说不完的话题，我就与张竹如闲聊些家常什么的，因张此时正怀着孩子，谈孩子自然比较多。艾青性情高傲，总喜欢挖苦别人，但对胡风却很尊重，私下里一般称他胡先生，通信则以兄相称。”②对胡风的帮助，艾青始终是心存感激的。1955年胡风招来横祸，不久艾青亦被打成右派，“每逢文艺界开会，他得到通知就来参加。我只要看见他就走上去和他坐在一起，只是默默地相对无言，像两块化石。”1985年6月8日，胡风悄然离开人世，艾青赶到胡家为老朋友送行，痛悼之余，不禁“感到茫然”。③ 沉痛之情，非文字所能表达。

梅志所言的高傲，在艾青此间批评何其芳的文章中，却表现得淋漓尽致。事情由1937年《大公报》授予“文艺奖金”而引起。5月，该报公布了获奖者名单：芦焚的小说《谷》、曹禺的戏剧《日出》、何其芳的散文《画梦录》。人所周知，创办于1933年9月的《大公报·文艺》，是京派作家的一个主要阵地。它开始由沈从文主编，后由他与萧乾署名合编，除发表周作人、废名、俞平伯、朱光潜、冯至、林徽音、林庚等人的作品外，也

---

① 晓风：《胡风和〈七月〉〈希望〉的撰稿者》，《新文学史料》1994年第1期。

② 据梅志1996年3月15日在其北京木樨地寓所回忆。

③ 艾青：《思念胡风与田间》。

注意提携青年作家，何其芳即是受到欣赏、而后加入京派作家圈子中的一位。本来，这属于正常的文艺活动，是不致遭人非议的。然而，刚刚成名的艾青却做出了不惜得罪京派圈子的强烈反应，在《梦、幻想与现实——读〈画梦录〉》一文中，他不无挖苦地写道：

> 只因为"没有谁爱过我，我都只在心里偷偷地爱着"，只因为我们的才子和他的那些佳人的爱情故事得不到很好的结尾，何其芳是"孤寂"了，而且几次重复着："世上的事都使我厌倦。"而且说："我悲哀得很神秘，仿佛徘徊在自己的门外，像失掉了乐园的人……"于是，"温柔的独语，悲哀的独语，或者狂暴的独语……"开始了。何其芳的这个美丽却又忧郁的集子，几乎全部是他的"倔强的灵魂"的温柔的、悲哀的、或者狂暴的独语的记录，梦的记录，幻想的记录。而我却如此辜负了我们的作者：我拿它来读，在充满了阳光的地方，我的心境也不能为它显得像古人一样的恬静，耳边不停地传来人世的喧嚣和生活的不美丽的叫喊，有时且不可克制地想起当天报纸所刊载的为饥饿与战争而死亡的可惊的数字，即令当我读到它里面的美丽得像患上了肺结核的少女般的句子时。①

《画梦录》获奖后，左翼批评家都未予褒贬，连喜欢抨击左联之作家的某些著名人士也未置一词，艾青与何其芳并不相识，何至于越俎代庖、"大动干戈"呢？艾青在文后"一点声明"中说，"这文章，是我读了何其芳的《画梦录》后写成的，原已由胡风先生编进《工作与学习丛刊》第5册，

① 《梦、幻想与现实——读〈画梦录〉》，《艾青全集》第5卷第352、362页。

该刊因故未出，后由胡风先生交《中流》，复因战事停刊，这文章就一直搁下来了。"[①]显然，在写这篇文章之前，他与胡风是商量过的，文中某些观点及"希望"，与胡一贯的文学主张极吻合；胡风是文坛敏感人士，文章又牵涉到与京派作家群的"关系"，所以，由一个人们还不太熟悉的青年作家出面批评比较合适。就艾青个人而言，《大堰河》在上海如此被重视，却不曾受到京派圈子的任何注意，心里不服气是自不待言的。当时艾青刚二十六岁，与何其芳是同龄人，都是刚刚崭露头角的青年作家，当时艾青的心境、气质，为人处事的种种"特点"，通过这篇文章却昭然若揭了。在何其芳方面，这口"恶气"直到 1940 年才倾泄而出。在《给艾青先生的一封信——谈〈画梦录〉和我的道路》中，何其芳也动了肝火，认为艾青的文章"是一篇坏书评"，对他的作品和人"都作了不公正的判断"。两人从此撕破了脸皮，艾青到延安后，亦始终与何保持着"距离"。

转眼到了 6 月末，张竹如的产期日益临近了。《大堰河——我的保姆》因是自费出版，欠着朋友的钱不说，再编一本诗集《春》的计划，亦因某种缘由而告吹。产妇生育要钱，孩子一旦生下，也是需要很多花费的，一向对钱淡然的艾青，这时不免着起急来，不得不"由亲戚介绍到杭州蕙兰中学教书"。从上海到杭州，对正处在创作的第一个高峰期的艾青来说，显然不是一个明智的选择。然而，国事、家事的纷扰，也不容他再潜心于写作。事实上，从艾青到达杭州的第一天起，他个人与诗歌的命运就意味着将会出现重大的逆转。坐在上海至杭州的火车上，艾青随手翻着报纸，为华北的战事而忧心忡忡……他心里有种不祥的预感：可能，平静的日子不会长了。

---

① 《梦、幻想与现实——读〈画梦录〉》，《艾青全集》第 5 卷第 352、362 页。

七　被抗战炮声震醒

就在艾青一家抵达杭州不久,震惊全国的抗日战争爆发了。当天,张竹如产下一个女孩。抱着生不逢时的女儿,初为人父的艾青陡然生出一缕悲喜交集之感,他事后追忆道:“我在前一天在预感中,写了《复活的土地》:……我们的曾经死了的大地/在明朗的天空下/已复活了!/——苦难也已成为记忆/在它温热的胸膛里/重新漩流着的/将是战斗者的血液。”然而,艾青接下来的生活却是忙碌而琐碎的。白天,他要担任几个钟点的课,授课之余,还要照顾坐月子的妻子,为女儿换洗尿布,买菜做饭,夜里还要批改学生作业,准备第二天的课,有时直至深夜。从7月6日至10月12日,艾青三个月无诗。处于家事繁乱中的他,也不可能有诗。因为女儿生在“七・七”事变当天,为纪念国耻,艾青与张竹如商量,决定为她起名叫七月。以后,胡风主编的大型刊物《七月》在武汉创办,这个名字,自然又含有对该杂志的感谢之意。喜得孙女,蒋忠樽、楼仙筹自是欢喜,听说叫七月,又觉名字有点直白,于是学究气上来,写信给儿媳,建议改名为“雪卢”,一是雪卢沟桥国耻,有报仇雪耻之意,二是听起来也比较儒雅婉转。不知艾青夫妇当时是否接受了老先生的好意,1939年冬,张竹如因与艾青发生婚变,带女儿返回乡里,后改叫女儿为雪卢,直到她六岁时死在逃难途中。

然而,艾青始终密切注视着国内战局的发展。在教员休息室,翻看报纸几乎成了他每天的“功课”。7月28日,日军分三路进犯北平,遭到宋哲元二十九军的坚决抵抗,副军长在南苑以身殉国,一三二师师长赵登禹于突围中战死。是日夜,日军又大举进攻天津,30日,北平、天津相继失陷。民心慌乱,乘沪杭火车过江逃难者日增,仅8月5日晚抵城者就达四千余人，达南星桥者一万一千余众，均因夜深未能渡江，沿岸旅馆均爆满，地铺每席两人，每人纳费二角，坐凳待旦者，每位五分。车站行人道均睡满。连日来，浙赣路因洪水未能通车，江上民船被抢雇一空。这类消息，使艾青已无心备课、上课，他不无忧虑地意识到："或许，敌人的残暴的脚步，很快就踏遍了整个的杭州；或许，敌人的兽性会把西湖的一切摧毁；或许，西湖的水会染成紫红的颜色。"①他继续把关注的目光投向报纸，8月13日，松沪战争爆发，日军投入三十万人，由永修身、松井石根指挥；中国抵抗军队约五十个师，七十万人，由冯玉祥、蒋介石、顾祝同和张治中先后统帅。战场空前残酷激烈，双方死伤均很惨重。艾青隐隐感到振奋，但也预料到，战场逼近杭州已指日可待。果不出所料，就在第二天下午4时15分，十三架敌机突袭杭州笕桥军用机场，我机起飞迎战，空战二小时半。我空军第四航空队队长一人击落敌机四架，机身残片分落笕桥、小河车站、钱塘江各处。② 巨大的爆炸声，艾青在蕙兰中学听得清清楚楚，他的心不由被强烈地震动了。杭州城内，已弥漫了浓烈的战争气氛，从松沪前线转移下来的伤员，已一批批运抵城内各个医院。家里来信说，已做好避难准备，或是退至金华，再择道而走，或者在上溪暂避一时，父亲为防卫计，已购得德国造手枪一支……与全民抗战总体气氛形成对照的，却是杭州人自南宋以来就已根深蒂固的享乐的习性。这一习气令艾青甚感不快。他发现，不少人仍在"中世纪的情感中"过着安闲浮泛的日子，西湖各处的游人虽基本绝迹，然而诸如丧事、婴儿满月等，却是仍要讲讲排场的，少不了还要放一阵鞭炮之类。于是，他愤然写道："战争并不曾惊动他们，他们——杭州的市民，有多少曾为民族

---

① 艾青：《忆杭州》。

② 《浙江百年大事记》第258页，浙江人民出版社1986年版。

的命运考虑过呢？我的画学生时代的教师们，多数仍在西湖，他们都买了地皮造了洋房，成了当地的名流，有的简直不再画画了。"①

在他供职的学校，学生因战事影响，已不再来上课，但校方要求教职员"和舟共济，同撑危局"，所以，艾青每天还要去点一个卯。他又听说，市第六医院要求改善伤兵伙食问题，据闻伤兵每人每天伙食费仅二角钱，所吃素菜皆无一点油星。省政府、省党部早已迁至金华，临走前两天的《东南日报》，还奉劝市民"高枕而卧"、"勿以流言蛊惑人心"云云。在艾青看来，这无疑对政府中某些要人是一莫大讽刺。近一段时期，他最爱说的是两句话："让没有能力的，腐败的一切在炮火中消灭吧；让坚强的，无畏的，新的，在炮火中生长而且存在下去。"这是否是艾青悲愤、失望心境曲折的反映呢？现在实难推知了。

八　往哪里去?

艾青仍在注意着每天的报纸。闻着报上日益浓厚起来的火药味，望着身体尚未恢复的妻子和还在哺乳的女儿，心情愈加地焦虑。

日军攻陷平津两大城市后，继续进犯张家口、大同、忻口、太原、石家庄等地。忧心如焚的消息，不断从《申报》等报纸上传来：10 月 13 日，敌板垣第五师团，关东军第十一、十二师团进逼太原要塞忻口，中国军队以刘茂恩为右翼兵团、王靖国为中央兵团、李默庵为左翼兵团，以著名战将卫立煌为总司令，数十万大军与敌激战。在敌人飞机轰炸如地面潮水一般进攻的严重态势下，中国军人以血肉之躯筑起一道防线，予敌以重大杀伤。11 月上旬，忻口终至全线崩溃。10 月 10 日，石家庄失陷。11 月

---

① 艾青：《忆杭州》。

9 日，太原失陷。自然，艾青更关心的是南方的战况。一天，当他翻开报纸，一条触目的消息立即引起他的注意：11 月 5 日，日军在杭州湾登陆。11 月 12 日，报上在显著位置刊出通栏消息："上海是日失守，国军已做战略转移。"就在两天前，国民政府宣布迁都重庆，并决定唐生智为总司令，率十五万精锐部队"死守南京"。艾青估计，所谓"死守"不过是为了稳定人心，南京的失守，也只是时间问题了。杭州与南京仅咫尺之遥，恐怕已经不保。早在 8 月 9 日，北平沦陷前后学术文化界人士纷纷南下，北平大学和清华大学也宣布南迁；当天，刚从南京返回北平的北京大学文学院院长胡适及教授叶公超、梁实秋等一起撤离北平。艾青从朋友来信中得知，云集上海的作家郭沫若、茅盾、郑振铎、王统照、郑伯奇、胡风、巴金、欧阳予倩、沈起予、沙汀、艾芜、曹聚仁、林林、谢冰莹、任钧、穆木天等一百多人，从 8 月下旬起已相继离沪内迁，这种情况在 9、10 月份形成高潮。自 1926 年因段祺瑞反动政府的迫害而出现的大批作家的"迁徙现象"，在民族危难关头，再一次发生了。在近代中国社会的历次重大变动中，中国知识分子需要面对一次又一次从文化到人生路途上的多重选择。艾青不禁回想起五年前刚刚回国的情形，他与江丰同住在一个亭子间里，白天出外找工作，晚上谈马奈、塞尚，谈野兽派富有想象性的技巧，常至深夜；然而，一旦触及"将来怎么办"的敏感问题，便沉默了，许久没有话说。作为有正义感和爱国心的艾青，对抗战的态度是十分明确的。后来，得知周作人附逆的消息，他写了《忏悔吧，周作人》这类愤怒的诗。然而，他毕竟是一个作家，对他更为迫切的是，"写作，写作，第三个还是写作——人生在我的活动里显得多么简单。"他甚而深刻怀疑自己，"假如有一天，我对自己的写作生活起了怀疑，那一天当是我的末日。"因此，艾青没有像其他作家那样早早离开杭州，而是一直盘桓到 11 月中旬。艾青究竟在干什么呢？接到胡风自武汉寄来的信后，10 月 6 日，艾青在回信里写道：

> 前几日接你由沪所发的信，知你即动身赴武汉，想你接此信时，早已安然在家了。我曾于十日前寄一信至武汉给你，同日，即发出一信给武昌美专×××兄，未知你们已曾会面否？木刻展览会筹备到如何了？
>
> 杭州几乎没有一天不发空袭警报，人的心理却比上海时不安。自己就很怕在这令人欣喜的日子里寂然长逝。我现在的悲哀就是无能表现这胸中强烈的欢喜。昨天，前天，我用泥土做了一个浮雕——画面是三个机关枪手在迎击敌人。改天一定把这浮雕摄成照片，寄你请改。
>
> 武汉是我极欲到的地方，现在又有你在那里(我曾有一次在梦中感到离别的悲哀)，我希望这半年拖过去，一学期能在××兄那儿找到一个吃饭处，那我就来——我依然用热情来创作艺术(这在我做浮雕时又很明显地感觉到了)。……

在这封信中，艾青的心绪显然是烦躁和复杂的。作为刚成名不久的诗人，他不希望像《七月》这样有全国影响的刊物疏忽自己，于是表示“一定把这浮雕摄成照片，寄你请改”；他暂时还不打算马上离开杭州(潜意识里艾青或许感觉到，武汉显然也非久留之地，大概不可能为写作提供一个安静的“环境”)，然而，天天轰炸的敌机，对生命却构成很大威胁，这无疑使对下一个落脚之处的“选择”，不单不能再“从容”下去，反而愈加匆促起来。于是，又有“武汉是我极欲到的地方”的表白。这种烦躁，还与11月间与杜衡“相遇”引起的不快有关。据他回忆：

> 那时，敌人已攻下大场，向松山威胁，我和他相遇于画家L家。那精致的小洋房量还留着秋天的余热。杜衡似乎病了，穿起二件棉袍。我们被介绍后，相对无言。后来，我们谈起战争，他就以恐日病者的真实的脸，最初呈现在我的面前……杜衡是属于那种执拗于日常生活的小福利的小市民型，整个生命都为了个人的私利而存在，没有理想，没有热情，更没有人间爱。①

艾青在这时所感到的烦躁，已经不属于他一个人的，可以说是20世纪中国知识分子最典型的心态。艾青在他所处的时代，要想“超越”这一思想极限，自然是不容易的。

深秋的一天，艾青在杭州写下最后一首诗《他起来了》“因为他必须如此/因为他/必须从敌人的死亡/夺回来自己的生存。”像是在说服自己，诗句里活动着的分明是艾青的影子，他的潜台词……

---

① 艾青:《谈杜衡》,《艾青全集》第5卷第17页。

第五章　动荡的岁月[一](1937.11—1938.11)

一　北上武汉

然而,即使艾青想在杭州再待些日子,也已经不可能了。1937 年 11 月5 日黎明,日舰多艘炮轰金山卫,在飞机大炮的掩护下,大批日军在金山卫登陆。11 日,嘉善沦陷。14 日,上海失守。18 日,嘉兴陷于敌手,日军一部有向杭州一带进逼态势。杭州城里,空气顿时紧张起来。嘉兴距杭州不到半天路程,如未遇抵抗,或许还要不了半天时辰。国民党浙江省政府的一些机构已开始向金华撤离,大批难民潮水般向江西、福建方向涌去。据艾青追忆:“我教书的学校,没有学生来上课了,我也就借了盘费,”打算“离开杭州”。[①] 但他是哪一天离开的,因无详实材料,一时很难判断。估计应在日本人攻占嘉兴前后,一是他在后来所写

---

① 艾青:《忆杭州》。

的《忆杭州》中已有预感，再说，带着张竹如和仅四个月的小七月逃难，毕竟不甚方便，晚走一步，后果不堪设想。

在故乡，大约只待了很短一段时间，艾青夫妇等就告别父母，匆匆北上了。此时杭州已在敌人三面包围之中，从南京坐船去武汉已不可能，只有从金华先到南昌，再设法在九江换船沿长江而上。逃难对艾青来说，平生还是首次，而且此刻难民如潮，到处都是伤兵，乘火车之难可以想象。所以，一路上足以用“苦不堪言”来形容。艾青一行到金华车站时，约上午 8、9 点钟，只见站台里外的地上都睡满了人，大概不少人是在此过夜的，蜷缩在脏兮兮的被子卷里，尚未醒来。更惨的是从沪宁战场上撤下的伤兵，有的腿上还裹着血迹渗透的绷带，有的重伤员因无法治疗，一声声凄厉地叫着，令人目不忍睹。因战事影响，列车运行系统完全混乱，谁也不知道何时能走。艾青四处寻找车站的工役，欲打听如何购买到南昌的车票。工役看都不看艾青，只嘟哝了一句：“12 点。”他又问一位刚巧经过身旁的办事员，才得知，已有很长时间不卖票了，有车来，挤上去就成，这也算战时一景吧。正巧大妹希华也打探回消息了，后来艾青写道：

> 妹跑来，说在挤满了人的那排列车的那面，还有一排列车，很多人就从车厢下面的铁轮边曲着身子走过去。我们也就从车厢下面的铁轮边走过去。一排列车停着，从每个车窗看去里面都挤满了人。这也是到南昌的车。我们挤上去。在厨房车的过道间用铺盖和皮箱安排了我们的坐位。①

---

① 《西行》，《艾青全集》第 5 卷第 8 页。

因为带着孩子,张竹如大概央求过车窗边的乘客从窗口递送些行李,但遭到了拒绝,人们在战争中远要比和平时期冷漠,而且人性深处的丑陋大约也最容易流露出来。艾青刚满二十七岁,张祖良与蒋希华也才二十岁左右,凭着身强体壮,能在餐车里栖身,应该是很幸运的。金华到南昌约需十一二个钟头,晚上 10 点多到站,坐在皮箱上,艾青居然有了与身边伤兵聊天的兴致。据这位伤兵说,昨天一个伤兵在金华街头卖他仅剩的一条军毯,因为饿了两天,实在挺不住,想换点饭吃,情景极惨。又听说,眼下医院拒绝再收伤员,说是人已超员,结果医院外面到处都躺着伤兵。末了,这个伤兵骂道:"要知道这样,老子还在前线卖命干嘛?太黑了!"伤兵一席话,引起四周一片唏嘘之声。艾青的心不免沉重起来,默想前途,竟有几分茫然。火车从上午停到晚上,没有要走的意思,或许是在战争年头,艾青发现,人们的忍耐力实非平时能比。敏感的艾青也预感到,以后的路恐怕将更为坎坷,断不会那么顺畅。

9 点多钟,有人突然喊道:"看,火车走了!"艾青起身看窗外,两旁黑黢黢的原野在慢慢向后移动,终于走了,这就是说,它预示着将渐渐远离战区!随着列车在轻轻的摇晃中向前疾奔,艾青的情绪渐次由坏转好。在一年后记载这段经历的文章《西行》里,艾青笔端流露的情绪,着实让人惊讶:

> 机头的灯光照耀着轨道两旁的原野。我这黑夜里的乘车者,很安然地让自己内心的波动随着这铁轮的转轧的有节律的声音展开我的思绪……黑夜甚至带给我一种宗教的情感,纯朴地愿望着祖国能早日从少数人的自私与顽固的枷锁里解脱,明日的自由的天国,不就在我们的前面了吗!

毕竟是诗人，或者说，毕竟还是年轻人，并不缺少献身的热情，然而，却缺少对中国历史与现状深刻的洞察力。事实上，把救亡图存看得十分天真的其实并不只艾青一个人，连经历过大革命的腥风血雨，深知刀光剑影含义，已届中年的郭沫若，此时所留的文字，也不免过于乐观："不分阶层，不分新旧，都一致地团结起来，为争取抗战的胜利而奔走，而呼号，而报效。"并断然认为，"这在中国的现代史上无疑地是一个空前的现象。"①武汉失守之后，从湖北宜昌乘船而上的胡风，即使在极其困厄的旅途中，也每天手执俄国小说，神态悠然，似乎是在做一次惬意的乘兴而游……反过来说，在真正面对决定中国命运的空前酷烈的大决战之前，尤其是，当他们作为一次精神个体真正体悟到文人处境深渊般的险恶之前，这点小小的天真，几乎又是可以原谅的……否则，人们会很难理解，缘何在解放之后的最初几年里，胡风还会耿直如初、犯颜上书，而艾青为什么会暴露出太多太多的文人习气，几乎毫不设防了！

以后的路程，除了艾青一行在南昌车站出站时被验票员"宰了一下"外，基本是顺利的。从南昌转道九江，然后从那里溯江而上，直抵武汉，中间仅用了三四天的时间。

二 《雪落在中国的土地上》

艾青偕张竹如和蒋希华夫妇到武汉时，已是隆冬季节。因为国民党政府举迁武汉，大批党、政、军人员及家眷随行，每天还有来自上海、南京的难民潮水一般涌来，武汉三镇一时人满为患，住宿极其困难。初到的几天，他们在汉口车站大智路附近找了个简陋的旅馆，算是有了暂时的

---

① 郭沫若：《新文艺的使命》，引自《沸羹集》。

栖身之处。

12月13日,艾青正在街上行走,突然一个报童大叫"号外!号外!"他急忙从报童手上买下一份,一行醒目的大字闯入眼帘:"南京于今日失陷。"艾青忽然感到一种透骨的悲凉向自己袭来,山河破碎,有家难返,真正的连亡国的遗民都不如了!后来,他又得知,南京沦陷后,日军分兵数路猛攻杭州,其主力由黄湖出余杭,占领富阳;一路由孝丰经报福镇企图越过天目山,以截断中国军队钱江北岸退路,在该处遭到我军韦云淞部的顽强抵抗,但终于不敌而退。22日,杭州已成死城,店铺关门,街上行人稀少,入夜,除几处欲暗欲明的稀疏路灯外,一片沉寂。24日上午8时,敌人分三路冒雨进入杭州。就在第二天,艾青在《忆杭州》里悲愤地写道:"或许,敌人的残暴的脚步,很快就踏遍了整个的杭州;或许,敌人的兽性会把西湖的一切摧毁;或许,西湖的血会染成紫红的颜色……今天,我想念着杭州,我想念着,眼前就浮起了它的凄凉,我是极度的悲痛着,但我却不再流泪了。"

在艾青这里,杭州是与"故乡"深深联系着的,所谓国破家亡的切身感受,只有在故乡不复存在的时候,才可能唤起人彻底的幻灭之感,这伤痛,也才是来自心灵深处的。大智路地处汉口的闹市区,与租界虽一路之隔,但却有天地之别。这里多是低矮的房屋,除本地收入低微的居民,主要是外地流落此地的手艺人、乞丐和暗娼等。待难民涌来,更是嘈杂不堪,隔着旅馆临时竖起的木板,吵骂、哭喊声不绝于耳,令艾青烦躁不安。几次拿笔却又放下,拿起书本,也不得不扔到一边。于是,艾青决定搬到一江之隔的武昌去。这样可以逃避这里的喧闹,坐下来写一些东西;况且胡风、冯乃超夫妇、萧红、田间等都住在武昌,来往也较为方便。那时,汉口与武昌之间的交通全靠江上来回的轮渡,每逢江面起雾,轮渡只得取消,所以极不方便。一日,艾青过江拜访胡风。当时胡住在紫阳潮附近的小朝街，离江边不远，艾青上岸后，雇一辆黄包车，没走多远就到了胡宅。这是胡风老朋友金宗武的一座两层洋房，金在其他地方还有住处，因胡风来武汉后没有落脚之处，就借给他暂住。洋房面对小朝街，房前有一个十分精致的花园，从花园的侧门，可以望见碧波荡漾的紫阳湖，确不失一处幽静之所在。胡风与家人住在左边小房中，《七月》编辑部从上海迁来后，也设在这里。得知艾青的目前的窘境，胡风先是体谅地微微一笑，然后建议他搬过来，一些事情也好商议。艾青很快在武昌艺术专科学校找到了住处，即该校的传达室，虽然狭窄，但毕竟能坐下来写作，这对艾青来说，已经算是幸运的了。据多次同胡风一起来过此处的梅志回忆："艾青搬到武昌后，与我们的联系变得多了。除了写作，他还与田间一起热心为《七月》奔波，比如为刊物跑印刷所之类的工作。但他的写作环境依然不太好，当时他女儿七月还小，张竹如年轻不会带孩子，所以，孩子一哭，艾青就烦躁得很，有时急了，甚至打过竹如。打过之后，他又把孩子抱在怀里哄。一来二去的，东西还是写不成。"①

梅志"目睹"的艾青在武汉时的处境，显然不是由他妻子造成的。这个境况，可以说是中国作家在那个动荡年代的心绪与境遇的某种缩影。或者说，它实际勾画了一代人特殊的命运。对艾青这一时期的写作状态，胡风的看法也颇中肯，他说：

> 他是抗战前就引起了读者注意的诗人。抗战一开始，他是最快地唱出了战歌的诗人之一。《他起来了》(《七月》第 3 期)、《雪落在中国的土地上》(第 7 期)、《北方》(第 10 期)、《乞丐》(第 13 期)、《向太阳》(第 14 期)，诗人对古国的黑暗和冷酷有

---

① 据梅志 1996 年 3 月 15 日在北京木樨地寓所的谈话。

深刻的感受,他唱的挽歌是非常深沉的。他对人民的苦难有深刻的同情,他描述的穷人的形象,是使人禁不住感到伤痛的。①

转眼到了12月28日,艾青的心情如同武汉充满雪意的天气,显得萧瑟、寒冷。这天,他独自待在暂时作为"栖身之地"的传达室里。回想来武汉的这些时日,一种颠沛流离之感不禁油然而生。近闻,从南京逃出的人向报界披露,12月12日下午,日军在紫金山将未及逃脱的三千余难民全部残忍地活埋。13日,日军入城后便大肆杀戮,在燕子矶架起轻重机枪,对正在渡江的十余万中国军民疯狂扫射,一时间,浮尸蔽江,血染东流,死者不计其数,惨不忍睹。又据报载,在南京商店最为集中的太平路一带,所有房屋被焚之一炬,有的日本兵竟毫无理由的以烧平民住房为乐,手提汽油桶,到处倾倒,然后点燃。被奸淫的妇女,大多又遭惨杀。一位妇女被轮奸后,惨无人性的日本鬼子居然将她肢解,一块一块地投到火中焚烧……听到这不断传来的消息,艾青在悲愤之余又陡生悲凉之感,他想写点什么,又觉得心头郁结,一时竟不知该如何下笔。国仇家恨一起涌来,令他久久不能自已……就在这极其沉痛、复杂的情绪中,艾青写出了苦难时代里的传世之作《雪落在中国的土地上》。

沿着雪夜的河流,
一盏小油灯在徐缓地移行,
那破烂的乌篷船里
映着灯光,垂着头
坐着的是谁呀?

① 胡风:《回忆参加左联前后·五》,《新文学史料》1985年第2期。

写到这里，艾青眼前似乎又浮现出南京街头的种种惨景来：“——啊，你/蓬头垢面的少妇，/是不是/你的家/——那幸福与温暖的巢穴——/已被暴戾的敌人/烧毁了么？/是不是/也像这样的夜间，/失去了男人的保护，/在死亡的恐怖里/你已经受尽敌人刺刀的戏弄？”南京失守后，武汉及其周围地区积极备战，以防日军大规模西进。1937 年12 月14 日，即南京失陷后的第二天，日本政府发表声明，声称：“进攻南京，是为了促使中国方面回到日华提携的道路上来。但国民政府毫无反省之意，因此，日本决心通过同亲日政权的提携、对抗日政权彻底惩罚之方式，从根本上解决日华关系问题。”①在武汉国民党政府上层内部，围绕“和”与“战”的权力斗争却日趋激烈。艾青记得，7 月 29 日，他曾在杭州报纸上读到汪精卫的所谓“广播讲话”：“中国比较日本进步迟了六七十年，中国的国家力量，不能挡住日本的侵略。”又云：“和呢，是会吃亏的，就老实地承认吃亏，并且求于吃亏之后，有所补偿。”云云。因胡风与中共长江局有关人士和周恩来有接触，所以常有些“敏感消息”传给艾青。是故，他对当时任国民党中宣部长的周佛海与高宗武、梅思平等人的“低调俱乐部”是略有所闻的。政府上层某些人尚且如此委靡不振，那么，国家、百姓的命运将会如何呢？艾青心头的沉重不是没有理由的，所以，这给他的写作难免留下了某些“阴影”。他的笔下甚至流露出一种世事多艰的辛酸意味。于是，我们读到了如下诗句：

不知明天的车轮
要滚上怎样的路程……

---

① 日本防卫厅研究所战史室：《战史丛书 86 · 中国事变陆军作战 1》，朝日新闻社，东京 1975 年版第 468 页。

——而且
中国的路
是如此的崎岖
是如此的泥泞呀。

在诗中出现的“戴着皮帽”、“赶着马车”却不知“要到哪儿去”的中国农夫，以及那个“蓬发垢面”、“垂着头”的少妇不是偶然的。联系艾青身处乱世的破碎心境，除伤世忧国的情绪之外，这其中未必就没有他内心深藏的离乱之感，以及从中发出的难言的喟叹。

《雪落在中国的土地上》很快受到了胡风、田间等朋友的激赏。胡风把诗稿拿走，发在《七月》第 7 期上。刊物发行后，更多的人被它悲愤、忧郁和深沉的格调深深打动了。据说，它很快成为诗歌朗诵会上颇受欢迎的作品，尤其是“雪落在中国的土地上/寒冷在封锁着中国呀”这两句诗，更令人们感受尤深。一首诗之所以会产生这么大的感召力，原因就在于它为当时苦难与屈辱中的中国画了像，把民众郁结在心里的情绪强烈地宣泄出来了。

三　“木刻展览”与其他

1938 年元旦刚过，《七月》社诸同仁就为筹备“抗敌木刻画展览会”忙碌了起来。举行木刻展览最初是由胡风倡议的，马上得到力群、艾青、陈烟桥、江丰，马达、李桦和新波等朋友的响应。离沪之前，胡风在上海有意收集了许多木刻画，除少数选登在《七月》上做封面或插图外，其余预备在武汉展出。现代木刻的先驱是鲁迅，因他的提倡，木刻的画风在

30 年代蔚成风气。胡风此举，显然有纪念鲁迅之意，其中恐还有借画展鼓动文艺界抗战风气的考虑。据胡风回忆：

> 1938 年 1 月初，着手筹备展览会。会场是请通志馆帮忙解决的(李汉俊哥哥李书城时任省通志馆馆长)。布置会场(共布置了上下两室)，除金宗武请来的湖北通志馆的职员外，帮助照料的有江丰、艾青、田间、李又然、萧军、萧红、马达等。因会场限制，只展览了三天。①

末了他还特别补充说："到武汉后，艾青等帮忙，继续收集，超过了三百幅。"可见，在当时的朋友里，他是很看重艾青的，艾青为画展殚精竭虑，也是不出意料的。1 月 8 日，"抗敌木刻画展览会"在湖北通志馆正式开展。除上述参与筹备的诗人、画家外，文化界很多人前来参观，如萧军、萧红夫妇，端木蕻良等。展览还吸引了众多的木刻画爱好者、新闻记者以及大、中学的学生，每天过江来参观的人络绎不绝，这令胡风、艾青、江丰和田间们颇感兴奋。为造声势，艾青在画展举办的前两天，即 1 月 6 日，就写出了《略论中国的木刻》一文，似有鼓噪之意。但对中国现代木刻存在的得失，却是很有见地的，他说：

> 中国的木刻，从开始至成长，都是受着革命文学之父——鲁迅先生的栽培、灌溉与维护的。因此，中国的木刻，就没能一刻离开过战斗的血统，人民的呼吸，和旧势力的压迫……
>
> 当鲁迅先生在 1930 年间，把属于苏联文学的插图的木刻

---

① 胡风：《回忆参加左联前后·五》，《新文学史料》1985 年第 2 期。

> 画介绍给中国之后，就有前进的画学生们（那时，以一八艺社为中心）开始尝试与摹拟，不久鲁迅先生印行《水门汀插图》等木刻集，给予学习木刻的青年以最实际的帮助，由于鲁迅先生的介绍，从日本木刻家内山嘉吉氏取得了基本的技术。随后，才有了“现代木刻画会”的产生。当作为文化总同盟的一部分的中国左翼美术家联盟成立时，木刻画家就占了盟员的大部。

在这篇文章中，艾青对中国木刻某些缺陷的批评，也几乎是毫不忌讳的：

> 最明显的是绘画基础的不坚固。不少的作品，表现人物都采取了简便的手法，逃避了对于解剖和透视的正确性的探求。有的也不能用简单的轮廓线，去托出物件的立体。
>
> 其次是对于工具的控制力不够。对于各种不同的刀和不同的木板，极需有深切的了解，才能适当地运用。希望多多地给予表现手法的变化。还有，缺少独创性。从苏联版画或从西欧版画中去刻苦学习是应该的。但是照着原版死死摹拟是不好的。我们学习，无非希望自己能比原来的刻得更好，却不是紧紧地跟在人家背后啊。因为，无论是法服尔斯基也好，刚查洛夫也好，珂勒惠支也好，有过一个就够了。①

显然，在当时压倒一切的强调表现主题的抗战文学论中，上述议论是不合时宜的。但由此可见，即使是表现抗战的主题，艾青始终没有放

① 《艾青全集》第5卷第339—340页。

弃对艺术独创性的追求——在多数中国作家那里感到“矛盾”的现象，在艾青笔下却实现了统一。艾青之所以成为整个表现抗战生活的作品中获得成功的少数几位作家之一，对艺术独创性的坚持，恐怕是一个重要原因。

展览会结束不久，“七月”社以“抗战以来的文艺活动动态和展望”为题召开座谈会，冯乃超、聂绀弩、东平、萧红、艾青、田间及端木蕻良应邀参加。这时，关于“民族形式问题”的讨论还没有提上议事日程，在此之前，胡风写过《大众化问题在今天》一文，基本属于“纲要”一类。较明确地涉及如何在抗战条件下写作，还是他 1937 年 12 月 31 日所写《论战争时期的一个战斗的文艺形式》这篇文章。胡风提出了“情绪的饱满不等于狂叫”、“要歌颂也要批判”等重要的理论问题，虽不属“七月”圈子，但与胡风关系较密切的艾青显然是赞成他的上述观点的。在发言中，艾青着重批评了创作的“单纯化”、“空洞化”等现象，认为“作家与生活隔离了，作品也就和生活隔离了。我们的想象还不能达到现实生活的深处。”

频繁地参加文艺界活动，对于艾青是颇觉兴奋的。他毕竟是刚刚二十八岁的青年，在潜意识里，未必没有某种名利念头，没有想露一手的冲动。1 月 16 日，就在这一系列紧张的活动间隙里，他奋笔写下了《我们要战争——直到我们自由了》这首无论在情感还是在技艺上都比《雪落在中国的土地上》逊色的诗。略含讽刺意味的是，这首诗犯的正是艾青刚刚批评的那种“单纯化”的毛病。比如：“让古老的中国/穿上寿衣/让古老的中国/躺进棺木/让古老的中国/埋到地底去”等，与《雪落在中国的土地上》格调的悲哀与回环悠长，形成鲜明对比。之所以如此，与他当时情绪的焦躁不无关系。自杭州北上的一个多月来，艾青一直处于失业状态。为《七月》张罗纯属朋友帮忙，没有任何报酬。处于战事之中，《七月》和其他刊物一样，办刊经费相当拮据，所以稿费往往不能及时付予作者。张竹如没有工作，七月也正嗷嗷待哺，一家人都在等着他拿钱回来买米、买菜。因武汉人口陡然猛涨，物价自然高得惊人，无形中更使艾青一家的生活雪上加霜。在《大公报》驻汉口记者眼里，“当时，武汉外围烽火连片，人心惶惶，市面萧条”。① 这无疑加剧了艾青内心茫然无着的感受。正在这时，胡风收到著名民主人士李公朴的信函，请他帮忙物色几名教员，由阎锡山亲任校长的临汾山西“民族革命大学”急需“得力教师”。胡风推荐了萧军和艾青，很快被对方接受，同时寄来了聘书。对胡风，艾青心里充满了感激，但又不善于表达这种心情，事隔多年，他用另一种方式追忆道：

> 1938 年 1 月间，田间、绀弩、萧军、萧红、端木蕻良、李又然和我，大家一同到了山西临汾，那里办了一个“民族革命大学”需要人，我们是为了开展工作，为了杭日战争而去的……在战争年代，人们流离失所，到处漂泊，谁也不知道自己将要到哪儿去。②

从登上诗坛到流落武汉，再到介绍去山西工作，胡风总是在危难之中关照他，让他感到兄长般的温暖。在国破家亡、个人不知归宿的景况下，这种情意尤其显得珍贵和深切。

四　去临汾

1938 年 1 月 27 日，艾青夫妇与萧军、萧红、聂绀弩、田间、端木蕻良、

---

① 周雨：《大公报史》第 42 页，江苏古籍出版社 1993 年版。

② 艾青：《思念胡风和田间》。

李又然一行在汉口车站上车，前往临汾。当时的汉口站距大智路不远，往南就是堪称国内第二大商业街的中山路。在中山路中部是有名的英、法、德、美等国租界，高大、厚重带廊柱的欧式建筑鳞次栉比，充满艾青眼熟的欧洲文化风味。武昌云集高等学府和文化机构，汉阳为工业重镇，汉口则是非常典型的商业区，战时国民政府的首脑大多居住在树木掩映的珞珈山麓（现武汉大学校内），而政府机构一般集中在汉口租界附近，如江汉路、南京路、洞庭街等处。望着人头攒动的闹市，听着江汉关传来隐隐约约的钟声，立在飘着稀疏雪花里的艾青，心情是伤感的。原想在武汉三镇干一番事业的，未想却平添出一番“出师未捷身先死，常使英雄泪沾襟”的悲凉来。别了，武汉！不知何时才能重逢？而艾青的心绪，显然是与前方崎岖的路途联系着的。就在两个月前，山西省首府太原也被日军第五、第十二师团攻陷，只有从郑州转陇海线，再由潼关改道临汾一条路可走，而且沿线战事频仍，随时都可能因蔓延的战火告吹。奔赴大义，然而又忧心忡忡，可以说是艾青赴临汾途中的一种难以言状的内心活动。对这次旅行，他后来有所记述：“我到那儿是当美术教员。完全是逃难性的。”①艾青等乘坐的是五等铁皮卧车，整节车厢完全用铁皮包着，只留一道外面上锁的铁门，让旅客出入，而且只能席地而卧，关上车门，如同蹲监，如果不到车站，大、小便只好在车上将就了。所以，连续走上几天，里面的空气可以说是奇臭难闻。这是艾青第一次到长江以北，做深入中国腹地的旅行。同行中的萧军、萧红和端木蕻良家在东三省，对北方生活自然是比较熟悉的，加上东北人说话粗门大嗓的，一路上倒不觉得寂寞。此时二萧关系有些紧张，端木蕻良似乎有追萧红的意思，因此，不免又为旅途生活增添了某种戏剧性内容——这些在不喜欢管别

① 周红兴：《艾青研究与访问记》第 232 页。

人私事的艾青的文字里，没有留下任何记载。倒是三位当事人后来隐约有所追记。在艾青眼里，信阳、许昌乃至郑州这些典型的中原小城镇是无多少特色可言的，原野在信阳还略有起伏，进入驻马店境内，就变成一马平川了，然而景色稍转灰暗，与湖北没有太大差别。河南沿途小贩叫卖的烧鸡倒让艾青一行颇有兴致，价格很便宜，买几只只需一两块钱，二萧和端木尤喜吃此物，为此萧军与端木蕻良还弄了点烧酒喝了起来。艾青不禁想起金华闻名遐迩的火腿来了，未必火腿就比河南的烧鸡好吃，而是这一掠而逝的联想，触动了他心底的思乡之痛，以及更为深切入骨的异乡感吧！

一觉醒来，列车已驶入河南渑池境内。窗外景象完全不同于豫南、豫中的平实，山势起伏，深沟纵横，在阳光的照射之下，远处山峦叠嶂，蔚为雄壮。这令初入北方的艾青大感惊讶。虽然寒风凛冽，河川封冻，仍有不少农夫从一眼眼窑洞里出来，肩扛农具在如羊肠般蜿蜒不断的山道上艰难地攀行。与艾青一起在车窗向外眺望的端木蕻良，突然叹口气说："北方是悲哀的。"这句话立即唤起了艾青内心一股异常悲怆的感受，就像画家要寻找对景色的感觉一样，端木无意之中说出的一句话，使艾青陡然间"抓住"了对北方原野的特定的感觉——他个人天性中的忧郁，在这一刻，突然被唤醒了。艾青不由得有了一种强烈的创作冲动，它同时也预示，诗人创作的第二次高潮临近了。但刚开始，艾青只是随手画画速写，比如，在沿途小站观察所得的某个乞丐、田野里弯腰耕作的农妇、渡口上湍急的河流与默默等船的人们，画得最多的还是原野的晨光或沉沉暮色，约一二十幅的样子。1940 年重庆举行全国画展时，他应约拿出其中几幅参展，其余的则在战乱中散失了。当时，铁路两旁常有一些以补衣为生的妇女，为过路行人或旅客补一件衣裳，换得几个铜板，如没有钱，给点吃食，状况极凄惨。艾青见此，不觉为之动容，于是得《补衣妇》一首。诗的笔调近于白描，又颇似木刻画，简练而深刻：“补衣妇坐在路旁/行人走过路/路扬起沙土/补衣妇头巾上是沙土/衣服上是沙土”。从这一形象上，他想得更多的是这脆弱的生命在时间中的无奈，他更相信，痛苦也许不是偶然间发生的，也不能归咎于某一“年代”，那是贯穿于人们心灵里的一种深刻的麻木：“补衣妇坐在路旁/路一直伸向无限/她给行路人补好袜子/行路人走上了路。”又一日，艾青作《乞丐》一诗，述沿途各站上那些游魂饿鬼般的乞丐。赴临汾途中，如此众多的讨饭者使艾青深受刺激，畈田蒋村的乞丐尚能归结于某一灾荒，而这无以数计的流民，足可以想象民族灾难之深重了。他发现，“乞丐用固执的眼/凝视着你/看你在吃任何食物/和你用指甲剔牙齿的样子……在北方/乞丐伸着永不缩回的手/乌黑的手/要求施舍一个铜子”，不由发出感慨：“饥饿是可怕的/它使年老的失去仁慈/年幼的学会憎恨”——显然，艾青已经不是为乞丐的命运而感慨了，而是联想到导致民族历史痛苦深处某些叫做基因的东西，一种周期性的震荡和循环——那才是真正叫人感到可怕的。也许是一种宿命的暗示吧，二十年后，艾青再一次和“它”遭逢了，不过，他不再像在陇海线上那样，只是个历史的旁观者，而变成了人格上的“乞丐”，连“固执”的“伸着永不缩回的手”的权力也丧失了。在该诗下款，艾青特别写下“1938 年春陇海道上”的字样，以作纪念，可见其印象之深。

2 月 4 日，列车抵达陕西省界的潼关站。此地山势险峻，历来为兵家必争之地。1938 年前，则成为从内地进入山西的咽喉，遂成为八年抗战中大西北与全国联系的重要通道。这里运伤兵、军械、物质的列车往来不断，上下车的人也极拥挤。艾青一行要在潼关换乘去临汾的火车，因事实上不存在候车室，乘客只能露天等候下一班车。气温当时在零度以下，艾青只能抱着小七月，不停地在雪地上来回跺脚。在他四周，抱怨声、骂人声响成一片。小贩在人群中穿梭往来,兜售当地的热馍。饭摊上的人则高一声低一声地叫卖着"羊肉烩面"、"羊肉泡馍",浓厚的陕西口音在凛冽的空气里飘散着。一阵"落难"的刻骨铭心的情绪再次向艾青袭来。当天晚上,他在拥挤的车厢里写道:"北方是悲哀的。/从塞外吹来的/沙漠风,/已卷去北方的生命的绿色/与时日的光辉/——一片暗淡的灰黄/蒙上一层揭不开的沙雾;/那天边疾奔而至的呼啸/带来了恐怖/疯狂地/扫荡过大地;/荒漠的原野/冻结在12月的寒风里,/村庄呀,山坡呀,河岸呀,/颓垣与荒冢呀/都披上了土色的忧郁……"①自从故乡北上以来,"流浪"的感受一直在困扰着他,对他而言,国破家亡的境遇尚能忍受,但心灵无处寄托的空虚感,却是实难抑制的。这种更深层次上的个人的"寂寞",只有在少数几个敏感的人那里,才会有所"感应"。就在半年之前,与艾青属于"同龄人"的诗人冯至,曾借为里尔克《给一个青年诗人的十封信》作序之机,抒发过这一心情:

> 他(指里尔克)告诉我们,人到世上来,是艰难而孤单。一个个的人在世上好似花园里的那些并排着的树。枝枝叶叶也许有些呼应吧,但是它们的根,它们盘结在地下,摄取营养的根,却各不相干,又沉静又孤单。人每每为了无谓的喧哗忘却生命的根蒂,不能在寂寞中,在对于草木鸟兽(它们和我们一样都是生物)的观察中体验一些生的意义,只在人生的表面上永久往下滑过去。这样,自然无所谓艰难,也无所谓孤单,只有隐瞒与欺骗。欺骗与隐瞒的工具,里尔克告诉我们说,是社会的习俗。人在遇见了艰难,遇见了恐怖,遇见了严重的事物而无

---

① 艾青:《北方》,《艾青全集》第1卷第172页。

> 法应付时，便会躲在习俗的下边去求它的庇护。它成了人们的避难所，却不是安身立命的地方。谁若是要真实地生活，就必须脱离开现成的习俗，自己独立成为一个生存者，担当生活上种种的问题。和我们的始祖担当过的一样，不能容有一些儿代替。①

“流浪”也罢，“喧哗”也罢，在其深处仍然是如何解决心灵的问题，它着重考虑的是在一个大时代中，一个有良知的知识者如何既要对民族命运负责，也要对自己的心灵负责的问题。所以，当艾青写出以下沉重的诗句时，我们感到，这已经不是他对北方的忧虑，而实在是他个人的写照了：

> 孤单的行人，
> 上身俯前
> 用手遮住了脸颊，
> 在风沙里
> 困苦地呼吸
> 一步一步地
> 挣扎着前进……②

车至黄河岸边的风陵渡，艾青又写出《手推车》和《风陵渡》二首。“在黄河流过的地域/在无数的枯干了的河底/手推车/以唯一的轮子/发

---

① 《里尔克〈给一个青年诗人的十封信〉译序》，《冯至选集》第2卷。
② 艾青：《北方》。

出使阴暗的天穹痉挛的尖音”。他发现，在时间的长河上，无论北方的农民还是像他这个偶然路过黄河的人，都像凡尔哈仑早就意识到的，一个人的生命是极其渺小和无助的——它只是“唯一的轮子”，而且还不知要推向何方——其实，在以北方为题材的诸多诗篇中，这种极其强烈的宿命感打一开始就追随着艾青，折磨着他，拷问着他，使他的魂灵不得安宁……

风陵渡在黄河对岸，艾青与众人下车后，乘渡船过河。河面上风很大，浊浪翻滚，因风大天寒，乘客多缩着脖子，两手塞在袖筒里，对两岸景色毫无观赏的兴致。同行的萧军、端木蕻良可能因天冷的缘故，都没吱声，只看着模糊的对岸在那儿发呆。小七月在张竹如的怀抱里，显得很乖，只是眼睛在不停地转着，好奇地看着大人，又看看在船头用力划船的船老大。然而，艾青的心情却无法平静下来，这是他第一次目睹黄河的庄严，他甚至感到它因为痛苦而过于严肃了。这使他对黄河留下极深的印象。但他始料不及的是，八年后的一个深秋，命运再一次让他光顾这一条伟大的河流——不过他已经不是当年那个流亡的知识分子，而变成了率众从延安向张家口进发、身负特殊责任的华北文艺工作团的艾青团长……难道，命运果真如苏格拉底所说，是支配着人的一生的无形中的力量吗？更令人始料不及的是，当艾青八年后再次来到黄河岸边时，它激起的却是更深一层的困惑。在 1945 年 10 月 5 日的日记里，他记述道：

1938 年初，我从汉口到山西，在潼关曾看见黄河，如今匆匆已八年了。抗战已得到胜利。这里的河面，没有潼关的宽，渡船也没有潼关的庞大与庄严。但波浪是一样险恶。这河流，真像一群无比巨大无比凶恶的野兽，无年无月地发出一片狂吼

怒号，在奔突跳跃。老百姓有一句形容黄河的话，说得很好：一到平原乱翻身……①

19 世纪末以降，每一个中国知识分子的命运都是这样或那样与民族的命运紧紧联系在一起的，荣辱与共，所以，每个人在历史紧要关头的选择，都不能不和民族的重大选择发生直接的关系。一方面，作为主体的个人不得不以某种方式从属于自己所在的伟大的时代；另一方面，它又把这种“从属”纳入心灵是否幸福、是否有意义的范畴里加以判断与检验。这种精神生活的二重性，就像两根合声的琴弦，每当不协调时，必然会发出悲鸣。可以说，一代代文人都难逃这种的历史“规定”。一缕难以言状的情绪，在艾青的《风陵渡》亦有曲折的反映：“黄色的泥沙/使我们看不见远方/黄河的水/激起险恶的浪/古旧的渡船/载着我们的命运/古旧的布帆/突破了风，要把我们/带到彼岸/风陵渡是险恶的/黄河的浪是险恶的/听啊/那野性的叫喊/它没有一刻不想扯碎我们的渡船/和鲸吞我们的生命”。

2 月 6 日早晨，当他和萧军等一行走下同蒲路火车车厢，徒步走进临汾古城时，就在城里感受到了一种异样的气氛。因太原失守，阎锡山和第二战区长官司令部、太原绥靖公署、八路军驻晋办事处、十八集团军等阎系、蒋系和共产党军政首脑机关均已退集临汾。中共北方局、山西省委也移住城郊的刘村镇。总校设在铁佛寺和临汾六中内的民族革命大学几千名师生，背景也是比较复杂的，其中既有共产党人，亦有国民党，还有国家主义者，流亡学生、城市职员、旧式军人、小商贩等兼而有之。校长办公室主任梁化之是阎锡山的亲信，教务处主任杜任之、政治处主任杜心源则是共产党员；担任教授的李公朴、何思敬、施复亮、侯外

① 艾青：《走向胜利——从延安到张家口》，《艾青全集》第 5 卷第 82 页。

庐、徐懋庸、陈维实、韫健公、江隆基、秦丰川、刘肃然等人,有的后来去了延安,有的却做出了其他选择。据曾在民大任职的杜彦兴回忆,在学生中,抗日气氛是非常高涨的,然而,深入校方内部,情形却令人失望:

> 张慕陶在1937年间,曾由阎之三弟阎锡圻(印封)介绍,由北平前去太原,化名"马参议",开始与阎锡山接触,讲一些托派反共的言论,深得阎的赞许。太原吃紧时,张就先回河北原籍,想组织武装活动未成,后又一度任阎的第五行政公署主任。阎撤到临汾时,张慕陶又前来,伺机参与活动。张到临汾后野心不小,初想在民大教课,散布反共言论,为杜任之所拒绝。接着他在临汾城内,与各方面接触。不久就被民大的学生所发现,要找他算账,揭露他的罪行。张知自己一向的反动活动,不为进步人士所欢迎,就四处藏匿,而学生就多方追索。记得当时因防日机空袭,白天城内人少,但学生等仍在街头四处找寻,并张贴反对托派头子张慕陶混入革命阵营破坏抗战的标语。情况日见紧张,已成为临汾城内最引人注意的政治行动,有人就将此事告知阎锡山,阎开始认为"这是共产党内部的事,外人不必过问"。后来学生一天天闹,以后找到了张的住处,便上房越墙来找他。此时,阎就不能不认真对待了。交出张,当然不可,但对学生,又无可奈何;继续再包庇下去,也不可能。所以就想出个办法,向蒋介石请示。后蒋复示,让将张解往西安行营,交蒋鼎文处理。阎照办,此事才算告一段落。我当时早晚在城内,曾亲眼见到这件事。①

① 杜彦兴:《民大建校散记》,《山西文史资料》1986年第1期。

艾青在艺术系任教，给学生上美术课。在萧军眼里，艾青“是一个老实的青年人……我们是站在一条战线上和那些学者教授们斗争着的”。①对民大教员之间的复杂关系，艾青没有任何记述，但从萧军一年后写于成都的《侧面》一书中，却可以看出其中的“蛛丝马迹”。让我们摘出其中的一段：

> “萧军是了不起的伟大呀，怎能和我们相比呢？他应该留在这里……至少也可以领着学生打游击……”这话像一枝贯穿着悲凉的愤怒的箭，刺痛着我了。这使我对于凹鼻子杜（笔者按：指端木蕻良）和高个子老鲁（笔者按：指李又然）这带着讥讽味的玩笑，不能不开始给一个回击：
>
> “当然是伟大的！……了不起的！至少他不是一条尽为自己打算的自私的蛆虫，……也没有‘故意地’把自己弄得像个‘伟大’的样子……”遭了这回击，高个子老鲁只是脸色红红地嘻嘻地笑着，不断地吸着烟；凹鼻子杜却把脑袋勾垂下去了……②

在文艺圈子里，萧军脾气“暴躁”是人所皆知的，在临汾民大这个特殊环境中，他的反应恰恰是一个晴雨表，从中多少能够见出艾青当时的处境与心境来。一方面，处在当时抗日前线的民大的抗日气氛是非常浓烈的，在师生中流行的一首歌很能说明这个问题歌词写道：“要活命的，

---

① 萧军：《从临汾到延安》。

② 萧军：《从临汾到延安》。

别彷徨，打起火把，拿起枪，带足子弹干粮赶快上战场。”作为一个正直的知识分子，以天下为己任的传统教训对艾青是有着深刻的影响的，在民大学生中间，同样也是热血青年的他，其人生价值取向与这些学生应该是极为接近的，他在此后写下的长诗《向太阳》可为佐证。另一方面，恶劣的人际关系，对艾青和他的写作不可能不产生影响。这种茫然、痛楚、渴望投入民族救亡然而又不知如何去做的极其矛盾的心绪，在一年后写的《怀临汾》中有所流露：

在北方的夜里
我曾迷惑于
那空阔的高爽的灰蓝色的天
而那天是以
疏落的枣树的枝桠支撑着的
…………
虽然是漠然地谈起友朋的踪迹
——但死了的和活着的
一样使我们亲切啊
而且我们又像那些
把人生看作浮萍的古人
慨然地接受
明天的离别

其中有“我们的耳边/彻响着：‘战争！’”的心理期待，亦有散步归来目睹“月影下的驴子/和驴子旁边蹲着的/戴着破皮帽/抽着旱烟的农民”的苍凉迷蒙的心曲，更有一种无以言说、没有着落的深沉阴暗的心境：

我们沉默地踏进荒废的园子

和空寂的庭阶……

忽然又听见

街上有长鞭驱策车轮隆隆地滚过……

然而，艾青这种心境很快被席卷而来的战争冲淡了。他在民大任教刚刚二十天，即 2 月 25 日，日军开始越过韩信岭进犯临汾。临汾城旁有汾河，海拔不高的山峰，无险可守。故阎锡山和第二战区长官部临时改成“行营”，经蒲县公路，向大宁、吉县、乡宁等黄河边境一带撤退，渡过黄河到达陕西宜川。这样一来，民大人心难免浮动，杜彦兴曾经忆及：“这时民大的教授、学生，由杜任之等率领，也开始由临汾西撤，手中无武器，形势日紧，人心混乱。阎锡山先不准备让学生渡河，叫学生们沿黄河北进，但北进到哪里也无一定计划。有的人已个别走开，统一的学校转移计划已不能进行。当时负责教务的杜任之在到达平渡关时，向学生讲：‘愿去延安的到延安去，愿去西安的到西安去，哪儿也不愿去的可以留下。’即刻就有五六百人过了黄河到达延安，进入抗日军政大学、陕北公学和鲁艺学院。也有一部分人到了西安。留下的约有三分之一到了陕西宜川。教授和进步人士，大部分去了延安。”①人心思散，在萧军以下文字中亦略见一斑：“大街上成了叫卖场，破军衣、烂靴鞋，各式的衣服，杂色的被褥——随处堆积着。这些叫卖者大部分是民大的学生。他们喊叫着每件东西十分之三的价值……要出发了，需要钱……并且他们也

---

① 杜彦兴：《民大建校记》，《山西文史资料》1986 年第 1 期。

不能携带这些废物。”①

转眼之间,必需用品变成了“废物”,是很能说明人们情绪的慌乱与灰暗的。艾青的心情不可能不受其影响。据说,行前他曾劝萧军与他一起返回武汉,因萧军与萧红此时正为“去留问题”关系紧张,故未果。前途渺茫,友朋四散,而携妻带女的自己将往哪里去,艾青不觉有一些茫然。再随民大越过黄河去宜川,一路的安危实难预料。那么,去延安也是没有多大把握的,他毕竟还是“圈外人”,甚至不像胡风,无论怎样,是很容易适应的。对艾青来说,恐怕只有去西安一条路可走了——至少,可以在那儿稍作停留,留些回旋余地,再做计议。然而,他的动向仍始终受到朋友们的关注。3 月 2 日,正在潼关的田间致信胡风说:“最近,山西前线战局紧张,临汾据闻已失守而又夺回。民大同学已迁入山间。萧军兄与他们同行,耳耶、萧红、端木三兄则与我们同至潼关。日内转西安,艾青兄则已赴西安,山西处在危险中,最后一线为风陵渡。”11 月 17 日,已抵延安的他又致信胡风,称:“我已很久没有给艾青及朋友们通信了,如果你常和他们通信的话,请提到我还在努力学习和工作,以免他们怀念。”次年 10 月 27 日,时在晋察冀抗日根据地的田间,再次问及艾青情况:“《七月》现在情形怎样?许多朋友,例如军、纪、良,如青,甚至曹白、柏山他们怎样了?我时常想到他们,但只有想想罢了。”②一年间,同样处在战乱与颠沛之中的田间三次问及艾青,悬念于怀,其情可感。由此,亦可略知艾青当时处境的险恶了。艾青说:“当时,丁玲(我在 1932 年见过面)正率西北战地服务团在临汾。田间就参加了。其他的人都分散了。有的到西安,有的南下,我到西安……在战争年代,人们流

① 萧军:《从临汾到延安》。

② 《田间致胡风的信》,《新文学史料》1995 年第 3 期。

离失所，到处漂泊，谁也不知道自己将要到哪儿去。”[①]显然，他对自己为何没有去其他地方而独独选择了西安，也是不甚明了的。在西安，艾青与画家张仃、陈执中、段干青、陶今也和作家高阳等发起成立“抗日艺术队”，担任队长。不久，带领民大原部分学生去西安附近的临潼、华阴、华县从事抗日宣传，并作队歌，歌词曰：

我们爱祖国，爱土地，爱人民
不怕路途的遥远与艰苦，
永远擎着民族解放的火把！
莫问我们的家，
整个中国已被糟蹋，
我们要工作，要战斗，要学习，
要把古老而悲苦的祖国，
变成自由独立的新中华！

然而，宣传工作很快因一突发事件中断了。艺术队一位叫杜秉成的队员遭人暗杀，而且死因不明。这一事件，在艾青心头蒙上了一层浓厚的阴影。田间已走，李又然也去了延安，他突然生出一种形单影只的孤独感。由自己，他想到经常扑入眼帘的驴子的形象，不免萌生一种怜惜之感，或者说，由彼及此的自伤的情绪。在短诗《驴子》里，他怅然写道：

你灰色的眼瞳
瞌睡的眼瞳

① 艾青：《思念胡风和田间》。

映照着
北方的广漠的土地的忧郁;
你小小的脚蹄
疲乏的脚蹄
走着那
广漠的土地上的
不平坦的荒凉的道路;
你倦怠,你辛苦,你孤独,
在这永远被风沙罩着的土地上

一首歌词和一首短诗,写出了艾青两种截然不同的心境。他矛盾而痛苦,却又无处宣泄,无人可以诉说。这其中深深藏着的,正是不知"将要到哪儿去"的惶惑,一种甚至不能"说出"的悲凉。这驴子,莫非就是1938年春天在西安城郊犹疑徘徊的艾青?那眼里注满忧郁、注定要与北方多难的命运共死生的诗人吗?令人不解的是,艾青当时为什么没随民族革命大学的人马越过黄河,也没有跟好友田间、李又然去延安,而是留在四处不靠的西安附近呢?本来,他是既有时间,又有机会改变自己的命运的,可他偏偏选择了犹疑,最后,又向武汉退去。个中原因,是很难猜测、也不便猜测的。也许,这就是艾青?

五　武汉会战前夕

4月初,艾青偕张竹如和小七月乘车返回武汉,途经豫、鄂两省交界的要塞武胜关时,写下诗作《车过武胜关》。虽然,诗中出现了"乌云"、"闪电"的意象,然而,"春天了——/农夫举起鞭子/策着老了的牡牛/匆忙地/犁过平旷的田亩"的轻松的笔调，在他赴山西之后的诸多诗篇中，是很少见到的。由山西前线回到当时国家的临时首都武汉，尤其是重新与胡风等朋友相聚，对于艾青自然是感到快慰的。然而，此时武汉的上空，已密布浓厚的战争风云，一场大决战在即。艾青刚刚安排好家眷，就开始通过报纸了解当时的时局。据记载，南京陷落不久，日本大本营即开始制定武汉决战计划。2 月 17 日、18 日，敌机分批空袭武汉，造成较大人员伤亡，因年轻的中国空军缺少实战经验，敌机无一架被击落。又据报载，苏联援华志愿队已抵武汉某机场，准备参加武汉保卫战。近日，市民士气高昂，纷纷捐物捐款，或作劳军工作，三镇上下出现空前高涨的抗日气氛。他听胡风说，3 月 27 日，酝酿已久的"中华全国文艺界抗敌协会"(史称"文协")在汉口总商会大礼堂发起成立。国共方面周恩来、冯玉祥及郭沫若出席并致词，九十七名代表参加会议。会议选举郭沫若、茅盾、冯乃超、夏衍、胡风、田汉、丁玲、吴组缃、许地山、老舍、巴金、郑振铎、朱自清、郁达夫、朱光潜、张道藩、姚蓬子、陈西滢、王平陵等四十五人为理事，周恩来、孙科、陈立夫等为名誉理事。理事会推举老舍为总务部主任，主持日常工作。"文协"在全国设若干分会及通讯处，并创办会刊《抗战文艺》。会议还通过了《宣言》、《告世界文艺家书》、《告日本文艺作家书》。4 月 1 日《文艺月刊》第 9 期刊出文协的《发起旨趣》，茅盾、老舍、胡风、艾青等九十七名作家署名其中。这个消息令他兴奋，去临汾前后一度低沉的情绪，似乎风消云散了。就在他准备干点什么的时候，日军的一场大空袭发生了。4 月 29 日，从台湾起飞的六十余架日军战斗机和轰炸机突然出现在武汉上空，早有准备的中国空军驾驶着苏式"E15"双翼机和"E16"单翼机从云层里呼啸而下，冲向敌人机群。据当时参加了这次空战的中国空军四大队飞行员吴鼎臣老人回忆："当时我们在空中激战时，武汉三镇的人民，过去，敌机来后都躲到地下室去了，这次,都爬上屋顶观战,为我们喝彩助威。"①另一位空军地勤人员刘汝用老人也回忆道:"在这次空战中,我空军英雄陈怀民在与敌机搏斗中,遭到日本山本敌机的攻击,机身中弹着火,在这万分危急关头,机身开始下坠的瞬间,陈怀民沉着勇敢,紧握操纵杆,抱着以身殉国的伟大志向,扭转机身,向敌机猛冲过去,与山本敌机相撞,坠落于武昌青山之间。武汉人民为了纪念这抗日战争中的空中英雄,将武汉市某街改为陈怀民路,以慰忠魂。"②

这天,艾青也爬上屋顶观战,忘乎所以地为空军英雄喊叫助威,并为之大受感动。空战过后,他回到宿舍写下《这是我们的——给空军战士们》一诗,在作品下方,特别写下"1938 年 4 月 29 日我空军出动时,武汉"一行小字,以为纪念。他动情地写道:"当你们所驾驶的飞机/排成队/在太阳光下/在刺眼的蓝色的天空中/迅速地经过了/祖国的无数城市和村庄/向远方飞行时/你们可曾看见/成千成万的民众/仰着他们的头/在祝颂你们的平安?"从战争的岁月里走过来的人,都有过九死一生的经历,所以,自然对曾以生命保卫他们的人尤为感激。这种记忆,对艾青是刻骨铭心的,直至垂暮之年,他仍然记忆犹新:"我虽然没有到过前方,我却经受了日本空军的狂轰滥炸——上海的大轰炸、武汉的大轰炸、桂林的大轰炸、重庆的大轰炸、延安的大轰炸。在桂林,我住的房子被炸毁了;有一次,我在郊外,一个弹片落在离我只有两三米远的地方。我是战争的幸存者。"③令人鼓舞的消息,不断传入艾青的耳朵:政府正从各个战区紧急调动军队。据闻,第五战区司令长官陈诚、第九战区司令李宗仁等一批高级将领也已云集武汉,与蒋介石就军事部署问题进行磋商。因

---

① 《武汉会战》第 272 页,中国文史出版社 1989 年版。

② 《武汉会战》第 276 页,中国文史出版社 1989 年版。

③ 《从回忆中醒来》,《艾青全集》第 5 卷第 296—297 页。

属军事秘密，有多少军队调动，多少军械用火车运抵武汉四周，均无从打听。经过"四·二九"空战的大捷，武汉三镇军民尤感振奋，以文艺界挑头的声势浩大的宣传运动，连日正在进行之中。武昌、汉口、汉阳每天都有盛大的群众集会，夜晚则有火炬游行，其间还有歌咏队、演剧队、放映队和化妆表演车上街、下厂，去伤兵医院慰问宣传，汉口的南京路、江汉路，武昌的阅马场等处人如潮涌，最为热闹，献金台前更是人头攒动。艾青听说，有的人力车夫气喘吁吁地拉一次客，就赶忙跑来捐一回款。抱着三弦替人算命的瞎子，从大老远的乡下赶来献上积攒起来的五元钱。乞丐教养所的全体乞丐，甚至绝食一天，把节省的钱全部捐献……看到民众如此踊跃，艾青颇受鼓舞，他把赴山西写的《手推车》、《补衣妇》、《北方》、《风陵渡》等诗作交给胡风主编的《七月》，接着，又投入另一首长诗的构思之中。尽管，敌机轰炸武汉更加频繁，武昌城已被炸得千疮百孔，天天都有死人的消息传来，刺耳的防空警报一声声响起，艾青的心却被一团巨大的火球照得通亮，它燃烧起来，一种近于颤栗的强烈感受，一瞬间穿透了他的整个胸腔。一口气读完刚刚写就的长诗《向太阳》，艾青甚至不敢相信它居然出于自己的手笔。它刚劲、高亢，像是一声响亮的冲锋号，或者仿佛在长久的阴雨之后，强烈而刺眼的太阳光突然间铺满了一望无际的大海，那么激越，愤怒，令人感动。艾青的眼睛有些湿润，他轻轻吟哦起来：

我的身上
酸痛的身上
深刻地留着
风雨的昨夜的
长途奔走的疲劳

在第三节《昨天》里，他称自己是“那些未亡人”中的一位，是“患了难于医治的病的”，一直把自己关在“精神的牢房里”，产生出深深的负疚之感。对曾不止一次地出现在他面前的伤兵，他更感到了一种难言的自卑，并因此而羡慕起他们走路的姿态来：“那边/一个伤兵/支撑着木制的拐杖/沿着长长的墙壁/跨着宽阔的步伐/太阳照在他的脸上/照在他纯朴地笑着的脸上/他一步一步地走着/他不知道我在远处看着他/当他的披着绣有红十字的灰色衣服的/高大的身体/走近我的时候/这太阳下的真实的姿态/我觉得/比拿破仑的铜像更漂亮。”对自己的情绪因何在数月之间发生如此大的变化，艾青在三年后的一篇文章中有所交代，他说：“我曾和一些朋友，在车站上和潮湿的泥地上睡眠——为了向民众宣传。我曾看见了有些人如何对抗战怠工，如何阻碍着发动民众的工作。但我更看见了民众的力量在无限制地生长，扩大到任何一个角落——当我每到一个地方的时候，都会遇见一些纯朴的青年，因爱好真理而爱好了文学和因爱好了文学而爱好了真理是一样的，他们都是最勇敢而坚决的战斗员。我也接触了一些民众，他们已学会了理解战争，他们的语言常常流露了自己单纯而最本质的愿望。他们是新的中国的基本的构成。回到武汉之后，我在这种新的信心里，写了《向太阳》。”①虽然，临汾和西安的这一段生活是不甚愉快的，它甚至让艾青看到了某些“阴暗面”，然而，它却使他第一次离开知识分子的圈子，与普通群众和青年有所接触。这种接触，对艾青准确把握时代的情绪无疑是有极大帮助的。在早于或晚于艾青的知识分子身上，都曾有因某一事件的刺激而发生转变的“经历”。1946 年 7 月 11 日，著名民主人士、民盟中央执行委员李公朴在昆明青云

① 艾青：《为了胜利——三年来创作的一个报告》。

街学院坡被国民党特务枪杀。起初还是在下面发发牢骚，主要兴趣仍在楚辞研究方面的闻一多，不禁拍案而起，面对强权做了著名的“最后一次讲演”。1948年岁末，已是重病缠身的朱自清，本来对政治毫无兴趣，由于学生和时势的深刻影响，在清华园里与学生一道扭起了秧歌，亦成为一时新闻。1927年夏，广州血腥的“清党”事件，是鲁迅思想产生质变的一个重要因素。当时，他曾以极其沉痛和愤激的语气，对日本友人增田涉谈到这个问题，他说，在这一点上，旧式军阀为人还老实点，他们一开始就不容共产党，始终坚守他们的主义。他们的主义是不招人喜欢的，所以只要你不靠近它、反抗它就行了。而国民党采取的办法简直是欺骗；杀人的方法更加狠毒……偏要搞凌迟、活埋，甚至连父母兄弟也要杀掉。打那以后，对于骗人做屠杀材料的国民党，我怎么也感到厌恶，总是觉得可恨。他们杀了我的许多学生。①

“时代”以它独特的方式让知识者们深深感受到了它的存在，而这种感受，是任何教科书也取代不了的；它亦不是“自由”、“痛苦”这些抽象的字眼，而是令你的全部灵魂陷入其中的那个叫做“处境”的东西。与上述几位当时都年届中年的知识者相比，刚刚二十八岁的艾青显然还是个年轻人，他的言论、作品难免不透露着属于这一年龄段的人的气质与特征，所以，他对“时代”的处理很容易选择年轻人惯有的方式。他在一篇文章里写道：“我们已临到了可以接受诗人们的最大的创作雄心的时代了……这伟大而独特的时代，正在期待着、剔选着属于它自己的伟大而独特的诗人。这样的诗人，不是成长在灰暗的研究室和环垂着紫色帐子的客厅里；对于这样的诗人的预约，也决不会落在那受着帝国主义奴化教养而不可一世地自矜着的教授，和不可能从百科全书的破烂的网缕间

---

① 增田涉：《鲁迅传》，载《鲁迅研究资料》第2辑。

挣脱出来的大学生的身上。属于这伟大和独特的时代的诗人，必须以最大的宽容献身给时代，领受每个日子的苦难像是那些传教士之领受迫害一样的自然，以自己诚挚的心沉浸在万人的悲欢、憎爱与愿望当中。”①它是少年意气的、反学院式的，同时又是极其敏感，感情深沉的，流露了艾青对自己的艺术期望甚高的心境，这一诗学观，在长诗《向太阳》里得以充分的展示和宣泄。据说，这年 10 月，在武汉文艺界纪念鲁迅逝世两周年的诗歌朗诵会上，这首诗和高兰的《我的家在黑龙江》、《哭亡女苏菲》一起，受到听众的热烈欢迎。但当时艾青已离开武汉，去了桂林。

正当艾青的创作处在巅峰状态时，他的社会活动亦是非常繁忙的。4 月 26 日，他参加了《七月》杂志召开的“宣传・文学・旧形式的利用”座谈会，并即席发言。与会者有胡风、吴组缃、欧阳凡海、聂绀弩、奚如和日本反战作家鹿地亘夫妇等。4 月 29 日，又出席《七月》杂志社主持的以“现实文艺活动与《七月》”为题的讨论会，在座的有适夷、冯乃超、萧红、宋之的等。5 月 4 日，艾青接着又参加《抗战文艺》创刊座谈会。5 月 28 日，该刊发表了他写的朗诵诗《反侵略——给日本的士兵大众》……然而，他密切注意着报端的各种消息：5 月 19 日，华东军事重镇徐州陷落；半个月后，郑州又陷敌手；6 月 12 日，长江中游的咽喉安庆被日军攻占。据传，日军将从平汉线和长江两个方向南北夹击，准备在武汉与中国军队决战。地处中原的武汉，为纵贯南北的平汉、粤汉线和横穿东西的长江的交通枢纽，素称九省通衢，具有重要的军事战略地位。自南京保卫战开始，国民党政府军事委员会迁至武汉，武汉实际成为中国政治、经济、军事和文化的中心，即抗战的中心。武汉的安危，遂成为国人和舆论关注的焦点。在此前后，一个突然出现的事件转移了艾青的注意力：

---

① 《诗与时代》，《艾青全集》第 3 卷第 68 页。

一度蛰居北京家中的著名作家周作人公然附逆！消息传出，举国哗然。5月5日，武汉文化界抗敌协会通电全国，严厉斥责周作人此举乃是“不惜葬送过去之清名，公然附和倭寇，出卖人格”。5月14日，《抗战文艺》1卷4号发表茅盾、郁达夫、冯乃超、老舍、王平陵、胡风、胡秋原、丁玲、张天翼等十八位作家《给周作人的一封公开信》，指出：“先生出席‘更生中国文化座谈会’之举”，“实系背叛民族，屈膝事敌之恨事，凡我文艺界同人无一人不为先生惜，亦无一人不以此为耻”。措辞虽严厉，但还是为周作人留了一条“退路”：“民族生死关头，个人荣辱分际，有不可不详察熟虑，为先生告者”，“希望幡然省悟，急速离平，间道南来，参加抗敌建国工作，则国人因先生在文艺过去之功绩，及今后之奋发自赎，不难重予爱护。否则惟有一致声讨，公认先生为民族之大罪人，文艺界之叛逆者。一念之差，忠邪千载，幸明辨之”！得知周作人附逆的消息，艾青先是震惊，继而有一种强烈的受骗的感觉。作为受到五四新文化运动影响的第二代作家，月作人曾和陈独秀、鲁迅、胡适一样，是艾青与同代人心目中的偶像，是青年导师般的重要人物。一向标榜自由、独立人格的周作人，竟置中国知识分子的传统操守于不顾，认贼作父，为国人所不耻。于是，在失望和愤怒之中，艾青写下了《忏悔吧，周作人》这首诗。由于激愤，他几乎没有构思和润色，所以通篇使用的是谴责的语气，他写道：

周作人
那狼藉在无光的街巷里的
被杀戮的尸体
你看不见吗？

周作人
那些学校，那些图书馆，那些博物院

被无止地轰炸着你不知道吗?

周作人

你能忘掉自己

是这流血的种族的子孙吗?

在他一生中,这是第一首、也是最后一首直接抨击个人道德行为的诗作。有趣的是,对曾经伤害过他的那些人,艾青却不曾有过任何表示愤慨的文字。可见,发生在民族救亡特殊气氛里的"周作人事件",对艾青的影响是非常深刻的,而这道深深的"划痕"是不会那么容易消除的。进入7月,武汉的形势更趋严峻。据时任第九战区第一兵团司令部高级参谋兼作战科长的赵子立回忆:"日军第三、第十、第十三、第十六师团已在合肥、桃溪集中;第六师团已在黄梅地区集中,波田支队在九江集中;第一〇六师团从8月开始正向我第一兵团金官桥、庐山北麓阵地进攻中;第一〇一师团和窜入鄱阳湖海军正向我星子进攻中;九江不断有日军登陆。而我军亦云集于皖西、豫南、鄂北、鄂南、赣北,共有一百多个师,其前锋与日军交战中。"[①]又据当时亲自指挥武汉保卫战的李宗仁将军回忆,在日军屡攻鄂东不下的情况下,他们又改从北面进攻,"敌军为排除其战术上的困难,以达成其迅速占领武汉的目的,乃改变战略,另出奇兵两路,由大别山的北麓平原西进。一路由正阳关向河南的固始、潢川、罗山、信阳攻击,企图于截断平汉铁路后,再南下攻击武胜关和平静关;另一路则由合肥攻入六安,然后直捣商城,再向南威胁麻城,与鄂东之敌相

① 赵子立:《武汉会战及赣之役》,《武汉会战》第71页,中国文史出版社1989年版。

呼应，对武汉构成大包围的态势。”①显然，一场大决战迫在眉睫。凭着一种对战争的敏感，艾青意识到，它的来临也许不远了。果然不出他所料，7 月 12 日中午，大批日军飞机空袭武汉。一时间，三镇浓烟滚滚，爆炸声接连响起，震耳欲聋。炸弹落处，房屋立即化成一片火海，人们惨叫地奔跑着，其中不少人被弹片击中，顷刻倒地。艾青曾与朋友到三道街上的省立医院察看，发现病房被炸，病人或炸得血肉纷飞，或被倒下的墙壁活活压死，受重伤的人躺在废墟里凄厉地喊叫，情景甚惨。著名记者子岗在见于次日《大公报》(汉口版)的《扑灭现代刽子手》一文中悲愤地写道：“粮道街、三道街等处附近成了火烧场，成了屠门，成了新坟。哭泣，叹息，咒骂。焦黑的死尸，破烂的瓦片，倾斜的电线杆，荒冢一样的瓦砾场……一个老太婆哭红了眼睛，她那在医院帮工的儿子也被埋在瓦砾堆里。她不忍再走近了寻找，当每一个担架床从她身边过时才敢瞅一下。然而，把一切咒骂加给敌人吧，她四次失望，四次恸哭，黄昏带给她悲哀，带给她不幸的信念，抬出四个男人，一死三伤。”②目睹眼前的场面，艾青的心一下子被揪痛了。如果说，南京屠城他只是间接听人说起的，眼前的惨象却是亲眼看到的，一个个无辜的生命转眼间被撕得粉碎，再没有什么比这更不能容忍的了。在不久前写的《人皮》之后，他又写下控诉般的诗作《为被难者控诉》，用诗笔为后人记下了当年发生在武汉的这一幕人间悲剧。大轰炸之后，武昌出现了一种少有的宁静。7 月 16 日，武昌虽平添了几分燥热，空气却是十分静寂的。近几个月来，对听惯了警报尖锐的嘶鸣和飞机的呼啸的艾青来说，难免有种空落之感。家人已有些时日没有音讯了，在前一封信中，父亲告知全家已暂避义乌

---

① 李宗仁：《武汉保卫战》，《武汉会战》第 2 页，中国文史出版社 1989 年版。

② 1938 年 7 月 13 日《大公报》。

乡下，老小平安云云。屈指一算，自去年岁末逃离故乡，一转眼大半年过去了，抗战之志虽始终不渝，亦写过多首诗作借以明志，然而，父母大人、兄弟姊妹蛰伏乡下，安危难料，自己拖着妻儿，终究没有安身立命之所，心里不禁略感辛酸。为此，常常彻夜难眠。于是，艾青吟得《黄昏》一首：

> 我永远是田野气息的爱好者啊……
> 无论我漂泊在哪里
> 当黄昏时走在田野上
> 那如此不可排遣地困惑着我的心的
> 是对于故乡路上的畜粪的气息
> 和村边的畜棚里的干草的气息的记忆啊……

此时，令他沉醉其间的是“黄昏的林子”，以及远近散发着的“田野的气息”。因为童年生活的经验，艾青对土地乃至小草和小树一向是极敏感的，尤其当他的命运遭遇艰难时，这种感觉便愈加尖锐和强烈，以至延伸为生命深处的痛楚了。在艾青身上，是不乏革命者的气质的，然而，其中又浸渍着文人的深厚品性，虽有大时代的荡涤，欧风美雨的沐浴，后者不仅未曾模糊下去，反而在他的秉性里越扎越深。所以，中国历代士人吟哦乱世之秋的诗句，对他的心绪大概是有影响的。他记得，薛道衡是隋初诗人，后来虽然官至播州刺史，前半生却是在乱离之中度过的，所以，对乱离之痛感受尤深。他在《出塞》里写道：“绝漠三秋暮，穷阴万里生。寒夜哀笳曲，霜天断雁声。”诗句苍凉，令人辗转不已。刘长卿亦有《穆陵关北逢人归渔阳》一诗，写百姓的哀痛，如“城池百战后，耆旧几家残。处处蓬蒿遍，归人掩泪看”。一次，艾青途经武昌中北路，见一老妇匍匐在地上，一遍遍地向路人叩头，心想，大约又是儿子媳妇尽数死于轰炸，无人赡养，才落到如此凄惨的地步的吧。这种印象，在他的脑海里深刻极了。虽然国民党政府对外声言“誓死保卫武汉”，而且调集重兵准备在武汉周围打一场大仗，然而，军政首脑机关却在秘密地向重庆迁移。显然，对能否守住武汉，国民党政府是缺乏把握的。据《武汉会战大事记》所载，进入7月中旬之后，武汉外围的战斗已日趋激烈：“21日，我军在湖口以东太平关与敌鏖战，获胜缴获战车数十辆；23日，敌军在姑塘(九江东南)登陆。我军在广济地区与敌激战月余，毙敌甚众，并击落敌机一架；25日，九江陷落。敌机狂轰小池口。并由太湖、宿松、黄梅方向进袭，遭我军坚决抗击，战况激烈；27日，我军一度克复小池口……”[①]从愈益激烈的战况看，再在武汉留下去是不现实、也是不可能的了，但往哪里去，艾青颇为踌躇。胡风和其他朋友曾劝他一起去重庆，不知何故，这件事后来不了了之。

欧阳凡海来武汉，计划与俞鸿模联袂出版《七月》丛书，因动作迅速，第一辑艾青的《向太阳》、胡风的《为祖国而歌》、庄涌的《突围令》很快在上海排印出版了。对朋友的盛情，艾青是心怀感激的。所以，当他收到作家谢冰莹介绍的衡山师范的聘书、准备携家南下时，特别送胡风一个白瓷胆瓶，以表友情。这次南下，亦是出于不得已，千里迢迢，前途未敢预料。艾青在茫然之外，又平添上一份惘然。诚如他个人所说：“战争年代，人们流离失所，到处漂泊，谁也不知道自己将要到哪儿去。”不知路在何方。显然这不只是艾青一个人的内心感受，虽然他在自己的诗篇里曾给了人们力量和明智的启示——集中在一个具体的人身上，这种现象是何等的矛盾……

---

① 《武汉会战大事记》，《武汉会战》，第521页，中国文史出版1989年版。

六　退向衡山

因何南下而没有西去，而且退到了湖南衡山，艾青 1938 年 8 月16 日在致诗人胡明树的信中有所交代，信云：接信后因即来湘，想把通讯处确定后再写信给你，一直又过去了半个月了。我来衡山，本由冰莹介绍到省立乡师教国文。昨日始晤由长沙归来之校长，谈话结果，毫无把握（据云须看教育厅拨款数再决定招考新生否，而我是来教新生的），故我是不能等待他了。你能否为我在贵校设法一下？或者别的学校？望你能帮助我。所得能维持生活就好了。我的诗集，据临走时胡风所告，出鲁迅全集的“复社”可承受印行，不知现在接洽妥当否？如我们下学期能在一起，我们不是可以出诗刊——这久为我们愿望未能得实现的东西？番草近已赴桂林，在某处做事，田间已历时三月无消息。我在衡山住着，每日清晨写文一两千，大半属诗论，别无他事。×××已迁移来此，故友人顿时多了起来，但我从不想到××做事。太官僚气了。一切等你回信，再谈，祝安好。①

从信的内容看，艾青所以受当时轰动一时的女作家谢冰莹之请，到衡山省立乡师任教，是有所考虑的：一，教书可以“维持生活”；二，撤到重庆，能否静心写作，生活有无保障，是很难预料的；三，即使湘桂路将来失守，再退向桂林或重庆不迟，因此有回旋余地。但是，他完全没想到赴衡山的计划会落空，自己成了无业游民，比在武汉还要狼狈。信里虽说得轻松，但焦虑却是溢于纸上的，甚至想到请胡明树“设法”，标准也一再降低，只要“维持生活”即可。来衡山的路费还是向朋友借的，赴湘半

① 《致 S》，《艾青全集》第 4 卷第 545 页。

月，工作尚未落实，长此下去，吃饭恐怕会成问题。所以，艾青除致信胡明树外，还分别给番草等写信，请各地朋友为他留心职位。在朋友回信之前，艾青只能“寄情山水”，在打发日子中等候佳音了。衡山县城在南岳衡山之侧，这里山川纵横，气势巍峨，城镇虽然不大，但却有湘南小镇独具的风味，与艾青此时的心理期待正相符合。于是，他游兴大发，居然有些古时某些退隐山林的诗人的遗韵。九年前与艾青同去法国的著名编辑孙伏园，这时恰在衡山任县长，得知艾青来此，特设便宴请他。艾青回忆说：“这个年代倒也会从匆匆而过的人群里遇到不期而遇的人物。我从武汉南下到湖南衡山，就碰上1929年到法国的同路人孙伏园，他是衡山县的县长，请我吃了一顿饭，在座的有诗人S.M，他后来也是胡风的朋友，遭受到和胡风同样的命运。在衡山，我也遇到日本反战的战士鹿地亘和夫人池田幸子，他们当时很狼狈。”[①]“S.M”即诗人陈守梅，又名阿垅。在去法国的船上，孙伏园一直戏称艾青“蒋公”，这次见面，仍旧如此称呼他，在座的人都不禁大笑。老朋友相见，艾青自然颇感欣慰，不几日，他邀鹿地亘夫妇同游，于战乱之中，算是一种难得的放松。有几首诗，记录的即是他此时的心境。《秋日游》所记是艾青等人在8月某日散步，然后在树林中躲雨的情形：这里有“云影和阳光隐现的路”，在低洼处，“星散着白色的山羊”，亦有“新筑的黄土公路”，当山雨忽至时，我们则“在一个山村旁边的”几棵大树的根上坐下躲雨；雨过天晴后，继而走出树林，在草地上席地而坐，悠然地欣赏“无数的白色的鹭鸶鸟”，由鸟及人，突然生出“隐世者”的胡思乱想来。自去冬以来，他就一直处在颠沛流离之中，有时要向朋友借钱度日，动荡不定的生活境遇唤起他对相对安定生活的向往是不奇怪的。7月16日写在来湘之前的怀乡之作《黄

① 艾青：《思念胡风和田间》。

昏》,就是这种情绪的极端表现。在这种情况下,艾青陡然有些心灰意懒、甚而萌生隐世之想完全可以理解。“天下之大,竟放不下一张书桌”的知识分子的时代性困惑,并非艾青一人所独有。一年前,敏感的卞之琳写下更让人敏感的诗作《候鸟问题》,诗云:“多少个院落多少块蓝天/你们去分吧。我要走。”这些诗句在当时是很费解的,“你们”是谁,而“我”是谁,是含糊不清的;“我要走”也令人不知所以然,但心情之迷茫,若有所失,却是能领略到的。1937 年 5 月,另一位诗人冯至借为里尔克《给一个青年诗人的十封信》译本作序之机,写下如下与“时代气氛”似乎“更不合拍”的文字:“人在遇见了艰难,遇见了恐怖,遇见了严重的事物而无法应付时,便会躲在习俗的下边去求它的庇护,它成了人们的避难所,却不是安身立命的地方。谁若是要真实地生活,就必须脱离开现成的习俗,自己独立成为一个生存者……”是落魄衡山的处境在艾青内心深处投下了一道阴影,亦或是其他的什么原因,因无可靠材料,不便妄猜,但缺少结结实实的“安身立命”的生存感受,对当时的艾青来说,却是非常强烈的。所以,他对某些批评的反应不光是“敏感”,而且是“计较”的。他语含挖苦地说:

有些人为我的诗里的忧郁辩护;而另外的一些人则非难我的诗里的忧郁;更有的则在我的诗上加上“感伤主义”的注解(对于最后这种脂肪过剩的意见,我是要拒绝的)。我如何解释我的忧郁呢?这就是说,我如何能使自己完全不忧郁呢?我所看见的东西真的就完全像你们所看见的那样快意么?还是我非把任何东西都写成快意不可呢?……还有一种比较更严重的意见,说我和民众的接近不够,另外的则说我的诗里知识分子的气味太浓……这些是事实，我愿意领受这聪明的批判。[①]

显然，这里是有“弦外之音”的。对一个诗人的道义责任，艾青的态度非常明确。抗战刚刚爆发，他想到的是，“如何才能使我们的呼声，成为真的代表中国人民的呼声。”[②]对某些人反对“抗战诗”，他尽管没有针锋相对地反驳，却认为诗人应该忠实于“自己所生活的时代”，抗战无论对于谁“都是最大的事件”。[③] 然而，在世俗生活中，他又确确实实是一个“个人”，对生活、命运的判断和感受不可能不从个人的角度切入。比如，只有有了一份相对安定的职业，他才能坦然面对妻儿。除此之外，他要写诗，从中体验生的意义，不在“人生的表面上永久往下滑过去”，检点自己是否“真实地生活”过了，等等。在他看来，后者是顶顶紧要和不容马虎的。于是，某日在衡山郊外漫游之后，他回来又写下了《斜坡》。诗中写道：“金黄的太阳辐射到/远远的小山的斜坡上——/那斜坡刚才是被薄雾遮住的，/而现在，我们可以看见/它的红的泥土和浅绿的草所缀成的美丽的脉络了……”在艾青眼前，出现的是一幅祥和安谧的画面，让人怀疑它就是作者幻觉里的畈田蒋：

以光洁的岩石当晒场
也该有壮健的少妇卷上袖管
在铺晒着昨天刚收割的谷类吧；
而她的男人赤着上身挑着担

① 艾青：《为了胜利——三年来创作的一个报告》。
② 艾青：《为了胜利——三年来创作的一个报告》。
③ 艾青：《诗与时代》，《艾青全集》第3卷第71页。

从那昏暗的小门口走出；
而她的孩子则坐在岩石的边上
在叫唤着她……

从“少妇”操持家务的令人眼熟的动作里，分明可以联想到大堰河的某些影子来。何以在烽火连天的年头突然想起故乡和大堰河呢？在一连串的奔波和求职失败后，艾青内心或许有一种近乎挫败的感觉，这使他对个人生存的环境是否理想产生了某种怀疑。因此，一方面他在此前后的文章里试图说服自己，一面却一再说，“我所经历的时代，是一个波澜壮阔、绚丽多彩的时代。我和同我差不多年纪的人们一样，度过了各种类型、不同性质的战争；也遇见了各种类型、不同性质的敌人。真是变幻莫测。”[①]看得出来，他在极度的矛盾中竭力安慰与宽解自己，但显然，这种努力至少在当时是于事无补的。可能极度的苦闷与期待在他心里暂时达到了某种“平衡”的缘故，艾青写的诗透露着与他一向的风格不相协调的超然的韵味。于是，我们接着读到了《秋晨》：“清晨的池沼是美丽的/以深黑的水映着秋空的高阔；/一片柠檬黄的新月/镶嵌在灰青色的天顶/——只有新兵操练的声音/划过了静寂……”字里行间，细心的读者会发现，其中的厌烦却是掩盖不住的。在这里，诗句中“破折号”的安排也颇意味深长和耐人寻味……

就在艾青吟哦山林、举棋未定时，日本人的炮火打到了距衡山不远的省会长沙附近。据《武汉会战大事记》，武汉四周防线经过三个月的激战，终于在10月底被日军攻破：12日，信阳失守，胡宗南部西撤；14日，阳新沦陷，北线敌军攻占浠水；16日，商城沦陷；19日，大冶失守；24日，

① 艾青：《在汽笛的长鸣声中》。

武汉北面最后一道屏障黄陂再陷敌手;25至27日,武汉三镇终被破城。日军攻陷武汉后,已经造成对湖南南北夹击的态势,长沙失守只是时间问题。《新中华报》在长沙大火发生前两天的"时事分析"专栏里,曾以《敌占武汉唐继续前进》为题对当时形势分析道:"敌人在占领武汉后,继续向西向南推进,并未停止其进攻行动。我们早已指出:以后敌人进攻的方向,当为长沙、南昌及西北,因为这样,敌人可以把我们在战区上分割开来,使我们各地区失却中心的统一的指导。这种分析,在今天看来,仍然是正确的。比如武汉敌人,现在以其主力继续南下,中心目标,当然在夺取长沙;这几天战事已经发展到湘鄂边境,咸宁、汀泗桥、蒲圻、嘉鱼、崇阳相继失守,敌已进入湖南边境,离岳州——长沙——门户——已经不远了。"然而,长沙并未毁于敌手,而是在国民党放的一场大火中变成了一片废墟。11月12日,日军攻占岳阳后继续向新墙河推进,长沙城内谣言四起。有人回忆:"到10日前后,商店开门的很少,街上已不像前几天那样忙乱,行人不多,黄包车一辆也没有了,连一个交通警察也看不见了。街头墙壁上到处用日文写着预备给日军士兵们看的反战怀乡的标语,那大概是国民党军委会政治部人员遇到长沙所做的宣传工作。整个长沙城呈现一片凄凉冷落的景象。"①艾青后来听长沙逃出来的人说,12日晚12点左右,天心阁方向出现火光,稍后不久,大火从东、西、北三个方向几乎同时烧起,许多人葬身火海,惨不忍睹。其实,在大火之前,大批平民、官兵已向衡阳、桂林汹涌而去。在这种情况下,艾青再留下已毫无意义。艾青去广西桂林是有原因的,据他说,是因为"我遇见了诗人番草,他是田间的同乡,他约我到广西去,说可以帮助我找到工作。

---

① 史说:《长沙大火见闻》,上海《文史资料选辑》第6辑。

我就到了广西。”[①]番草是30年代的现代派诗人，不知因何被桂系看中，后来还做过安徽省政府秘书长，一时权力炙手可热。因此，有番草的举荐，艾青在桂林找点事做应该是不成问题的。

---

① 艾青:《思念胡风和田间》。

第六章　动荡的岁月[二](1938.11—1940.5)

一　主编《广西日报》"南方"副刊

艾青是哪一天从衡山出发到桂林的，至今说法不一。据某些书记载，大约在13日之前："自从广州、武汉相继失陷后，美术救亡工作人员相继来桂，五路军政治部艺术股特于今日在香村川菜社举行招待会。出席的有：梁中铭、汪子美、特伟、刘元、梁日波、艾青、赵望云、阳太阳、何鼎新等二十余人。"①所说"今日"，正是13日这天。然而，另有记载则认为艾青到桂林可能稍晚一些："1938年11月19日，国防艺术社副社长李文钊与艾青、夏衍、梁中铭、汪子美、金山、郑君里等发起组织成立桂林文化工作者联合团体。于今日又在东坡酒楼举行座谈会。"②武汉、广州两大

---

① 杨益群等编著：《桂林文化城概况》第2页，广西人民出版社1986年出版。

② 《桂林文化大事记》(1937—1949)，漓江出版社1987年版。

城市失陷是大批作家南迁的重要动因，就在这一南迁高潮中，巴金偕未婚妻萧珊于 11 月上旬赴桂林，夏衍 11 月 4 日晚到达，郭沫若 12 月 3 日凌晨由衡阳抵桂，黄药眠来时将近岁末，艾芜是次年初，司马文森、廖沫沙是次年 5 月……艾青、张竹如夫妇到桂林不几天，即入住梓祥巷的一间正面是木板，三面为砖墙的房子。房里仅一张桌子，一个竹床，地是泥地，做饭只好移到走廊上。因番草的介绍，艾青被聘为《广西日报》“南方”副刊的编辑，月薪几十元，除交房租，一家三口吃饭尚能对付。对失业、流浪有日的艾青来说，已是很幸运的了。当时旅桂作家中无职业、仅靠低微的稿酬或朋友接济者不在少数，加上战时桂林人口猛涨，物价高昂，所以，许多人境况甚苦。

艾青到报社上任不久，就嗅出了社里的“新桂系”气味。以李宗仁、白崇禧为代表的新桂系地方势力与蒋介石的中央集团素有矛盾，在文化建设上却推行比较开明的政策，对当时国内文化界有一定吸引力。武汉、广州相继沦陷后，各大报纸、杂志和出版社纷纷迁桂，或在此设立分社、分店，如:《救亡日报》、《扫荡报》、《力报》、《大公报》、生活书店、中华书局、北新书局等，而《广西日报》的规模和影响力，实际上已超出地方性报纸的范围，大有对前者奋起直追之势。社长韦永成是新桂系少壮派人物，同时身兼五路军政治部主任、国防艺术社社长和乐群社社长数职。韦氏留学德国，思想较开明，因是桂系意识形态方面的执牛鞭人物，在骨子里政治意味颇浓，加上总编辑莫宝铿、副总编辑周歧兴、总主笔俞颂华，或为“圈子”中人，或于前者关系较深，故而报纸无形中形成外松内紧、外似开明和里面右倾的办报特色。他还发现，这份对开四版的报纸，每天所登新闻主要为战讯，国内外重大时事，社会新闻，要人追踪，官员任免，政令传达等。间有“成人教育周刊”、“霍乱预防宣传特刊”、“新干部”和“广西青年”等栏目穿插进来，“南方”副刊半月才有一期，纯然是一种“点缀”。即使如此，每期副刊一万字左右的版面，一半以上也为各类广告所占据，计有：“征婚”、“电影启事”、“消炎散”、“轮机出售”和“止咳片”等，无奇不有。这种政治压倒一切、内容零乱芜杂的报纸风格，令艾青大伤脑筋。他后来愤然说，这个栏目“原定每周一期，后来被别的副刊挤到半月一期，又挤到一月一期，最后成了无期。”与“公共厕所”无异。[①]艾青意识到，桂系虽然标榜“建设广西，复兴中国”，在做法上，与南京方面却是大同小异，也是防范异端思想。“南方”一再被挤的处境，实际就是文艺的真实命运。牢骚归牢骚，出于共赴国难的心情，艾青对副刊仍旧是很卖力的。当时因为人手少，往往是编辑、作者和校对集于一身，要四处约稿，稿子不够，不能留出天窗，自己得马上临阵磨枪，写篇文章或诗作填充上去；稿子编齐，下一步就是跑印刷所，逐字逐句地校对，出一点差错，都会损害报纸的形象。报社设在桂林环北路5号，距艾青的住处梓祥巷尚有一段路程，平时他多徒步前往，如遇有稍急的事，就雇一辆黄包车。时值1938年岁末，天上飘着薄雪，气温在零度左右，约有严寒之感。本月2日和29日，日机两次轰炸桂林城，投弹数百枚，二千余间房子被毁，死伤数千人，一万多难民无家可归。在独秀峰附近，艾青见众多难民衣衫单薄，在雪天里不住发抖，有的在路旁搭起草棚，做暂时栖身之地，无棚者则只好露宿街头或树下，见此景况，他心里一阵凄恻。他在临时为副刊补写的短文《迎一九三九年》写道：“1938年走了，我们欢迎。我们的心境很像昨日送殡回来的人们，虽有些空漠，却也有了新的希望在苏生。”[②]在这篇文章里，他又一次谈到了时间，“谁能使陈腐的木乃伊重新生活呢？”与回国途中偏于灰暗的时间观相比，“时间”在这里是有亮

---

① 艾青：《思念胡风和田间》。

② 《迎一九三九年》，《艾青全集》第5卷第13页。

色的,它甚至比在衡山时多了一些激昂的情绪。因为它是“我们的时代”,所以,“调转”我们的喉咙不仅是迫切、也是必要的。由于受到这种情绪的感染,新年伊始,“南方”副刊在困难的情况下好稿迭出,令桂林文化界刮目相看。翻阅当年的“南方”副刊,这种印象尤为深刻:1 月 3 日,除登有艾青的《迎一九三九年》,另有欧阳凡海和力扬的文学评论《一年来的中国文学》、《抗战以来的诗歌》;1 月 10 日,载有艾青的《羞耻的标记》、金克木的《乌鸦》、舒芜的《人和桥》;1 月 15 日,登载着丽尼的《谈谈台儿庄之战》;16 日,又刊有林林的《现实的文章》、郭德洁的《关予〈台儿庄之战〉》和戈的的《轰炸下》;17 日,有厂民的《囤边》和阳太阳的《火》;21 日,有艾青的《文学上的取消主义》。在中断一个半月后,3 月 19 日,“南方”重新与读者见面,登出林林的长文《歌德〈马赛曲〉及抗战诗歌的问题》;26 日,发表舒群的《海的彼岸》;28 日,载有艾青的诗作《死难者的画像》;4 月 9 日,推出鹿地亘、冯乃超合译的《恐怖》,29 日,有艾青的诗论《诗的散文美》;5 月 2 日,载出戴望舒译作《当代的男子》;11 日,登载艾青文章《谈杜衡》;20 日,发表李又然译文《西班牙妇女在西班牙抗战中》;从 29 日起,连载聂绀弩中篇小说《婵娟》;30 日,发表舒芜的《战争与和平》;6 月 12 日,登载李又然诗作《致前方》;19 日,全文登出杨晦整理的会议纪要《文学上的取消主义与公式主义》;28 日,发表艾青美术评论《记李桦个人战地素描展》;7 月 18 日,胡风《“为祖国而歌”题记》、周而复小说《灾难里》等同栏刊出……然而,对“南方”副刊在艾青接手之后出现的新气象,报社里的桂系势力不会袖手旁观,碍于桂林文化界的声势,不便直接干涉,于是,变公开压制为暗地挤对。先是借口开辟“广西青年”栏目占其版面,不久,又把“广西妇女”和“广西卫生”安插进来。于是“南方”副刊不仅版面缩小,而且周期也逐渐拉长,真正成了“花边文学”。在多次力争无效之后,艾青终于愤然辞职。一百期“南方”,在艾青手里画下了一个句号。

二 《吹号者》和《他死在第二次》

从衡山移居桂林，意味着艾青第一次创作高峰期后一阶段开始。他强烈的写作欲望与当时国家的局势是紧紧联系在一起的。刚刚找到住处，艾青就关注起当地的报纸来。据报载，武汉会战之后，大部中国军队撤向外围地区，激烈战斗仍在进行之中。11 月 5 日—15 日，我八十四军与日军第三师团一部约七千人在湖北随县遭遇，双方整整血战十天，往来冲杀，不下三四次之多，终于粉碎了敌军西进的企图，形成两军对峙局势。看着报纸，他不由想起流亡途中遇见的那些可爱的士兵的形象，并生出深深的同情。他的目光又在搜寻着故乡的消息。一天，他突然在一张陈旧的《东南日报》[①]不起眼的地方看到一则新闻："日机轰炸城区，投重磅炸弹五十八枚，毁屋一百八十间。"因地址变动，战火纷乱，与家人的音讯阻断，父母、弟妹的安危，均不得而知，终不免悬念在心。然而，最可悬念的，大概要数那些远离故土，生死莫测的普通兵士了。偌大的中国，假如没有他们同敌人的拼杀，的确是不敢想象的。他在诗作《他起来了》、《这是我们的》和《向太阳》中多次写到他们，至今还有意犹未尽之感。想到这里，艾青眼前又浮现出一个场面：一个雨天，一队沉默的士兵把另一些穿着草黄色的脏制服的战死者的尸体，埋在土岗上。他顺手抄下了死者的姓名：二十四岁，四川人，陆军第六师三十三团新兵廖云青墓；三十二岁，江西人，陆军第二十一师一二二团卫生队左作新墓；三十岁，湖南人，军政部第四补训处二团九连二兵周敏修墓；五十二岁，湖南

---

① 为国民党浙江省党部所办。1937 年秋，因杭州即将沦陷迁移到金华。抗日期间，金华一度成为浙江政治、文化中心。

人,陆军第十五师九十团三连二兵罗步云墓。目光缓缓环绕着这些已经不在人间的普通名字,再念及死者孤苦无助的父母妻儿,他的心陡然分外凄凉。他写道:“人类是罪孽深重的:每天在互相杀戮着,死亡的数目,百倍超过诞生的数目,好像非到完全消灭不甘心似的。”[①]十二年前,他在大革命失败后的恐怖里第一次谈到死,但那是建立在个体生存的意义上。弹指十二年,人、物皆非,然而死却无法回避,甚至无法不谈论它。艾青意识到,同样是死,它在两个时代却有着不尽相同的内容,前者悲绝,后者惨烈;前者意境深邃,后者意境博大,更有一种超越时空的力量。在艰苦的思索中,艾青掂量着眼前这些战死者的分量,迟缓了一下,他继而写着:“不只一次了,我体验到这些穿着草黄色的脏制服的命运,他们每日以最粗糙的草秣饲养了自己,而又以一个生命所可能贡献出的血液,毫无悔恨地,去染红了无边的暴怒了的土地——他们终于被杀戮了,才又抬回到遥远的地方来。”[②]在文章《坠马》里,一匹从城墙上坠落而死的战马,和一个临死的士兵一样,引人深究的不是战争本身,倒应该是他(它)的生命是如何体现的,战争给了死一个“意外的”机会:“这一切都于它有什么用呢?它是痛苦得如此深沉,深沉到没有一个人敢于去承认:它是无望了,它将如此懊丧地死去,它将带着永远不能填补的恨怨死去,就为了它不是死在那浓密的炮火里,不是死在喧闹着的子弹声里,不是死在震耳的轰响声里,却死在遥远的,僻静的,古旧的城墙之下,一条空无人迹的阴暗的小道上……”[③]联系艾青著述中反复出现的“遥远”、“落难”、“孤独”等字眼,通过征战异乡的士兵、远离热土的马,人们恍然从中看到了那个忧郁的诗人自己的身影。在这一阶段的写作里,这身影竟像

---

① 《赎罪的话》,1942 年 4 月 4 日《解放日报》。

② 《埋》,《艾青全集》第 5 卷第 28 页。

③ 《坠马》,《艾青全集》第 5 卷第 25 页。

刻刀一样深深锲入他的诗句里，令人愕然不已。于是，艾青在长诗《吹号者》的"题记"里写道："好像曾经听到人家说过，吹号者的命运是悲苦的，当他用自己的呼吸磨擦了号角的铜皮使号角发出声响的时候，常常有细到看不见的血丝，随号声飞出来……吹号者的脸常常是苍黄的……"难道这个脸色"苍黄"、时常有血丝迸出的吹号者竟是作者自己，或是他的自况？以下的诗行里，显然渗透着艾青个人的生命体验：

正当他由于一种不能闪避的启示
任情地吐出胜利的祝祷的时候，
他被一颗旋转过他的心胸的子弹打中了！
他寂然地倒下去，
没有一个人曾看见他倒下去，
他倒在那直到最后一刻
都深深地爱着的土地上，
然而，他的手
却依然紧紧地握着那号角。

在潜意识里，艾青把自己当成那些慷慨赴死的士兵的一员了。在他看来，诗人的笔与农民的锄头、士兵的枪和号角原是有同样的含义的，都是一种朴素的劳动，也都是非要注入全部的生命才会有真正的收获的。在一篇文章里，他曾写过这种体验："有人向我戏谑地说：'你真是一个斯达哈诺夫运动者。'听了心里很不愉快。我想假如我向敌人放射几颗子弹，人们是不是也要戏谑我呢？不会的。那么我是不是为了这戏谑就不写诗了呢？不会的。我永远渴求着创作，每天我像一个农夫似的在黎明之前醒来。一醒来，我就思考我的诗里的人物和我所应该采用的语言，和如何使自己的作品能有一分进步——虽然事实上进步得很慢。即使我休息了，我的脑子还是继续在为我的诗而运转着。甚至在我吃饭的时候，甚至在我走路的时候。我说过这是一种苦役。而我始终不愿意放弃这苦役——自从我只留下这唯一的武器了，我不再有其他的武器比写诗更运用得熟练了。自从我不再画画了之后，它已成了我唯一的可以飞出子弹的出口孔了，假如把这出口孔塞住了，这是要在沉默里被窒死的。"[①]恰在这时，《救亡日报》、《广西日报》等报纸连续报道了广西军队在湖北随枣前线的战况：我八十五军在唐王店、太山庙和青苔镇附近地区与敌第三师团展开血战，歼敌二千余人；某日，中央之敌，集中主力，以重点指向我八十四军塔儿湾附近阵地，企图从中央突破，遭到我军顽强抵抗。第一七三师、第一七四师奋勇反攻，激战四昼夜，敌寇葬身此地者四千人以上，我军官兵亦有三千余人伤亡。敌人多次使用毒气瓦斯，用飞机轮番轰炸，然而我阵地屹立不动。不久，有伤兵从前线陆续撤回桂林。某日，艾青随本报记者赴省立医院探视、采访伤员，在走廊上看见一昏迷中的士兵，一边痛苦地呻吟，一边还在喊叫："子弹没了，快给我子弹!"这幕场景，使艾青受到很大震动。听口音，这位伤兵像是桂南防城一带的人，防城离桂林少说也有几百里，然而毕竟是已回故里。生死难测之际，想到的不是身边的父母，心仍在遥远的湖北前线冲杀。于是，艾青把这个垂死的伤兵写到了《吹号者》里，在诗的结尾，他写道：

在那号角滑溜的铜皮上，
映出了死者的血
和他的惨白的面容；

① 艾青：《为了胜利——三年来创作的一个报告》。

也映出了永远奔跑不完的
带着射击前进的人群,
和嘶鸣的马匹
和隆隆的车辆……
而太阳,太阳
使那号角射出闪闪的光芒……

听啊,
那号角好像依然在响……

艾青意识到,“在时代安排给我们的/——也是自己预定给自己的/生命之终极的日子里。”也许死是最不可避免的一件事,所以,与其把它看得很黑暗,反倒不如发现它另一美丽的一面:那是“短促的,急迫的,激昂的,/在死亡之前决不中止的冲锋号,/那声音高过了一切,/又比一切都美丽”。在艾青眼里,生命是高于一切的,惊天动地的战争,个人的荣辱功过,无不在生命的过程中得到检验,需要被其证实是否是有意义的,还是毫无意义可言,其他则是无关重要的。在诸多的与抗战有关的文学作品中,艾青的诗歌为什么独具魅力,不因其革命的题材而减色,也不因其贴近“现实”而削弱艺术价值,他诗学中的“生命观”如果说是其诗作中的一个重要“诗眼”,恐怕是不算过分的。

春暖花开,然而,3 月的桂林城除去如画般的远山有些朦胧的春意外,人们的心头仍然笼罩着浓厚的战争风云。3 月 4 日,《救亡日报》副刊《文化岗位》发表周扬的文章《作家到前线去》,他认为:“抗战以来文艺对现实的关系是消极的批评揭露多于积极的发扬。许多民族英雄的新的典型,无数可歌可泣英勇壮烈的事迹,都没有在文艺上得到应有的反映。选登抗战的前进运动中存在着的丑恶和缺点，虽然有它的重要意义，但是发扬民族的积极精神的作品，却更能表现出现实的主导的方面，更能尽激发读者的民族自尊心和自信心的教育作用。”某日，《文化岗位》编辑林林去艾青家，把这篇文章拿给他看。艾青对这个表情严肃的湖南益阳人印象不深，只仿佛听汪事说起过，也读过他与鲁迅论战的几篇文章，对他火药味偏浓的文风不以为然。后来，当周扬执掌左联时，艾青却在狱中，更不可能有什么联系。以艾青喜欢独来独往、多少有些“自由主义”的秉性，即使未陷牢狱，大概也不会与周扬过从甚密的。所以，对这篇文章，他当时并没有太注意。当林林指给他文末一段话：“我们虽然非常尊重在后方的许多作家的艰苦的努力，但却期盼着更多的作家到前线去，那里有吸取不尽的丰富材料正待艺术专门家的发掘”时，艾青颇感不悦了，说：“还是在上海那副教训的腔调，可这里不是上海。”周扬是在延安写这篇文章的，可见此时他代表的不再是上海滩的几个年轻气盛的革命文学家。“前线”与“后方”这个里外有别的文艺命题虽然提得未免早了点，但仍然可以看出他政治上的敏感和某种“预见性”。或许是因为这一点，或许是其他的什么，艾青打一开始就不甚喜欢周扬。虽然，周扬似乎并未介意艾青后来与延安“文抗”的丁玲弄到一起，他对艾青的诗作不仅表现得甚为热情，解放初期，当艾青在“个人问题”上遇到麻烦时，他也没有落井下石，反而让人感觉到有些“遮掩”与“偏袒”之嫌。近在咫尺的夏衍像是有所“感应”，11 日，他在《救亡日报》第二版著文说：“抗战已进入到一个新的阶段了，但是我们的抗战宣传，却还被遗留在一个旧的阶段里。”在抗战的新的阶段里，我们“应该赶快地建立起一个泼辣的、崭新的、适应现阶段需要，为大多数民众所接受所爱好的新的工作方式。”①

---

① 夏衍：《论新阶段的宣传工作》，1939 年 3 月 11 日《救亡日报》。

不知怎的，同样是写这类文艺鼓动文章，艾青倒偏好胡风的手笔，觉得它没有强人所难的味道，反而有一种诗人的天真。当然，这些都是后话。在此期间，真正让艾青受到震动的是另外一件事：著名音乐家张曙之死。某日，张曙正在象鼻山下的国防艺术社开会，王城紫金山（现独秀峰）上的警报突然拉响了，刺耳的声音响彻桂林上空。惊慌的人们立即朝附近一个岩洞奔去，当时张曙带着小女儿，自然落在众人后面，待他气喘吁吁地跑到洞口，因人多洞小，岩洞已进不去人。就在这时，一颗敌机扔下的炸弹在附近爆炸了，许多站在洞外的人被炸死，洞里的人也被巨大的气浪冲得东倒西歪。张曙死状很惨，身首分家，四肢残缺。更惨的是，他的小女儿也未能幸免。张曙的死，在桂林文艺界引起很大震动。12 日下午 1 时半，桂林音乐界在新华大戏院举行张曙追悼会和张曙遗作演奏会。参加的有音乐界、文化界人士及学生、工人、军人等数百人。会上，张志让介绍张曙的生平，谈到了追悼会的意义。随后，李伯钊、林路等人相继发表演讲。接着，广西音乐会、新安旅行团、儿童教育团、电影放映二队等单位，演唱和演奏了张曙的音乐作品，当一曲《我的家在松花江上》唱起时，艾青和周围的人不禁潸然泪下。为了纪念张曙和其他死难者，29 日，艾青把诗《死难者画像》交《南方》51 期发表，该诗写道："怎么说他是一个人呢/他只剩下了胸部以上的一段肉体/胸部以下的/肚子、/腿、/脚、/还有两只劳动的手/都到哪儿去了呢？"张曙的死使艾青看到了战争的残酷，不由想到，死原来竟这么简单和容易。就在几天前，他还与张曙一起参加李宗仁在乐群社西餐厅举行的招待会呢，他的音容笑貌犹在眼前……友朋丧失，死不能复回！这件事让艾青更深地触及近来一直盘桓在内心的问题：死。

于是，艾青又做起了关于死的文章。在长诗《他死在第二次》中，他虚构了一个一度负重伤、最终还是战死的士兵的形象，与已往他笔下的士兵相比，这个形象的色调有些灰暗，甚至有点儿阴郁，无形中沾上了作者心灵深处的颜色。艾青写道："等他醒来时/他已睡在舁床上/他知道自己还活着/两个兄弟抬着他/他们都不说话。"下面的描写与他不久前目睹的埋葬士兵的凄惨场面，竟有几分相像："天气冻结在寒风里/云低沉而移动/风静默地摆动树梢/他们急速地/抬着舁床/穿过冬日的林子"；更令人触目的是，关于生与死的意识活动出现在长诗里：

我们的枪哪儿去了呢
还有我们的涂满血渍的衣服呢
另外的弟兄戴上我们的钢盔
我们穿上了绣有红十字的棉衣
我们躺着又躺着
看着无数的被金属的溶液
和瓦斯的毒气所啮蚀过的肉体
每个都以疑惧的深黑的眼
和连续不止的呻吟
迎送着无数的日子
像迎送着黑色棺材的行列

写到这里，艾青不禁想起故乡金华死人的种种情形来。在故乡，生者对死者的照顾是尽心竭力的，对墓地的选择亦相当讲究和慎重，有所谓"看不见尖峰山要哭"，"看不到积道山要哭"，"看不到毛竹尖要哭"的说法。另外，病人弥留之际，儿孙必须在床前侍候送终；病人气绝后，遗体移至中堂落地，摆设灵堂，并向亲友报丧，进行悼念祭奠；出殡时，子女要披麻戴孝，亲友人人着素，旗幡、锣鼓伴引，送棺至墓地，然后才入穴下葬。在他看来，这些风俗恰好说明，死是人生最庄重的一件事，是不能轻率马虎的；士兵远离故乡，生或死都在转瞬之间，是不可能有这么妥帖的礼仪的。然而，人生一世，草木一秋，又不能不令人感到遗憾。于是，在对士兵死亡问题的思索中，艾青发现了人生之不可把握这样一个问题："但今天，他必须在田野上/就算最后一次也罢/找寻那向他召唤的东西/那东西他自己也不晓得是什么。"或者说，他发现了自己内心的矛盾，一方面他写出了伤兵身上强烈的爱国主义精神，"我们躺着，心中怀念着战场/比怀念自己生长的村庄更亲切"；另一方面，他又看出了伤兵对残废之躯普遍的焦虑，"他看见，一个残废了的兵士/他的心突然被一种感觉所惊醒"，因此一种自虐的强烈情绪油然而生，"让我们在战争中愉快地死去/却不要让我们只剩了一条腿回来/哭泣在众人的面前/伸着污秽的饥饿的手/求乞同情的施舍啊！"在生前居然一闪而过地想到伤残后的惨景，光荣竟像一张薄薄的白纸，经想象的笔这么一戳就破了。艾青这种"透过一层"的对士兵内心活动的观察，显然与当时单纯表现中国军人英勇杀敌、视死亡若浮云的众多战地通讯、短诗、散文是不协调的，尤其是，在长诗末尾对战死兵士"下场"的描写，更透出一种悲观的色彩来："在那夹着春草的泥土/覆盖了他的尸体之后/他所遗留给世界的/是无数的星布在荒原上的/可怜的土堆中的一个/在那些土堆上/人们是从来不标出死者的名字的/——即使标出了/又有什么用呢？"在极为浓厚的"抗战高于一切"的时代空气中，《他死在第二次》遭受批评是不出意料的。但艾青没想到，批评的声音会如此严厉，更令他意外的是，批评者居然是《七月》"圈子"中的人。在这篇题目为《人的花朵——艾青与田间合论》的长文中，吕荧指责道：

《他死在第二次》的"他"是一个兵士，而我们在他的情感与生命里,几乎看不见一点真实的兵士的痕迹;"他"在实质上是一个诗化了的知识分子的情感与生命的化身。这样,当"他"——一个长着"拿过锄头又举过枪的手,为劳作磨得笨拙而又粗糙的手"的兵士,当他受了伤,躺在医院的病床上,他并不想起他的亲人,他的营伍的兄弟,他的兵士生活;却"想着又苦恼着","苦恼着又想着":自己的手与女护士的"纤细洁白的手""究竟有什么缘分","这两种手竟也被搁在一起"。接着,当他的创口愈合又要重上前线的时候,他所感觉到的"一瞥"与"一念",完全是通过知识分子的感觉方法和过程而产生出来的。可是事实上,一个兵士所想的女人与战争,比这更粗野的多也更质朴得多;而一个从中国的古老、污暗、贫苦的农村里走出来,经历着这样伟大的战争的兵士,以他的纯朴的生命的遭遇如此悲壮的血的现实,他的感触一定更真实,也更深刻。在《他死在第二次》里,诗人把"他"的人的生命与社会的生活完全隔绝了,诗人写道:"他不能想起什么——母亲死了,又没有他曾亲昵过的女人,一切都这么简单。"于是,诗人把"他"的生命局限在感触与憧憬的世界里,而诗人把他自己的歌声寄附在他的身上。

但是,由于人物缺乏诸本质的生活面与感情面的体现,"他"的形象没有具现在读者的面前,他的生活的气息是那么淡薄,几乎像是一个飘浮在云雾中的人物。他的歌声失去了感动人的生命与力量。①

---

①　《七月》6集第3期。

吕荧批评的恰恰是艾青所探索的，即战争背景下的人的生命观，以及个人在其中种种复杂的表现。令他不快的是，吕文不是从作者出发，而是依据当时流行的文学观来要求作者以及他的创作。在一篇文章中，他为自己做了申辩，说："批评家们说我的诗知识分子的气味太浓，他们的话所含的暗示我知道。事实上，没有一个作者不被他的教养和出身的环境所限制了的。"[①]唯恐别人对这首诗的用意有所误解，他又解释说，"《他死在第二次》是为'拿过锄头'的、爱土地而又不得不离开土地去当兵的人，英勇地战斗了又默默地牺牲了的人所引起的一种忧伤。这忧伤，是我向战争所提出的，要求答复与保证的疑问。"并认为，"能以真实的眼凝视着广大的土地"，"这是比什么都更严重而又比什么都更迫切的"。[②]

然而，另一位批评家孟辛则对艾青的探索表示了理解，他在《文艺阵地》上著文说："艾青，就正是这样的一个诗人：他的诗的外表自然是极知识分子式的，但他的本质和力量却建筑在农村青年式的真挚，深沉，和爱的固执上，艾青的根是深深地植根在土地上。我想，使艾青成为诗人者，怕不是别的原因，而显然是土地的受难，农村的不安，农民大众的战斗与痛苦等的原因罢；不论他出自什么阶级，他的爱显然是在农民大众的，他的诗人的来历，显然是和农村革命青年大致相同的。"[③]

曾与艾青同赴山西民族革命大学任教的小说家端木蕻良，这时也撰文支持艾青，称："看惯了枯燥的狂嚣的人，以为他的调子过于沉寂。但是获得了艺术而且到达了战斗的目的，却成了艾青的特权之一。"[④]这场

① 艾青：《我怎样写诗的》。

② 艾青：《为了胜利——三年来创作的一个报告》。

③ 孟辛：《论两个诗人及诗的精神和形式》，《文艺阵地》第4卷第10期。

④ 端木蕻良：《诗的战斗历程》，《文艺阵地》第1卷第10期。

因长诗《他死在第二次》引起的“风波”，很快就平息下去了。原因主要在艾青的“无心恋战”，他不是那种喜欢争论的人，对敌手，他顶多报以讥讽和尖刻的挖苦，他为人的高傲是起了相当的作用的。

三　“国防艺术社”

因为有番草的关系，除与阳太阳、林林、孟超和胡明树等朋友有私人交往外，艾青还与李文钊领导的“国防艺术社”来往频繁。艾青加入这个“圈子”可能有两个原因：一是因为《广西日报》社社长韦永成时任该社的挂名社长。艾青初来乍到，端着别人的饭碗却不买账，一时总不好交代；二是由于刚到桂林，人地两生，自然在孤寂中会产生“合群”的渴望，经好友、后来的总干事孟超的一再说项，也就恭敬不如从命了。

“国防艺术社”的后台老板是国民党第五路军总司令部政治部，亦即新桂系掌管文化宣传的部门。因韦永成兼职过多，实际负责其实是副社长李文钊。成立这个文化团体一是为了联络来桂著名文艺界人士，扩大桂系在全国文化界的影响；再则就是希望借此发起和组织一些文化宣传活动，配合大后方的政治、军事举措。所以，还没卸尽尘土、工作尚无着落的艾青，刚到桂林，就被稀里糊涂地“抓”到筹备会上来了。这个会是1938年11月19日下午在东坡酒楼召开的，当时桂林文艺界有种若开会必吃饭的风气，往往是会议内容还在酝酿之中，主持人心里已有了聚餐的酒馆，这对生活窘迫的文化人来说，是有些号召力的。当天，东坡酒楼来了25人，其中有夏衍、梁中铭、汪子美、郑君里、金山、白薇、李文钊等人。艾青与白薇认识，其他人或知其人而未谋其面，或是仅仅知道，但不认识，所以，他与白薇寒暄之后，与别的人只浅浅点点头，也就算是打过招呼了。艾青性喜静，遇上熟识朋友，还有几句玩笑开，甚至恶作剧的小把戏，但听人说得多，自己说得少。每逢开会，除了非得发言，基本是一言不发地坐在一旁的。艾青记得，那天讲话最多的是李文钊，其次就是夏衍了。李文钊是广西人，声音拗口而且偏快偏尖，对他的话，艾青大约能听懂三分之一，其余则不知所云。讲到成立"桂林战时文艺工作者联谊会"意义的时候，由于说话兼手势动作，艾青这才明白自己此行的目的。而夏衍因属浙江人士，与自己同籍，在语言上是没有问题的，但艾青却看不惯他说到在座的郑君里、金山时，总是"阿里"、"阿山"的，究竟有什么不合适，艾青也说不出来。12 月 27 日，战时文艺工作者联谊会在国防艺术社成立，到会者二十余人，会议选举李文钊为主席，黄药眠、艾青、欧阳凡海、林林、周钢鸣、阳太阳、李文钊为理事。在此之前，艾青在会上曾与阳太阳有一面之识，属点头之交，这次就彼此熟悉了，从此成为很好的朋友。阳太阳此时为桂林活跃的画家，同时对诗亦有浓厚兴趣，所以与艾青有一见如故之感。阳太阳桂林人，1909 年生，1929 年入上海美专，1935 年赴日留学，其间有油画入选国际美展，与马蒂斯、罗丹、戈雅等大师的作品同场展出。抗战爆发后归国，先后在桂林美专、广州艺专任教。1949 年后，历任民进中央委员、广西艺术学院院长、广西美协副主席、广西政协副主席，退休后闲居桂林龙隐路某干休所。艾青对阳太阳颇有好感还有一层原因，他为人仗义，关键时刻能为朋友担待责任。但艾青不久就看出国防艺术社的"端倪"了。他发现，它与自己同江丰、力扬在上海办的"春地艺术社"是不能同日而语的。春地艺术社纯粹是同仁艺术团体，社员完全凭志趣相投而聚，也因志向差异而散，并没有严格的人身约束。国防艺术社就不同了，除其"官方"色彩外，章程中虽无对社员有明显束缚的条款，然而活动频繁，隐隐中又仿佛是围着什么"中心"而转的。艾青身为理事，不能完全不去"理事"，但果真经常去理事，况且与个人兴趣多无关系，这就不能不使他渐生厌烦了。他后来解释说:“我永远渴求着创作,每天我像一个农夫似的在黎明之前醒来。一醒来,我就思考我的诗里的人物和我所应该采用的语言,和如何使自己的作品能有一分进步——虽然事实上进步得很慢。即使我休息了,我的脑子还是继续在为我的诗而转运着。甚至在我吃饭的时候,甚至在我走路的时候。”①艾青每天凌晨可以说是“闻鸡而起”,日积月累,竟成了习惯。所以早起,就是为了避开各种会谈、来客和琐事对创作的干扰,自己能静下心来写作。自参加国防艺术社的活动以来,三天一小会,五天一大会,再加上要编《南方》的稿子,艾青实在有不堪消受之感,于是决意不再去“凑数”,能躲就躲,不能躲,就先去打一卯,待会开到一段时间,即以上厕所为由溜走。

在艾青态度趋于消极的时日里,国防艺术社还有两次活动。一次是1939年1月7日,国防艺术社在新华戏院公演马彦祥的五幕话剧《古城的怒吼》。因抗日救亡的关系,当时桂林的戏剧创作和演出十分红火,据统计,各种救亡戏剧团体约有四十多个,除一些专业剧团外,尚有不少群众性的剧团,如桂邮剧团、新知书店剧团、凯声剧团、血光剧团、难童剧团、广西省抗敌后援会宣传团话剧组、西大学生话剧团、逸仙中学剧团,等等。欧阳予倩、田汉、洪深、熊佛西、夏衍、丁西林等均有剧作上演,而马彦祥亦是其中一个十分活跃的戏剧家。国防艺术社虽然分宣传、戏剧、音乐、美术、电影五个部,但戏剧活动尤多,而且经常上演话剧。这次公演《古城的怒吼》,据说前来观看的人很多,戏院里座无虚席,戏院外不断有人向艺术社工作人员索要戏票。对当时演出现场的盛况,有人回忆说:“那有如潮涌的人流,那暴风雨般的掌声,真是令人难忘。”另一次是同月28日,戏剧界为纪念“一·二八”七周年,国防艺术社与演剧九队、

---

① 艾青:《为了胜利——三年来创作的一个报告》。

电影二队、抗宣一队、抗敌会话剧组、青年铁血抗敌剧社等团体联袂，在新华戏院先后演出《打鬼子去》、《民族公敌》、《死里求生》、《正义》、《重逢》、《亲兄弟》、《血祭》等话剧。在一天之内，几个剧团同时上演，在整个桂林城，是轰动一时的大新闻。当天艾青在戏院看戏，不免受到这种气氛的感染，留下极其深刻的印象。当年夏天，他在一篇文章中还心有所感地说："不要把宣传单纯理解为那些情感之浮泛的刺激，或是政治概念之普遍的灌输；艺术的宣传作用比这些更深刻，更自然，更永久而又难于消泯。如果说一种哲学精神的刺激能从理智去变更人们的世界观，则艺术却能更具体地改变人们对于他们所生活、所呼吸的世界一切事物之憎与爱的感情。"①在理智上，艾青对非常时期大规模的群众运动显然是很赞成的，亦力所能及地参与其中一些活动。然而，这种过于频繁的社会活动一旦与他的创作发生冲突、以至难于"调解"时，他不免就有些彷徨起来，甚至有某些抵触情绪——在同一个人身上，这是多么矛盾的一种现象！实际上，在中国现代文学的历史长河里，"革命"与"艺术"的矛盾就像一个个躲避不开的漩涡，曾使不少作家有过难以言状的骨肉之痛。在《多余的话》中，瞿秋白写道："我自己忖度着，像我这样性格、才能、学识，当中国共产党的领袖确实是一个'历史的误会'。我本是一个半吊子的'文人'而已，直到最后还是'文人结习未除'的。对于政治，从 1927 年起就逐渐减少兴趣，到最近一年——在瑞金的一年实在完全没有兴趣了。工作是'但求无过'的态度，全国的政治情形实在懒得问。一方面固然是身体衰弱，精力短少，而表现十二分疲劳的状态；另方面也是十几年为着顾全大局，勉强负担一时的政治翻译、政治工作，而一直拖延下来，实在违反我的兴趣和性情的结果。这真是十几年的一场误会，一场噩

---

① 《诗与宣传》,《艾青全集》第 3 卷第 76 页。

梦……我决不推托，也决不能用我主观的情绪来加以原谅或者减轻。我不过想把真情，在死之前，说出罢了。”

对瞿秋白牺牲之前这篇著名独白，我们是不好加以妄议的。有材料显示，他1934年到江西中央苏区后情绪一直抑郁，与王明等人的压制和排挤有直接关系。同样“硬气”，而且文人气十足的冯雪峰，在二十多年后感到的则是一场灭顶之灾。对1956年夏中国作家协会的严厉批判，冯雪峰曾极其痛苦地回忆说：“说到8月14日会场的空气，使我很震动。……8月14日第十七次会议上，夏衍的发言对1936年两个问题的所谓‘揭发’，不但在我当时是感到十分‘突然’的，对于大部分到会人我觉得也很意外，加以楼适夷忽然嚎啕大哭，许广平愤怒地站起来痛斥我，使整个会场非常紧张。我确实很震动（许广平在夏衍发言中间站起来痛斥我，说我欺骗了鲁迅，是一个‘大骗子’）……”[①]

又据牛汉回忆，1958年冯雪峰案结而终被开除党籍时，冯雪峰几次在办公室里哭泣，诉说自己被“说服”的过程。其时，邵荃麟反复暗示过，只要他按周扬的口径承认错误，“为了党的利益”牺牲自己，可望保留党籍。当他按周扬的要求做了一切而终被开除党籍时，就觉得受了骗，也骗了人，并损害了鲁迅。[②] ……在现代中国知识分子的心灵史中，是不乏诸如“兴趣”、“性情”、“误会”、“震动”和“受骗”的痛切的表述的；在严酷的文化选择与淘汰中，知识分子对于艺术、学术、人生价值的期求过于天真乃至迂腐，他们是经不起任何碾压、揉搓、凌侮和冷遇的。而操纵、掌握、决定着其命运的，即是“政治与艺术结合”这个思维的怪圈：作家先是强调政治，但政治的逐渐“左”倾必然导致艺术品格的低落；在作家方

① 陈早春、万家骥：《冯雪峰评传》第521，528页，重庆出版社1993年版。

② 陈早春、万家骥：《冯雪峰评传》第521，528页，重庆出版社1993年版。

面对此自然有所警惕，于是有产生“艺术性”、“艺术规律”的呼吁，但是“艺术性”的追求结果又会导致文艺作品在“政治方向”上的偏差，这样，就需要重新把握政治性。在政治性造成艺术性的干瘪之后又强调艺术性，在艺术性追求引起政治性偏差后复又强调政治性……从而形成一个恶性循环。在政治性与艺术性很难合一的年代里，中国知识分子必然要面临一种痛苦的内在的矛盾和人格分裂。对这种无法避免的“矛盾”，艾青显然回避了。有材料证实，1939 年 3 月以后，艾青再未参加国防艺术社的活动，直到他 9 月末离开桂林，实际与它脱离了关系。① 不久，又从城里搬至乡下，在一个农民家租到两间房子。原房客在航空机关做事，因故搬到别处去了。艾青前去看房时，发现条件很差，隔壁就是猪圈，房里“充满奇臭”。因房子低矮，“伸手可以触瓦”，墙是泥墙，墙上遗留着原房客贴着的破烂的报纸，上面尚有被雨水冲下的泥土的一道道土黄色条纹。因为有一种“逃脱”之感亦未可知，恶劣的环境对艾青的心情丝毫没有影响，在他 8 月写下的散文《乡居》中，作者欢快的情绪随处可见，他写道：“我终于住下了，同时，我还很安谧，好像只有这样我才能更和生活抱得紧一点，我的情感也更显得伏帖，像那些畜生之于土地一样。”循着眼前起伏的山野，以及显得分升静谧、晴朗的天空，一度被战争的气氛所压抑、但却不曾稀释的“乡村情结”，又在内心深处活动起来了——艾青惊讶地发现：连他自己都不敢承认，这情结竟如此固执和强烈，犹若一堆埋在灰烬下面的一个火塘，用火棍轻轻一拨，立即死灰复燃了。于是，在文章结尾又有了以下一些耐人寻味的文字：“如今，我更能欣赏中国的风景了，我似乎在每条河流的边上，每一个山峰里，每个树林的深处，都看到

---

① 参见《抗战时期桂林文化运动大事记》，《桂林文化城概况》第 1—138 页，广西人民出版社 1986 年版。

了一些东西，这些东西像是蛰伏着的，他们蛰伏着，像死一样的静寂，却没有一秒钟不以可怕的惊觉去等待那使它们突然跃起，或是突然嗥鸣起来的一刹那。那一刹那所发出的美丽是亘古未有的。”①这“东西”意指什么，艾青没有挑明。实际上，也是无需“挑明”的……

四　生活、交友与写作

艾青所向往的，仍是朴素而寂静、有如乡居般的写作生活。在梓祥巷时，虽因武汉、广州失陷，人心惶惶，他照例凌晨起来写作约两三个小时，上午或是去报社处理稿件，或在家看稿会客，下午、晚上则在与朋友聊天中度过，极有规律。战前桂林物价便宜，微薄收入，便可养家糊口。至1938年末，情况陡然大变，大量难民从广东和湖南方向涌进桂林，桂林城人口顿增数倍，物价亦随之暴涨，仅大米就上涨了五六十倍，令人不寒而栗。艾青是不问家事的，苦就苦了张竹如。她每天都是急匆匆去赶早市，在市价涨起之前买回所需的柴米油盐，倘稍晚一点，价钱可就涨得叫人咋舌。如艾青有朋友来家小斟，则要多添一两个菜，第二天的开支就需稍稍手紧一些。竹如是那种贤惠女子，以相夫教子为本分的，见艾青写作辛苦，心里总觉不忍，做上好的金华火腿、鱼肚虽不现实，倒常在蔬菜之外略添一些肉星、油星。早晚则用桂林人常吃的米粉打发，并不显得寒酸。艾青对竹如倒也恩爱，偶尔陪她上上街，遇到她喜欢的布料，还为她扯上一、两块。碰见竹如伤心时，也知道劝慰安抚。孩子刚近两岁，正值最可爱，好玩的时候，工作之余，艾青就抱上她在屋里转悠，如遇朋友做东，就把七月带上一块前去。夫妻俩日子过得虽不免清寒，在平

---

① 《乡居》,《艾青全集》第5卷第19—22页。

淡之中却还有些乐趣。在《我怎样写诗的》一文中，艾青对自己的生活略有描述："马雅可夫斯基要求有一架自行车，一架打字机，一架电话机，外用访客衣服，以及雨伞等等；我所要求的再简单不过了：好的原稿纸，洁白的原稿纸……我常在清晨写诗，常在黎明的时候写诗。有一个时期，我也曾在晚上写诗，甚至没有灯光，只是把笔在纸上很快地写。当我睡眠时，我是一定要把笔和纸准备好，放在枕边的。在我创作狂热的时候，常常在梦里也在写诗的；而最普通的时候，是我感觉常常和诗的感觉一起醒来，这时候，我就睡在床上写，在黑暗里写，字很潦草，很大，到天亮时一看，常常把两句叠在一起了。"①不敢奢望其他，但也安于淡泊，而且字里行间还透露出某种满意。

次年8月，艾青移往乡下后，心情似乎更转向了一种安详。一天，他写罢一首诗，放下笔，站起身来，一边打着哈欠，一边走出门外。房东和他家人正坐在铺在地上的席子上捡毛苧，艾青向房东母亲——一个六七十岁的老妇人讨开水喝，随便聊了起来。老妇人告诉他，她原有三个儿子，老三当兵十年，最近两三年杳无音讯，想必已死在外面。艾青注意到，她说这些伤心事时"竟那么平静，像述说一只鸡死掉一样，似乎在她的观念里，战争是一种再平凡不过的，而且是宿命的事。"②在一瞬之间，艾青眼前闪出终老在畈田蒋的祖母的形象来。她一生因为信佛，固执地相信生死轮回的教义，所以并不把死看得那么可怕。艾青恍惚还记得自己五六岁时，一天正在天井边玩着，忽然，从祖母的房里传出母亲的哭泣声，连忙跑过去想看个究竟。门外有大人挡着，不让闲人进去，说是还没为死者洗身、换衣，不吉利的。待到可以进去了，他心里不免紧张，进门

---

① 艾青：《我怎样写诗的》。

② 《乡居》：《艾青全集》第5卷第20页。

一看，已经换过干净丧衣的老祖母显得非常安详，像是静静睡着了一般，倒是一群妇人大呼小叫的，脸上泪水鼻涕横流，很是不体面。那幕情景，艾青至今都还约略记得。这是他对于死的第一个印象。及至在诗里写到士兵的死，恍惚中总觉他们的死与祖母的死之间有一种什么联系，一时又想不起到底在何处相像。在乡下住着，就是上厕所不甚方便。每次要走到距住处十几丈远的野外，所谓“厕所”，其实就是一个四面用石头围成的露天粪池。艾青曾在《乡居》略有记述：“粪坑就朝天仰开着。而当我在大便时，四周竟毫无遮蔽。”他还发现，另一些从城里移居附近的人经过时，大多目不斜视，疾速而过，心里不由觉得好笑。也许自己是“乡下人”的缘故，并不觉得这里有什么奇怪，所以定睛朝地上一瞧，“全个粪坑都拥挤着粪蛆，拥挤着拥挤着，拥挤就是他们生命唯一的活动。”[①]不觉反而对粪蛆生出一丝怜悯来。上厕所还有一个好处，即置身旷野可以极目四望。因最近城里敌机轰炸频繁，许多人纷纷迁居近郊。一时间，这个村子住满了迁来的人。他看见：柚子树已结成很大的果实了，在那些树枝与树枝之间，搭着一根根竹竿，上面晾晒着无数杂色的衣服，那么多的西装衬衫，那么多的女子的旗袍，刺激人的胸褡、短裤和一些零乱的布片……而在较远的处所，那更长的一根竹竿上，却很整齐地晾晒着几十件中国士兵的草黄色的军服。艾青的眼睛想避开这些“景物”，转身走开，但两脚却不听使唤。“那些留声机唱片的声音，从飘散着植物的气味和动物的气味混合着的空气里流来，一曲西班牙的恋歌之后，接上了那到处可以听见的璇宫艳史里的歌片，和其他的等等，我好像看见那些旋律和音韵，它们从那石阶拾级而上，转进了星布着畜粪的石

---

① 艾青：《乡居》。

铺的小巷，在那一只母牛啮草的空地上盘旋一圈，就向田野和空旷消失了。”①

然而，展开在艾青视野里的并非都是这些“不雅”的东西。8 月 18 日，艾青在村子附近散步，行至一段坍塌的旧城墙时，发现墙下小道上躺着一匹将死的战马。这马显然是从高高的城墙上摔下受了重伤的，马的主人很可能是见它无可救，弃之而去。这时，马的身边围着一群人，似乎都有些无动于衷，只见马伸长脖子，痛苦地抽搐着，用微湿的眼睛无望地看着人们，形状令人同情。回家后，艾青写下《坠马》一文，在其中大发感慨。他质问道：“牧马者呢？他一定很早就从绿色的边境消逝了，现在他一定在进行着别的工作了——”接着他又推测，这匹马很可能是某一位将军身经百战的坐骑，它随着主人转战南北，身获赫赫战功，然而，这位将军该不至于因它的负伤就弃之一旁了吧。对因伤而沦落铁路沿线，甚至向人乞讨的伤兵，艾青简直可以说是非常熟悉的。在极端残酷的战争环境里，马的命运与人的命运，有时竟如此相像，这不能不让人感到“惊骇”了。写着，写着，艾青的笔不禁愤激起来：“这惨痛由它肉体所感受到的，该远不如由它精神所感受到的深吧？它是完全失去挣扎的力量了，甚至连再在这小道上站立起来也不可能了……能有多久呢——它将在这难言的悲愤中结束它的生命？”在更深一层，艾青想的是，倘若弃它而去的是一位普通的士兵，是一个战争的弱者无情地抛弃了另一个弱者，那么，就难免不是人的更大的悲哀……

在生活中，艾青的另一嗜好是看电影。某日，他与阳太阳去一家影院看电影，那天放的是一部美国影片，叫《大独裁者》，由喜剧演员卓别林主演。艾青平素喜欢卓氏的表演，对他幽默中不失深刻意味的精湛演技

---

① 艾青：《乡居》。

尤其欣赏。在影片中,像卓别林在其他影片中一样,同时扮演着两个不同的角色,一个是德国法西斯独裁者希特勒,另一个则是受希特勒迫害的犹太人。他扮演的希特勒面目狰狞,动作夸张,惹得观众不断发出笑声来。其中有这样一个镜头:有一件事惹得希特勒大怒,恰巧身边没有人,无人可做发泄对象,气急之中,他把一杯盛满的啤酒整个倒进自己的裤子里。艾青看后大笑,一边还说:“太形象,也太深刻了!”又一次,他看电影《城市之光》。卓别林在影片里演一个流浪汉,因穿着破烂,警察怀疑他有偷窃动机,于是追他。他动作滑稽,引人发笑,从一辆汽车的这一面门钻进去,接着又从另一面门钻出来,与警察捉起迷藏。待他再次从汽车里钻出来时,迎面与一个卖花盲女撞了个满怀,盲女非但没有生气,还送给他一束鲜花。因为这一奇遇,他爱上了卖花盲女。主人公个人的身世,以及理想不可能实现的人生的遗憾,深深触动了艾青。事隔多年,当阳太阳老人回忆起这幕情景时,曾感慨地说:“艾青是个很矛盾的人,他一方面很孤独,有流浪感,同时又很高傲,自视甚高。他自尊心强,又极脆弱,感情容易激动和突变。他一生爱美,对女性期望甚高,然而,他又要求过一种很具体的现实的生活。从这个角度讲,他把自己的身世与影片中主人公的身世连在一起,是不奇怪的。只可惜,那是电影,不是生活啊。”①又据阳先生回忆,艾青平常看书不多,却颇喜欢欣赏画集,对德国女木刻画家珂勒惠支评价很高,说:“她是深刻、悲哀和憎恨的,对被压迫的人充满了同情。她的画所以能抓住人心,主要是因为节奏很强烈,感情也很强烈,形象深刻,动人心弦。”他善于造型,作品有音乐感、色彩感,感情很饱满,可能与喜欢画并对画有独特的理解有很大关系。② 所

① 据阳太阳 1996 年 5 月 5 日在桂林寓所的回忆。

② 据阳太阳 1996 年 5 月 5 日在桂林寓所的回忆。

以,除看电影,艾青在桂林“看”得最多的大概就是画展了。1939 年 1 月 1 日,桂林刚刚下了一场薄雪,寒气逼人,行人走在街上,都是缩头缩脑的,样子极可笑。艾青得知军委政治部所属漫画队将在七星岩举办六天画展,便约阳太阳、林林等一同观瞻。桂林城不大,被漓江一分为二,江北算是北城,江南是南城。省政府、五路军司令部、八路军桂林办事处、《救亡日报》、《广西日报》及其他机关多半在南城,七星岩则在城北,因此,艾青等要穿过横在南城和北城之间的一座木桥,方能到达目的地。这天参展的名家不多,作者多为军人出身,因画家取材抗战生活的作品很多,故画廊里充满富有活力的战争气氛,画中人物的生死场景也颇生动逼真。自抗战爆发以来,艾青还是头一回看到这种完全不同于专业绘画的画展,而它们对战争生活的强劲的表现,对正义主题的深刻揭示,与自己一年多来的艺术追求,竟多有不谋而合之处。他发现,与这个形成鲜明对照的,则是某些标榜“专业”的画展的过分矫饰,是它们与大众情绪的“脱节”。几天之后,艾青在《给画家们》一文中表露出自己对当时流行画风的看法,他说:

> 我们这时代,那种以殉道的精神立志去完成为人类呼吁,为向不合理的社会给以抨击的神圣的事业的画家是没有的。要是勉强说曾经出现过,那也是偶然激动了天良,一次所发出的哀求人道的呼声,抛向天空之后就飘然长逝了。试想一想,在我国竟没有一个画家,被当作战士而在民众的心中永念不忘。当我写着这些近似鞭挞的谴责之词的时候,痛苦的还是我自己的心。[①]

---

① 《给画家们》,《文艺阵地》1939 年 1 月第 2 卷第 1 期。

语气是恳切的,虽然其中透着某些“愤激”。那么,画家的出路在哪儿呢?艾青在文章中开列了一个法国激进画家的名单,如“古贝,米叶,陀米哀”,另外还有德拉克罗西等,并称,倘再“沉溺”在“安适状态”里,与“艺术的堕落”简直如出一辙了。美术界对这一批评有何反应,是不得而知的。2月19日,艾青又去观瞻街头木刻展览。此展为中华全国木刻界抗敌协会桂林办事处主办,因设在市中心,展期三天,前去参观的人很多。艾青记得,去年1月在武汉协助胡风举办木刻展览时,观众亦很拥挤,反应热烈,只是朋友各自东西,一切皆成回忆了。因自己疏于写信,亦不知风兄、田间兄等近况如何。这次画展,倒勾起若干旧事,心里一阵伤感。4月25日,再次往桂东路看街头抗战漫画展览。6月12日,“留桂画家画展”开幕,应邀前去观看,画展展出油画、国画及素描一百余幅,对其中几幅画尤感兴趣,留连再三,不忍离去。不久,接着观瞻画家李桦战地素描展,回来撰文《记“李桦个人战地素描展”》,并发表于《南方》89期。文章对李桦作品的抗战主题表示赞赏,此外,细心的读者会发现,作者的“行家眼光”在文中随处可见,对内容的褒扬却不免为之逊色。他相当肯定地说:

> 李桦先生的素描是在西欧现代诸作家的影响下成熟了的,他的素描有都非的明确性,有时也有塞刚沙克的线条的飘逸之感——《郑州车站之拾煤炭孩子》,那种轻快的线条是常见于塞刚沙克的作品里的;而《礼步村小河中》所画的兵士们洗澡的那几个人体,都保留了都非的大胆与明确。这两幅是我们最喜欢的。《徐家棚车站》,《在六十九兵站医院外科手术室》,《涉渡汝河》,《火车停在汨罗站上》,也都是很好的,在技巧了上成熟

> 透了的作品，只有《火车停在汨罗站上》稍嫌带有漫画的夸张气味。在《浩浩荡荡，大军通过了中正桥》，《前进！向万家岭前进……》里，我们的艺术家把自己的意欲那么自然地安置在画面上，竟使我们看了好像自己也置身在前进着的行列当中了……《去迎接它的英勇的主人》里，那被牵着的马，柔顺地伸长着颈子，眼睛是半瞌着充满了温柔，我们的生物，在艺术家的愿望里，载负了对自己的祖国的深沉的爱。《日暮时分》，虽然技巧比较滞重，但所描画的伤兵在薄暮时休息于树下的景象，是充满了抒情气氛的。①

“线条的飘逸”、人体的“大胆与明确”、对马“半瞌着”的眼睛的准确的观察等，说明了作者深厚的绘画修养和旨趣，也说明即使在普遍重内容而轻技巧的文艺气氛里，艺术在艾青心目中仍旧是“艺术”，空洞的内容是不足取的。在听到别人对自己所谓“唯形式主义”的指责时，他曾气愤地回击道：“我不隐讳我受了象征主义的影响，但我并不喜欢象征主义。尤其是梅特林克的那种精神境界……我希望我们的批评家所非难的是诗上的象征主义，却不是诗的象征的手法……更有的则在我的诗上加上‘感伤主义’的注解（对于最后这种脂肪过剩的意见，我是要拒绝的）。”②因此，在欣赏画之余，艾青不免常常“技痒”，有时作些画的，不过多半是些素描，无非与朋友一起赏看、彼此抚摩罢了。他还曾为阳太阳的叫《女战士》的一幅画题诗，诗曰：“纤美的耳朵谛听着/春色的天外的悠长的号角”，聊补无暇与友人作画之憾。有时，他还向人索画，或将自

① 艾青：《记“李桦个人战地素描展”》，1939 年 6 月 28 日，《广西日报》副刊《南方》89 期。

② 艾青：《为了胜利——三年来创作的一个报告》。

己的送给友人,这种互赠画幅、以诗唱酬的情趣,是艾青极喜爱的。当时在桂林,实际存在着各种大小不一的文人“圈子”。早在1938年11月19日,国防艺术社在东坡酒楼发起组织战时文艺工作者联谊会,艾青、孟超、阳太阳等人出席并参与活动,算是一次集体行动;后来孟超担任艺术社总干事,出面张罗各种事体,包括经常拉艾青来参加活动,无形中为朋友们的小聚找了个“借口”,后来因艾青的退出,使艾青的家变成了“圈子”活动的地点。常和艾青来往的,除阳、孟之外,还有胡明树、林林。据阳太阳回忆,艾青酷爱艺术,虽然写了许多时代精神强烈的名诗,但对政治却是比较冷淡的。“他的一切都是感性,即兴的。他能天才地敏感到人情世故,时代走向,而且比一般人深刻,做人反而是很随便的,尤其不愿意受约束,更讨厌参加集体活动。所以,他的交友纯粹是率性而为,有真正的好朋友,然而,并不很多。”①因为艾青是这个圈子的中心,这就决定了它的性质是文人化的、很松散的。他们经常在一起的内容之一是晚上到乐群社喝茶。在桂林文艺界,“乐群社”是无人不知的。它1933年创始于南宁新西门,由李宗仁任名誉理事长,白崇禧、黄旭初为名誉副理事长,夏威为理事长,程思远任总干事。1936年省府迁桂,乐群社随迁,改称总社。据说,1938年前后的乐群社是很气派的,有礼堂一个,客房楼两座,另有中西餐厅,还与上海电影商人宗维赓合办了一个设备先进的乐群电影院,约五百多个座位,同时设有供人闲谈的茶座。周围有露天篮球场、网球场和游泳场等,在此可以经常举办游园晚会、音乐会、画展、古玩展以及各种体育比赛。当时,桂林文艺界流传着一句笑话,意思是说,如果你找不到某某,到乐群社来准能碰上。这里人多言杂,大家在一起多为闲谈,自然没有固定话题。在几个人当中,孟超年纪稍长,时年

① 据阳太阳1996年5月5日在桂林寓所回忆。

三十七岁，“资格”也最老。他早年是太阳社作家，擅长杂文，因有山东人的耿介，看不惯国防艺术社内部人事的倾轧，所以每每来此，都要骂几声娘才算解气。他总是说不好“揍”字，一说，就用舌咬成“折”字，听者不免一阵笑。相貌英俊、带有福建人的灵气的林林，当时供职于郭沫若任社长、夏衍为总编辑的《救亡日报》。因报社较忙，他来此不多，但一旦到来，总有些小道消息发布。见众人急于听“下文分解”，他却往往留下一个扣子，一边双手向大家作揖，一边笑着说：“兄弟因忙告退，恕罪、恕罪。”气得众人拿他没办法。胡明树是当地人，排行最后，所以，往往“凑趣”较多。大约是菩萨性情，艾青除与阳太阳最要好之外，另一个就是他了。逢上热闹场合，艾青却是含笑在侧，说话很少。如果被朋友“逼急”了，也是有几句笑话的，且极幽默、聪明。乐群社临街，自然常见有亮色的女人走过。每当这时，艾青就悄声对大家说：“瞧，高奇峰又来了（指乳房丰满的女人）。”然后，对这位路过的女人从体态、气质、造型上做一番评论，如此云云。据阳太阳说，他与艾青相处的一年间，除谈作画，艾青最爱谈的就是漂亮女性，而且乐此不疲。又据他说，艾青在钱上比较大方，如在乐群社坐得晚了，他恰好有笔新到的稿费，就拿出来请大家“揩油”，一边吃，一边继续聊天，直到夜深方散。但艾青说话的“刻薄”和“损”，也是朋友们经常“领教”的。一次，孟超拿着一个文学青年的诗稿，请艾青帮忙看看。因受当时流行的抗战诗风影响，这位作者的作品通篇都是“炸弹”“旗帜”和“热血”之类，艾青翻了没几页，气就来了，他不像一般人那样动辄光火，而是随便说了句：“这些诗给我擦屁股，我都嫌臭。”孟超受人之托，且是乘兴而来，自然受不了这个，当时拿起稿就拂袖而去。之后，有很长一段时间不与艾青照面。艾青也不在乎，既不道歉，亦不邀请，权当没这回事。在朋友面前，他从不提此事，有人问起，也绝口不谈。据阳太阳回忆，来桂林之前，艾青在诗歌圈子里，对胡风还算客气,对其他人则多半是看不起的。迁移桂林后,就更不把人放在眼里了。他一般情况下还较豁达,也能吃亏,有时则较狭隘、记仇。有一次,一位很熟的朋友在另一场合议论过艾青的诗,这事不知怎么传到了艾青耳朵里,过了些时日,那位朋友托一个人来向他约稿。当时,恰好有几位朋友在艾青家说着闲话。来人说明来意,不想艾青指着地上的废纸篓说,稿子没有,废纸倒有一些。弄得来人下不了台,很是尴尬。在《忆桂点滴》中,艾青曾谈及羁居在桂林时的处境和心境,他说:"桂林这段时间是我的过渡阶段,因为战争的关系,我到处流浪。到一个地方能待下去就待,不能待就走。"①在"尖刻"、喜欢"挖苦"的另一面,艾青因为孤独,渴望向人倾诉。阳太阳那时家住太平路《救亡日报》隔壁,艾青的家在乐群菜市对面,相距很近,两人白天经常一起到山洞躲避空袭,晚上则去乐群社,是天天见面的。一天凌晨,天还是麻麻亮,正在酣睡的阳太阳突然听见有人急切地敲门,便起身去开,一见是艾青,手里拿着诗稿。艾青问:"我刚写了一首诗,你听不听?"阳太阳说:"走,进屋里去。"一进门,没待阳太阳穿好衣服,艾青就高声朗诵起来:

没有色泽的冬日是可爱的
没有鸟的聒噪的冬日是可爱的
冬日的林子里一个人走着是幸福的
我将如猎者般轻悄地走过
而我决不想猎获什么……

念完这首落款"1939 年 2 月 15 日",题名叫《冬日的林子》的诗,艾青注意

① 丘振声编《桂林抗战文化研究文集・二》第 409 页,广西师范大学出版社 1995 年版。

地看着阳太阳的表情，直到听到朋友的赞扬，这才兴奋起来，不免有些手舞足蹈。阳太阳心里则难免叫苦，大冷天的，自己还只穿着单衣呢。自那以后，艾青有好诗必上阳太阳家里朗诵，有时是凌晨3时左右，有时天已见亮，这种情况一直持续艾青离开桂林。将近半个世纪后，已八十七岁高龄的阳太阳老人谈起这段往事时，笑着对笔者说："他这个人就是这样，对好朋友是很坦诚的。你看，每当他感到孤寂时，就想找人说一说，而且性急得很，完全想不到对方此刻是否还在睡梦之中。"说罢接着又大笑起来……直至晚年，艾青还在一封致朋友的信中谈到自己的孤独，他写道："我常想念远方的朋友们。我们之间隔着太平洋，虽然如今只需要一昼夜的时间，但是真要见面却也很难。一想到寄封信就得十天八天才收到，心里就感到渺然。人的心理是很脆弱的，脆弱到经不起一阵风吹。而惯性却很坚强，没有足够的力量是推不走的。"①

在生活与交友的间隙里，艾青一直在勤奋地写作。正如他所说，写作可以排遣孤单之感，成为另一种的生活。对艾青，这无疑是莫大的安慰。1938年11月17日，艾青写下著名的短诗《我爱这土地》。他写道：

假如我是一只鸟，
我也应该用嘶哑的喉咙歌唱：
这被暴风雨所打击着的土地，
这永远汹涌着我们的悲愤的河流，
这无止息地吹刮着的激怒的风，
和那来自林间的无比温柔的黎明……
——然后我死了，

① 《致聂华苓》，1980年2月10日，《艾青全集》第4卷第680、681页。

连羽毛也腐烂在土地里面。

为什么我的眼里常含泪水?

因为我对这土地爱得深沉……

写这首诗时,沿途溃退的士兵、逃难的平民曾经使他百感交集。有人一边走,一边失声痛哭说:“中国这下亡了,没地方可去了。”这幕情景深深印在艾青的脑海里。在解释《我爱这土地》的格调为何如此悲愤时,艾青说:“我的心是很软的。我对土地、家乡、穷苦人,总是充满同情。我把自己比作一只鸟,即使我死了,羽毛也要腐烂在故土上面。诗的最后,我说:‘为什么我的眼里常含泪水?/因为我对这土地爱得深沉。’这前一句,也许有些夸张;这后一句,的确是发自灵魂的真音。”①但他始料不及的是,桂林并不是“避风港”,对中国老百姓来说,更悲惨的日子,还在后头呢。就在艾青的家刚刚安定下来不久,11 月 30 日,五十一架日本飞机突然空袭桂林。艾青正在环北路五号的《广西日报》社里看稿,闻警报大作,立即与本社同事迅速到附近山洞躲避。顷刻间,整个桂林城炸弹接连爆炸,声音震耳欲聋。炸弹落处,马上燃起一片火海。下午,第一版的记者从现场采访回来,报告了准确的伤亡消息。据说,这次敌机投弹数百枚,有几百名民众伤亡,被毁的民房达数千间。因担心家人安危,还没到下班时间,艾青就急急往家里赶去。沿途情景惨不忍睹,到处是残垣断壁,有的地方的火还没有扑灭,死者的家眷在哀哀哭泣;一位妇人只剩下半截身体,但一只手仍紧紧攫着正在吃奶的孩子,可能这位妇人是在奔跑途中被炮弹击中倒下的。在生命的最后一刹那,她首先想到的是保住孩子。沿街都是母亲哭着找儿子。或是幸存的孤儿叫嚷着寻找父

① 周红兴:《艾青研究与访问记》第 300 页。

母，声音十分凄凉。次日，艾青没有去报社，一人在窗下枯坐。纸已经撕了几页，满腔悲凉和愤慨，竟不知如何表达。至下午，一首诗终于完成，这就是《死难者画像》。艾青用的是白描，这种手法也许更能直接表现自己此时的心绪："一个死了的女人的旁边/并卧着一个小孩/他的小小的手臂/他的断了的手臂/搁在他的身体的附近/——这小生命已伴随他的母亲/在最后的痛苦里闭上了眼睛。"诗并没有马上拿出去发表，他写诗有一个习惯，写出后，先放一放，再修改若干次，直到认为比较满意了，才肯发表。所以，这首诗两个月后才在《南方》与读者见面。或许迟迟不拿出来还有一层原因，三年后，艾青自己才将这个"谜"解开。他说："我记得，一次敌机轰炸之后，在一个低洼地上，狼藉着的死难的人们当中，躺着一个被炸死了的孕妇，她的头歪在一边。人们把她的衣服一件一件地解开，最后看见了她的极度地隆起的肚子，灰黄色膨胀着，已经快要临盆了，但敌人的炸弹的碎片穿进了她的后脑。我也记得：也在一次轰炸中牺牲了的一个小孩，大概有四五岁了，他的稚小的身体被搁弃在马路旁边，眼睛是合上了，但小小的嘴还开着。他的一双手被炸断了——那只小小的应该拿着糖果的手，那只柔嫩的手，已离开他的身体，被抛在一丈多选的石堆边。"①

记忆是极其痛楚的，它甚至近于"麻木"；记忆木像瓦片可以修复，一旦打碎了，永世都不能重新复原。后来，当我们翻看艾青这篇题目叫着《赎罪的话》的沉甸甸的文章时，似乎仍能触摸到作者那颗肝胆俱裂的心。在艾青看来，残杀妇女和儿童的战争是最不道德的，而且，这种人类的"仇杀"，也正是人类的"罪孽"和"丑陋"之所在。可以想象，怀着这种痛苦的心境写作，艾青的笔流出的只能是血，是难于与人相诉的。然而，

---

① 艾青：《赎罪的话》。

在桂林、乃至全国文艺界，关于抗战文学的争论仍在进行着。1月21日，艾青在《南方》上发表《文学上的取消主义》，公开表明自己的态度，他说："有的乘着烟火弥漫之际，露出他们原是在平常不敢露出的脸，有的乘枪炮的轰响，发出他们在平静时羞于发出的怪声。这现象在文学上是最容易被发现了。一些人在昆明说：'文学没有用'。一些人在重庆说：'文学太血腥气了。'而另一些诗人说：'我不写抗战诗歌。'"明眼人一看就明白，艾青是在不点名批评沈从文、梁实秋等人。他与他们的分歧在于，他是从民族生死存亡的角度看待文学的价值的，而不是像沈、梁那样，把文学置于这一话题之外，作为另一个问题来谈，所以他断然说："任何要取消文学的企图都是枉然的：没有人有权力能叫人不看这凄惨的现实，没有人有权力能命令人受到杀戮而不叫喊，更没有人有权力能叫人停止生存和抗争的思想——"与此同时，他又在《救亡日报》上撰文，批评所谓文学的"左右倾"思想。他认为，国难当头之际，两者都是不符合实际和有害的："右倾的人们，大概是用'取消主义'的态度来否定文学的，说'文学应该让位了'，'文学没有用''我们不需要文学'……等等。我已经在《文学上的取消主义》一文中加以抨击过了。而另一种，左倾的人们呢，也还是取着可怜的'取消主义'的(又是摇着肥胖到几乎摇不动的头!)脸嘴，说：'这些东西不好……'，'这些小说不好……'，'这些诗不好……'，'这些报告幼稚……'等等。"末了他还讽刺道，后者之所以如此，目的无非是"希望那些优秀的作者们和他们一样专写一些不费脑子，看起来令人打盹的无聊的自白，庸俗的三字经，和抗战八股的杂感……于是大家'哈!哈!哈!'可以共庆建设文学之大繁荣!"[①]艾青意识到，写批评不是自己的专长，权当"有感而发"而已。所以，仅仅写了几篇，他即"洗手不干"转

① 1939年2月1日《救亡日报》。

而写起诗来。于是，这年初春，又作诗《街》。他观察着人们在战时的动荡生活，“每个日子都在慌乱里过去；/无数的人由卡车装送到这小城”。一方面是小城的虚假的繁荣：“街变了，战争使它一天天繁荣：/两旁摆满了各式各样的货摊，/豆腐店改为饭店，杂货铺变成旅馆，/我家对面的房子充做医院”；另一方面：“一阵轰响给这小城以痛苦地痉挛；敌人撒下的毒火毁灭了街——/半个城市留下一片荒凉……”战争给人们究竟带来了什么呢？幸运？痛苦？抑或是突然加快的生活和不能掌握的命运？艾青不禁深感惶惑起来……在接着写出的《我们的田地》一诗里，他带着惶惑这样写道：“从什么时候起的，/我们爱这田地？”在作品里，艾青把失去土地的罪责归咎于“敌人”，但显然他在为“战争环境”异化了的某些国人身上，惊骇地发现了土地历史命运的悲哀。于是，人们发现了1939年春后艾青心灵深处极其矛盾的曲折轨迹：在公开发表的文论或其他文章中，他的情趣是激昂、向上和热烈的，然而，他的诗却明显转向了自然风物和怀乡忆旧上，透出某种隐士的气韵来。在4月9日发表旧作《黄昏》之后，5月15日又刊出《怀临汾》，6月5日，继而在《中学生》战时半月刊登载《出发》，7月，接着在《七月》第4集第1期发表旧稿《骆驼》，就在他将要离开桂林的9月，还写下情绪灰暗的《秋晨》。在这首留居桂林的最后一首诗里，他怅然写道：“凉爽的早晨/太阳刚升起来的早晨/可怜的乡村的早晨/一只白色眼圈的小鸟/站在低矮的房子的黑瓦上/像在想着什么似的/看着彩云满布的高空。”不知所以然的“白色眼圈的小鸟”，想必是此时的作者自己罢。在一种若有所失、近于苦涩的情绪里，诗人竟写出这样令人诧异的句子：“秋天了/我来南方已一年了/此地没有热带的呼吸/看不见参天的椰子林/心里早已有难言的结郁/但今天，当我要离去时/我的心竟如此不安。”字里行间像是有一声不易察觉的叹息，让人颇感纳闷和不解的是，“此地”缘何会让艾青如此的不快呢？不错，个人生活的风波或许是使他感到压抑的一个主要原因，然而，从他诸多文论来看，一己的苦闷想必还不致发展到如临深渊的地步。但是，细心的读者会发现，就在这一时期，在艾青诸多正面谈论文学与抗战关系的文章之中，是可以“看出”其中某些蛛丝马迹的。首先是与同情过“第三种人”、本人就是现代派代表人物的戴望舒合办诗刊《顶点》。从刊名看，“顶点”的现代派气味是相当浓厚的，在“抗战高于一切”的时代氛围中，这个名字也是够“扎眼”的。不唯如此，在 7 月出刊的“编后记”里，这段文字亦令人费解：“《顶点》是一个抗战时期的刊物，它不能离开抗战，而应该成为抗战的一种力量。为此之故，我们不拟发表和我们所生活着的向前迈进的时代违离的作品。但同时我们也得声明，我们所说不离开抗战的作品并不是狭义的战争诗。”①什么是“不离开抗战”，什么是“狭义的战争诗”，它们之间的界限何在？怎样界定它们的内含与外延？这段表述给人的印象是模糊不清的。为什么批评文章是一种文学主张，在办刊时并不完全和无条件地履行它，反而显得有些含糊了呢？同一个月，在自费出版的诗集《北方》的“序”中，对出书初衷，艾青交代说：“《北方》原为《七月诗丛》之一，后因武汉撤退，未能出版，我到桂林后，才自己掏钱把它印了出来，聊慰自己和写诗的友人的寂寞而已。”这就更叫人摸不着头脑了：既然写诗仅是为“聊慰自己和写诗的友人的寂寞”，还是“而已”，那么，怎么再好去“照应”他的关于“抗战是文学的最高主题”的主张呢？显然，文学的政治主张与文学的具体写作过程之间是有裂缝的。也就是说，在艾青身上，“革命”与“艺术”的矛盾不仅存在，有时甚至发展得还比较尖锐。好在，这些“言论”以及调子“偏灰”的诗作没有引起麻烦。于是，在《诗与时代》、《诗与宣传》、《诗的祝祷》等文章之外，他还抽暇写

---

① 《顶点》，1939 年 7 月 10 日创刊号。

了《诗的散文美》一文。据艾青说，这是“事出有因”的。一天，他去印刷厂校对稿子，在墙上看到一个工人留给他的朋友的一则通知，上曰：“安明！你记着那车子！”当时，艾青觉得这句子很新鲜。他又想起，某部影片里一个女士在与爱人离别时，为宽慰他，就说：“不要当作是离别，只把我当作去寄信，或是去理发就好了。”这些口语化、接近日常生活俚语的语言，在他眼里充满了意想不到的诗意。这给他很大启发，他想到，“散文”是可以入诗的，自己的许多作品不就是散文化的诗歌吗？他写道：“散文是先天的比韵文美。口语是美的，它存在于人的日常生活里。它富有人间味。它使我们感到无比的亲切。而口语是最散文的。”这是因为，“散文的自由性，给文学的形象以表现的便利；而那种洗炼的散文、崇高的散文、健康的或是柔美的散文之被用于诗人者，就因为它们是形象之表达的最完善的工具。”这篇文章发表后，遭到一些人的群起批评，未想却得到了前辈诗人朱自清的坚决支持。在《抗战与诗》一文中，他认为：“抗战以来的新诗的一个趋势，似乎是散文化。抗战以前新诗的发展可以说是从散文化逐渐走向纯诗化的路。”其中一个主要原因，“是为了诉诸大众，为了诗的普及。抗战以来，一切文艺形式为了配合抗战的需要，都朝普及的方向走，诗作者也就从象牙塔里走上十字街头……艾青先生和臧克家先生的长诗最容易见出。”朱自清毕竟具有上乘的艺术眼光，在“朋友处找来”的众多抗战诗歌中，他看出了艾青的与人不同之处：“《火把》跟《向太阳》的写法不同。如一位朋友所说，艾青先生有时还用象征的表现，《向太阳》就是的。《火把》却近乎铺叙了。这篇诗描写火把游行，正是大众的力量的表现，而以恋爱的故事结尾，在结构上也许欠匀称些。可是指出私生活的公众化一个倾向，而又不至于公式化，却是值得特别注意的。”[①]朱自清的评论洞察到了艾青写作的“深层策略”：在他

---

① 朱自清：《战与诗》，《新诗杂话》第 37—41 页，作家书屋 1947 年版。

急进的抗战主张背后正隐藏着与象征诗技巧和中国“隐逸”传统的深刻联系。另一方面也显示了艾青不同于其他诗人的个人气质和风格，这种气质更多地带有“私生活”的性质，它同时又被展现在疾风暴雨般的抗战生活中；它一方面有着强烈的政治意识和社会使命感，另一方面，在乐观、积极的人生态度中又不免裹挟着中国士人的心理积淀，比如“归隐”、“躬耕”、“悲观”、“平和”等。当这些更复杂的文化因素被带到艾青的心灵深处，那么，势必会在他漫长的一生中留下一连串紊乱的足迹。

五　初写《诗论》

在桂林，发生在艾青写作生活中的另一件重要的事，是诗学著作《诗论》的撰写。一些人认为《诗论》完成于桂林时期，但据与艾青关系密切的人士说，它不是一气呵成的，而是作者在桂林、新宁、重庆等地的流徙辗转之间、一直到延安后才最后写就的。①

1939 年秋，艾青因家庭风波搬至桂林近郊。感情上的大波大澜，使他受到很大刺激，移往乡下，避开文艺圈子中的风言风语，既有修复情感“创伤”之意，也是想过一段较平静的生活。就在从 8 月至 9 月一个月的相对闲暇之中，情感渐渐平复的艾青，忽然产生了一种写点创作随感的想法。既然是谈创作，就有一个从何谈起的问题。某日，他伫立村口，目送一队驻军开拔前线的场面，先是长官训话，无非是为国捐躯，在所不辞

① 据艾青当时的妻子韦荧先生说，《诗论》的写作始于桂林，大约在 1939 年秋之前，最先见于《七月》第 4 集第 2 期。在流徙湖南新宁、重庆期间，即 1939 年 9 月—1941 年 1 月间，《诗论》的写作时辍时续，直到延安才最后完成。因采用的创作随感的写作形式，不是一篇篇完整的文章，故时间有所拖延(此据她 1996 年 4 月 10—28 日期间与笔者的多次谈话)。

的鼓励的话，然后，一位年轻的军官发出口令，大队人马立即编成行军的队形，前面的人已经开始齐步走了，后面的还在原地踏步，一时间，军容整肃，战马嘶鸣，情形颇为壮观。这给了他某种触动："诗论"不也可以从"出发"写起吗？或者说，写作不亦是人生的某种出发？他意识到，这实际上是一个"为什么写诗"的美学问题，是必须要向人交代的，在稍微迟疑之后，他运笔写道：

> 真、善、美，是统一在先进人类共同意志里的三种表现，诗必须是它们之间最好的联系。
>
> 真是我们对于世界的认识；它给予我们对于未来的信赖。
>
> 善是社会的功利性；善的批判以人民的利益为准则。
>
> 没有离开特定范畴的人性的美；美是依附在先进人类向上的生活的外形。
>
> 我们的诗神是驾着纯金的三轮马车，在生活的旷野上驰骋的。那三个轮子，闪射着同等的光芒，以同样庄严的隆隆声震响着的，就是真、善、美。①

在为"诗论"定下一个基调之后，接着的问题即是诗与哲学、社会、诗人的"关系"——也即对抗战时期的诗歌的"定位"。新诗二十年来，经历了在形式和内容之间一连串的反复，象征诗歌、新月派诗歌、现代派诗和红色诗歌相继登场，申明诗学主张，大胆进行实验。在艾青看来，它们都

---

① 艾青：《诗论》。

是有“偏颇”的，不是偏向艺术，就是偏向内容。因此，他在这里精心构制了一个“时代＋艺术”的诗学结构，首先针对纯诗的主张，强调诗歌所负载的时代功能，“诗的前途和民主政治的前途结合在一起。诗的繁荣基础在民主政治的巩固上，民主政治的溃败就是诗的无望与衰退”，“诗人的行动的意义，在于把人群的愿望与意欲以及要求，化为语言”，因为“诗人主要是为了他的政治思想和生活感情，寻求形象。”[①]然而，在艾青这里，“时代”的文化内涵不是狭义的，在很大程度上，“诗是自由的使者，永远忠实地给人类以慰勉，在人类的心里，播散对于自由的渴望与坚信的种子。”[②]其次，他不赞成文学的“工具论”主张，认为“一首诗是一个人格”，“一首诗的胜利，不仅是它所表现的思想的胜利，同时也是它的美学的胜利”。而在诗歌的美学中，它的形式结构是极其重要的，在形式各要素中，首推诗的节奏和旋律，“节奏与旋律是情感与理性之间的调节，是一种奔放与约束之间的调协”。[③] 这就使艾青大大超越了在此之前各流派的诗学立场，它使人相信，“政治性”与“艺术性”不仅仅是冲突着的，冲突有时候反而会形成新的艺术表现的张力。艾青对他心目中的“理想的诗歌”作了这样的描述：“愈丰富地体味了人生的，愈能产生真实的诗篇。只有忠实于生活，才说得上忠实于艺术。”这个结论实际包含了对两种“生活观”的批评，一是“艺术的”生活观，另一是“政治的”生活观。它们之所以有害无益，就在于完全忽视了诗人人生的存在，所以要确认的是，“必须了解生活的美，必须了解凡我们此刻所蒙受的一切的耻辱与不幸、迫害与困厄，即是我们诗的最真实的源泉”。所谓生活，它根本上“是诗

---

① 艾青:《诗论》。

② 艾青:《诗论》。

③ 艾青:《诗论》。

人在经验世界里的扩展”。[①] 后来，艾青自己说，他写诗，就是“为了发掘人类的不幸，为了警醒人类的良心”[②]这大约是他诗歌追求的真正的目的。

艾青的诗学结构，实际上构成了他的一种人生信仰：真实地为人与真实地写诗。在1937年底所写的《忆杭州》里，艾青就不惜冒犯“师道”地公然蔑视过某些师长“言”与“行”相分裂的行为，“我的画学生时代的教师们，多数仍在西湖，他们都买了地皮造了洋房，成了当地的名流，有的简直不再画画了。”[③]在法国留学期间，艾青对大诗人叶赛宁、凡尔哈仑、马雅可夫斯基产生过浓厚的兴趣，对其思想做过专门研究。他发现，尽管他们都有过激进的政治主张，前者一旦与其人格信仰发生冲突，而这种冲突又无法根本调解时，那么，只有选择一死，用激烈的“死”来反抗有缺陷的“生”，借以维护人生信仰的完整。他认为，他们的死是不能曲解，也不可以轻视的。叶赛宁自杀后，“马雅可夫斯基曾说：‘死是容易的，活着却更难。’过了五年，1930年，马雅可夫斯基也自杀了，死时留下一个纸条：‘生命的小船，触上爱情的暗礁。’”[④]艾青感兴趣，也令他百思不得其解的是，为什么诗人都要为他自己的时代“唱着挽歌”，似乎像是宿命般地目睹着死亡“向他逼近”呢？“在这个世界上”，究竟是因为何故，“无论是革命与反革命都是国际性的”？因此，他十分欣赏凡尔哈仑关于为了信仰可以牺牲一切，“尽管十字架上命运把你们钉死”的观念。他也曾引用屠格涅夫《父与子》中阿金左娃的话来表达自己的人格追求：“我的理想是：不完全则宁无，一个生命换一个生命。拿我的去，给你的

---

① 艾青：《诗论》。

② 艾青：《我怎样写诗的》。

③ 艾青：《忆杭州》。

④ 艾青：《关于叶赛宁》。

来,没有后悔,没有回头。否则不如不要。”在三四十年代,通常评论艾青比较多地注意到他的作品对法国象征派手法的运用,只有胡风和闻一多独具慧眼地看出,艾青的忧郁中其实是充满理想主义的成分的。如闻一多在《艾青与田间》的讲演里所说:“他用浪漫的幻想,给现实镀上金。”[①]可以说,他对生命、信仰的认识,显然也是浸透了俄罗斯的文化精神的。艾青后来把它解释成一种“农夫气质”:“叫一个生活在这年代的忠实的灵魂不忧郁,这有如叫一个辗转在泥色的梦里的农夫不忧郁,是一样的属于天真的一种奢望。”[②]而在他眼里,诚实地做人与诚实地耕作一样,是农民尤其是土地的基本的品质。这种品质,是不会因沧桑世事而变化的。所以,“道德”与“服役”两节成了《诗论》写作中的“重头戏”。对某些诗人言不由衷的表现,艾青极其反感,他有时弄得别人下不了台,多半是因为“一吐为快”引起的。他认为,所谓诗歌的“道德”即是说真话,“写作必须在不写就要引起无限悔恨与懊丧的时候来开始。不然的话,你所写的东西是要引起无限的悔恨与懊丧的。”因此,“我们写作,目的是在使我们的原是在我们脑际流动的思想,和在心中汹涌的情感,固定在文字上”,是要用真挚的情感,来表达“对于读者的尊敬与信任”。[③] 正因为如此,艾青在他学生辈的诗人中享有极高的威望。艾青刚刚去世,诗人牛汉就在“痛悼尊师”的一篇悼文里写道:“艾青离开世界整整一个月了。我还没有从强烈的悲恸和震动中清醒过来,一时还无法以平静的心情抒写悼念的文章。我知道决不能以艾青所憎恶的那种空泛而肤浅的文字去歌颂他,只能怀着真诚的朴实的情感感念他的品德。”接着他又补充道,“作为艾青的学生,半个多世纪以来,他的朴素而真诚的诗对我的影

① 闻一多:《艾青与田间》,1946 年 6 月 22 日《联合晚报》“诗歌与音乐”第 2 期。

② 艾青:《诗论》。

③ 艾青:《诗论》。

响是极其深刻的。”[①]另一位年愈七旬的诗人吕剑不无感激地说：“我于1938年开始学习写作，艾青是最早于其文章中奖掖我、鼓励我的先行者之一。实际上，我正是在艾青等几位前辈诗人的影响下开始从事诗歌创作的。”[②]话虽不多，谈的都是艾青人格中的一个“德”字，自然亦从中受到了莫大的激励。而在艾青，诗歌写作的“德”是贯穿他的一生的。1979年秋，在“手续”上还未平反，说话不免要冒风险的他，却公然对人说：“我曾经写了‘诗人必须说真话’”一段话。面对着瞬息变幻的现实，诗人必须说出自己心里的话。写诗应该通过自己的心写，应该受自己良心的检查。所谓良心，就是人民的利益和愿望。人民的心是试金石。虽然他未必不知道，“说真话太危险了。说真话容易触犯权势者，说真话会招来严重的后果。说真话得到的惩罚是家破人亡。历来的文字狱都是可怕的，而且规模太大了，延续时间太长了，受株连的人数太多了。”[③]语气中透露着沉痛之情。在与“道德”一节堪称姊妹篇的“服役”里，艾青谈论的是诗里“更深更远”的东西，在回答“诗人为什么受难”、何以要以天下为己任的问题时，他认为，“被赞美着，又被误解着，或是被非难着，该是诗的普遍的命运：因为今天的人类，还远远没有在生活和爱好上取得一致的缘故。”因为诗和诗人面临着这同一个命运，故他（它）必然会“把忧郁和悲哀，看成一种力！把弥漫在广大土地上的渴望、不平、愤懑……集合拢来，浓密如乌云，沉重地移行在地面上……”。从以一个农民的儿子自诩，到把诗人视作一个终生耕作的农民，显示出艾青对中国社会黑暗与愚昧一面的非凡的洞察力，所以，在《诗与宣传》里，他断言自己和同

① 牛汉：《一颗不灭的诗星——痛悼尊师艾青》，《收获》1996年2期。

② 吕剑：《又见艾青》，《随笔》1996年3期。

③ 艾青：《诗歌应该受到检验》，《艾青全集》第3卷第409、410页。

时代的诗人,“是悲苦的种族之最悲苦的一代,多少年月积压下来的耻辱和愤恨,将都在我们这一代来清算。”于是,谈到了“担待”的问题;与此同时,在赞颂农民出身的兵士为国献身的精神时,艾青也在《埋》里反省兵士们作为“农民之子”的“阶层的宿命”,认为他们的死是“神圣”的,然而,倘若不死,成了伤兵,他们的命则因其出身的缘故贱得一钱不值,“人们甚至嫌避他们,像走路时嫌避那被掷在路中心的涂满了脓与血的布团一样”,因此,刻骨铭心地感到“阴暗而忧伤”;正因为“看”到的黑暗太深,并深觉诗歌在其中的脆弱无力,故在《〈北方〉序》里,他戏谑地称写诗只是为了“聊慰”自己和友人的“寂寞”,并无他意。要想通过写诗改变社会,其实都是徒劳的。在一种痛楚以至“麻木”的悲凉心境里,他扪心自问:“如果我们的诗所能给予人类的,不能抵偿印刷工人、装订女工、书店店员对于它所花的精力,让我们的良心感到苦痛吧。如果我们所写的东西,欺骗了那些最诚挚的读者们对于它的信任,让我们感到羞愧哭泣吧。”①在这个意义上,艾青认为自己不过只是一个“精神的劳役者”,②并时常怀疑自己,“有着‘我自己’的东西吗?我有‘我的’颜色与线条以及构图吗?”这是否因为“我的悲哀比人家的深些,因而我的声音更凄切?”这种怀疑,可以说是透入骨髓了。因为受30年代拉普“题材决定论”文学观的影响,在抗战初期的文学理论中,是不乏片面理解文学作品题材的倾向的。1938年春,在中华全国文艺界抗敌协会成立大会上,提出了“文章下乡、文章入伍”的口号。在《新文艺的使命》里,郭沫若要求作家“为争取抗战的胜利而奔走,而呼号,而报效。”③连胡风最初也认为,文

① 艾青:《诗论》。

② 艾青:《诗论》。

③ 郭沫若:《沸羹集》。

艺工作要“集中到‘动员民众’‘服务战争’的目标上去”，[1]并因作家与民众“离开着”而忧心忡忡。一时间，简单理解和表现抗战生活的文学作品一哄而上，“抗战题材”所占成分较少或不甚突出的作家、作品却遭到围攻，被大加指责，后来甚至造成只讲题材、忽略艺术审美特性的专制风气。对这种风气，艾青是不以为然的。他不反对文学表现抗日斗争，但反对对这一文学命题的机械理解，尤其对实行言论“专制”深觉反感。在一篇文章里，他直言批评道：

> 我们依然可以在一般的作品里，看到隐藏在里面的相当普遍的缺点：
>
> 单纯的爱国主义和国民精神的空洞叫喊，常用来欺骗读者的那种比较浮嚣的情感；普遍的诗人，没有能力在精神的激动下，去对抗战作政治的或是哲学的思考；普遍的诗人，把抗战诗单纯地作为战争诗而制作，却不能在鼓舞抗战意识之外，在作品上安置一定的革命因素，与对于这事件作正确的瞭望；普遍的诗人，不能把这次抗战是中国革命的一个历程这一观念，恰当地融合在他们的创作热情中；普遍的诗人，对政治只能作消极的反映，却不能由一定的历史条件的需要去批判与帮助政治的发展。如高尔基所指摘俄国诗人的“技巧的武装之不足”一样，概念的罗列与语言的贫乏，也同样地是中国一般诗人的缺点；一些诗人，长期地停止在摹拟与抄袭上，另一些诗人则永远重复着单调的公式；还有一些诗人，勇于追求新形式，却从没有

---

① 胡风：《大众化问题在今天》，《胡风评论集 · 中》第 13 页，人民文学出版社 1984 年版。

越过他们所追求的樊篱。[①]

自南下桂林之后，这是艾青第一次对抗战诗坛“发言”。文字虽然不多，所涉及的问题却是极重要的，如“诗与宣传”、“抗战与中国文化传统”、“政治与艺术”、“广义的与狭义的抗战诗”，等等。不能“把抗战诗单纯地作为战争诗而制作”问题的提出，显示出对抗战诗哲学思考的成熟。然而，正如他经常声称的那样，艾青毕竟不是专门的理论家，他不可能对这个问题做更深入系统的阐述。从另一方面看，当他以随感性“诗论”的形式阐释的时候，我们尤其感到《诗论》是弥补了这个命题的“遗珠之憾”的。在《诗论》中，最为触目的或许还是对“主题”和“题材”的论述，它让人感到，艾青的目光是深深着眼于抗战“这个事件”的，但显然要比它更深广和更深邃。诗人与主题是怎样一种关系呢？他认为，诗人不应是被动的、从属的，正好相反，诗人的天职是要“制胜一切的主题，使它们成为驯服：假如是岩石，用铁锤和凿击开它；假如是钢，用白热的火熔软它；假如是泥土，用水调和，使它在你的手指里揉出形体；假如是棉花，理出它的纤维，纺织它，再在它的上面，印上图案。”同样的道理，诗人理应“在对于题材征服上，扩大艺术世界的统治：凡你眼睛所见的，耳朵所听的都必须组织在你思想的系统里，使它们随时等待你的调遣。使你的感觉与思维在每一个题材袭击的时候，给以一致的搏斗，直到那题材完全屈服为止。”[②]是诗人有权力征服乃至重新阐释或扩大主题、题材的文化内涵呢？还是一味维护现实对它们的非文学性规定？这一敏感问题，引发了吕荧对艾青长诗《他死在第二次》的严厉批评，和艾青对吕氏同样不客气

① 艾青：《抗战以来的中国新诗》，《艾青全集》第 3 卷第 161 页。

② 艾青：《诗论》。

的反批评。在吕荧看来，这首长诗对兵士“他”的形象和心理活动的“知识分子化”的处理，与抗战的整体氛围里是不合适的，也是不能容忍的。他批评说：“《他死在第二次》的‘他’是一个兵士，而我们在他的情感与生命里几乎看不见一点真实的兵士生活的痕迹；‘他’在实质上是一个诗化了的知识分子的情感与生命的化身。”并断定，这是《他死在第二次》“失败”的主要原因。① 然而，当时持此观点的，并不是吕荧一人。不久，胡风在给读者杨云琏的一封信里，对当时最有影响的青年诗人田间和艾青作了比较，并说：“让我斗胆说一句罢，田间是第一个抛弃了知识分子的灵魂的战争诗人和民众诗人。”②虽未直说，对艾青所表现的“知识分子”潜台词却是十分明显的。一个很有说服力的事实是，自评论过《大堰河——我的保姆》之后，胡风再没有写过一篇专门评论艾青的文章，形成鲜明对照的是，在1937—1943年期间，他在百忙之中倒写过两篇评论田间的专论，除这封回信之外，还有《〈给战斗者〉后记》一文。这一现象表明，与艾青比较，田间诗歌的非知识分子化与胡风当时的理论主张更趋于一致。亦可以想象，以胡风当时“首席”文学评论家的身份，他对田、艾的看法会对文艺界产生何种程度的影响。时为诗坛宿将的闻一多沿用此说道：“胡风批评田间是第一个抛弃了知识分子灵魂的战争诗人，民众诗人。他没有那一套泪和死。但我们，这一套还留得很多，比艾青更多。我们能欣赏艾青，不能欣赏田间，因为我们跑不了那么快。今天需要艾青是为了教育我们进到田间，明天的诗人。”③为此，闻一多还特别撰文，称田间为“人民的鼓手”，评价之高，无人能出左右。但胡风始料未及的是，正是他在此时所忽略的作家的“主观性”问题（在艾青这里，则是作家

---

① 吕荧：《人的花朵——艾青与田间合论》，《七月》第6集3期。

② 《胡风评论集·中》第101页，人民文学出版社1984年版。

③ 闻一多：《艾青和田间》1946年6月23日《联合晚报》“诗歌与音乐”第3期。

对限定的主题、题材的超越),在几年后,引发了一场重大规模的理论论争……那么,怎样来处理诗人与流行的主题和题材之间的复杂关系?艾青认为:“问题不在于你写什么,而是在你怎样写,在你怎样看世界,在你从怎样的角度上看世界,在你以怎样的姿态去拥抱世界……”[①]不仅如此,一首诗的成功还取决于形式、技巧、语言等诗学因素,而它们与内容的关系,往往是非常微妙和难以言传的。艾青说:“诗人应该为了内容而变换形式,像我们为了气候而变换服装一样。应该把形式看作敌对的东西。——只有和所有的形式周旋过来的,才能支配所有的形式。……不要把形式看作绝对的东西。——它是依照变动的生活内容而变动的。”他甚至警告说,“假如是诗,无论用什么形式写出来都是诗;假如不是诗,无论用什么形式写出来都不是诗。”[②]这段诗论是有所指的。抗战伊始,文化界热血沸腾,报国之心令人感佩,然而,也造成诗坛泥沙混杂、良莠不分的无序局面。街头遍地皆是,打油诗妇幼可为,大鼓词也被引进诗歌,令人眼花缭乱,亦令人堪忧。从不写诗的小说家老舍也用大鼓词作起长诗,在谈到为什么写《剑北篇》时,他解释说:“大体上,我是用我惯用的白话,但在必不得已时也借用旧体诗或通俗文艺中的词汇,句法长短不定,但句句要有韵,句句要好听,希望通体都能朗诵。”[③]但老舍很快意识到这种用“旧形式”装“新内容”的尝试失败了,他深有感触地说:“要将这新的现实装进新瓶里去,不是内容太多,就是根本装不进去……一装进去就炸掉了。”[④]也许,它正好是被艾青不幸所言中的,“假如不是诗,无论用什么形式写出来都不是诗”罢。艾青是深恶那种以轻薄、草率的

---

① 艾青:《诗论》。

② 艾青:《诗论》。

③ 老舍:《三年写作自述》。

④ 老舍:《一九四一年文学趋向的展望》。

态度写诗的行为的，为此，不惜冒犯“众怒”地多次挖苦、讥刺过这种现象。他也深感建设现代诗学理论的迫切和重要。据阳太阳说，艾青曾表示要写出一部能启发后人的诗歌理论著作，他认为，“技术”是写成一首诗的重要手段之一：

> 一首诗必须具有一种造型美；一首诗是一个心灵的活的雕塑。没有技巧的诗人像什么呢——没有翅膀的鸟，永远只会可怜地并着双脚急跳；没有轮子的车辆，要人家背了它才走的。……诗人应该有如镜子一样迅速而确定的感觉能力，——而且更应该有如画家一样的掺合自己情感的构图。……诗人在这样的时候，显出了他的艺术修养：即除了他所写的事物给以明确的轮廓之外，还能使人感到有种颜色或声音和那作品不可分离地融合在一起。我们知道，很多作品是有显然的颜色的，同时也是有可以听见的声音的。①

关于“语言”问题，艾青更是“有感而发”，针对抗战诗歌在语言上普遍粗糙的弊病，他强调：“诗是艺术的语言——最高的语言，最纯粹的语言。诗的创作上的问题，语言是最重要的问题之一。”诗之所以是“诗”，最重要的艺术特性就是，它是“艺术的语言，是饱含情绪的语言，是饱含思想的语言。艺术的语言，是技巧的语言”，而与空喊无缘，空喊只能是口号，但不是诗。他还强调，诗的语言的最高境界，应该是朴素的，虽然它蕴藏的往往是“深厚博大的思想”。显然，艾青对语言的认识不是语言学意义上的，亦很难说是严格的理论的表述。与其说是学术的，毋宁说

---

① 艾青：《诗论》。

它们更多地渗透了作者对创作的深刻体验。在谈到写作中语言的繁简时,艾青说,“简约的语言,以最省略的文字而能唤起一个具体的事象”,与此相反,繁复的语言却极可能因词害意;诗人天生是要有特殊的“语感”的,正像木匠之于木料,石匠之于各种岩石,花匠之于各种花卉的形态、性情,有一层不同于人的悟性,故而,“语言必须在诗人的脑子里经过调匀”,“字与字、词与词、句子与句子,诗人要具有衡量它们轻重的能力。——要知道它们之间的比重,才能使它们在一个重心里运动,而且前进……”[①]据说,一位朋友在未经艾青允许的情况下,出于“好心”把他的一组诗拿到刊物发表了。艾青得悉之后,“第一次和我发了脾气,令我十分懊悔。后来我知道,艾青的诗都是反复斟酌,择其优者拿出来发表的,有的作品和一些断章写得不理想便毁弃”了。[②] 可见,他在语言上经营之苦。生活的动荡,使《诗论》的写作时续时辍,在艾青,亦不是当做一个任务来完成的。在后来谈到长诗《他死在第二次》写作的动机时,他说,它显然不是“遵命所作”,而“是为‘拿过锄头’的、爱土地而又不得不离开土地去当兵的人,英勇地战斗了又默默地牺牲了的人所引起的一种忧伤。这忧伤,是我向战争所提出的,要求答复与保证的疑问。”[③]《诗论》的写作,同样是出自“一种忧伤”,是向整个三四十年代中国诗坛“要求答复与保证的疑问”。虽然,它的意义远远超出上述历史的框架,并能给后学者以启示。

---

① 艾青:《诗论》。

② 韩作荣:《缅怀艾青》,《作品》1996 年第 9 期。

③ 艾青:《为了胜利——三年来创作的一个报告》。

六　婚变风波

正当艾青潜心写作的时候，一场婚变的风波亦在向他悄悄地逼近。1939 年春夏之交，临近生产的张竹如偕女儿七月辗转回到故乡金华，预备在娘家生孩子，番草的妻子向荃与她同行。这是艾青与张竹如商量决定的。这样安排自然有经济上的考虑，另外也不致影响艾青的写作，计划待生下孩子，稍作养息后，一家人再返挂团聚。张竹如一行大概是从浙、赣线返乡的，两地相距千里，路途想必十分艰辛，详情已不得而知。但张、艾都未想到，这一走竟酿成两人一生的大错。人走室空，心头陡然减去家庭负担的艾青，全身心地投入到写作之中。《吹号者》和《他死在第二次》已见于《文艺阵地》、《星座》两刊。艾青雄心勃勃，计划再写一首长诗，以及一批短诗和文章……在此前后，文艺界也显然空前活跃。7 月 4 日晚，文艺界在南京饭店举行聚餐会，商讨成立中华全国文艺界抗敌协会桂林分会筹备会事宜。出席者计有：王鲁彦、焦菊隐、胡愈之、田汉、夏衍、艾芜、舒群、李文钊、艾青、盛成、林林、周立波、李任仁、宋云彬、陈此生、方振武、钟期森、孙师毅、阳太阳、赖少其、白薇、欧阳凡海，以及总会代表姚蓬子、程朱溪、陆晶清约三十余人。会议推举王鲁彦、艾芜、艾青、林林、胡愈之、焦菊隐、李文钊、舒群、盛成、周立波、李任仁、方振武、陈此生、宋云彬、夏衍、田汉、孙师毅、赖少其、特伟、白薇、阳太阳、欧阳凡海等为分会筹备委员，负责筹备各项事宜。会议另就纪念“七·七”两周年活动达成协议。8 日晚，据说有数万人云集桂林公共体育场，参加纪念抗战两周年盛大活动。大会开始，举行了隆重的献旗仪式，然后是向牺牲的烈士默哀，最后，通过了向蒋委员长及前方三军将士的致敬电。这次大会的重头戏是火炬大游行。7 时许，手执万余火把的群众开始离开会场,向王辅街方向涌去。长达数华里的游行队伍犹如一条光芒四射的巨大火龙,经厚福街、桂南路、榕萨路,再绕向环湖路、中南路、中北路,一路蜿蜒游动着,把桂林全城照得透亮。围观的人似山如海,震天动地的口号声,在突然射出的电光弹和播送的进行曲中响彻大街小巷。手执火把的艾青与友人走在队伍当中,这是他第一回看到如此壮观盛大的群众游行场面,也是第一次置身在如此众多的狂欢的人群之中,他的心不由被深深感动了。朦胧之中,一种想写点什么的冲动撞击着他,但究竟写些什么,又不觉有点茫然。后来,他追忆道:

> 我曾遇到一次火炬游行,仅只一次,却够了。是那样的一种场面,绵延不断的群众为火把感奋着,一阵口号,一阵歌唱……致使我感动得在眼眶里蕴含着泪水,很快地,我的全身被"一种东西……一种完全新的东西……"所袭击,像背负了被射中的箭的野兽,背负了这东西回到住所里。这"东西"是什么呢?……①

然而,当夜深人静,艾青一人在房里独处时,心里又不免隐隐有点空虚。刚开始时,他竭力想用对妻儿的思念压住它,渐渐地,他发现是徒劳的。一种从未经验过的情绪不仅没有压下去,反而像是一堆熄灭多日的灰烬,陡然间燃烧了起来:一个原先模糊的身影,随着时日的推移,逐渐地清晰起来:她叫高灏,二十二岁,《救亡日报》女记者……五十多年后,梅志老人还记得这位桂林文化界的漂亮女记者。据她说,高灏是随她母亲来桂林的,她还有个妹妹,名叫高汾,亦是《救亡日报》的记者。姊妹俩

① 艾青:《关于〈火把〉》,1940年10月12日《新蜀报》。

的性格不一样，妹妹活泼，爱说爱笑，姐姐娴静温顺，属于古典型的美人。因高灏是分管文化版的记者，与文化界的人往来很多，因此，一时间成了“众矢之的”，追她的人很多，其中还有刚从大西北采访归来的名记者范长江。[①] 又据阳太阳说，高灏是那种“林黛玉式”的美人，在爱情观念上很传统，是一个性情很好、又很认真的女子。[②]

艾青与高灏认识是在一次诗歌朗诵会上。抗战时期，在一些文化中心城市，朗诵诗歌的风气一时比较盛行。因艾青在诗坛已“暴得大名”，所以他的作品时常成为朗诵会必选的作品。据说，著名诗人闻一多在昆明西南联大举行的诗歌朗诵会上，亲自朗诵过艾青的长诗《火把》，闻先生朗诵结束之后，听众热血沸腾，场面甚是热烈。事情凑巧，那次诗歌朗诵会上，高灏朗诵的正是艾青的这首诗。在朗诵时，高灏特别用心，她音质甜润，表情丰富，效果不错，因是文化圈子中“白雪公主式”的人物，自然捧场的人颇多。高灏当时给艾青留下极好的印象，寒暄之后，自然是一番自我介绍，彼此也都作了“再访”的表示。高灏当时真实的心理活动已无从猜知，或许是记者的职业习惯，抑或是女性出于对名人的某种“好奇”，亦未可知；在艾青方面，却是颇愿去“走动走动”的。这可从他后来的回忆中加以证实。在晚年，他曾向一个朋友谈起当年追求高灏的往事，并说，“我在恋爱上性急得很！”[③]这种“性急”可能是因一篇文章引起的。一天，一家报纸发表了一篇署名海伦的短评，称艾青先生的诗歌意境高迈，不同凡响，然而朗诵者高灏水平有限，表现平平，令人惋惜云云。艾青得知，急问高灏，文章作者是谁，高答乃本人。他闻言大喜，没把这话当成玩笑，反而断定这是高的一种暗示，故而，不禁真的“性急”了起

---

① 据梅志 1996 年 3 月 15 日在北京木樨地寓所的谈话。

② 据阳太阳 1996 年 5 月 5 日在桂林寓所回忆。

③ 徐刚：《艾青》第 10 页，北岳文艺出版社 1986 年版。

来。一时间,艾青频仍“造访”位于太平路二十号的《救亡日报》,一天一次,有时在一天之内数回光临。起初,该报《文化岗位》副刊编辑、艾青好友林林颇感纳闷:报纸的另一副刊《诗文学》虽托这位老兄负责,因是不定期栏目,事情不算很多,编定一期,往往间隔很长一段时间,完全不需如此“负责”、每事必躬的。于是起了怀疑。这边,家距《救亡日报》很近的阳太阳,近来亦感觉艾青的举动有些蹊跷。艾青因赶写稿子,已有一段时间未在阳家露面。突然间经常不告而来,而且一坐下来就闷声不响,像有什么心事。因而阳太阳前去与林林说及,两种“情况”一碰,他们不由大笑起来,原来,艾青真的爱上高灏小姐了,且攻势颇猛。据说,刚刚拉开的序幕是不乏浪漫色彩的。一次,艾青、高灏与一帮朋友参加一个晚会,晚会大概带有自娱自乐的性质,每人需表演一个节目,轮到艾青唱歌时,他坚决不肯,于是有人就起哄让高灏代唱。艾青记得,那天高灏唱的是一支叫做《向上爬》的歌曲,歌词是什么已记不清楚了,令他陶醉的却是她笑里含羞的音容。在他看来,既然朋友有意点破,而高灏又不拒绝,这“代唱”不就是一种默认吗?另有一次,艾青约高灏去看电影《夏伯阳》,因心事不在电影上,影片到底有什么情节,他全然记不得了。归来时,高灏忽然提及她去世的父亲,而且话题接着转向妹妹高汾,称她年已十九,自己长她三岁,话里似有所隐,又似有某种暗示,令艾青不知所指……然而,当他真正爱上一个人,并且几至狂热时,终究又是苦不堪畜的。首先,是“拜访”的问题。太平路是一条较为僻静的小巷子,平时往来的人不多,进去一个人比较显眼。《救亡日报》租的是巷里的一个三四丈见方的院落,一幢小楼上下两层,约十几间房屋。当时报社仅有十几个编辑、记者,每天要收集全国各大战场近况,国内重大要闻,黎民百姓疾苦,等等,所以,报社的一个人往往需身兼采写、划版、校对甚至发行数职,工作非常紧张。据说,《救亡日报》的工作人员因其敬业、严肃、高效和富于献身精神的报人形象，赢得了桂林各界的盛赞，口碑是极好的。艾青以一个有妇之夫的身份，狂热地追求该社一位未婚的女记者，形象未免不佳。刚开始时，报社同事还只是私下议论，未及外扬；见艾青来此的次数愈来愈频繁，“公愤”不免有所蔓延，有了各种说法，诸如“文化闲人”，“大敌当前，毕竟不合时宜”，云云。从报社某些人的脸色上，艾青可能有所察觉，自然有些尴尬。其次，是“拜访”的效率问题。高灏是报社跑外口的文化版记者，每天忙于采访、写稿，很少回报社来；晚上，则回家里，因高母与两个女儿同住，所以基本处于“隔绝”状态。这就苦了痴情的艾青。因此，他只有在报社“苦等”一法，别无良策。这样，艾青来报社次数固然不少，但常常扑空，况且在不甚友好的目光下打发时间，心里难免叫苦。可能是对报社及文艺界的风言风语已有耳闻，本来就态度暧昧的高灏这边显然降了温。一方面，她尽量少去报社，避免再与艾青见面；另一方面，则托艾青好朋友阳太阳传话，表示，他是大诗人，她很崇拜他，然而他终究是前辈，又有家室，因此不太现实，委婉地拒绝了艾青。在这场以讹传讹的夭折的情感风波里，究竟哪种“说法”与事实更相符合呢？

艾青是从不怀疑高灏对他的感情的。就在他对高的“热恋”中，他很冲动地致信在金华等待分娩的妻子，建议两人离婚，致使张竹如不惜冒着在路途生产的风险，匆忙返回桂林，以挽救两人的婚姻。对自己的行为，他晚年时曾多次谈及。1982 年 3 月 7 日，他对人说：“她文化程度高小水平，人很老实。但我们之间没有多少共同语言。”①一位朋友曾回忆起艾青相类似的谈话，说，他“一想到张竹如曾大段大段地从张资平的言情小说里照抄不误，再改头换面成自己的文字，作为情书写给他时，心里

① 周红兴：《艾青研究与访问记》第 239 页。

就有一种厌恶之感。”[①]也就是说，他爱高灏主要起因于与张竹如缺少真正的爱情，高后来所以退却，与他形同虚设的婚姻有直接关系。

张竹如却持另一看法。她回忆说，初到桂林时，“艾青对一些作家在生活上的不严肃态度是反感的。他亲口对我说过×××和××很不像话。我因为怀孕要回金华老家生小孩，就和番草的爱人(向荃，她是一个县长的女儿)一起离开桂林回到金华，没想到这时艾青爱上了一个女记者高灏。但是高灏不同意。”[②]等于完全否定了艾青的“无爱情”之说。据艾青与张竹如感情生活知情人之一的梅志说：“艾青在武汉时期及初去桂林时的个人生活是比较严肃的，他与张的夫妻关系也较正常。但认识高灏后，情况就变了，提出与张竹如离婚，而高灏并不同意与他建立恋爱关系。因此，桂林文艺界的朋友是同情张竹如和反感艾青的这种行为的。”[③]又据阳太阳说：“对这件事，与艾青一度关系密切的邵荃麟曾评价说，‘艾青在爱情问题上是一个理想主义者’。实际上，艾青对女性多半是幻想，因为当时很年轻，所以总觉得别的女人比自己的女人好。他太像梵高了，为了喜欢的女人可以割耳朵——由于极不现实，这就造成了他一生的悲剧。对高灏，他在很大程度上属于单恋，高并没有接受他的爱情。这里面的原因有二：一是艾青是有妇之夫，不仅高灏不会同意，她母亲也会反对；二，在高众多的追求者里面，艾青的相貌恐怕是比较一般的。”[④]

彭燕郊也证实说：“张竹如相貌清秀，人也是很贤淑可亲的，在她返乡生产之前，没听说过艾青与她有根本性的麻烦。后来有了关于与高灏

---

① 徐刚：《艾青》第 11 页。

② 周红兴：《艾青研究与访问记》第 369 页。

③ 据梅志 1996 年 3 月 15 日在北京木樨地寓所回忆。

④ 据阳太阳 1996 年 5 月 5 日在桂林寓所的谈话。

的传闻，接着又有与韦荧的某些风闻，把事情弄得扑朔迷离了，结果就越来越令人糊涂起来。”①以上直接、间接的材料说明了什么呢？因为艾青与张竹如的婚变涉及最为复杂的情感问题，两人或数人各执一说，是完全可以想象的。因此，在莫衷一是的回忆里辨明曲直、裁断责任，是颇难真正做到公允，也是不现实的。虽然，多数回忆者的态度多偏向于张竹如，与中国文化传统中的同情弱者（尤其是女子）的心理不无关涉，亦自有道理和根据，但因主要当事者之一的艾青已然作古，是是非非再难验证，笔者更愿取一种较为谨慎的态度。是非曲直，权且由后人去评说罢。艾青的求爱遭到高灏拒绝后，即病了一场，情绪十分低落。在亲近的朋友之间，每每透露出对高刻骨铭心的感情，稍有触及，便不能自抑。渐渐地，随着日子的推移，由于意识到这种爱情完全无望和没有结果，他这才心灰意冷下来，然而却陷入了更深的空虚之中。有一段时间，艾青感到文思枯竭，心意懒散，整日与朋友喝酒、闲聊度日。然而，在张竹如从金华返回桂林的间隙里，却发生了对艾青生活产生重要影响的一件事：艾青常州女子师范的旧日学生韦荧突然出现在他的生活里。在艾、韦后来长达半个多世纪的恩恩怨怨的关系中，双方对这次见面的说法出入很大。

韦荧说：“我是 1939 年 6 月从武汉坐车到桂林的。当时，我曾待过的抗日演剧九队已在桂林。此次前去，一是为重新回到队里，再就是找艾青。他是我学生时代崇拜的偶像，我初恋的对象。一年多以前，我曾在武汉匆匆见过他一面，后来因他赴桂失去了联系。我承认我是因为爱

① 据老诗人彭燕郊 1996 年 5 月 10 日的来信。

情而去桂林的。”[1]据说,车到桂林时天色已晚,韦荧绕过环湖路,费了一番周折才找到艾青新的住处。马背房三十七号有两扇黑漆的大门,在门脸两旁,有两个石方凳。门被敲开后,当艾青看到身穿豆青色翻领衬衫,外罩黑布大圆领背心裙的韦荧时,起初颇感惊讶,但脸上旋即露出了笑容。在韦荧眼里,艾青的家不单简陋,而且近于清贫。靠墙一横一竖摆放着两张单人竹床,一张是空的,另一张床上有床黑白格粗布被套,一个黑白格粗布枕芯,被子无被面被里,枕芯亦无枕套,床下有一个白洗脸盆,显然十分寒酸。只是靠窗户的桌上,堆满了书信稿子。茶缸底朝上,成了蜡烛的烛台,在微弱的烛光里,屋子黑洞洞的,有点阴森可怕。在《从前有个姑娘》这部带有自传色彩的书里,韦荧对自己当时的真实心境有所记述:“自从在武昌意外相遇后,心灵上留下的创伤就像被烙铁烙伤了一般,常常感到一阵阵痛苦。那少女初恋时的幻想与爱慕一直折磨着她……”[2]又据韦荧说,当时艾青正在失恋之中,显得非常痛苦。他把整个感情都给了高灏,而高灏却同时与范长江等几个人有来往,艾青有种很强烈的受骗感,受到很大伤害。“见我来,艾青很快向我求爱了。不久,两人同居,张竹如闻知后,从金华赶回,与艾青大吵大闹,于是,我搬回中山路的演剧九队宿舍,艾青在七星岩附近的桂花村租到一间房子,

---

① 据艾青第二任妻子韦荧 1996 年 4 月 10—28 日在北三里河寓所的回忆。韦荧,江苏省常州武进人,1922 年 5 月生。外祖父凌鸿发,乃常州名医。母亲张凌英,继承父业,亦在常州挂牌行医。父亲张国英,为当地商人。韦荧原名为张月琴,抗战时改用现名。1939 年夏,韦荧与艾青同居,时十七岁。后与艾青辗转重庆、延安、张家口和河北省正定,1949 年进京,始在工人日报社,《人民文学》编辑部供职,1955 年因感情破裂,与艾青离婚。在与艾青长达十六年的婚姻生活中,生育子女四人,即女儿艾清明,儿子艾端午(即著名画家艾暄),儿子艾圭圭,女儿艾梅梅(即青年诗人艾黎明)。韦荧为最高人民法院离休干部。

② 韦荧:《从前有个姑娘》第 438 页,漓江出版社 1986 年版。

要我过去住。艾青总是早晨在我住地外唤我，天天如此，结果九队的人就开玩笑说：'瞧，老黄牛又叫了！'张竹如、艾青、我三个人相持不下，这样下去不是办法。这时，九队正好要到南宁演出，我决定跟队里走，至少也可以摆脱痛苦。一天，九队刚刚准备出发，艾青突然气急败坏地跑来，爬上汽车就朝下面扔我的行李，队长桑楚拦都拦不住他。当时，汽车停在热闹的中山路上，来往的人很多，我怕别人看了笑话，就跟艾青回去了。回去后，艾青即半条腿跪在地上，据说这种求婚方式是法国式的，我答应了他。两人到一家照相馆照了张相，算是结婚的纪念——我刚刚十七岁……这张照片由诗人常任侠教授保存了四十余年，前几年常老送还我作纪念，人生真不可预知，不好揣测。"张竹如仍旧在找艾青吵闹，她这时已身怀六甲，文艺界中有不少人同情她，艾青感到了很大的压力。韦荧在晚年回忆："一天半夜，艾青忽然来桂花村找我，手里拿了两张去湖南的火车票，非常急的样子。我匆忙捡了几件东西，就跟他上路了。"①然而，年纪尚幼的韦荧绝没有想到，"这一走"，竟彻底改变了她人生的方向！……

在艾青这边，对"艾、韦见面"另有一种说法。据他的友人回忆，就在韦荧来桂林，两人迅即同居之后，艾青曾对人说："韦荧是在听说高灏拒绝了我、张竹如已回金华，而我又陷入失恋的情况下专程来桂林的。我并不爱韦，但在单相思受挫的情况下又不好拒绝她。在桂林，我只对高灏是主动的，对其他人就被动了。韦一来，就要住到我这儿，我是被缴了械的……"艾青承认韦荧是爱他的，但他对她上述的某些"细节"不能苟同。他说："她是与她母亲一起逃难到桂林来的，主要是找我。"关于半夜坐火车去湖南一事，他回忆说："当时我面临的局面是：爱高不成，爱韦则

---

① 据韦荧1996年4月10—28日在北京三里河寓所回忆。

招惹文艺界朋友的‘众怒’,所以只有继续与张竹如过下去一条路可走,而这又是我所不情愿的。竹如闹得厉害,我没有办法,只有送韦荧走。原打算把她送到衡阳的,没想到,后来却绕到了新宁……”①

阳太阳在晚年回忆说:“竹如回乡后,艾青对高灏的恋情受挫,韦荧到桂林后就单刀直入地攻艾青,但他心里究竟爱谁,朋友们是知道的。艾青有他的缺陷,他对女人在生理上有要求,真正有什么事了,总是表现得很软弱。他这一辈子吃的就是这种亏。”②梅志也证实说:“韦荧是带她母亲去桂林的。本来,桂林文艺界因艾青追高灏,抛弃张竹如母子就有看法,艾、韦再到一起,大家可以说已经很气愤了。在这件事上,艾青做得是有欠考虑的。”③

岁月如烟,足以让一切本来清楚的东西模糊下去,乃至消失。然而,对这幕人生悲剧中的两个主要人物艾青和韦荧而言,他们在分手之后的漫长岁月里,活得并不轻松。1955 年,在他们因感情破裂离异后,四个子女一分为二,各人带两个孩子;然而,艾青身边的两个子女因经常哭闹,终至再次转回到母亲身边。双方商定,由韦荧定期去西单艾青小妹蒋希宁处取孩子抚养费,后则多次与艾青因数额问题发生纠纷,以至彻底撕破脸皮。1986 年,韦荧自传体小说由漓江出版社出版,其中多处涉及与艾青的关系。《后记》写道:“但愿,当年曾经战斗过的朋友读完了逮本小书后,会勾起一点儿美好的记忆。”话里显然有所暗示,眷恋往事之心,油然可见。据说,艾青在收到一本由人转去的书后,稍加浏览,对书中所写细节非常愤慨,顺手把书扔到屋外。愤怒之极,可以想象。1996 年 4 月底,当笔者访问韦荧老人,谈话涉及两人的恩怨时,韦荧说,人都老

---

① 据阳太阳 1996 年 5 月 7 日在桂林寓所回忆。

② 据阳太阳 1996 年 5 月 7 日在桂林寓所回忆。

③ 据梅志 1996 年 3 月 15 日在北京木樨地寓所回忆。

了，往事不可追回，隐约表示了与艾青和解的意向。然而，据说艾青至死都没有原谅韦荧！

1939 年 9 月，艾青匆忙离开桂林，与韦荧乘车向衡阳驶去。桂林已不是羁留之地。正值他左右为难，一筹莫展之际，从湖南新宁寄来的一封聘书将他救出困境：新宁衡山乡村师范聘他任国文教员。艾青离桂前后与友人的信件已经散轶，无从猜知他走前复杂的心情，临行之际写就的短诗《桥》，却录下了他充满噪音的心声。作品写道："桥是土地与土地的联系；桥是河流与道路的爱情；/桥是船只与车辆点头致敬的驿站；/桥是乘船者与步行者挥手告别的地方。"诗中为什么反复地出现"桥"的意象呢？它暗示了艾青的茫然，在人生的道路上的举棋不定。他恍惚记得，这种迷蒙的心境与自己留法前后居然惊人的相似，一幅在西湖艺术院参展的画亦叫《桥》，四周迷雾缭绕缺乏稳定的意向，让人产生深深的虚无感。这次离桂，多少含有"被迫"的成分，在这动乱的年头，既然连大后方的桂林都无处存身，那么，何处能寄放这颗疲惫的心灵呢？艾青先是略有解脱，继而又感到了深深的悲凉。大约是 10 月，阳太阳偕妻子李衣尼及张竹如母女赶往湖南新宁。因桂林流言四起，再待下去已不现实。艾青与阳太阳商定，由艾青先送韦荧至衡阳，由她而去；阳太阳与张竹如等去新宁与他们会合。阳太阳受命于困难之际，其情可感。这时，张竹如眼看就要临产，因担心生在路上，阳太阳遂决定先乘火车到湖南的白牙，再从那里赶赴新宁。新宁县地处广西与湖南之间，距桂林路途不算很远，但因大山遮蔽，道路崎岖，在白牙下车之后，还要走上三天，才能抵达目的地。然而，他们一行到白牙后，租乘轿子却遇到了麻烦，按当地风俗，为避晦气，轿夫不抬孕妇，沿途旅店亦拒绝这种妇人入住。当时，阳太阳身着校官军服，无形中有些威严，首先让轿夫、店主惧怕三分。于是他软硬兼施，一方面吓唬他们，同时又施之于金钱，工钱之外，还包吃包住,顿顿皆有酒水。为避众人耳目,他们乘坐的三乘轿子,每天趁天黑入店,混进店内,一大早即起身上轿,躲过店主。三乘轿子,张竹如母女一乘,李衣尼母子一乘,另一乘则坐着阳太阳,俨然一个家庭的样子。轿夫不知详情,还开玩笑地向阳氏打问:哪一个是大太太,哪一个是二太太呀? 阳太阳一笑了之,亦不作答。第三天中午,轿子走出丘陵,进入一处平缓地带,据阳太阳说,似乎周围还有一小片竹林,像是比较幽静。这时,坐在第二乘轿子里的张竹如突然叫肚子痛,阳太阳马上令轿夫停下,只见她痛得双手捂着肚子,大滴大滴的汗珠往下滚落,他一时竟没有了办法。这时,李衣尼急从轿上下来,拿出事先准备的剪刀、胶布药棉等物,一边喝叫丈夫快去寻接生婆来。附近有一个小村落,阳太阳一路找寻过去,费了一番周折,才将一个接生婆找到。待他们一头大汗地赶到现场,张竹如已产下一个男婴,李衣尼正在收拾用烧报纸消毒的剪刀之类。阳太阳心知惹下了麻烦,还没等她们收拾停当,就催促赶快上路。正在这时,数十名凶悍的村民闻讯而至,把轿子围了几层。几十年后,阳太阳老人还清楚地记得当时可怕的情景:

“跑过来的村民见我是个军官,先是一愣。后见只有我一个人,显得势单力薄,马上壮起胆来,气势汹汹,声言今天不拿出钱为天地谢罪,绝不放人。几个轿夫倒还善良,上前为我打圆场,他们说的是当地土话,我不能全懂,但从村民们稍稍缓和下来的神情里,我才知道轿夫们的说情可能起了点作用,双方的条件正趋接近。等吵吵嚷嚷的声音平息后,一位年纪稍长、可能辈分较高些的汉子走出人群,对我说,其他都罢了,但有一条得今天兑现:杀猪杀羊祭天祭地。这么一闹,天色已晚,我担心赶不到县城,再生新变,就不好办了。因此,答应到县城后一切照办,并留下地址,或许是村民对产妇动了恻隐之心,抑或其他原因,收下我的地址，便逐渐散去了。”①

待几乘轿子到达新宁县城，已近黄昏时分。艾青闻讯来接，阳太阳这才知道韦荧没有留在衡阳，而是与艾一同到了新宁，不禁大骇。在桂林面临的局面，重新出现在新宁。与艾青一起来接阳太阳等人的师范工友见“多出”一个夫人，而且还带着两个孩子，一时颇觉困惑；阳太阳更是气愤不已，想及一路上的艰辛，不仅为张竹如、亦为自己悲从中来。而此时的艾青只有赔笑脸、一脸无奈的份了。在艾青的著述里，我们无从找到与此相关的记载，只能借助阳太阳的追述，约略知道当时难堪的一些情形。阳太阳说：“一见这场面，刚刚产后、身体极虚弱的竹如突然失声恸哭，一边哭一边还说，‘他骗了我呀！’伤心之至。众人力劝，毫无效果。艾青也没有办法……过了好大一阵，待竹如稍为平静之后，我让其他人出去，与艾青和她三人商量。最后，达成一项协议：为尊重当地习俗，张竹如先居县城的教堂，艾青暂回已租的房子，待竹如满月之后再设法调解。对这个解决办法，艾青自然是求之不得的，苦则苦了竹如……”事隔多年，当谈及这段往事，老人还仰天叹道：“真是一段伤心事哟，太惨了啊！”②往下的日子，对几个方面都是最难挨的。对张竹如来说，丈夫的变心已令她心肝俱碎，再加上“新宁变故”，一颗心近乎于冰凉了。作为恪守中国传统妇家之道的旧式女性，母亲既然已将她许给表哥艾青，她就只有生是蒋家人、纯是蒋家的鬼一条路可走。她的命运，使我们不禁想到另一个深受封建传统婚姻伤害的不幸女性——鲁迅的原配夫人朱安。20年代初年，当鲁迅因无法忍受“无爱”的婚姻，提出与她分手时，她不也极其痛楚地发出过“生是周家的人，死也是周家的鬼”，“横竖总要

---

① 据阳太阳1996年5月7日回忆。

② 据阳太阳1996年5月7日在桂林寓所回忆。

人替你烧饭、缝补、洗衣、扫地，这些事我都可以做”[①]的嘶喊吗？正是带着这种不知所终的战战兢兢的心情，张竹如起初终日以泪洗面，情景甚是凄惨。阳妻李衣尼与她友好，没少好言相劝，至少对这个天涯孤身之人尽到了安慰之责。自张竹如住进教堂，后来又搬来与阳太阳夫妇同住后，艾青就没管过她。他的钱全由韦荧管着，实际成了“光杆司令”。因为内疚，艾青曾来阳家看过竹如、孩子，据说因韦荧“看得”很紧，每次只能偷偷前来，还不敢停留太久。这件事自然瞒不过学校同事，就在艾青这一来二往之中，流言亦在暗中滋长，令他十分尴尬。大概在竹如产后满月不久，据阳太阳回忆，可能是11月左右，艾青让阳太阳做张的工作，劝她回乡。阳太阳听罢，拍着桌子把艾青一顿臭骂：“你说好送韦荧走，却食言带回来，你做恶人，完全不顾别人的痛苦，那么，这个‘好人’我也不做了！”说罢便走。艾青一把抱住阳太阳痛哭起来，说：“你是好朋友，比亲兄弟还亲！”见此情形，阳太阳心知艾青主意已定，事情已无法挽回，再拖下去，终也不是良策。一个月后，他和妻子见张竹如情绪已趋稳定，于是择一个适宜的场合，把真实情形对她说了，自然也劝慰一番。阳太阳说，张竹如虽一妇道人家，文化程度不高，然而性情坚强，在自制力上胜于其他妇人。可能是已有预感，心情上稍有缓和了的缘故，不想她居然默认了当前的现实。四十五年后，已入晚境的张竹如曾对人忆及这段旧事，她说：“我是有志气的。我没有回到艾青家，尽管他的父母对我很好，也希望我回去，我还是走了自己的路。”[②]张竹如在逆境中不失刚强、深受传统观念影响但又做人硬气的性格，由此可见一斑。

张竹如是在秋、冬之间返乡的。在大山深处的新宁县城，已多少

---

① 俞芳：《封建婚姻的牺牲者》，载《我记忆中的鲁迅先生》。

② 周红兴：《艾青研究与访问记》第370页。

有了些凉意，而在张竹如的心头，已满是深秋的萧瑟和苍凉了。她走之前，把还在襁褓之中的儿子交给艾青，自己带走七月。虽然，艾青向张竹如表示了歉意，但已于事无补，两人从此各分天涯，至死再未见过一面。

七　蛰居湖南新宁

这年冬末，艾青致信友人，约略谈及在新宁的生活。对一向疏于写信的艾青，这是他自桂入湘，尤其是摆脱家庭危机之后第一次向外界透露消息：

任侠兄：

兄几次赐函，均由《广西日报》社转来，勿念。白凤兄再三提议合刊诗集，奈我的书稿均已编入单行本，《向太阳》《他死在第二次》《春》（均已交书店，预支了稿费）。新近又因生活单调，笔已枯涩，一直未有新作完成，报负友人爱欣之情，心实歉疚！好在白凤说，只要有合刊的意思，十年为期亦不远。我虽不愿以十年为期，却也不肯草率将事也。

兄在中大文学院，当能极力提携新人。学生时代正是创作力丰盛时期，是很能产生好作品的。望兄多做播种的工作。我因此间再三邀请，盛情难却，故于9月间来新教最高两班国文。唯住了几个月，我又想走动了，很想到重庆住一阵。

我与望舒所编《顶点》已出了一期，在上海印好后，只收到两本，故未能寄上请改。现我正设法重印（纸版已寄来），如果印好，当寄你。兄近来诗兴如何？

> 另附学生为我所印诗文集一册,请留念,这形色真太可怜了。①

常任侠时在中央大学,或许并不知道艾青最近个人生活的"变故",在情绪久受压抑与扭曲之后,把常当成倾吐苦闷的对象,应最合适不过。从信的内容看,把被迫来湘推说成"因此间再三邀请",有一语双关之妙,既适当地泄露了郁闷,又把"隐情"隐瞒了;所谓"生活单调"、"笔已枯涩",亦不外文人之间书信往来中习惯的谦词,无非鄙人不行而某某才气毕露之类,让对方看了赏心悦目而已。实际上,总算走出生活阴霾、身旁又有新人佳偶的艾青,这时极其渴望过一种"采菊东篱下,悠然见南山"的悠闲安宁的生活。他这一时期产量颇高的田园小诗,是此心态最好的证明。

艾青此次任教的新宁衡山乡村师范学校初办于1935年,乃乡村教育派思想的产物。大约十年前,陶行知在南京城郊晓庄创办"晓庄实验乡村师范学校",后来,这类学校延伸到其他各省,遂成一种风气。衡山乡师模仿晓庄办学经验,聘请当时社会名流来此任教,据说,黎锦明、谢冰莹等都曾为该校教员;除国文、美术、体育之外,基本没有正规课程,反映出乡村教育派"生活就是教育"的办学思想。所以,艾青除担任少量国文课,其余时间大多是与学生置身田野之中。学生每天在田野里劳作,尽可能参与全部的乡村生活。而艾青则与阳太阳、韦荧等人背上画板,随处选一风景,画些速写之类;若某一景物对他有所触动,则放下画板,很快用一张纸片记下诗的片断,待回家后再做整理。据韦荧说,艾青不少描写乡村景致、充满田园情调的小诗如《水牛》《独木桥》《刈草的孩子》

---

① 《致常任侠》,《艾青全集》第4卷第549页。

等，都是在画一幅速写的间隙里，突然停止作画而变成一首诗的片断的，这些诗可以说是诗画相融的结果。又据当时艾青的学生周应节回忆：

> 衡山师范创办于1935年，因抗日形势紧张，第一次由衡山迁到衡阳县碴江上课，第二次再迁新宁县上课，学校在夫夷江畔，周围是田间旷野，艾青先生在衡师教我们三、四两班的课只有半年时间。他的课程是自己编选的，教法很严，说话简练明了，形象生动，板书工整、秀丽。记得他编选的国文课有他自己创作的《大堰河——我的保姆》，有高尔基的《海燕之歌》和鲁迅的散文。并且结合课外学习，介绍我们阅读高尔基的《母亲》、鲁迅的小说和他自己的散文，也有法国文学作品，等等，编成活页油印文选。①

然而，在学生眼里的老师多半是理想的，不免带有“想象”的成分。据艾青说，在他心目中，“教学工作和创作的关系”其实“是淡薄的”。②教书不过是谋生之道，在兵荒马乱的社会，权且是一个读书人的饭碗。无论是初回国内时任教于上海，还是抗战爆发后赴山西执教鞭，在桂林因婚姻受挫转道新宁，以教书养家糊口是屡试不爽的。然而，正像他所说，“我永远渴求着创作”，尽管它是一种“苦役”，③但却是与生命同等重要的，不能想象失去了创作对他将意味着什么。后来，他对人说：“我这一生，爱的就是文学和艺术。为了这，我排除了许多东西——排除了当

---

① 周应节先生1996年4月28日致笔者信。

② 艾青：《母鸡为什么下鸭蛋》。

③ 艾青：《为了胜利——三年来创作的一个报告》。

官、发财,排除了投机取巧。"[①]由此可以想象,蛰居远离都市的新宁乡下,假如没有写作支撑着艾青,他是不可能如此沉静和平淡的。

自然,蛰居大山深处的艾青也零星听到了外面的消息。某日,有人从衡阳来,带来几份当地的报纸,报载:11月中旬,桂南战役爆发。敌舰二十余艘窜入广西防城、企沙海面,向我守军阵地猛烈炮击。守军十九师某团一营顽强抵抗,激战一小时许,终因武器陈旧,放弃龙门。敌人登陆之后,分兵四路向北进犯,目标直指南宁。往下的消息更令人揪心:我第三十一军急驰南宁增援,但南宁已于前一日失守。该部立即转道武鸣,与赶到的一七〇师会合,在此阻止敌军继续北进。11月24日,攻占南宁的日军沿邕武路和邕宾推进,进攻邕武路的高峰隘和邕宾路的昆仑关高地。一七〇师与友军戴安澜部分据两地,与来犯之敌展开激战,牺牲惨重。12月1日、4日,高峰隘和昆仑关相继失守。看到这一消息,艾青心头不由一震。他深知,南宁落于敌手,中国对外通路即被阻断;昆仑关失陷,敌军北进将无任何屏障,桂林距南宁火车不到一天路程,而新宁离桂林则更近……然而,仅仅一个月时间,又传来南宁被我军收复消息……

一场"虚惊"过去之后,艾青的生活重新恢复了平静。在新宁,除去写作、教书,剩下的时间就是与人交往。阳太阳夫妇自然是艾青家的常客,另与他往来的有衡师教员陈孝修和何启君(原名胡青荃)等。据说,陈孝修原是中共党员,后来被捕,出狱后不知是背叛还是脱党,身份不明。何启君显然是一个地下党员,艾青怀疑他是从"那边"(延安)来的,他虽是历史教员,但谈的话题却与历史毫无关系,相反,何启君对艾青以后的去向颇感兴趣,话里总像是有话似的。艾青心里明白,但不点破,照

① 周红兴:《艾青研究与访问记》第224页。

例与他来往。每天,何启君都披着棉袄来找艾青,假如陈孝修在坐,便说些不关痛痒的话题,比如天气、物价之类。或者约阳太阳夫妇一道出外散步。若有兴致,几个人便往小酒馆一坐,一边小斟,一边谈天。艾青酒喝得不多,然而喜欢几个朋友一起喝酒聊天的气氛。新宁是湘西一座古老的小镇,吃食偏辣。在冬天,当地人下酒时喜爱吃熏肉。这种肉的制作极其简单,洗干净后,用盐巴在肉上敷上一层,然后吊在厨屋的木梁上熏。一般过年吃的熏肉,春上就吊在屋梁上了,据说,时间愈长,味道愈醇。在新宁小酒馆里,熏肉是食客们经常要的一道菜。夫夷江从县城边逶迤而过,沿江而上,则可看到点点船帆、村落、小溪和树林。某日,艾青、韦荧、阳太阳和李衣尼趁天气晴朗,相约去野外作画。凡人沿山而行,画了不少速写。在草地上休息时,阳太阳建议为艾青画一幅素描,艾青即坐下来,一动不动。大约十几分钟后,一幅酷似艾青的素描画成了,据说,艾青很喜欢这幅素描,后来一直放在身边。战争仍在几百里之外激烈地进行着,衡山师范却与世隔绝,仿佛是另一世界。在散文《虫》里,我们读到了艾青这样的文字:

在那些下雨的日子,蜘蛛就在我们所不注意的时候织起了网。那网是从这边的一根柱子作为起点,一直伸张到屋檐去的。它在那从阴暗的屋檐到明亮的天空之间张开着。

那永远沉默的蜘蛛,安眠在网的中心。从早上到黄昏无数的飞虫,蛾类,想从阴暗飞向明亮去的,都在触到那网的时候,被俘虏了。①

① 《虫》,《艾青全集》第5卷第31页。

以“永远沉默的蜘蛛”自况，是此时蛰居山中的艾青的真实的心境。据韦荧说，这年冬，她收到一封常州同学自“那边”(新四军根据地)寄来的信，信中谈到，紧张而全新的生活很令人振奋，希望韦荧“速来”。韦荧很爱艾青，但毕竟少不更事，对这个成员复杂的“家”尚不适应。张竹如走时留下刚生的儿子，艾青只得在附近请一位保姆照顾。一是继子，一是全家日见窘迫的开销，口角是免不了的。对刚届十七岁、心里又充满不切实际幻想的韦荧来说，这边的生活自然不如“那边”更具吸引力了。韦荧“想走”的迹象被艾青察觉之后，两人并未发生冲突，但一道裂痕毕竟在两人心里出现了。一天傍晚，心情抑郁的艾青在屋外的池塘边转悠，一圈接着一圈，直至深夜方归。

他为韦荧写的《冬天的池沼》①真切地写出了当时的心情：“冬天的池沼，/寂寞得像老人的心——/饱历了人世的辛酸的心；/冬天的池沼，/枯干得像老人的眼——/被劳苦磨失了光辉的眼；/冬天的池沼，/荒芜得像老人的发——/像霜草般稀疏而又灰白的发；/冬天的池沼，/阴郁得像一个悲哀的老人——/佝偻在阴郁的天幕下的老人。”这种过于苍老的心态是令人吃惊的，联想艾青刚刚失去一个家庭，新的家庭又面临另一重的危机，它的灰暗、阴郁、沉重又是在想象之中的。陷入极度痛苦中的艾青把诗读给韦荧听，念完了，两人都沉默不语，还有什么可以表白的呢，在两人之间，仿佛真的有什么东西已经过去了，又仿佛是刚刚感悟到。显然，无论对艾青还是韦荧而言，再也没有理想主义者的乐观和自信，尤其在艾青，他被一种自我怀疑的情绪所压倒了。他再次感到的，是自我的渺小和不堪一击。在一篇短文里他承认：“我终于陷进莫深的厌恶里

---

① 据韦荧回忆，原作题目下曾写着“赠 W·L”，《旷野》第一版时改成“赠韦荧”。两人关系破裂后，这一行字遂从各种诗集、诗选中被删掉了。

了。”[1]对个人前途，他是尚有信心的，但又充满怀疑，显得十分矛盾。他似乎从“蚯蚓”的命运中看到或预见到了什么：

> 院子里的蚯蚓一到冬天就都蛰伏在泥土里，不翻土了。它们以安定的信心，等待明年的温暖。
>
> 不知是谁在院子里倒了一点石灰，石灰经了一次雪，被融解而且冲浸到泥土里去，于是泥土温暖了。
>
> 蚯蚓都从睡眠中醒来——以为春天已来了，它们开始了它们的忠实的工作——翻土。
>
> 但石灰是含有碱性的，蚯蚓一接触到它，就被杀死了。
>
> 现在，在那灰白色的石灰水里，像一些短带子似的沉在水底的，就是蚯蚓的可怜的尸体。[2]

倘若说艾青是以“蚯蚓”自比的话，那么，“石灰”就是根本上决定着蚯蚓生死祸福的命运了。在他看来，命运对于个人既是偶然的，也常常是含有必然意义的，人在一生的长途中难免遭遇到“命运”的挑战，这样，就决定了你无论怎样充满信心，最终都显得徒劳、悲惨。士兵的命运如此，然而，读书人的命运何尝不亦是如此？

1939年的整个秋、冬季节，艾青都是在这种关于个人生存悖论的思考里度过的。对于他来说，这两个季节未免太惨淡、阴冷了些，也未免有些寂寥，与他“蛰伏”的心态正相吻合。在此期间，艾青与外界的联系唯有重庆的叶以群和桂林《救亡日报》的陈紫秋。据陈紫秋来信讲，自国军

---

① 《蛔虫》，《艾青全集》第5卷第30页。

② 《蚯蚓》，《艾青全集》第5卷第31、32页。

年底重新收复昆仑关之后，基本遏制住了日本人的进攻，桂林文化界的人心也得以稳定。以群在信里除表示希望艾青来渝之外，也间接谈及文艺界的种种复杂关系。读罢来信，艾青不由一声长叹。山间未免冷落，然而意外有一份清静，蜀地虽然热闹，是非却是躲不过去的……就在他踌躇于进退之间，两相为难之时，又有了《蜜蜂》与《白蚁》两篇短文。文章仍旧以小动物为题，然而牵涉的则是个人的境遇。这实际还是对个人生存悖论思考的一种延续。在前一篇短文里，他把蜜蜂的“刺”与“死”联系在一起，认为“没有刺的蜜蜂很快就要死的”，但又为这不得不“死”深深惋惜。或者说，这是对于“生”的另一种深刻的茫然。在晚年，艾青常对人说：“活下来就是胜利，死了不如一条狗。”然而，却把“活”看作是“上帝帮了大忙”。关于“生”的茫然显然还在他头脑里延伸着，须臾不曾停止。在另一篇短文里，希望常常被一种不可知的东西抽空：因搬了新房子而高兴，“前面的窗子看见高山，后面的窗子可以看见竹林”，但他发现，“楼梯被取去了”；当他向房东借了梯子，准备爬上去时，继又惊讶地看到，楼板已完全“被白蚁蛀成空洞”。这是生存的多么尴尬的一幕境遇！于是，一念之间，一幕幕往事不由从眼前闪过：求职，婚姻，写作，蛰伏与出去……你选择，即意味着你将失去！他终于不得不承认：“当我一想象到它们既是那样难于发觉，却又那样普遍而众多，我的心竟起了一阵寒噤。”[①]在山中，对大自然中生物的关注，使艾青在人生的道路上转了一圈之后，再一次回到了它的起点……

八　山野所思

在生存的烦闷之中，艾青的笔却分明透露出山野间浓郁的气息。某

---

① 《白蚁》，《艾青全集》第 5 卷第 33 页。

一个冬日，他下课后没有直接回家，而是朝着江的下游走去。突然间，一群乡村孩子放着的牝牛映入他的眼帘。牝牛是一种典型的湘南牛种，身躯偏小，毛呈棕色，但较肥胖，态度安详，缓慢的步态里却透露着山里耕牛耐性好、善于耕作的秉性。这使艾青感到亲切。与故乡金华性情凶悍的牛比较起来，牝牛的娴顺似乎更让他喜爱，于是写道："和煦的阳光/照着你棕色的毛；/小小的身躯/显得无力而肥胖；/纤弱的脚/微微地抖动；/仁慈的润湿的眼/沉默地看着牛犊；/又伸出红舌/舐抚着它的脸颊——"（《牝牛》）艾青对牛的"观察"非常细致，简直是入木三分了。他记得，少时在畈田蒋时，也曾这样注意过水牛的一举一动，并以此为乐。年岁渐长，尤其是经历了人生的种种波折后，对牛的生命便有了较深的理解。他发现，原来天地之间，有一些东西是不会因时势的剧变而变化的，从生长到死亡，从发芽到枯萎，生生不息，无以穷尽。这乡村里的种种事物，比如春耕秋收，牲畜，红白喜事的习俗，包括娘儿们站在谷场上骂孩子或者对骂，农民天生的驯服与忠实，以及被乡村孕育出来的子弟，如换上军装的兵士，穿上长衫，西服的读书人，正像田野里灰蒙蒙的颜色一样，虽有四季交换，在骨子里却不曾会发生变化。重新回到山野使艾青有种脱胎换骨的感受。在新宁郊外常见的那种水牛身上，他发现了现代文明所缺乏的东西："灰色的皮毛/干硬而无光，/弧形的角/坚冷如凝霜；/满身沾结着/池沼地带的泥泞，/巨大的眼睛含着阴郁，/望着田野的广阔与荒凉"（《水牛》）。那么，这种东西是什么呢？在艾青看来，它是不断在物质性的或制度性的一次次变迁中的深刻的不变性，一种历史循环往复里的沉默，一种"似是而非，似非而是"的难以言明的东西。对这种深隐于外部变迁背后的东西，半年之前，他在一处兵士的墓地里已有所感悟，而在与世隔绝的新宁的山峰之间，这种感受愈发强烈了起来。他说："不只一次了，我体验到这些穿着草黄色的脏制服的命运，他们每日以最粗糙的草秣饲养了自己，而又以一个生命所可能贡献出的血液，毫无悔恨地，去染红了无边的暴怒了的土地——”①艾青称自己是“农民的儿子”，这也决定了他看问题的一个视角：乡村——自然——农民——士兵，最后归结于人的生命问题。或者说，艾青往往是从一个个体生命是否幸福、有价值来思考一切问题的——他作品里深深的忧郁感，似乎亦可以在这里找到某种解释……

1939年冬，新宁接连下了几场大雪。山高路滑，路途险恶，进城赶圩的农民于是在夫夷江上把闲置的木船收到一起，然后用两条很粗的铁链加以固定，在乡下与县城之间搭起一座浮桥。这番情景，使艾青不由想起凡尔哈仑的《城市》这首著名的诗。诗里，凡氏写道：“一切的路都朝向城市去。/从浓雾的深处，/那边，带着它所有的层次/和它所有的大的梯级/和一直到天上的/层次与梯级的运转，朝向最高的层次，/它梦似的出现着。”读罢这些深刻的诗句，他的心深受触动，自忖：尽管文化背景不同，为什么新宁的乡下人竟与比利时的农人一样，同样强烈地向往那“梦似的”城市呢？带着这样的疑惑，他写了《浮桥》，由此发现了在城市与乡村的历史进程中，乡村衰败的不可逆转：在“浮桥”的两端，一边是乡村的“颓废的墙堵”是用“辛劳的收获”所换得的“几包纸包的什物”；一边则是城市的“傲慢”，在“宣告着胜利与希望”，而且还在“使乡村感到畏缩地/扩展着力量”。在一篇文章里，他把原因归之于社会和政治等因素：“假如我们能以真实的眼凝视着广大的土地，那上面，和着雾，雨，风，雪一起，占据了大地的，是被帝国主义和封建地主搜刮空了的贫穷。”然而，在他心灵的天平上，感情却明显向农民的生存问题倾斜着，他意识到，“这

---

① 《埋》，《艾青全集》第5卷第28页。

是比什么都更严重而又比什么都更迫切的”。[1] 正因为如此，在普遍歌颂以农民为主体的中国军人英勇杀敌、血洒疆场的众多文学作品中，艾青却声称：“我在战争中看见了阴影，看见了危机。”[2]他不想、也从来不忌讳谈历史在借助农民的巨大推动力量时，又对他们命运的一次次“遗忘”。在一篇文章里，这种思考有了进一步延伸，他认为，多数人的存在，是历史始终保持沉默的根本原因，而作为历史的良心的卫道者的诗人是没有理由“沉默”的，因为，在本质的意义上，“诗人和革命者，同样是悲天悯人者，而且他们又同样把这种悲天悯人的思想化为了行动”，[3]循着这一思路，艾青在几乎同时写就的《诗人论》中，不禁对自己的诗人身份发出了深深痛责：“为什么你们永远不安？风雨永在摇撼你们；太阳、月光和星，循环地在你们的心中彷徨”。他厉声责问道：“好像你们所负的债很重，你们老是终日惶惶，不安于享受一粟半缕的人群的恩赐，羞愧于在劳力者以血汗铺成的道上散步”，然而，又因某种“失职”感而悲从中来：难道“你们的存在”，不“比影子更萎缩，比落叶更不敢惊动人”？12 月 26 日，艾青又得另一首诗《街》，继续表达他对乡村的“城市化”的忧虑：“街原来也是路——/原来也是荒僻的/而且也是生长在原野上的/甚至也是倾斜在山坡上的/但城市扩大着/无厌止地扩大着/把路一条又一条地占据了。”这原本是艾青一贯的思想，在他心目中，土地是农民赖以生存的东西，一旦他们失去土地，将意味着失去乡村的文化传统，失去一切。然而，艾青没有意识到，在烽火连天的抗战中，这样的呼喊无疑是孤掌难鸣，是根本不可能得到反应的。所以，在一场又一场大雪里，伴随着

① 艾青：《为了胜利——三年来创作的一个报告》。

② 艾青：《为了胜利——三年来创作的一个报告》。

③ 艾青：《诗论》。

艾青的是一种更加难耐的孤寂感。在给一位朋友的信中，他对自己的心迹有所剖露，说："我写作，写作，第三个还是写作——人生在我的活动里显得多么简单。假如有一天，我对自己的写作生活起了怀疑，那一天当是我的末日。"[1]韦荧也回忆说："我见他太忧郁，总劝他写些积极的东西，但无济于事。对他这种状态，我曾非常担心。"[2]

转眼到了1940年。这一年，艾青刚好满三十岁。古人云"三十而立"，它的意思是说，人生到了一个既不同于青年、亦不同于老年的阶段，当然，它因此亦有了与年轻时截然不同的"心态"。于是，我们在他岁末、岁首的文章里，读到了这样一些文字，如："服从历史的法则，服从自然的法则，因此拂逆了不合理的制度与时间以及地点的制限"，"自然既是永不停止它的变化，诗人即不再有固定的神了"；又如："只有在诗人的世界里，自然与生命有了契合，旷野与山岳能日夜喧谈，岩石能沉思，河流能絮语……风，土地，树木，都有了性格"[3]；再如："他们以世界为客栈，以生命为旅行，痛苦、烦恼、快乐，像日、月、星辰在他们的头顶迎送着他们……"[4]接着，他又发表了对唯美主义的见解，声称：

唯美论者是富有原始的情感的——
他们像原始人一样，为他们的猎获物而歌唱：
他们说：美是绝对的存在，
他们说：美是超功利的，
他们寻求着形体，香味，颜色，以及声音，

---

① 艾青：《一封信》，《艾青全集》第5卷第363页。
② 据韦荧1996年4月10—28日回忆。
③ 艾青：《诗人论》，桂林三户出版社1941年版。
④ 艾青：《诗人论》，桂林三户出版社1941年版。

向幻想和与生活疏离了的一切；
他们赞美花，女人，以及睡榻上的愿望与爱情；
他们环着这一切掠夺物而舞蹈，而歌唱；
而他们更在那最大的掠夺物——安逸上
高声地说：
我们守卫神圣的艺术，
我们是唯美主义者。①

在读了艾青诸多“鼓吹”为抗敌写作的文章之后，上述文字难免让人费解。朦胧之中，亦让人感觉到，对“自然观”的阐述使他的诗有了某种超越“时限”的东西。它使诗的表现空间大大地扩展了。显然，艾青也意识到了它与当时风气的不协调，在半年之后写于重庆的《〈旷野〉前记》里，他解释道“《旷野集》所收诗二十首，均系作者在西南山岳地带所作，或因远离烽火，闻不到‘战斗的气息’，但作者久久沉于莽原的粗犷与无羁，不自禁而有所歌唱。每一草一木亦寄以真诚，只希望这些歌唱里面，多少还有一点‘社会’的东西，不被理论家们指斥为‘山林诗’就是万幸了。”艾青有所‘忌讳’并非毫无理由，尽管这一“弥补”的工作不免让人发笑。

那么，艾青让我们在“旷野”中看到了什么呢？1月3日，诗人留下了这样的笔墨：“薄雾在迷蒙着旷野啊……/看不见远方——/看不见往日在晴空下的/天边的松林，/和在松林后面的/迎着阳光发闪的白垩岩了；/前面只隐现着/一条渐渐模糊的/灰黄而曲折的道路，/和道路两旁的/乌暗而枯干的田亩……”与他过去像木刻般具体而深刻的乡村叙说

① 《唯美论者》，《艾青全集》第3卷第103页。

不同的是，展现在人们眼前的是旷野存在的“无边感”，是个人的渺小与无可奈何：“人们走着，走着，/向着不同的方向，/却好像永远被同一的影子引导着，/结束在同一的命运里”；农民的勤劳根本看不到希望，因为它是“徒然而无终止的”，那是无底的“深渊”(《旷野》)。人们在诗里读出的已不是人的生存的悲凉感，而是穿透了这种感受的更加深广的“无以寄托感”了。正如艾青所说的，自回国之后，战争和压迫使他在“长时期的监禁与流浪中”度过了一个个黯淡无光的日子，生活的一连串打击，更把他幻想的泡影碾得粉碎。如果说，《大堰河——我的保姆》在对乡村记忆的追述里还试图挽留住最后的“幻影”，那么，此刻的艾青已经“无所谓希冀”。他记得，去年秋天的某日，他在课堂上给学生讲鲁迅的《野草》，当念到“当我沉默着的时候，我觉得充实；我将开口，同时感到空虚”的句子，心口像是被什么堵住，以至半天说不出话来。自己眼下所遭遇的不就是先生曾有过的“处境”吗？深不可测，然而亦难以言明。半个月后，早春到来，夫夷江上的冰开始解冻，半夜里，尚能听到随流而下的冰块撞击在岩石上“嘭嘭”的响声。《解冻》这首诗里似乎有了些暖意，比如，“每一滴水/都得到了光明的召唤，/欣欣地潜入低洼处”。又比如，远处的“光芒”，亦好像对作者的心有所触动。但在接着写下的一首《愿春天早点来》里，刚刚燃起的点点火星，复又在他的心里熄灭了，他想“穿上芒鞋/去寻觅温暖”，却又怀疑，“对于远方的旅行”是否有把握，不免有“踌躇”。果不出所料，艾青这时更多想到的是，“自然”对于人的“限定”。不久之前，他曾对自己有所检点，末了发现自己，“最不喜欢浪漫主义的诗人们的作品。雨果的、谢尼哀的、拜伦的那些大部分把情感完全表露在文字上的作品，我常常是没有耐心看完的。”[①]并宣称“欢喜莎士比亚”，

① 艾青：《我怎样写诗的》。

对《哈姆雷特》"再三阅读"。"再三阅读"显然起于对"人"实际能量的怀疑,因为相反,在自然与人的关系中,他发现的却主要是前者对后者的"限制"和"决定"。于是,有了《船夫与船》的浓厚的宿命感:

你们的帆像阴天一样灰暗,
你们的篙篷像土地一样枯黄,
你们的船身像你们的脸
褐色而刻满了皱纹,
你们的眼睛和你们的船舱
老是阴郁地凝视着空茫,
你们的桨单调地
诉说着时日的嫌厌,
你们的舵柄像你们的手一样弯曲
而且徒劳地转动着,
你们的船像你们的生命——
永远在广阔与渺茫中旅行,
在困苦与不安中旅行……

结束也是开始,开始又是结束,自然是一个无尽的"循环",循环即是自然对于人的律令。在万事万物的大自然中,每个人至多是一个有缺陷的"环节"。哦,难怪哈姆雷特要这样的踌躇:"活着还是死去?这竟成了一个问题。"也难怪李尔王对爱德加说,"在那一点上,天然是胜过人工的。"在艾青看来,船、船夫的生生死死,旦夕祸福,都早早被纳入自然的循环法则之中了,所以,"你们的帆像阴天一样灰暗",毫无希望可言,"你们的船像你们的生命",最终只能在"渺茫"、"不安"中旅行,没有目的,亦无岸可靠。2月12日,艾青另一首诗《沙》,进一步揭示了对人在“循环”里彻底的虚无状态:“太阳照着一片白沙/沙上印着我们的脚迹/我们走在江水的边沿/江水在风里激荡/我们呼叫着摆渡的过来/但呼声被风飘走了。”当日晚,灯火如豆,韦荧已经睡了。艾青独自坐在灯下,仍未摆脱白天的情绪,一时又无以表达它,于是,摊开稿纸写道:“无论哪条街的尽头/都看到一片山。/暗绿的山,灰青色的山,/环住这乌黑的,暗赭色的小城。”针对辛亥革命的失败和群众的愚昧,鲁迅曾经有过“无主名”的“杀人团”的说法。与鲁迅这一代知识分子相比,大时代、大革命的冲荡不易再使他们陷入鲁迅在补树书屋经验到的孤寂,然而,在大时代背景下不断地做出的一次次的文化选择,则使他们面临着鲁迅的时代所不多见的窘迫。在这里,被“围在”深山之中的生命感受,不过是艾青对自己文化境遇的一种借喻罢了。

1940年2月,国内时局有些像新宁山里乍暖又寒的气候,显得扑朔迷离。从桂林陈紫秋零星的信中,艾青得知桂南战役失利的消息。月初,敌陷宾阳。中旬,蒋介石由重庆飞抵桂林,后乘火车往柳州召集军事会议,在这次被传闻是“桂南会战检讨会”的会议上,会战主将白崇禧受到降职处分。艾青略带讥讽地想,真实情况并非像媒介所宣扬的那样乐观。外界的消息对艾青虽有些触动,但没有影响到他进一步的思考。17日,又作诗《独木桥》,诗云:“在两个环着云的高山相接的地方/在两个山峰突然向下倾斜的下面/在几尺高的芝草的密丛里/横着一根棕榈的树杆/——独木桥连住了两个高山。”身居大山之中的人,大概是已经习惯的缘故,对“危险”这些字眼似乎早就习焉不察了,故抱以坦然的态度。在他看来,这种与自然几乎浑然难分的人生态度是极令人佩服的,然而,在“外来人”的眼里,它竟是那么不可思议;于是,他发现:“旅行的人们从它上面走过/它在半空里微微地抖动/一条百丈深的黑坑/裂开在它的下面/从黑坑的最深处/可以听见悠远的水流的声音”……原来，在所谓“危险”的幻象深处，一种对于人的存在来说也许更本质的东西居然如此平淡、简单和沉静，它只是些“悠远的水流的声音”而已！很久以来的焦躁、不安、烦闷，渐渐地平复下来了。艾青吃惊地发现，“最高的理智的结果”，并非“英雄”出世，却有如不为世事所动的大自然一样，是极其“自然和坦白”的，“比黄昏时情人所说的更温柔，比孩子所说的更天真，比农夫所说的更纯朴”。[①] 据艾青的友人牛汉说，在湘南写下的短诗虽然发表的不多，但他对之一直是情有独钟的。晚年的某日，当牛汉和郭宝臣到北京协和医院看望病中的艾青，并就《艾青作品欣赏》一书的编选询问他的意见时，他对书中“湘南旧作”所占的相当比重“深以为许”，认为是“触及了他内心深处的某些东西的”。[②] 当人们从晚年的艾青身上回到当年的湘南新宁，发现他这时诗风出现了某些不同于抗战前期的“变化”。比如《无题》：“有时我也挑灯独立/爱和夜守住沉默/听风声狂啸于屋外/怀想一些远行人”；又比如《青色的池沼》，在他眼里是那样的“平静而清澈……/像因时序而默想的/蓝衣少女，/坐在早晨的原野上。”比如《农夫》，它不仅仅是痛苦的化身，而早已是土地的一部分了，“你们活着开垦土地，耕耘土地，/死了带着痛苦埋在土地里/也只有你们/才能真正地爱着土地”；再比如《月光》，当月光“把安谧的雾撒下来”，“给我的灵魂以沐浴”时，艾青甚至“温柔地浮起了一种想望/我想向一切的门走去/我想伸手扣开一切的门”……经历了抗战前期激昂与悲怆的情绪之后，艾青的心境为什么一下子由热烈转向了低抑与清幽？个中原因是颇为费解的。更令人深思的是，在西南昆明的另一处“山间”里，诗人冯至

---

① 艾青：《诗人论》。

② 据牛汉 1996 年 3 月 6 日在北京八里庄寓所回忆。

亦同样弹出了暗哑、低徊的琴弦,与仍在洪流般奔泻的抗战诗歌的“主旋律”相比,这样的音色难免显得清涩了些。然而,同为西南联大教授的朱自清先生却不禁为这种在抗战环境里罕见的“山水诗”击节称好。他说,我们可以说“冯先生是在平淡的日常生活里发现了诗”;[①]在仔细分析了冯至《十四行集》的“一八”和“二一”两首诗后,他对诗人精湛的诗艺与深奥的用意更是极尽推崇之词,认为“在日常的境界里体味哲理,比从大自然体味哲理更进一步。因为日常的境界太为人们所熟悉了,也太琐屑了,它们的意义容易被忽略过去;只有具有敏锐的手眼的诗人才能把捉得住这些。这种体味与大自然的体味并无优劣之分,但确乎是进了一步。”[②]并转引闻一多的话说,“我们的新诗好像尽是些青年,也得有一些中年才好。冯先生这一集大概可以算是中年了。”[③]一曲响起,诸多名诗人群起而唱和,尤其值得注意的是,朱、闻二人还着重提出了诗歌写作中的“中年问题”,显然对诗坛为“青年”所垄断的局面以及某种公式化现象,是含有微辞的。艾青对自己的诗则有另外的解释。他认为,这是“作者久久沉于莽原的粗犷与无羁,不自禁而有所歌唱”的缘故,[④]又说,“我很孤独。而我的心却被更丰富的世界惊醒了”。[⑤] 人们不禁会问:对深居于新宁山中的艾青来说,什么样的世界“更丰富”呢?这只能到他的诗里寻找答案了。

然而,艾青不是那种深居山中的“隐士”,三四十年代的中国,没有造就像李叔同这种由南社狂士而隐身佛门的文化土壤。他认为,“每个诗

---

① 朱自清:《诗与感觉》,《新诗杂话》,作家书屋1947年版。

② 朱自清:《诗与哲理》,《新诗杂话》,作家书屋1947年版。

③ 朱自清:《诗与哲理》,《新诗杂话》,作家书屋1947年版。

④ 艾青:《旷野·前记》。

⑤ 艾青:《我怎样写诗的》。

人都有他自己的一个诗神”,他“欢喜”“马雅可夫斯基和着他的诗神以口号与示威运动欢迎‘十六年’的到来……叶赛宁的诗神驾着雪橇追赶着镰刀形的月亮……”二者比较,他对凡尔哈仑人格世界里的深刻矛盾更加“钟情”。在他眼里,凡氏终生都“彷徨在佛拉芒特的原野,又忙乱地出入于大都市的银行、交易所、商场,又在烦嚣的夜街上,像石块般滚过”。他发现,正像凡尔哈仑一样,“自然”与“社会”之间关系的深刻分裂对自己的内心生活亦有着难以想象的“影响”。他更惊骇地看到:自己常常是,一方面写作,一方面又不得不为这种写作辩解。先有“自相矛盾”的《旷野·前记》,继有《为了胜利》这一篇文章的申言,他说:“有人以为我的诗政治性不够,以为我不关心时事。其实我是很关心中国以及世界的时事的变化和发展的,我更以一个中国人的资格,渴望着中国政治的进步。”①这里本身就有一个很有意思的逻辑:因担心他人指责,故反复强调自己的“关心”;但又不肯把这“关心”强调到影响诗的美学追求的程度。于是声明,无意将每天的“时事”,都写成“有韵的报告”。吞吞吐吐,瞻前顾后,终于左右不是。这等处境实在难为了艾青!因此,就在他写在新宁的诸多田园诗中,我们又读到了另一种格调的诗作。3月30日,艾青在《无题》之后作《马雅可夫斯基》一诗。诗中写道:“马雅可夫斯基/永远是/不可比拟的/新人类的代言者,/站立在/智慧的高峰/向全世界/播送/革命的语言,/钢铁的语言;/不灭的,/辉煌的诗章”。适才还沉浸在“莽原的粗犷与无羁”之中的读者,对这种宣言式的诗句难免会感到突然。4月4日,在《没有弥撒》这首诗里,他接着写道:“‘我是最后的田园诗人’吗?/不!/让那个可怜的耶勒善的农民/跟了他的弥撒/到赤杨树的下面去吧!”表示要与叶赛宁“划清界线”。4月5日写《通缉令》,当天

① 艾青:《为了胜利——三年来创作的一个报告》。

又写出《仇恨的歌》,诗云:“我不知道用什么话来唾骂他们/愤怒已淹没了我的心……/总之这是人类中最卑污的一群:/不义者,叛徒,盗匪,败类”——声讨汉奸是没有问题的,也显示了作家的民族良心和正义感,然而,这样写诗不仅违背了艾青一向严谨的艺术态度,亦给人粗俗不堪的印象。显然,艾青创作中的这种“失手”是在意料之中的。他在文章《诗与宣传》中反对粗制滥造的现象,认为:“宣传不只是政治目的的直接反映,不只是粗率的感情之一致的笼络,也不只是戏剧性的效果之急亟的获取”,[①]但在实际写作中,又迁就另一种创作“规则”,于是才有了“戏剧性的效果”,把骂人的话也搬到诗歌里,让诗神充任了街头标语和口号的角色。

艾青思想的矛盾并未持续太久,就像一阵风似地飘散了。他的诗笔又恢复了往日的宁静和沉凝。一天,他与韦荧背着画夹出城来,一为踏青,也顺便画几幅速写,排遣一下冬日里的郁闷。一时来了兴致,他手把手地教起韦荧来。韦荧还是在女子师范读书时学的绘画,几年不动笔,竟有些手生。这时天气已经转暖,云高天阔,青山碧水,为年轻的夫妇之间更增加了一份别样的情趣。于是,一个认真地教,一个带着女孩的娇态老老实实地学,几乎忘却了时间的流逝。这时,从远处山坡上缓缓走来一群牛,它们一边吃草,一边缓慢地向前挪动。艾青曾听人说,当年塞尚、德加等印象派画家在巴黎郊外作画时,也是这番情形,非常注意观察动物的一举一动,力求惟妙惟肖地表现它们的生命状态。这种极其严肃的艺术态度,对艾青产生了很大影响。在诗作《水牛群》中,他试图将最能反映它们特点的形态勾画出来,写道:“巨大而丑陋,/老实而呆笨,/它们散开在那些土墓堆上,/皮肤像泥块一样坚硬,/灰黄的毛稀疏而无

① 《诗与宣传》,《艾青全集》第 3 卷第 77 页。

光。”水牛的模样令艾青想到故乡畈田蒋那些沉默的农民，“它们天真如农夫，/而又呆钝如岩石”。在同一时期写就的《诗人论》里，他对真实的生命发表过这样的看法，说：“健康的灵魂不需遮蔽，他们比肉体的袒露更美”，因此认为，所谓真正的生命，必须是“从生命感受了悲与喜、荣与辱”的。他在肯定了生命的深沉之后，还把质朴视作生命的根据。于是，在《矮小的松木林》这首诗里，松木虽不免“褴褛”，在他心目中却唤起了情感上的共鸣：“被遗忘的松木林！/乞丐般的松木林！/谁来理睬你们呢？/只有我却欢喜你们：/——在我家乡的山背上/也有这样矮小的松木林啊……”或许可以说，在艾青一生的追求中，对生命的赞美始终是其中最为重要的一章，他的诗所以能使人长久地感动，这也是一个不可忽视的“秘诀”吧。

在作画之余，写类似静物的小诗占去了艾青的大部分精力。大概是它们太“静”的缘故，这些诗写出后就搁置起来，基本未拿出去发表。他说，“我确是如一些批评家所说，在同时代的诗人里面，比较的欢喜努力着创造新的词汇的人。我最嫌恶一个诗人沿用一些陈腐的烂调来写诗。”对这些诗所以写得很慢，他还有一种解释，说：“我常常避免用生涩的字眼和语句。我在诗里所花的努力之一，是在调整字与字之间的关系，调整语句与语句之间的关系。”[①]这显然是一个托辞。在对“与抗战无关论”的一片声讨声中，艾青自然明白它们的“不合时宜”。在文艺观上，他不赞成梁实秋、沈从文等以永恒性取代文学的抗战主题的主张，但又不肯加入任何一个阵营，尤其不愿意打一些文墨官司。在他心目中，一个作家写作的价值远远超出于他的宣言，而作家的天职即在于深刻地揭示生命所应该包含的最大意义。这些看似“静物”的小诗，实际的用心

---

① 艾青：《我怎样写诗的》。

远非在这种形式上。在《灌木林》里,艾青思索着"静"对于人生的意义:"当太阳还没有从山头出来/灌木林,茂密的灌木林/绵展在那/绵亘的大山的下面",然而,静寂不是沉寂,而是深深地包蕴了对生命的渴望,"一切繁杂的音响,/都在唤呼着那/此刻刚投射下来的阳光……"正像艾青诗作中频繁出现的"太阳"的意象一样,它是对生命的礼赞,但其中也有深刻的忧虑。因为,强烈即意味着短暂,在"绝对"之外,必然与悲剧相伴。某日,他在夫夷江边驻足良久,见两只水鸟上下翻飞,情景颇动人,一时竟有些忘神。小鸟的姿态引起了他对生命的感慨,他甚至有点嫉妒它们的"自由"。突然,从江上某只船舱里传出枪声,其中一只鸟的翅膀猛地颤了一下,眼看就要坠落,顷刻之间,又奋力逃走了。这件事让艾青震惊,回家之后,立即作《水鸟》一诗,以作记述。恍惚之间,艾青感到受伤的不是这只鸟,而是自己,"另一只挣扎在受伤的痛苦里/它的翅翼无力地拍着水面/又迷乱地飞了几圈/才慢慢地向上举起/终于朝江岸的岩石/与从林间飞去……"——四十年后,刚刚平反不久、初访欧洲后的艾青写下散文《怀念天山》,这篇文章无意中为当年的小诗做了最好的注脚。他写道:

天下的名山大川很多,唯独天山和我的关系最深。最近我坐飞机从欧洲回来,在飞越中亚细亚之后,我问航空服务员:"什么时间到新疆?"我的目的是要从高空看天山。临到国境线上,我从一万米的上空看下界的万重山,时间是早晨,天山的雪峰映着初阳,像大海中的万顷波涛奔腾而过……

……我就曾经在这茫茫无边的群山的脚下生活了十六年,占我的生命的四分之一的时间,今天我看到它,怎能不激动呢?①

命运无法预测,然而可以想象。飞临天山的艾青就是当年那只受伤的水鸟。水鸟受伤时,只能痛苦地"唧唧"哀鸣,而人是高级动物,会说话,况且有思想。所以,这篇文章又怎能表达艾青内心深处的剧痛于万一呢!大山,是艾青人生的渊薮!此刻伏在书桌的艾青,对那只不知飞向何处、生死茫然的水鸟。寄寓了深深的同情。在他想象之中:"此刻/它在岩石的隙缝间/用自己的嘴抚自己的创伤/在寂寞的哀鸣里/期待着伴侣的来临。"不久,又作《鸫》。鸫是新宁山里一种常见的鸟,毛呈淡褐色,喜鸣叫。每当艾青在案头批改学生作业或写作时,鸫常在屋檐上鸣叫,对他有所触动:"你的歌声清新而委婉/圆润如花瓣上的新露/悦耳如情人的话语/给我这阴暗的房子/流注了草木的香气。"然而,令人遗憾的是,它"却飞走了"。这首诗反映了艾青半明半暗的心情,究有何指,却很难稽考。但远处春耕的忙碌景象,却不时地映入他的眼帘,山上"嘭嘭"伐木的声音,更预示着春天的到来。于是,接着有《初夏》一诗。在他眼里,大自然的"一切都如此调协——/碧蓝的天与软白的云层下/排列着一行行的松林,/松林的空隙处/现露着反映着阳光的绵亘的远山。"这种散淡和自如的气氛,使他念及故乡的种种旧事,"褐色的渡船,/停歇在江边/人们从船里/搬出了褐色的油饼"。他记得幼时跟母亲去义乌外祖父家,一路上经常可以见到眼前的景象。平民的生活大约是不会有什么大波大澜的,平平淡淡地活着,平平淡淡地死去,全然没有文人所感慨的东西。或者说,即使有,他们亦是完全意味不到的。艾青发现自己竟有些羡慕这种"活法",但很快也意识到,也许是像通常的士人一样,老庄的隐

---

① 《怀念天山》,《艾青全集》第5卷第287页。

逸思想又在自己身上作怪吧。

正像艾青在致常任侠的信里所说，在新宁日子一久，他心里又有了“想走动”的念头。先前平静如水的心情，似乎起了连他自己都不曾觉察的涟漪。因此，田园小诗由渐渐稀少到终于没有——这却是“久久沉于莽原”的他没有想到的。

九　“给我一个火把”

1940年12月14日，已在重庆的艾青在文章《为了胜利——三年来创作的一个报告》里，谈到长篇叙事诗《火把》的写作。他说：“今年5月初，我写了《火把》，这可说是《向太阳》的姊妹篇。这是我有意识地采用口语的尝试，企图使自己对大众化问题给以实践的解释。”①这是他第一次涉及《火把》的写作日期。1994年，在艾青去世的前两年，主要是由他小儿子艾丹编辑的《艾青全集》(五卷本)付梓出版，在第一卷《火把》最后一行诗下面，注明它的写作时期为“1940年5月1日—4日”。

然而，据这首长诗的第一位读者韦荧说，它确是5月1日至4日所写，但不是传言所说“写于新宁到重庆的路途”，她认为这是艾青回忆有误造成的。《火把》是在新宁完成的全稿。② 在晚年，当艾青的头脑还较清楚的时候，也承认它“是作于新宁”。③ 当年他有过记述：“《火把》的写作，发意于1939年7月间，正是抗战二周年纪念的时候，动笔写却在十个月之后——那是说它在我的心里已孕育了十个月。但写作的时间只

① 艾青：《为了胜利——三年来创作的一个报告》。

② 据韦荧1996年4月10—28日回忆。

③ 周红兴：《艾青研究与访问记》第299页。

有四天，写成后改过两次，重读四五次。”[①]又据韦荧说：“1940 年 4 月末的一天晚上，我与艾青出外散步。当时新宁县城的老百姓因为穷，也因战时煤油奇缺，夜晚家里照明用的都是松明。那天晚上天气很好，所以家家点起的松明汇成了一片火把的景象，非常壮观。它们触动了艾青的想象，让他很激动。”[②]当时，长江中上游的咽喉宜昌一带战事已紧，该城一旦陷落，内地从水路到重庆的主要通道就将被日军掐断。因此，重庆的朋友纷纷来信催艾青西迁，时在《中苏文化》杂志任编辑的葛一虹甚至预先寄来稿费做盘缠。经过大半年的“蛰伏”，“命运”又一次把艾青推到了“三叉路口”，而命运深处的那个“棒槌”，此刻已在他的心头敲响。这一激动、迟疑、兴奋、混乱的情绪，在《火把》里得到充分的宣泄，长诗的开头就有一段很有意思的人物对话：

“唐尼，时候到了
快点吧”

“李茵
你坐下
我梳一下头
换一换衣
…………
你看我的头发
这么乱

① 艾青：《关于〈火把〉》——答壁岩先生的批评》，1940 年 10 月 12 日《新蜀报》。
② 据韦荧 1996 年 4 月 10—28 日回忆。

我的梳子
哪儿去了?”

这是长诗中的两个主要人物唐尼和李茵参加一次火炬游行大会之前的对话。据阳太阳说,唐尼和李茵的形象里有桂林某些女性如高灏等的“影子”,艾青试图写出几位年轻女性在革命与恋爱之间极其矛盾的心理,以及在“大时代”背景下的特殊情绪。从对话可以看出,“快点吧”的催促里是包含有那个时代紧张、热烈、盲目的特殊气氛的。“头发”、“梳子”、“这么乱”等字眼是很具女性生活的特征的,两相交叉在一起,把三四十年代青年渴望加入时代洪流、但又缺少充分的思想和心理准备的种种形态和心态都呈现了出来。在一定意义上,它无意泄露了艾青在赴重庆之前心灵的“隐密”。艾青承认《火把》的写作受到 1939 年夏桂林那次火炬大游行的触动,他在谈到诗的主旨时说:

> 是那样的一种场面,绵延不断的群众为火把感奋着,一阵口号,一阵歌唱……致使我感动得在眼眶里蕴含着泪水。很快的,我的全身被一种“东西……一种完全新的东西”所袭击,像背负了被射中的箭的野兽,背负了这东西回到住所里。这“东西”是什么呢?这我曾花了千行诗的篇幅写的“东西”是什么呢?
>
> 群众的行动所发挥出来的集体的力量,群众本身所富有的民主的精神,群众的不可抗御的革命精神。《火把》,这个千行长诗,歌颂的就是这种正在无限制地扩张着的“力量”和“精神”。
>
> 《火把》歌颂的是光明;
>
> 《火把》写的是全民族争取光明的热情和意志;

《火把》写的是“火的世界，光的世界”；

《火把》写的是光明如何把黑暗驱赶到遥远的荒郊的故事；

《火把》写的是照着我们前进的“火把”。①

但也承认，长诗中的三个人物都有各自“复杂的心声”，而有些恰恰是“火把”照耀不到的，他说：

唐尼是柔弱的。是一个“渴求着一种友谊……我把它看作一辆车子，使我平安地走过生命的长途……”的女孩子。是“一株草”。火炬游行对于她是一种太可怕的激动。而她的“失恋”却正在激动的一夜。“这一夜，我好像很清醒”。但愿李茵的话，在这样的夜里对她会有帮助。帮助她“清醒”，帮助她能稍稍坚强一些（而作者也曾在一个读者对于李茵的话感动得流泪一事得到验证了）。但是，唐尼决不会明天一天亮就革起命来的。她们许给自己的心愿是“会好起来的”，“会坚强起来的”，她不过希望自己“把高尔基的《母亲》先看完”。

……李茵是比较的坚强的。她经历得多一些。她吃过苦。由于一些与时俱来的刺激和经验所给予她的悲哀，她可能在短时间里嫌恶“恋爱”的——但也决不会否定“真的恋爱”。她所说的“我才知道世界上有比家属更高的感情”，就是一种同志爱。这里，作者在写作时就已隐伏了她对于恋爱在现在所取的态度。

……

克明是一个正在变好的青年，“工作很努力”，所以李茵劝

① 艾青：《关于〈火把〉——答壁岩先生的批评》。

唐尼不要去阻碍他。因为唐尼那样的“友谊”是可能阻碍工作的。作者相信,唐尼经了这一夜,不会再像过去那样地纠缠克明,即使仍旧爱克明,也会用另外的方式去爱了。这里,我们应该记得起李茵的话:“你如果真的爱他,难道应该去阻碍他吗?”这不是作者的什么“先革命后恋爱”,或“要革命舍恋爱”的恋爱观。[①]

然而,在作品的主要人物唐尼身上,亦分明深深留下了艾青与韦荧之间生活的痕迹。在十六节“忏悔一”,艾青交代唐尼的“身份”时写道:“本来,一个商人的女儿/会有什么希望呢”;又涉及韦荧从家乡外出逃难的“经历”:“前年9月底,我和母亲/从汉口出来,在难民船上/认识了克明,他很殷勤/……不要说起这些吧/这都是我太年轻……”;并暗示了韦荧当时的年龄——“十九岁”。[②] 如果以艾青“不是因爱与韦结合”以及韦荧1939年冬“曾萌动过离开艾青、打算去投奔参加新四军的同学”[③]的说法为线索,那么,可以发现,实际到写作《火把》的1940年5月初,两人之间的关系仍然是有些“麻烦”的。在《为了胜利》这篇文章里,艾青曾说过,在诗歌写作中“我不隐讳我受了象征主义的影响”。[④] 这些材料显然说明,这首在他心里酝酿达“十个月”之久的长诗,是对他近一两年来痛苦生活的一次绝好的总结,虽然它采用的是一种“诗的象征的手法”。因此,在诗里,人们读到了这样一些句子:“你在哪里?你在哪里?/这么大的地方哪儿去找你呢?/这么多的人怎能看到你呢?/这么杂乱的声音

---

① 艾青:《关于〈火把〉——答壁岩先生的批评》。

② 据韦荧说,她父亲叫张自英,是常州开铺子的,故作品里有“一个商个人的女儿”之说。

③ 据韦荧1996年4月10—28日回忆。

④ 艾青:《为了胜利——三年来创作的一个报告》。

怎能叫你呢？/我举着火把来找你/你在哪里？你在哪里？/今夜多么美，你在哪里？/你在哪里？我的脸发烫/我的心发抖，你在哪里？/……我举着火把来找你/无论如何，我要看见你啊/我要见你，听你一句话/只一句话：'爱与不爱'/你在哪里？你在哪里？"如前面所说，当艾青得知韦荧欲离他而去，曾有种被人抛弃的感觉。他在屋前池塘边徘徊至深夜，心肝欲裂，极其痛苦。上述诗句，正是他心底迸出血丝的嘶喊。在诗里，他不过是借唐尼之口来发泄内心的剧痛而已。据韦荧说，《火把》是先写出很多不连贯的片断，然后，才在这个基础上一气呵成的。往往是写成一节后，艾青就操着家乡话朗诵给她听，有不满的地方，马上就改。有时，即使在深夜，他也把韦荧拉起来听他朗读。在艾青与高灏和韦荧的关系里，彼此都因爱受到了很深的伤害，于是，我们又读到："唐尼，我在火光里/看见了你的眼泪/唐尼，这样的夜/你不感到兴奋吗，唐尼/唐尼，你不应该/在大家都笑着的时候哭泣/唐尼，爱情并不能医治我们/却只有斗争才把我们救起，唐尼"。显然，在艾青这一代知识分子看来，"斗争"和"革命"是能够解决一切人生的难题的，也包括情感问题："这一夜/我懂得这许多/这一夜，我好像很清醒/我看见了许多，我更看见了/我自己——这是我从来都不曾看见过的"，"我知道我是错了……"所以，无论忍受着多大的痛苦，受到怎样感情的煎熬，在"光的队伍，火的队伍"的面前，都是可以做出让步、做出牺牲的。艾青思想中这一"逻辑"，对他一生的为人和写作都产生了深远的影响。

读《火把》亦不难看出，高灏的"影子"时常出入于诗句之间，深深折磨着艾青。他事后听说，在拒绝了自己之后，高灏的生活也连遭不幸。桂林撤退后，她随夏衍等人转至香港，由母亲作主，嫁给一个江西籍的富商。但高灏并不爱丈夫，一直郁郁寡欢，终至精神失常，经常在大街上走失，又被人寻回，年纪很轻即病逝了。这个消息，曾使他深受震动。他惋惜心爱的人的早逝，更痛惜她软弱、天真的性格在这个时代的不合时宜，借唐尼之口，这种怜惜之情溢于笔端：“这些年每到春天，我便/常常流泪，我不知我自己/是怎么会到世界上来的/今天以前，我看这世界/随时都好像要翻过来/什么都好像要突然没有了似的/一个日子带给我一次悸动/生活是一张空虚的网/张开着要把我捕捉/所以我渴求着一种友谊/我将为它而感激一生……”由此，他想到的是，“这时代/不容许软弱的存在/这时代/需要的是坚强/需要的是铁和钢/……这时代/像一阵暴风雨/我在窗口/看着它就发抖/这时代/伟大得像一座高山/而我以为我的脚/和我的胆量/是不能越过它的”。就在十四年前，艾青同样经历过一个大时代，目睹了金华七中学生领袖钱兆鹏的被杀。在《我的父亲》里，留下他的这段“经历”的记述：“1926 年/国民革命军从南方出发/经过我的故乡……/革命像暴风雨，来了又去了。/无数年轻英勇的人们，/都做了时代的奠祭品，/在看尽了恐怖与悲哀之后，/我的心像失去布帆的船只/在不安与迷茫的海洋里飘浮……”感同身受，兔死狐悲，更何况是自己梦绕魂牵的爱人！去年春夏之交，正是艾青“热恋”高灏之时，种种旧情，不禁纷纷呈于眼前。他记得，高灏喜欢在朗诵会上朗诵他的诗，也许，正是诗里面涌动着的青年人的忧郁和激情深深打动了她吧。艾青感到，这首诗的某些部分就是写给高灏的，他甚至觉得是在对她“说话”：“天真是没有罪过的。/我们认识虽只半年/但我却比你自己更多的了解你/我看见了‘危险’/已隐伏在你的前面。/它已向你打开黑暗的门/欢迎你进去/不，从你身上我看见了我自己”。更确切地说，这是一种茫然若失、不知所措的心灵的感受。艾青说：“在战争年代，人们流离失所，到处漂泊，谁也不知道自己将要到哪儿去。”但他又渴望有一种力量能引导自己，走向另一新的世界：“李茵/你是我的火把/我的光明/——这阴暗的角落/除了你/从没有人来照射”，这该是一种怎样矛盾的心境！

重庆是艾青希望去的，但那里人事之复杂却未可逆料，他亦不想让自己陷入其中。去年12月中旬，他在致常任侠的信里透露过这种意思，表示“很想到重庆住一阵”，今年3月3日，在写给靳以的简札中则说：“我自去年9月间辞报馆编务，来此任教，本打算教一学期就去，奈此间坚留，只得再住下了。”去或留，意思是闪烁不定的，一时也难做决断。无可否认，“火把”是艾青这一代人精神生活的大背景，对他与他同代人来说，如果过一种没有火把照耀的生活，几乎不可想象。正如唐尼对李茵所说：“那真是一种奇迹——/当我看见那火把的洪流摆荡的时候/的确曾想起了一种东西/看见了一种东西/一种完全新的东西”……艾青称它是“集体的力量”。

据阳太阳说，艾青对时代的本质内容是极其敏感的，然而奇怪的是，他却是个对政治不甚感兴趣的人。在一篇文章里，艾青说;“我写作，写作，第三个还是写作——人生在我的活动里显得多么简单。”而危机在他来说不是别的，而是对“自己的写作生活起了怀疑”。直到晚年，他还对人说过不后悔因写诗而放弃做官的话。又据艾青说：“这两个人物形象（笔者按：指唐尼和李茵）是依据一个我熟悉的女青年创造出来的，但是并不等于所写的事情都来自于一个人。”①显而易见，他是在时代的大背景下，完全是从个人的独特体验出发来写作《火把》的。那是时代与个人生活的“双重变奏”，在洪流一般滚动着的旋律里，亦裹挟着他自己的略显犹疑与疼痛的声音。一方面是：“你在哪里？你在哪里？/这么多人没有一个是你/这么多火把过去都没有你/这么多火光照着的脸都不是你/我举着火把来找你”，举着“火把”苦苦寻找一个或许永远不会见到的人，是颇耐人寻味的；既然“火把”据说能解决一切人生的苦恼问题，那么，还

① 周红兴：《艾青研究与访问记》第318页。

“举着”找什么呢？我们似乎触摸到艾青内心深处一种半明半暗的东西了，但又不知如何表达这种感受。为什么会写《火把》这样的诗，艾青回答说：“我这是受了《圣经》中《雅歌》的影响才这样写的。《雅歌》就是歌中之歌，最高级的歌的意思。”[①]人们会问：那么“歌中之歌，最高级的歌”代表着什么呢？显然，它不是艾青在文章里所要“表白”的东西。另一方面，在抽象的深思之外，艾青也极其渴求得到一种更具体的感受，在下列诗句中，他热切要求：“快些去，快些去，快去/去要一个火把……/给我一个火把！……/你们看/我这火把/亮得灼眼啊……”在一个需要不断表白的时代里，我们无法挑剔艾青的这一“声言”，相反，倒觉得在一瞬间深深理解了他……

完成《火把》不久，艾青即与韦荧离开了新宁。为不惊动其他人，他只与阳太阳等告了别，然后登上了去邵阳的小木船。据阳太阳说，艾青走后的一天，他原来的保姆来找阳，称艾青给的钱不够，她养不起这个孩子。没办法，当时也在衡师任教的戏剧家陈卓尤夫妇收养了孩子。[②] 艾青事后听人说，陈卓尤夫妇后来把孩子带到了桂林，但长到五岁多时死了。他与张竹如之间的唯一联系，彻底断了。

---

① 周红兴：《艾青研究与访问记》第318页。

② 据阳太阳1996年5月7日在桂井寓所的谈话。

第七章　动荡的岁月[三](1940.6—1941.2)

一　亡命重庆

对1940年初夏的由湘赴渝，艾青在著述里鲜有记载。结束山居生活，再次回到动荡不宁之中，对于他是既怀着兴奋，又不免困惑和惶然的。韦荧的回忆，为我们了解艾青沿途的生活和情绪，提供了十分难得的材料。她说："我和艾青大约是5月中旬前后离开新宁的，当时走水路安全，但弯路较多，曲折而且艰苦，至今想来有一种'亡命'的味道。刚开始，是从夫夷江乘小木船到邵阳，再从那里转道长沙。我们手里只有葛一虹寄来的一点钱做盘缠，而路上估计最少也得一个月光景，钱是否够用，实在是一个问题。所以，虽然沿途风光宜人，艾青却无心浏览，心情始终不算很好。船上吃食也挺糟糕，每当开饭时，船老大着人为每个人盛一碗米饭，上面铺一层辣椒，碗是黑污的木碗。目睹此景，便没有了食欲。在逃难路途，人是毫无选择可言的。艾青缄默的时候多，看着缓缓退向后去的两岸，一言不发。”①

湘西一带水源充沛，江面宽阔些的是资水和沅江，与两者比起来，夫夷江并不著名，因河道较窄，通常都是小船行驶，且走的是上水，速度极慢，新宁距邵阳不算太远，却要花一两天时间。时值5月，天气已经转暖，但梅雨季节却是令人讨厌的。如果有雨，艾青只好撑着伞，呆坐在船舱。江面上迷濛一片，颇有一些畈田蒋春末的情形。他记得，5、6两月在故乡也是梅雨季节，每当细雨连绵，雾也是要起来的，所以有“烟雨”的说法；有时雾气大一些的时候，走在田埂上目光仅及三四步远，若对面恰好有人，需干咳一声，免得撞个满怀。当地还有“立夏前，种半田”的农谚，对贫苦佃户来说，却感到极其快活，因为农忙，吃食便大为改善……种种旧人旧事，每当这时，反而愈加地清晰，令艾青心里泛起一阵阵隐痛。

船到邵阳，他和韦荧没敢停留，便换上驶往长沙的大船，匆匆离开。该地民风凶悍，土匪如织，在整个湖南是出了名的。在船上，艾青听湘籍乘客说，过去每逢新官上任，都要大开杀戒，杀一批人头显示政绩的。离任时，匪帮不仅凶焰丝毫未减，反而更加猖獗。故本地人开玩笑说，土匪的头是割不完的韭菜，越割长得越快。与新宁比较，邵阳算是一个稍大些的码头，人也显得刁顽许多。船上的铁锚尚未提起，小贩拎着甘蔗、鸡蛋四处叫卖，如听你操着外乡口音，便强劝购买，艾青怕生事端，心里尽管气愤，还不得不买上鸡蛋若干，算是给了面子。韦荧在吴越长大，从未见过如此匪气十足的情形，心里一直打鼓，后悔不该走这水路。其实，“青皮”并非湘西才有，据说，1901年夏，当周作人应大哥鲁迅之召赴南京求学，途经上海时，就曾领略过这些人的“厉害”：同行的沈某被人扒去

① 据韦荧1996年4月10—28日在北京三里河寓所的谈话。

一个包裹。后来,他听人说,上海的流氓、扒手是有帮会的,他们对旅客或暗偷,或明敲竹杠。除本地人,这帮人中以苏北一带为多,凡行路人提起"江北流氓",无不痛恨,但也甚觉畏惧。即使在晚年,八十老翁周作人回忆及此,还"心有余悸"。[①] 一路上的"奇闻",更给了艾青一种悲凉彻骨的"乱世之感"。与新宁山地的质朴、宁静比较,眼前乱哄哄的世界,判若天地之别。然而,人在途中,亦算无奈,只得听之任之了。

从邵阳到洞庭湖,走的是资水这条江。资水在湖南算上是一条较大的江河,下游由湘西的武冈附近开始,然后蜿蜒数百里,进入湘北的洞庭湖,一路波涛汹涌,气势不凡。从邵阳上船,途经冷水江、新化、益阳等大小数十个城镇,路途备尝辛苦。因买不起舱位,只能席地而卧,地板上铺上一层毯子,算是临时床铺。事隔五十六年,韦荧对当时她和艾青困顿的情状仍记忆犹新,她说:

> 船上的生活与乞丐无异,总是有一顿没一顿地吃。吃食中什么都有,乱极了。因身上带的钱少,怕用不到宜昌就完了,所以极其简省。那时,船上小贩卖的东西数米饭和红辣椒最便宜,可我和他是江浙人,最怕吃的就是辣椒,又不得不吃,那份难受劲就别提了。艾青吃饭时,总是皱着眉头,一边用金华话说:"这辣虎儿,像臭丸啊!"是说碗里的辣椒,就像吃樟脑一样的难受。因这个船每逢小码头都停,沿途贩运鱼虾大米的,走亲戚的庄户,逃难的难民,什么人都有,成员十分复杂。船停靠码头,若在白天倒还没事,假如是在深夜,人就更苦不堪言。往往是水手的哨子"嘟嘟"地一吹,上岸的乘客立即涌向出船口,

---

① 钱理群:《周作人传》第78、79页,北京十月文艺出版社1992年第2版。

> 因天黑人多，秩序混乱，人们又性急得很，躺在地上的人感觉像有很多人的脚从头上迈过去，睡着的人被吵闹声猛地惊醒不说，弄不好，身体还会在混乱中被人踩上几脚。艾青被惊醒后，有时索性就站起来，一夜之间如果有这么两三回，觉就别想睡了。一路上，基本都是这种情形。①

这种状况，从胡风的回忆里亦可窥见一斑。就在一年多之前，“11月10日12时多挤上了一只大水船。大哥挨了一个兵士一巴掌，我自己几乎被一位军政部先生的皮带所打。看着大哥一人匆匆下船，只说了一声‘到重庆即来信’，就低着头赶快走了。我们如果有时间再说什么话，一定会抱头痛哭的……船停在江心，想上船的人多得很，划子在江心乱作一团糟，天又下着小雨。划子好容易才靠到船边，由划子上去翻过船栏杆才挤上大船。M和孩子也是这样上去的，真是危险得很。”②对于艾青和韦荧，最头痛的是“吃”和“坐船”的问题。细心的韦荧在临上船之前，买了一大块腊肉，代替辣椒做了他们的菜。这样，每顿饭只需买些白米饭来，再割下一点腊肉就着吃，“吃”的危机算是解决了。接着是坐船的“资格”问题。据韦荧回忆，因手头太紧，买不起邵阳到重庆的通票，只好在船上的茶房手里私购两张“黄鱼票”。在当时，这种票属于非法的黑票，可以上得船来，但经不起船上船员的检查，这使得他们一路提心吊胆。可能因战时手头拮据买不起票者居多的缘故，船方一路查票十分频繁，弄得人心惶惶。他们在距一层船的机房不远的一个角落，给自己找好了“隐身之处”，每见楼梯口人群骚动，迹象不对时，艾青和韦荧就马上

---

① 据韦荧1996年4月10—28日在北京三里河寓所的谈话。

② 胡风：《重庆前期》，《胡风自传》第109、110页，江苏文艺出版社1996年版。

起身转移到“隐身处”躲避风头，待查票结束，再从里面回到原来的地方。对这一“狼狈”经历，艾青虽未在文字里记述，在晚年倒常向人念及。因为没有“资格”乘长江轮，自然无形中便被取消了上岸的“资格”。当船到达益阳、岳阳、沙市、宜昌各个码头时，他和韦荧只有“望岸兴叹”了。与胡风、梅志的可以“翻栏而过”比起来，“蜗居”舱底十余天的滋味就更难受了。

既然无处可去，干脆就蒙着头睡觉，不理会周遭的烦乱。这一着果然有效，往下的日子虽极无聊，倒却是省心的。不几日，重庆就到了。船靠朝天门码头，艾青在船舱口一望，只见四周笼罩在大雾里，什么也看不见，他心想，等待自己的将是怎样一种命运呢？自然没有人能回答他。

二　在轰炸的日子里

因无钱住旅馆，到重庆当天，艾青和韦荧先在临江门横街三十三号的中华文艺界抗敌协会借住。临江门沿嘉陵江到大溪沟、牛角沱，算是新市区，自国民党迁都之后，大批政府机关云集于此，这一带迅速繁华起来。据说，这栋房子是徐悲鸿的夫人蒋碧微为“文协”物色的。文协总务部主任老舍见地段不错，便租了下来。于是，临江门横街三十三号既成了文协办公场所，也是内地来往作家的下榻之处，同其他人一样，艾青夫妇亦为老舍为人的诚恳所感动。初到时的好心情，还与这所房子有关。因临江的缘故，天气略晴时，在窗口可眺望帆船往来的嘉陵江，早晨起来，阵阵清新的微风吹来，仿佛有置身某处山间别墅的感觉。

然而，这只是诗人的幻觉。整个5月份，重庆都处在日军飞机的大轰炸里。艾青到这里的次日，刺耳的警报就拉响了，他立即与同住一起的另外三个人躲进附近的防空洞。艾青发现，与桂林相比，重庆的防空洞要坚固得多,沿着洞壁里放着两排小木椅供人就坐,中间留出的一条路尚可走人,但从洞外惊天动地的爆炸声辨认,炸弹破坏的规模显然大大超过了桂林。半个时辰之后,待艾青走出防空洞,被炸的"文协"已面目全非。在不久之后写的文章《炸后》里,他对当时的情形作了非常逼真的追述:

> 走过了狼藉着电线杆子与电线与瓦砾的十字街口,我们来到我们居住的地方。
>
> 房子被震坏了,但它还站立在那里。到处都是土灰,灰蒙住了任何一个角落。我们很小心地走着楼梯,这楼梯的扶手被房子痉挛的时候撕断了,颓然倾斜着;楼梯的踏级上,堆着天花板坠落来的石灰的破片与碎块与粉末。我们走上了二楼,我们走上了三楼。我们隔壁房子里的人已比我先回来了,他们正在他们的房子里,很困难地打扫着石灰堆。我们的房门被震开了。一切都改变了位置,一切都被压在灰里。弹片从墙上进来,洞穿了天花板出去。窗子上的玻璃完全被打碎,撒满了房子。房子中间的电灯,挂下来,一直到地板上,那乱结着的电线,像一束从地上抢起的鸡肠,涂满了灰。四面的墙上是弹孔,地板上也是弹孔,有几处被压塌了,满地板堆的是石灰和泥土和瓦片和玻璃……我们从石灰和泥土和玻璃的堆积里,寻着了友人的信件,我们所爱的书籍和稿子。在那些稿子上,几乎是一律地写着对于日本军事法西斯的嫌恶和对于中国反侵略战争的赞美。在那些稿子上,几乎全部是对于暴力的鄙夷和对于反抗的崇敬。在那些稿子上,几乎全部是火一般的句子,中国的诗人就每日用着这些句子去烧起中国人民比火

> 更粲然的仇恨，去摧毁一个企图灭亡他的敌人——日本法西斯的强盗。①

艾青不禁愤慨起来了，但很快心里又涌起一种国破家亡的情绪来。对他来说，“国破”如果说是比较抽象的，而“家亡”则更有种透入骨髓的悲凉感，那是只有到了无处栖身地步的人才会品尝到的一种刻骨铭心的人生感受。据说，一年多前刚到重庆的胡风，亦曾饱受过“无房之苦”。他先被朋友介绍到磁器街处于闹市的小旅馆永华旅馆，后因“太嘈杂没法工作”②、女儿被老鼠咬破耳朵，换到友人周壁光一间放杂物的小房子里栖身，接着因城里轰炸太多，于次年 6 月搬至北碚乡下的黄桷镇，最后租到两间小屋，才算安顿下来，时间竟达半年之久。他回忆说：“在重庆有了工作，我就更积极找房子了。托了好些个朋友，都还没有回话……我们经过这一段艰苦的逃难，虽然住定了，但是，过年的心情是提不起来的，连一点新气象都没有。”③

对艾青来说，难以忍受的还不是连日的轰炸，而是在不断的转移中写不成东西。《火把》已被编《中苏文化》的葛一虹拿去，给了二百光洋稿费。重庆的生活书店老板继而找来，希望他把写于新宁的作品交该店出版。这对沉闷的生活，自然是一种安慰，然而，对解决写作的困难却无济于事。这种抑郁的情绪，在 6 月 5 日写的《〈旷野〉前记》里多少有所反应。一方面，他在“前记”中称，这些诗“均系作者在西南山岳地带所作”，对一草一木曾“寄以真诚”；另一方面，则担心会“被理论家们指斥为‘山

---

① 《炸后》，《艾青全集》第 5 卷第 34、35 页。

② 《胡风自传》第 116—133 页，江苏文艺出版社 1996 年版。

③ 《胡风自传》第 116—133 页，江苏文艺出版社 1996 年版。

林诗’”。[1] 对这些诗在重庆的环境中命运究竟如何，显得并不自信。然而，这种状况很快就被日军飞机的狂轰滥炸扭转了过来。6 月上旬，丧心病狂的日本人见对兵工厂、军事机关的袭击未能奏效，于是模仿德国军队全面轰炸莫斯科的做法，企图借对民用目标的大面积轰炸，在根本上动摇中国军民的抗战决心。这一下可苦了平民百姓，那些用竹竿为墙，敷上泥巴凑合住在简易窝棚里的难民们，更是苦不堪言。飞机一炸，草棚便立刻燃起大火。人们潮水般的往城外逃难，其中，被炸弹击中、或被弹片横扫的不计其数。轰炸一过，街道上哭声一片，父找子，子找母，或是在死人堆里扒来扒去者甚多，景况惨烈。目睹眼前的场面，艾青自忖，唯一能表达愤怒感情的，只剩下手里的这管笔了。6 月 11 日，是一个大雾的日子，就着小旅馆里昏暗的灯光，他写下了诗《抬》。作品低沉舒缓，情调黯然："这是一个妇人/她的脑盖已被弹片打开/让她闭着眼好好地睡/让她过一阵能慢慢地醒来/让我们抬起她送回她的家/让她的家属用哭泣与仇恨安排/这是一个服务队的队员/灰色的制服上还挂得有他的臂章/你们认识他吗——他的脸已蒙上了土灰/无情的弹片打断了他勤劳的臂/请你们让开，请向他表示悲哀/他已为了减少你们的牺牲而被残害。"三天后，艾青又闻讯德军攻陷法国巴黎，不禁大骇。报纸上一行字跃入眼帘："柏林 14 日下午 6 时海通社急电，据官方公告，‘德军今晨已正式入巴黎’。"当日，他立即作《哀巴黎》一诗，悲愤地写道："红白蓝的三色旗/卸下来；/代替它而飘扬于/塞纳河畔/龚果德广场上的/是缀着黑色卍字的血色的旗。/于是塞纳河的水/将无日夜地呜咽着，/缓流着/一个都市的沦亡的眼泪……/于是庄严的大厦倾倒了；/随着倾倒的/是刻有‘自由，平等，博爱’的/宽大的门额……"在艾青的心目中，巴黎的

---

① 《〈旷野〉前记》，《艾青全集》第 3 卷第 104 页。

陷落是与自由、平等的丧失取同一意义的，是人类社会的大不幸。这些年来，他始终是把巴黎当作文化的故乡来看的，在那里不单有他青年时代的梦与幻想，更有他对人生和艺术的基本态度。侵略者可以攻城掠池，烧杀奸淫，但却不能夺其志、占其心，一个民族的毁灭首先是文化的毁灭，那么，法兰西人是怎样的表现呢？“善良而正直的/法兰西的人民啊/终于流徙了/扶老携幼之难民/……犹如一极伟大之长蛇，/蜿蜒不绝……/而我所哀伤的他就是你们啊……”在重庆，艾青仿佛望见他的那些法国朋友也走在这漫长的逃难的队伍里……在大轰炸的日子里，艾青一直在等待朋友们带来的消息。胡风已搬至北碚，未见他的踪影。虽然陶行知已聘他做育才学校的教员，因房子没有落实，只好在城里苦等。所幸有热心的以群在前后张罗，据说，不久可迁居乡下，问题总算有个眉目。

三　在北碚育才学校任教

一日，以群从北碚过来，告知房子已找好，先在林语堂的小洋房借住，然后再设法租房。据韦荧回忆，以群原为艾青在苏州反省院的“狱友”，早就认识。他曾是共产党员，出狱后，大家不知道他的真实身份，故他在国、共两边走动，显得很活跃。① 因此，艾青不知是他出于朋友交情帮助自己，还是受谁所托，索性也不问。搬到北碚之后，艾青与韦荧先去拜访住在对面黄桷镇的胡风夫妇。自前年夏天在武汉分手后，他差不多有两年没见到胡了。乱世之中，谁也不能真正掌握自己的命运。是离是聚，也不是人所能为。走在坎坷不平的山路上，艾青不禁泛起难言的感

① 据韦荧 1996 年 4 月 10—28 日在北京三里河寓所回忆。

慨。在胡风家,艾青发现,他仍像过去一样,着一蓝色长衫,态度热情,诗人气质毕露。梅志虽已生过两个孩子,人还显得年轻,上下透着江浙女子的气韵,在一瞬之间,艾青突然想到与梅志竟有几分相像的张竹如来。见艾青身边有一个年轻女子,胡风开玩笑地问道:"你是谁呀?"韦荧答:"是艾先生的学生。"话未说完,脸先红了。胡风听罢,哈哈大笑起来,却并不再问。梅志一把拉过韦荧来,上下端详了一会,说:"让他们聊天,你进来看看我的女儿。"算是解了围。在外间,艾青与胡风一边喝茶,一边谈别后情形,对人事变动,不免一番感慨。从胡风这里得知,田间常在致他的信里念及自己,其中,1938 年 11 月 17 日,发自延安的一封信中云:"我已很久没有给艾青及朋友们通信了,如果你常和他们通信的话,请提到我还在努力学习和工作,以免他们怀念。"在另一封发自晋察冀前线的信中又云(1939 年 10 月 27 日):"《七月》现在情形怎样?许多朋友,例如军、纪、良,如青,甚至曹白、柏山他们怎样?我时常想到他们,但只是想想罢了。"[①]上述文字,令艾青的心陡地一热,深为田间的友情所感动。1985 年夏,田间在北京友谊医院病逝,艾青特撰悼文,字里行间,涌动着对这位老朋友的深挚怀念。在回忆他与田间第一次见面的情形时,艾青写道:"一天,一个穿西装的青年来访,看样子不会超过二十岁,捧了两本诗集,一本《中国牧歌》,一本《中国农村的故事》,用瑞典纸精印,毛边,是当时最阔的。在书的第一页上写着'海澄哥教我',使我很感动。"[②]接着是拜访陶行知。据韦荧回忆,陶当时身着翠蓝色的长袍,态度和蔼,人很朴素。艾青与陶行知见面后,自然先寒暄几句,然后话转向正题。原来,他任校长的育才学校不仅聘艾青担任"文学讲话"课,而且请他任文学组

① 据梅志 1996 年 3 月 15 日在北京木樨地寓所回忆;又见《田间致胡风的信》,《新文学史料》1995 年第 3 期。

② 艾青:《思念胡风与田间》。

主任。艾青得知，音乐组主任是贺绿汀，美术组主任是陈烟桥，戏剧组主任是章珉，有的人认识，有的则不曾见过。育才学校属于收留流亡孩子的学校，中、小学学生都有，年龄和程度参差不齐，不过倒能反映陶行知不拘一格、为社会培养实用人才的教育思想。因战时物价飞涨，稿费显然不敷家用，当时在学校兼任教授者不少，比如，胡风每周在复旦兼六个钟点的课，由学校另开一份薪水。这对初到重庆、生活无着的艾青夫妇，自然是求之不得的。

艾青在林语堂的小洋房里住了一个多月，因育才学校从北碚迁至合川县草街子，他便与学校一起迁到附近的“明家院子”。艾青的课不多，除了在课堂讲授，有时则带学生到院子外面被同学们称作“普式庚林”的小树林里散步。林子里还有一条被叫作“奥涅金路”的土路，在石凳上坐着谈诗，也是不乏情趣的。然而，这种在成人眼里有“随意”之嫌的授课方式，在孩子们的心间却留下了深刻的记忆。据当年的学生炼虹回忆说：

> 一天晚上，几家邻居在天井里乘凉“摆龙门阵”(闲话)，我讲了“星星的故事”，从大熊星小熊星，讲到牛郎织女星，加油添醋，讲得天花乱坠。艾青夸我“想象力丰富，具有诗人的秉性”。我听了感到非常鼓舞，十分高兴！因为他的话对我来说，最有权威，好像珍宝经过行家鉴定一样。特别是，我虽然最爱诗，但兴趣却很广泛：音乐、戏剧、小说、散文，整个文艺甚至科技都喜欢，而一个人一生时间精力有限，得集中使用。正当我必须做出抉择的时候，艾青的一句话，在天平上的重量可以想见。我当即谈定了：一生以诗为业，并写了我的第一本诗集《育才诗草》。六年之后我写了一首诗《夏夜之思》(二致艾青同志)，最

后一段是这样：

啊，诗人！
你随意一句话就定了我的终身——
使我在多种爱好中作出决定；
而实践也增强了我的信心，
我决心接过你的《火把》，
骑上你的《雪里钻》飞奔，
把《太阳的话》，《黎明的通知》
送给寒冷封锁着的城镇和乡村。
……

四十年之后，我们在北京他的家里再相见，各自都经历了一场考验，他感慨地说："想不到我一句话也害苦了你一辈子！"但我还是认为"值得"，并不后悔。①

因课不多，在读书、写作之余，艾青尚有闲暇观察周围的环境。据说明家原系当地大户，仅佃农就一百多户，因老、少主人去世，家道逐渐中落。明家的孙子是个烟鬼，整天病恹恹的，另外三个孙女则无所事事，一家六七口守着偌大一个院子，显得极为荒凉。他的眼光移向院外，顿然有种豁然开朗之感。6 月 29 日，在致朋友的信中，艾青写到看见的种种情景："院子的前面，是顺着山的斜度向下凹进的一条窄长的低地，这低地被一片非常茂密的杂木林所遮覆，里面有一条因久旱而干涸了的小溪，现在只剩下几片不连续的积水，流水的声音早已哑默了。"在经历了连续的大轰炸，尤其是不停搬迁的劳顿之后，艾青在这里突然有一种解

① 炼虹：《我是怎样学习写诗的》，《浙江青年》1980 年第 2 期。

脱之感。他发现,在自己的潜意识里,其实是非常喜爱乡村的宁静的。于是,人们发现,他在信中像在倾吐一时的块垒,颇有快畅之意:“我是欢喜这山地的。站在稍稍高一点的山坡向远处看:何等的旷野的壮观!无数的山互相牵连着又各自耸立着,褐色的,紫色的,暗黛色的,浅蓝色的山!温和的,险峻的,宽大的山!起伏不平的多变化的山!映在阳光里的数不清的山!岩石,茂林,峡谷,峰峦,山与山之间的窄小的平野,沿着山向上延展的梯田,村舍,零散在各处的村舍……构成了这旷野的粗壮而富丽的画幅。我就生活在这环境里。每天我起来很早。我起来时月亮还在我的房子里留下最后的光辉。”[①]在战乱的年代,乡村每每出现于艾青笔端,不单表现了他对幼年生活的特殊追忆,在不觉之中,也是希望借此留下一个角落。这个“角落”究竟是指什么呢?艾青自称是“最高”的“理智”,他说:“我却在一种始终如一的信念里,一种只能出于最高的理智和最强的情感的信念里,非常宁静地过着日子。我非常安宁地信任自己的工作,像一个天文学者信任他由于数字证明某颗行星在某个时间内一定要陨落的工作一样。”[②]吕剑回忆说:“与艾青交往并不困难,但日子久了,你会发现,他内心里有一个世界,你是进不去的,也无法理解。”[③]在人声鼎沸、文人圈子人际关系复杂的重庆,艾青心里的这个“角落”是相当寂寞的,也无异于孤掌难鸣。这究竟是艾青这代文人的幸运呢,还是一种悲哀?好在一意“孤行”的艾青不会理会他人的反应。在合川乡间,他照例按着自己的性情生活。在致友人的信里,他为自己山间的生活画了幅“自画像”,称:“当我戴着麦秆编的宽边的草帽,穿着草绿色的布质的褪色的军裤,和缝补了好多次的白衬衫,脚上是麻质的草鞋,

---

① 艾青:《夏日书简》,《现代文艺》第2卷,1940、1941年合订本。

② 艾青:《夏日书简》,《现代文艺》第2卷,1940、1941年合订本。

③ 据吕剑1996年3月28日在北京车公庄寓所回忆。

手上拿了一根爬山用的木杖,我常常发现自己有些可笑——这些不像那由于狂热而割伤了耳朵,又用狂热画了包扎绷纱布的脸的自画像的,忘戴着草帽的梵·高(Van.Gogh)吗?那老是用极强烈的黄色去歌赞太阳的庄稼汉?而当我走过了一片玉蜀黍的林子,又走进了一片玉蜀黍的林子,闻着被太强烈的阳光所蒸晒的干土的气息,我岂不像那可怜的朋斯(Burns)或是那些欢喜向家畜致礼的可怜的田园诗人吗?"[①]以梵高和朋斯自诩,而且不修边幅地在山野之间做毫无目的的漫游,是足以说明艾青此时的心境的。在刹那间,他忽然忆起在巴黎的旧事来。某日,他与友人唐一禾、方白和吴作人去巴黎郊外写生,画着画着,就有些不耐烦起来,于是,几个人放下手里的画笔,在荒野之间闲逛。不一定有什么话题,亦无任何目的,突然之间,天地为之而无限延展,变得不可思议。有人建议留影纪念,后来便有了一帧"四侠客"小照……哦,同学少年,佯狂自得,人生还有胜于此情景者乎?艾青不由得要发出深深地慨叹了,他对重庆文人的偏于社会化颇觉惋惜。对胡风,他一向钦佩他对事业的执著,然而以个人性情衡量,则不免有些微词:"这时间,又与胡风见面。《七月》已停刊,我们只在各种会上相见。他还是很活跃,在文协负责部分工作。"[②]显然,"很活跃"是有弦外之音的,只因是朋友,不便点破罢了。胡风曾自称"不谙政治",他假如知道老朋友艾青此时的看法,不知该做何感想?历史早已化为尘烟,我们已不得而知,亦是无法想象的。好在,艾青不喜欢管人"私事",自然不会陷在无端的烦恼中。每天,他很早起床,写些东西后再用早餐。上午如果没课,干脆足不出户,躺在床上读些杂书。书并不加选择,完全由性情而定,有时是俄国作家的小说,有

① 艾青:《夏日书简》,《现代文艺》第2卷,1940、1941年合订本。

② 艾青:《思念胡风和田间》。

时翻翻理论书籍，或者，拿起莫奈、塞尚、梵高的画集，一幅幅细细欣赏。除了上厕所，一般是不下床的。有段时间，午后一时左右，天空中总有敌机的马达声响起，因事先知道飞机只是途经合川，目标则是重庆和北碚，故并不惊慌。遇上有兴致，他还披衣下床，出门观看，一边还数着架次，一架、两架，发现很有规律，总是二十七架。但飞机过去之后，久久站在那里，又为即将遭劫的市民担忧起来。看着前面的小树林，他则忽发奇想："改天，我还想找几个小朋友帮忙搬几块石块做凳子，这样，我们岂不是可以在林子里朗诵诗人的《奥涅金》和其他的诗作吗？"①这样独自想着，不禁先笑了起来。他记得，在《欧根·奥涅金》的篇首，有一段摘自主人公本人的私信，信中对自己的内心袒露无遗，信曰："他很虚荣，此外，还特别骄傲。由于一种也许是凭空杜撰的优越感，他对于自己好的或坏的行为，都同样淡漠置之。"一瞬之间，他吃惊地发现，奥涅金的眼睛竟像一面镜子，把自己内心所有的隐秘照得清清楚楚，他这些话，像是与自己面坐而谈！于是，在心灵的感应之中，他轻轻吟哦起这首长诗的"献辞"来：

我不想取悦骄狂的人世，
只希望博得朋友的欣赏。
但愿我能写出更好的诗，
献给你——和你的灵魂一样，
也那么优美，那么纯真，
也充满了圣洁的思想；
更加以生动、明朗的诗情，

① 艾青：《夏日书简》。

配得上你的崇高的想象。
可是，去吧——请带一点偏心
接受这一堆芜杂的篇章。
其中既有俚俗，也不乏高吟，
既半带诙谐，也半带感伤。
无非是任凭我的兴之所至
在自娱或失眠中草率写出。
这是凋谢的青春的果实：
里面有冷静的头脑的记录，
和一颗苦涩的心灵的倾诉。

曲指一算，自己已经三十岁，不再像奥涅金这般年少，然而，何以心境竟与主人公如此相似？畈田蒋、金华古城、杭州、巴黎、上海、武汉、临汾、桂林、新宁，一幕幕从他眼前掠过 ——难道，自己就像奥涅金一样，在一个大时代降临的时刻苦苦追求，然后却徒劳而返？……待韦荧来催吃午饭，艾青这才发现，眼眶不知何时充满了泪水，一时竟不能控制自己……正当艾青一边教书、思考，一边如闲云野鹤般在合川乡间徐徐漫游之时，他生活里发生了一件意想不到的事。因陶行知思想进步，不仅在《育才公约》里规定："主任、辅导员为真理之传播者，艺友为真理之传播兼学习者"，表现出革命的倾向，而且聘请的教员中有不少是共产党员和爱国民主人士，早令国民党当局感到不快，但迟迟找不到下手的借口。这年冬，随着第二次反共高潮的临近，重庆方面对陶的迫害也随之加剧。一连数天，陶行知收到寄来的恐吓信，校园里有传闻说，他再不辞职，当心吃一颗流弹。一时气氛相当紧张，陶行知不敢再住学校，搬到附近一个碉堡里避风。从愈来愈紧的风声看，这个"风"是避不下去的。于是，陶行知找到艾青，表明了辞退之意，说："育才你来搞，我去美国。"艾青本来就厌倦做官，在这种情势下则更不愿意。念及当初陶氏收留自己的情义，不好当面回绝，只表示回去想想再说。这一时期，日本人对重庆的轰炸明显减少，搬到乡下的文化人正纷纷迁回重庆，恰好这时艾青的作品发表较多，稿费已有保障，《文艺阵地》聘他任编委，并请他参与编辑。写作繁忙，刊物又有新约，不便再分身教书，便谢绝了陶行知，得以脱身返回重庆。合川山间悠闲的生活，也随之结束了。

四　"我始终是旷野的儿子"

与北碚、合川悠闲的生活相对照，艾青的诗歌写作是近于勤奋的。这年秋，他在致常任侠的信中曾对"生活变动极大"深感不满，但表示对"清静的写作生活"则心仪已久。[1] 那么，艾青心目中的"地方"是什么呢？这年 7 月 8 日，艾青在北碚蔡锷路二十四号（即林语堂宅）作诗《旷野》。为上述的话，做了最好的注脚。显然，自湖南新宁开始的对个人生命意义的思考，并未因生活的极大"变动"而中止，对艾青而言，生活只是一个又一个突发性的、排列无序的"事件"，一个人可能会因某一"事件"中止写作，然而，却不会中止他对自己的"思考"。对一个人来说，也许重要的还不是你写什么，而是你在思考什么——这样，对生命意义的思考，就不至于因某个事件而停止，因为，它是他内心深处的一条长河，是贯穿始终的，在任何时候都不会变化走样的。因此，我们在这首诗里读到这样的句子："简单而蠢笨/高大而没有人欢喜的/山毛榉是我的朋友，/我每天一定要来访问，/我常在它的阴影下/无言地，长久地，/看着旷野：

---

① 艾青：《致常任侠》，《艾青全集》第 4 卷第 553 页。

/旷野——广大的,蛮野的……/为我所熟识/又为我所害怕的,/奔腾着土地、岩石和树木的/凶恶的海啊……"置身于山川河流与密林之中,他恍然感到,万事万物在自己身边悄悄地流逝,像一个轮回,死去可以再生,生则复又默默死去,并不大惊小怪。而自己,不也是这万事万物变化里的一个瞬间吗?假如,在这次充满麻烦的长江之行中,因某一事件陡然死掉,也就死掉了。啄木鸟照例会在此刻"用它的嘴"一遍又一遍"敲着古木的空洞的声音",阳光照旧还会从"树木的空隙处射下来",它们不会因为一个人的死停止这既无起点、亦没有终点的轮回过程……这样看,旷野展示给人的"两面性",才真正令艾青感到了困惑,在朦胧之中,生命之存在的某种根据仿佛也在其中了。因此,他也才会对生于斯、又死于斯的农人表现出刻骨铭心的怜悯来。在他眼里,"在那深陷着的峡谷里,/无数的田亩毗连着,/那里,人们像被山岩所围困似的/宿命地生活着:/从童年到老死,/永无止息地弯曲着身体",他们是真正值得同情和深爱的。因为,在这种毫无希望的"承受"之中,生命才真正显示出它的庄严,它的高尚的本质来。而"旷野",也正是在这种默然的承受里,才显得博大、深邃、神秘和无边无际。艾青写道:"为了叛逆命运的摆布,/我也曾离弃了衰败了的乡村,/如今又回来了,/何必隐瞒呢——/我始终是旷野的儿子。/看我寂寞地走过山坡,/缓慢地困苦地移着脚步,/多么像一头疲乏的水牛啊;/在我松皮一样阴郁的身体里,/流着对于生命的烦恼与固执的血液"……他想起,来重庆的路上,在船舱的地板上蜷缩着很多随船而上的难民,有的是为寻亲而来,有的则毫无目的,仅仅是听人说"重庆安全"。目睹眼前情景,他在感慨之余,深为人们的"盲目"惊愕,更发觉"轮回"的深广和渺茫。人们一生的行为不过是其中的一个细节,顶多是一个缺少理性的"细节"罢了。

几天后的一个深夜,天气闷热,很难入睡。他久久立于窗前,注视着月光下寂然无声的山脉、树林、田地，徒然伤感起来。在他眼里，沉沉睡去的山林、田亩与农人的命运竟有几分相像，不由在心底发出叹息："我知道，它们也有痛苦啊。/'负重的动物'就生息在他们里面——/他们匍匐着，喘息着，叹着气，/两眼凝视着潮湿的地面；/此刻他们都该平静了，/有如醉汉倒卧在污秽的床上：/他们在白天淌尽了乌黑的汗，/换取了这夜间深沉的睡眠。"一念之间，他耳边又响起故乡那苦涩、凄凉的《哭灵歌》来："你今归阴在暗房，/男女孙媳泪成行。/作田新米未曾尝，/你去阴府心怎放？"意思是说，你老辛辛苦苦操持一生，死前连今年的新米都未尝上，岂不凄惶？歌词以死者亲属的口气叙说，在他心里，实则是说给天底下所有苦命的农人的。它不绝于缕，揪人心肠，对自称"乡下人"的艾青，是不免有非常深切的体验的。7 月 23 日，他独自饮酒，大醉。酒醒之后，作诗《夜·二》，像是在扪心自问："为什么又要喝酒呢？/为什么又要拿它来燃烧你的心和肺呢？/一夜都辗转在不愉快的梦里，/醒来时，看满窗的月色……"喝酒肯定是因不痛快引起，但究因何故，则是很难猜测的。但在字缝里，却透出了一种令人森然的"荒凉感"："当月亮在阴云里隐没的时候，/狗叫得多可怜啊，/寂寞地，荒凉地，/——难道又有人/迷失在这可怕的山地里吗？"甚至想到："还是什么强盗/踞伏在峡谷里，/或是从那边的岩石上经过？"然而，可以想象，"醉酒"与酒醒之后产生的寂寞感，与他在此前后对农民、实质上也是对广义上国人命运的关注，是有着千丝万缕的关联的。艾青后来说："这些诗多数写的是中国农村的亘古的阴郁与农民的没有终止的劳顿，连我自己也不愿意竟会如此深深地浸染上了土地的忧郁……这是比什么都更严重而又比什么都更迫切的……是抗战建国的基本问题之一。"[①]显然，无论在北碚蔡锷路二

① 艾青：《为了胜利——三年来创作的一个报告》。

十四号，还是在合川“明家院子”的静夜里，令艾青辗转不宁的始终是中国农民的生存问题。在人们普遍关注的“抗战建国”的问题上，国内各种政治力量的“合作”是很多人经常谈论的话题。与此不同的是，他把焦虑的目光自始至终放在农民的命运上，认为没有任何问题会比它“更严重”和“更迫切”。然而，以艾青的敏感，他意识到在千疮百孔、百废待兴的战后的中国，农民的利益大概是最容易被忽视的。从历史的经验看，以农民的权益而举事，事成之后，又首先牺牲农民利益的掌故是不胜枚举的，所谓“天下兴，百姓苦；天下亡，百姓苦”的民谚。大约就是农民历史宿命的无奈的写照罢。人们不难发现，当艾青的吟唱一旦与农民命运背后的文化底蕴发生联系，他的诗句里就会渗出一丝深深的苦味来，一种近于无望的沉痛之感。与对中国农民历史境遇的关注相对照的，是艾青对他们油然而生的爱怜之心。可能是出于这样的一种心情，他写了许多类似“静物画”的短诗。在 8 月中旬写就的《高粱》里，他亲切地注视着高粱的细微的生长，把它们碧绿的叶片想象成“少女的沉重而闪光的垂发”；紧接着，又把目光投向一位在草丛里起伏的孩子的“小小的身子”，先是惊异于他的消失，但马上，又为“一只盛草的竹篓，几堆草”和“在夕阳里闪着金光的镰刀”放下心来(《刈草的孩子》)；17 日，他在外面散步时，与一位正在瓜棚干活的老人相遇，心有所感，回来后作诗《老人》。在近于“木刻”的描写中，透露出老人生活的艰辛，“他举着锄用力地继续翻掘/汗已从他的前额流到他的颚边/微风吹过时他轻轻地咳了几声/明朗的阳光映出他阴郁的脸”，然而，它也让人注意到，如此细致的“观察”里，分明已渗入作者笔触之外的另一种“东西”。不久，另一首诗《荒凉》，又有意使人物的特写模糊起来。给人一种渺茫、空洞之感：“那边的山上没有树/那边的地上没有草/那边的河里没有水/那边的人没有眼泪”，而深深的怜悯却深藏其中了。夏秋之交，附近村子的农民在田野上放起一堆堆篝火，用高粱秆化成的灰做秋后的肥料。这种景象在艾青心里唤起了一种农事中惯有的“祥和”之感，于是，30日夜，又作《篝火》。他看到，白色的烟，迷漫了“山谷和树林”，然后，又“徐缓地流散到远方”，在无言的祝福中，只见篝火“映着几个农夫和农妇/背负着收获物晚归的暗影”。同一天，在《捉蛙者》里，借着水田的闪动的余光，艾青跟着农民和孩子加入了捉蛙的队伍。他发现“像在举行什么集会/捉蛙者在杀害善良的生物/火不安地晃动着/庄严而又恐怖”，因为是“农民”所为，一切似乎又是可以“原谅”的了……出于对“弱者”的同情，同时也宽囿了弱者对更弱者的“捕杀”，这种深刻的心理矛盾，又让人“窥见”了如艾青自称“乡下人”的众多中国作家情感世界的某种局限。然而，对于艾青本人，这种“结果”却是他始料不及的！……或者说，这也是“旷野的儿子”本来就具有的复杂的文化意义吧。有意思的是，受到抗战文学气候影响的批评家们，意外地对艾青这些“田园诗”表现出了某种“偏爱”。黄药眠在香港《大公报》著文评价说：“他的诗是很好的。它的好处是他能忠实于自己，在简练的句子里蕴含着丰富的情感，虽然这情感有时候并不十分健康。他有一种偏爱，即是他喜欢从侧面去表现……喜欢用纤细的技巧描画伟大的场面。”①在文艺圈子里，黄药眠常跟胡风过不去是众所周知的，然而，他却对与胡风关系密切、且文艺观念接近的艾青，表现出异乎寻常的热情。这显然不能归结为人格上的“矛盾”，而似乎更应该归结为审美态度上的矛盾。对艾青，他可以指出他“有时候并不十分健康”，但这并不影响他对他“纤细的技巧”抱着欣赏的态度。欧阳凡海在文章里甚至称：“在我读过的诗里，最多的是艾青的诗。”“倾向性”是较明显的，因此，他对别人批评艾青的忧郁就不免要气愤了，说：“忧郁是谁都有的，这正如欢乐是

① 黄药眠：《中国诗歌运动》，香港1940年《大公报》副刊“文艺”第883期。

谁都有的一样。假如不反对诗里的情绪,作为情绪之一的忧郁也不用反对。”[①]艾青的朋友常任侠也撰文认为:“艾青深沉于法国诗艺的修养,以古典的手法,表现现代的事物,诗格清新而可爱。”除与艾青的“私交”笃厚之外,同他艺术态度十分相投,是常氏得出上述结论的一个重要原因。但据林林说,在重庆或在其他地方,艾青并不是被“注意”的焦点,故他始终未遇到多少“麻烦”。[②] 难道是历史的一次次“恍惚”,使艾青得以从容地在自己心灵的园地里耕耘了么?这就很难往深处猜测了……

五　批评与反批评

1940 年 3 月,就在艾青举家迁移重庆之前两个月,先由延安引导、继而出现在重庆文艺界的“民族形式问题”的争论爆发了。向林冰在重庆《大公报》副刊《战线》上发表《论“民族形式”的中心源泉》一文,强调要以民间形式为民族形式的中心源泉。同月,葛一虹在《文学月报》第 1 卷第 3 期上发表《民族遗产与人类遗产》,对此表示异议。艾青到重庆之后,更多的人卷入到争论中,计有郭沫若、茅盾、胡绳、罗荪、潘梓年、戈茅、黄芝冈、光未然等,最后,胡风也著文参战。艾青敏感地意识到,这似乎不是一场文人圈子里的批评论争,而有着更深远的背景。他决计不参加争论。但他显然也深知,欲置身其外是不可能的,因此,他曾在北碚温泉和重庆两地参加民族形式问题座谈会;与此同时,开始了他的文学批评活动。年底前的一天,胡风托人带来口信,称将举办几个活动,如“马雅可夫斯基逝世十周年纪念晚会”、“鲁迅先生纪念晚会”和“诗歌晚会”

---

① 欧阳凡海:《谈到艾青及其他》,《中国诗坛》1940 年第 4 期。

② 据老诗人林林先生 1996 年 3 月底在北寓所回忆。

等,其中有"请兄捧场"的话。这倒提醒了艾青:写点诗歌批评的文字,既可以不参与"争论",亦可以借此消除"消极"之嫌。既要"批评",从自己开始自然更好。12 月 14 日,应《抗战文艺》之约,写《为了胜利——三年来创作的一个报告》一文。艾青在简略回顾了自己三年来创作的情况后,话题转向别人的批评:"有的说我被象征主义所损害。他们以为我的手法,是象征主义的手法呢? 还是我的气氛是象征主义的气氛呢?"

他想起了一年前吕荧在《七月》上对《他死在第二次》相当不客气的指摘。但很快,就有其他人出来为自己"辩护":先是端木蕻良写《诗的战斗历程》一文,认为"从他的作品里所撷取战斗的果实,是控诉,是告发,是谴责",而不是其他的什么。接着孟辛又写了《论两个诗人及诗的精神和形式》,从正面肯定了艾青创作对抗战诗歌的意义。他又想起,去年林林和胡明树组织的"文学晚会",曾朗诵《北方》、《雪落在中国的土地上》,据说当时的情形"非常振奋"。稍稍停顿了一下,他在文章的最后写道:"为了胜利,我将更大胆地处理我的人物的命运;为了胜利,我将更无畏地安置为这个时代所不应该隐瞒的语言。我将学习谦虚,使自己能进步;我将更努力工作,使自己能不惭愧生存在这伟大的时代。"

不久,他又做起另一篇"谈自己"的文章——《我怎样写诗的》。与前文比较,这篇文章多了一层"个人色彩"。它劈头就说:"马雅可夫斯基要求有一架自行车,一架打字机,一架电话机,外用访客衣服,以及雨伞等等;我所要求的再简单不避了:好的原稿纸,洁白的原稿纸;揉皱过的原稿纸对于我是最不利的。我爱在白的感觉上,编织由富有形象的句子组成的诗的花圈。一支普通的钢笔(我从来没有用过派克钢笔),但我最讨厌钢笔漏水,钢笔一漏水了,诗的情绪就像墨水一样凝聚在纸面上了。墨笔也是我所欢喜用的,但用墨笔的时候,情绪的抒发没有用钢笔的时候舒爽。"马雅可夫斯基在重庆文艺界声誉甚高,把谈自己与马氏联系在一起,想不会有什么麻烦。文艺圈里的人多半都知道,尽管他因思想的激进受到列宁的赞赏,然而,他的行为却是十分诡秘和相当"个人化"的。显然,艾青在这里谈自己,不是要标榜与其他人的不同,而是要表现对生命的一种独特的体验与理解,他说:"我的诗固然不好,但当我写诗的时候的确是很集中的。我想,不只是写诗应该这样,就是整个生命也应该这样——在活着的时候,严肃地活;在写的时候,严肃地写。"他未必不知道,在讨论什么是民族的"中心源泉"的大背景下,这个话题是不合"时宜"的;因此,当葛一虹以《中苏文化》的名义再次向他约稿时,他立即答应了下来。

这篇题目为《抗战以来的中国新诗》的长文,反映了艾青对1937—1940三年来抗战诗歌的总体看法。对新诗的性质,他认为有两个基本使命,一是冲破旧诗的束缚,另一是做中国革命的"代言者"。正因为持着这一"进化论"的诗学观念,他认为曾受新月派影响的卞之琳、曹葆华、何其芳的创作在这三年间进展了,"不仅从采取题材上,而且也从表现的手法上",有了明显变化。他听说,1938年夏秋之间,卞之琳曾与何其芳、沙汀等人考察抗日前线晋察冀和延安两地,何留了下来,卞与沙则未留,文风却因此忽然变了,不免感慨系之。对另两个"老诗人"高长虹和戴望舒也有所评论,他认为高这位"'狂飙'的健将,依然保有十年前的热情",戴写于"1939年的《元旦祝福》",则"真挚地祝福着苦难的中国",十分地难得。紧接着,他又把目光投向更年轻的一批诗人身上,对毕奂午、贾芝、李雷、田间、袁勃、戈茅、骆方、力扬、常任侠、锡金和邹荻帆等一一做了评述。对抗战,他认为诗人是有着不可推卸的道义的责任的:"诗人们决不止于歌颂了战争就满足。这战争不是出发于民族间的仇恨,或是什么荣誉与光荣,而是出发于一个被压迫了一世纪的民族要求独立与幸福的革命。这战争必须依附在一定的政治纲领上，才会取得真正的胜利。而诗人们，当他们执行各种不同的政治——外交的，内政的——课题的时候，又必须把自己的感情溶浸在里面。”从这段文字可以看出，由于和胡风等人一样，艾青是深受五四新文化精神影响的一代作家，他们对事物的判断，也往往是以前者为“准绳”的。每当社会发生剧变，需要回答诸多复杂的问题时，他们势必就会站在维护五四精神传统的立场上，把其他的“事变”仅仅看作是实现五四意义上人生理想的一个个“细节”，而非是“全部”。所以，无论是在此期间诗集、刊物出版时经历的“苦难”也好，无论是诗人在投身抗战实践或个人蒙受的种种曲折也好，它们与新诗作为中国革命“代言者”的使命始终是息息相关、不可分而视之的。因此，抗战诗歌的某些“缺点”，也盖出于此。艾青焦虑地看到：“单纯的爱国主义与国民精神的空洞叫喊，常用来欺骗读者的那种比较浮嚣的情感，普遍的诗人，没有能力在情绪的激动下，去对抗战作政治的或哲学的思考；普遍的诗人，把抗战诗单纯地作为战争诗而制作，却不能在鼓舞抗战意识之外，在作品上安置一定的革命因素，与对于这事件作正确的瞭望；普遍的诗人，不能把这次抗战是中国革命的一个历程这一观念恰当地融合在他们的创作热情一起；普遍的诗人，对政治只能作消极的反映，却不能由一定的历史条件的需要去批判和帮助政治的发展。”而“五四精神”与“当时事件”，“政治”与“艺术”的复杂微妙的关系，作为始终左右着、乃至深刻影响着艾青创作的一种逻辑的力量，在这篇文章里又有了它合乎情理的延伸。

就在艾青热心地从事文学批评的同时，他亦在进行“反批评”的工作。这年夏，《火把》发表后一个月，《时事新报》副刊“青光”即刊出壁岩的《评艾青的〈火把〉》一文，对该诗进行非难。据艾青说，刚开始他并不知道此事，“友人从《时事新报》上剪下了一篇对于《火把》的批评”，他才知道“是一个署名‘壁岩’的写的。”①艾青发现他的批评主要集中在三点：一是指责《火把》没有以主人公唐尼贯穿全诗，从“十一到十三节”有游离全诗的问题，这是因为，“视点错误妨害了典型发展的真实性”；二是诗中“宣传卡车”一段的描写，“破坏了全诗写法与气质的一贯性”，且把汪精卫写成女性有“侮辱女性”之嫌；最后，由于《火把》的主题意在表现女性对革命和恋爱的选择，这样，势必会导致“先革命后恋爱”与“要革命舍恋爱”的倾向，把二者分裂开来，因为“恋爱并不妨碍革命，有时且能使革命更活泼更富有精神和力量，只看人怎样处理它。”②读后，他发现壁文对《火把》多有“误解”，令他气愤的是，甚至有“曲解”之处，感觉有必要加以反驳。不久，他写的《关于〈火把〉——答壁岩先生的批评》，分上下两章发表在姚蓬子编的《新蜀报》上。摘录如下：

关于诗的中心线索。“这‘东西’是什么呢？这我曾花了千行诗的篇幅写的‘东西’是什么呢？群众的行动所发挥出来的集体的力量，群众本身所富有的民主的精神，群众的不可抵御的革命精神”，而唐尼不过是这一力量洪流中的一个小小的漩涡，是其中一个片断，一个过程，因为，“唐尼决不会明天一天亮就革起命来的。她们许给自己的心愿是会好起来的”，“会坚强起来的”，她不过希望自己“把高尔基的《母亲》先看完。壁岩先生似乎忘了我们这女孩子把梳子夹在《静静的顿河》里，把粉盒压在《大众哲学》上，把口红搁在《论新阶段》一起……”③

关于“宣传卡车”一节的描写。“‘宣传卡车’这一节，是作者在全诗中有意识地变调，这变调是以较轻快的节拍和诙谐的调子，来打破长诗的单调，沉闷与呆板。‘宣传卡车’是一幅漫画。人物的动作，表情，以及

---

① 艾青：《关于〈火把〉——答壁岩先生的批评》。

② 壁岩：《评艾青的〈火把〉》，1940 年 7 月 27 日《时事新报》。

③ 艾青：《关于〈火把〉——答壁岩先生的批评》。

最后的演说，都是采用简单的符号式的描写，这描写是根据宣传的形式来写的”。“‘宣传卡车’是一幕‘活报’。担任主演的是丑角汪精卫，讽刺汪精卫是一种民众的形式。这种另外形式的插入，只会使诗篇增加生动。在莎士比亚的‘哈姆雷特’里所插入的几个戏子的表演，就是一个例子。而且我们抗战的主要内容，就是反日反汉奸。所以任何理由都不能取消在这长诗里的对于汉奸的讽刺的插曲。‘宣传卡车’的写法是比较不同的，但它并没有破坏了全诗的统一。而这种变调是那么明显，稍稍聪明的读者也会一眼看得出这是一种变调，而我们的壁岩先生却说：‘写法破坏了全诗写法与气质的一贯性。’这真显得有些滑稽了。”①

关于革命与恋爱的关系。“唐尼是柔弱的。是一个‘渴求着一种友谊……我把它看作一辆车子，使我平安地走过生命的长途……’的女孩子。是‘一株草’。火炬游行对于她是一种太可怕的激动。而她的‘失恋’却正在激动的一夜”。“克明是一个正在变好的青年，‘工作很努力’，所以李茵劝唐尼不要去阻碍他。因为唐尼那样的‘友谊’是可能阻碍工作的。作者相信，唐尼经了这一夜，不会再像过去那样地纠缠克明，即使仍旧爱克明，也会用另外的方式去爱了。”②

可以抄在这里的还有很多，然而，仅凭这些材料了解艾青当时的全部思想活动，显然是不够的。据葛一虹回忆，壁岩可能是化名，朋友们都不知道他的真实姓名。③ 也许，“壁岩”这个名字将会成为一个永远猜不透的谜……然而，通过这些文章，艾青却向重庆文坛发出了“自己”的声音。无论是谈自己、新诗的使命、政治与艺术、文学主题，还是谈革命与恋爱，都在追求着同一个目标：诗艺的和谐，不单是与时代目标的和谐，

① 艾青：《关于〈火把〉——答壁岩先生的批评》。

② 艾青：《关于〈火把〉——答壁岩先生的批评》。

③ 据老作家葛一虹先生 1997 年 4 月 17 日在北虎坊桥寓所回忆。

还有与个人旨趣的和谐……在艾青的主观追求中，这无疑是五四“个性解放精神”的一个回声与发展。在政治性功、能极大地增强了的“抗战文学”潮流中，五四精神显然不是作为“主流”存在的，它像一泓溪水，在顽强地发展着。几年后，它重新出现在一场事关文学命运的大讨论里，发出了异常强烈的声音……这是已在张家口的艾青未曾料想到的，然而，似乎一切又都在发展的逻辑之中……历史才真正是一个永远猜不透的谜……

六　频繁参加“诗歌晚会”

据梅志回忆，艾青的《火把》在《中苏文化》上发表之后，在山城重庆曾引起很大轰动。因当时盛行朗诵文学作品的风气，朗诵《火把》者甚众。[①] 这年年底，“文协”为活跃创作空气，由研究部胡风、郑伯奇出面组织了一系列文艺活动，“诗歌晚会”是诸种活动之一。这时，艾青已辞去育才学校教职，迁回重庆居住，这种活动自然是少不了他的。

“诗歌晚会”亦称诗歌座谈会，有诗歌作品朗诵，有报告会，还有各种内容的座谈，形式不拘一格。每次由一个有名望的诗人或评论家做主席，下次轮换一人。胡风、艾青和黄芝冈据说都先后担任过此职。然而，在艾青心目中，“形式”倒是无足轻重的，在晚会上见见朋友，互相看看新作，却有无穷的乐趣。在一篇文章里，他曾津津乐道地忆起：“重庆经常举行诗歌座谈会，诗晚会，进行诗朗诵；马雅可夫斯基逝世十周年纪念，在晚会上曾朗诵了马氏的长诗《好》和《列宁》；在中国古诗人屈原的纪念日，也举行了晚会，朗诵诗人的诗作与英译的诗人的名著《离骚》，以及纪

---

① 据梅志 1996 年 3 月 15 日回忆。

念诗人的作品。"[①]又据艾青说，在一次诗歌晚会上，胡风让他对抗战以来的诗歌创作做一个报告。因事先苏联《国际文学》有约，他曾撰《为了胜利——三年来创作的一个报告》一文，算是有所准备。艾青的"报告"受到了欢迎，听他演讲的某报记者庄舟童在一篇文章中追述过当时的"印象"，他说："艾青先生做这工作是非常的客观而且非常细心的，记者曾经在某处看见艾青先生在翻阅一本旧文艺杂志，忽然发现一首好诗，便如获至宝似的，嘱咐在身边的 W.I.先生：'记住，还有这一个。'这一个人的名字，是非常地少见，然而，艾青先生提出来了，只因为他写的一首诗好。在这里不难看出艾青先生起草诗歌报告的审慎和搜集的周密。"[②]

然而，艾青更感兴趣的还是一种文人相聚的"气氛"。11 月 24 日下午，他应约至天官府文化工作委员会，参加诗歌界和音乐界茶话会。天官府原是重庆一条冷落的小街，据说得名于明宣宗朱瞻基所赐吏部尚书蹇义的一座府第。该街因去年的大轰炸，早已满目断垣残壁，很是苍凉。自从郭沫若领导的文化工作委员会迁到天官府七号后，这里才热闹起来，经常有文化界的朋友往来，周恩来也常在此召集会议。这天，冷落的天官府突然人声鼎沸，不断有人坐黄包车，或步行而至，除住在四号的主人郭沫若之外，还有田汉、老舍、陈纪莹、冯乃超、艾青、常任侠、臧云远、盛家伦、袁水拍、李元庆、孙望、光未然、贺绿汀、方殷、李嘉、力扬、张西曼、王云阶、徐迟、罗荪、高兰等，共约六十余人。因光未然和徐迟是"诗歌晚会"上的"热闹人物"，艾青倒是常见着的。他与高兰 1938 年在武汉相识，高当时的朗诵诗《我的家在黑龙江》和《哭亡女苏菲》在三镇很轰

① 艾青：《抗战以来的中国新诗》，《中苏文化》1940 年第 9 卷 1 期。

② 庄舟童：《重庆的作家》，《现代文艺》1940、1941 年第 3 卷合本。

动,电台天天朗诵他的作品。一晃两年过去,老朋友相逢,自然令人兴奋。大家开怀畅饮,毫无顾忌,一扫心头的郁闷。《诗论》不久前在桂林三户出版社出版,艾青乘此机会赠书有关朋友,朋友们自然又是一番恭维。这种喧闹的场面自然少不了老舍。艾青记得,那天他一口气唱了三段京戏,唱的是龚(云甫)派老旦,可谓字正腔圆,遒劲沧桑,有人在下面高声叫好。唱完老舍欲走,被冯乃超一把拉住,不得已又补唱了一段。晚上,艾青又赴中苏文化协会,二楼会议室有"诗歌晚会"。他与光未然、徐迟、常任侠先到,陆续来了约七十余人。这次晚会由艾青作主席,议程是先以《诗与语言》为题讨论,然后是诗歌朗诵。高长虹、任钧、徐迟、姚蓬子、王平陵和老舍等在讨论会上发言,前三位是诗人,自然有诸多感受;王平陵、姚蓬子是国民党方面的人,虽不善写诗,却是善于周旋的。老舍自称是"门外汉",然而因在此前用大鼓词写过诗,便脱不了"诗人"之名。又因其性幽默,善待他人,于是常常被拉来凑趣,作为文协的总务部主任,为大家捧场也是分内之事。那晚,老舍说了些什么,艾青已记不得了,反正与诗无关。却把大伙笑了个前仰后合,会场气氛顿时活跃起来。讨论会之后,接着是朗诵,光未然、常任侠、艾青都朗诵了自己的作品。艾青朗诵的是长诗《火把》,因是得意之作,故十分投入。据臧云远回忆:"听的人很多,会议室坐得满满的;艾青同志念一段,自己解释几句,断断续续念诗,清清楚楚讲解,把个朗诵会变成了又念又分析的会,别开生面。本来那样的长诗,一个人朗诵谁能吃得消?"①自"蛰伏"合川育才学校以来,艾青已很久没有像今天这样"热闹"了。他曾在一篇文章里说:"我爱静,不是死寂。却是要求没有喧闹来驱散我的思绪……我的

① 臧云远:《雾茫茫山城诗话》,《作家在重庆》,重庆出版社 1983 年版。

诗固然不好，但当我写诗的时候的确是很集中的。”[①]然而，刚届三十、不免时有“躁动”的他。要想完全与外界隔绝，亦是不现实的。这也许就是艾青性格中的“静”中有“动”吧。

“频繁”地参加诗歌晚会，自然给艾青带来以文会友的机会，然而，一旦对写作产生影响，他就不免踌躇了。12 月 27 日，他在《迎一九四一年》一文里显得忧心忡忡，写道：“我对于每个新的年岁的到来，常常感到恐惧。所以当我眼看着 1941 年从冬季的雾所迷蒙着的天边，踏着枯干的，铺了薄霜的，冻结的土地走来的时候，我的心实在有些沉重。年岁是一只饕餮的野兽。它嗜爱着吞食我们的计划和希望。而我们，这些可怜的，匍匐着的东西，生活着一天，就得拿我们的计划和希望，喂饲这无餍足的张开着的嘴。”[②]一年即将过去，而生活却有一种“荒废”之感，这对一向勤于写作的他，无疑是一件极其不安的事。他不禁谴责起自己来，甚至使用了“白痴”、“鞭打”等十分严重的字眼，足见他的痛心。于是，有了一个近乎“荒唐”的举动：制定 1941 年的读书、写作计划。这在“素来”对计划“没有兴趣”的他来说，几乎是“反常”的。让我们把他的计划抄录如下：

A. 写完长诗《溃灭》，反对贝当、拉伐尔的卖国主义。

B. 至少写二十首政治诗，以反映 1941 年的国内外的形势。

C. 看五十部世界名著（这里面包括社会科学名著）。

D. 到战地去一次。

……

---

① 艾青：《我怎样写诗的》。

② 《艾青全集》第 5 卷第 43 页。

无需再抄录下去,已经能充分证明艾青情绪焦躁的程度了。在他参加最后一次诗歌晚会所做的《我怎样写诗的》报告里,这种情绪仍有所反映。与暗藏在“计划”里的心理相适应,他在反复地谈“自己”——这就给人一种印象,在乱哄哄的时代里,他最担心的倒不是没有公众,而是在公众的生活中失去自己的个性,以至丢掉写作。所以,当我们读到下列文字,在觉察出作者的“琐碎”之外,又深深理解了他的“苦心”:“我的思想活动是终日不停止的。我的脑在睡眠之外没有休息,我常常楼上楼下地走,在喧嚣的大街上走,在奔忙着的人群里走……我常常用冰冷的手按住前额——那里面,像在沉静地波动着一种发热的溶液。”无论是说到“大脑”,还是说到自己的“激动”,无非怕在“热闹”中忘掉自己;在另外的意义上可以说,如果过一种没有“写作”的生活,对艾青来说,才是最为可怕的,是与“白痴”无异的……

七　在延安、香港之间徘徊

艾青大概没有意料到,《迎一九四一年》不单是他在 1940 年的最后一篇文章,亦在他人生道路的某一阶段上了一个句号。

1941 年最初的日子,对聚集在陪都重庆的现代作家,似乎有些过分的阴冷。1 月 4 日,新四军在奉命由皖南泾县向茂林北移途中,突遭国民党军队包围袭击,军长叶挺被俘,副军长项英战死,除千余人突围之外,其余多壮烈牺牲,此即震惊中外的“皖南事变”。蒋介石在竭力封锁消息。18 日晨,艾青像往日一样,从门缝下捡起报童送来的《新华日报》,在桌前随意浏览着,目光忽然停留在第三版《德军云集荷境》这条消息下面一处“天窗”上,不由一惊。天窗里有一行用木刻制版补上的沉痛的诗句:“千古奇冤,江南一叶,同室操戈,相煎何急?”下署“周恩来”。他马上又急忙翻找其他版面,在第二版又发现了另一处“天窗”:“为江南死国难者致哀　中华民国卅年一月十七日　厨恩来(印)”。“天窗”显然是被当局“封杀”之后留下的,用意再明显不过,是在极力掩盖真相。他意识到事态的严重了,急忙赶到张家花园的“文协”。在那里,各种消息纷至沓来:“军事委员会已撤销新四军番号”、“新四军已被宣布为叛军”、“军长叶挺已被逮捕,不日将押上军事法庭”……“文协”里一片沉寂,人们对国民党政府已从失望转向了绝望。这时又传来著名剧作家洪深全家服毒自杀的消息,众人为之哗然。有人拿来洪深遗书,上云:“一切都无办法,政治、事业、家庭、经济,如此艰难,不如且归去。”艾青心底陡然感到一阵悲凉……洪深虽然经抢救得以脱险,但艾青却因此受到很大刺激。国家前途安在?个人前途安在?他发现自己竟那么深地理解了洪深,不是绝境高悬,他是不至于走到这种地步的……念及此,艾青的心愈发沉重了。因“事变”发生,重庆的空气骤然紧张起来。据艾青回忆说:“我在重庆只有一年的时间,直到1941年春天‘皖南事变’发生了,我和胡风、田汉、宋之的都收到国民党的要员刘峙、吴国桢、陈立夫、谷正纲四人的请柬,请我们去参加‘总理纪念周’。”[①]在国民党方面,这一举动对文化人显然有拉拢之意。“皖南事变”后,中共南方局为防备“四·一二”事变的重演,准备施行“隐蔽精干,长期埋伏,积蓄力量,以待时机”的方针,有计划地迅速疏散力量,把重庆的一批重要的文化人撤向香港、延安和桂林等地。当时,艾青住在张家花园路的一幢二层小楼,与葛一虹和宋之的、王苹失妇为邻,因彼此要好,平时这里倒显得安静。不几日,敏感的韦荧发现,平素与艾青要好的以群来张家花园的次数愈来愈多。接

① 艾青:《思念胡风和田间》。

着,据说事实上是周恩来与重庆进步文化界之间"联系人"的张颖,也时有造访之意。韦荧把自己的感觉悄悄告诉艾青,引起了他的注意。对张颖,他是怀有好感的,她身着蓝色布衣,披白围巾,齐耳的短发,人显得很精神,一副学生的模样。刚开始,只是一般的聊天,并不触及具体问题,只是问:"艾先生有何打算呀?"也不明确所指,艾青心知,她是想探探自己口气。但与以群熟悉,他则较直接,说:"艾兄,何去何从,想好了没有?"哈哈大笑一番,然而也不深问。

通过周恩来,艾青对抗日根据地延安建立了颇佳的印象,他后来有诸多关于这位共产党领导人的个人回忆:

> 记得有一次他(笔者按:指胡风)约我在北碚和周恩来见面,这是我第一次见到周恩来同志。他后来在草街子育才学校讲了话,给我留下深刻的印象。①
>
> 不久,我得到周恩来同志的接见。那是在董庆郊区北碚,在事先约定的时刻,他从浓荫覆盖的高高的石阶上健步下来,穿一身浅灰色的洋布干部服,显得非常整洁。他在育才学校的讲话中,明确地提出希望我到延安去"可以安心写作"。那时,大家都亲切地称他"周副主席"(军委副主席)。②

先是有极好的个人印象,然后又明确提出到延安可以"安心写作",这对艾青是很有吸引力的。这些年来,流浪与监禁,辗转不宁,所苦苦追求的不就是能"安心写作"吗?他的心不由得动了。浮现在眼前的周恩

---

① 艾青:《思念胡风和田间》。

② 艾青:《在汽笛的长鸣声中》。

来沉毅、可亲的面影，有一种让人踏实、放心的力量，那是一种可以以心相托的不可思议的东西。然而，在他内心深处，却很难抹掉与何其芳“交恶”的一道阴影。听人说，何其芳去延安后，专门写了篇文章，作为对自己批评的“严正回答”，显然仍然是耿耿于怀的。据说，他去鲁迅艺术院就任文学系主任后，与周扬交情“甚厚”。周扬在上海就搞宗派主义，此风后又带到鲁艺——周、何联手，恐憾自己是很难有说话余地的。这样一来，艾青就不免有些踌躇。

一日，与胡风在张家花园的“文协”相遇。两人都喜饮喝咖啡，于是要了两杯，找一避静处坐了下来。聊了一会儿其他话题，艾青问胡风是否有去延安打算。胡风沉吟了片刻，然后坚决地摇了摇头，说：“他在那儿，我去干什么？”“他”显然是指周扬。之前艾青虽有预感，还是感到愕然，因两人积怨之深而惊诧。艾青事后追忆道：“走前曾问胡风去不去延安，胡风说：‘不去。’态度很坚决。”[①]但胡风本人的回忆略有差异，他说：“3月17日下午5时，我又到了重庆。晚上，宿于五十号，12时后，周恩来同志找我谈话，后来问我：‘到延安去好不好？’我说：‘当然好啊！’他考虑了一下，说：‘还是到香港去吧。’”但他亦承认，“举家出走对我来说不是件小事，我和M(笔者按：指胡风夫人梅志)商量究竟去哪儿。M赞成去延安，她说，到了那儿，孩子可以进托儿所、她能参加工作，我也不必为一家人的柴米油盐发愁了。这多年的难民生活，她带着两个幼子，也真苦了她。”[②]胡风的这种态度对艾青肯定会有影响。他得知，茅盾、以群、黄药眠、宋之的、葛一虹预备撤到香港，田汉欲撤向桂林，已在悄悄地练习骑马了。到处都是“人去楼空”的迹象，他心里明白，再不定夺只怕会生变了。

---

① 艾青：《思念胡风和田间》。

② 《胡风自传》158页，江苏文艺出版社1996年版。

韦荧却反对艾青去香港。以群来家，韦荧表示去延安的意向，理由与梅志相似：可以工作。以群听说艾青另有考虑，便说，你与艾先生商量一下再说。一天晚上，艾青从外面回来，韦荧说起去延安的打算，得到的回答是："周恩来先生说过的，有名望的作家去香港。"韦荧一听就有些生气，回嘴说："对，你有名气，我却没有。"两人一夜遂不说话。第二天一早，韦荧刚刚起床，已在桌前看书多时的艾青突然说："随你吧。"自己如何打算，却不明说。上午 9 点光景，韦荧表示要去曾家岩找周恩来，艾青送她，走到曾家岩的坡下，便掉头走了。那天，韦荧没见着周恩来，是张颖见她的。张很热情，听了原委后，她说："宋之的的夫人王苹改主意了，你正好可以用她的指标。"据韦荧说："有一次，梅志对周恩来说，胡风去香港，我去延安好了。周恩来笑着回答：'韦荧要去延安，艾青天天找我。你再去延安，胡风还不天天找我要人呀。'"① 又据她回忆："不久接到通知，说有车去延安，让到曾家岩集中。那天，八路军办事处外面的地上铺着一层薄薄的雪，天气很冷，我因为年轻，却感到很兴奋，因为，终于能按照自己的意愿决定去留了。当时去延安的是四辆大卡车，一辆小汽车，与我坐在同一辆小车飘的是叶剑英的妻子吴博、周恩来的秘书许明等，几个女人都怀着孩子，可能是到延安生孩子。为我们开车的颜太龙，听说后来做了周恩来的副官。"

在飘雪的日子里，艾青的心情分外地郁闷。朋友纷纷离去，自己在街上走时，已感觉有特务在身后跟着，因拒绝参加"总理纪念周"，在国民党那里大概也已"招怨"。耳边已有谁谁"被捕去"的传言。1 月 16 日，在一篇题名《棉絮》的文章里，他写下若干令人费解的文字：

---

① 据韦荧 1996 年 4 月 10—28 日回忆。

> 去年冬天，我在一个城市的旧衣铺里，买了一床棉妒，新的，雪白的棉絮。我从那城市到这城市，经过了很多的地方，我都带着我的棉絮。我把它用雪白的被里和绸质的被面包起，用感激它给我温暖的心，喜欢它，在旅行时把它随身带着。每次的警报响了，它总成了我所要顾虑的东西之一，把它放在比较安全的地方。每次轰炸了，它总成了我的担忧。愿望它不会被炸掉。因为，假使它被炸掉了，我将如何过冬呢？它领受我的爱护已一年了。
>
> 今天，天气很好，我想到要洗被里了。因为我已几个月没有洗它了。我把被面拆开，一遍又一遍地……我把被面从棉絮上揭去——我的心突然想到一种被欺的耻辱：棉絮是旧的——在那薄薄的一层新的、雪白的棉絮的无数的裂缝的里面，到处都露出了乌暗的、灰褐色的、污秽的、破烂的陈絮。我的心，突然燃烧着被欺的羞怒之火……

用的是象征手法，而且是“曲笔”，究有何指就很难推知了。它此时留下的只是作者灰冷到了极点的心境，彻骨的怨怼、以及不便明言的东西。但读者却分明触摸到了艾青极其孤寂的心，从心里隐晦地透露的深深的茫然。不几日，“棉絮”之谜似有索解。一天，艾青与胡风又在中苏文化协会碰上，说起各自的“见闻”，彼此都有些“惶惑”。艾青忽然自言自语地说：“延安男女十八比一，韦走了就不是我的人了。”胡风听了一惊，旋即又沉默了。以他对艾青的了解，艾青心里的疼痛，显然不止于男女方面。心有灵犀，还有什么可说？……

在这期间，艾青又作诗《潭》，茫然的心绪在诗句之中亦有所流露。该诗写道：“黑色的潭/无底的潭/在紫色的悬崖下/张开了恐怖”。他料想，即使国民党方面恼羞成怒，碍于充作“面子”的统一战线，一时半会还不敢公开捕人。那么，无形中的“潭”所指即是自己不知所措、也不知所终的心境了。这几乎又是一种无以置词的感受，像鲁迅在民国初年所深切感受的那样，是另一意义上的“无物之阵”。很长一段时间，有一个问题始终在纠缠着自己，意思是：“一个人应当有思想的活着好呢？还是没有思想的活着好。人既然被称为‘万物之灵’意思就是人是有思想的。一件作品，假如没有思想，就是没有灵魂。假如一首歌没有思想，就像青蛙一样，盲目而单调地叫喊着，显得多么可怜。”①……然而，他反过来又想，没有“思想”的人不也活得很好么，像张道藩、王平陵、姚蓬子之流，倒不见他们有什么“痛苦”——这么想着，头就有些发胀，甚至失控，“白色的浪/不安的浪/在紫色的悬崖下/叫喊着疯狂”……韦荧还没信来，大约是在路途。宋之的夫妇预备去香港，这些天，一直在打听去贵州的汽车票。胡风亦如此，似乎也有绕道去香港的迹象了。种种消息传来，使艾青在惶惑之外，又添了一层不安。

1月底，他忽然来了一个大转弯。因无文字材料，其中原委不得而知。只知道他去找过周恩来和张颖。表示要去延安，而且是尽快成行。深解人意的周恩来着人送他一千元钱，且嘱他“走大路，不要走小路，万一给扣留了，就打电报给郭沫若”。殷殷之情，深挚可感。据张祖良回忆，“艾青从重庆走得比较匆促，行前，他与我和希华拍了张合影照，见他情绪不高，我开玩笑地在背后写了‘国共合作’四个字。他把许多书和手稿交我收存，我把它们藏于地板之下，非常可惜，后来全部丢失了。”

来重庆还不及一年，又要走上旅途。不过，这次不是向南，而是向着西北方向。

---

① 艾青：《文艺与政治》，《艾青全集》第5卷第473页。

第八章　延安四年(1941.3—1945.9)

一　西进途次

重庆八路军办事处以最快的速度办妥了艾青去延安的一切事宜。这次与他同行的还有作家罗烽,画家张仃,考虑到路途的安全,先乘坐国民党政府盐务局的汽车到陕西宝鸡,然后,绕道耀县,再从这里进入陕北。艾青不认识罗烽,同张仃在上海倒是见过几面的,老朋友异地重逢,自然有一番感慨,而且这次还要同路西进,就更有一层人生无常的兴味了。从重庆到延安,不单路程遥远,况且"荆棘丛生",虽然国、共两党暂时实行了合作,骨子里却貌合神离,对去延安的进步文化人和热血青年,国民党总是千方百计地予以刁难。身着西装的艾青一行人,一看就是文化人,在路途之中难免"扎眼"。艾青原山西民族革命大学的学生沈求我,设法为他弄来一个绥蒙自治指导长官公署高级参谋的身份证件,算是解决了"身份"问题。待艾青再穿上"参谋"笔挺的制服,倒真有些凛凛然了。2 月初,艾青与罗烽、张仃乘盐务局的汽车悄悄离开重庆,经邻水、达县和万县向宝鸡方向驶去。川东刚刚下过一场雪,气候陡然转冷,温度在零度左右。四目望去,车窗外连绵不断的山峰已染成一片白色,艾青不禁打了一个寒颤。他记起,上月中旬,父亲从畈田蒋辗转寄来一封家信。信里谈及,因家乡属于游击区,日本人常来袭击,全家时常逃难,有时去母亲娘家义乌,有时则逃到金华城里,情状很是狼狈。希宁、海济随身带着小七月,更是辛苦。父亲另外提到,竹如回乡后,全家极力挽留,但她还是一人回了娘家独居,近况不甚了然,等等。父亲信中虽然不再提让他回家支撑门庭,但殷切之心却是深藏文字之间的。每念于此,他心头不觉有些黯然。他心想,这一走,只怕是很难再回畈田蒋,何时再见到父母双亲、妹妹弟弟,亦是无法预知的。离乡已十年有余,路途迢迢,故乡也许只有在泪眼里望见了……去年 2 月郭沫若因父亲病重归省,亦是未加声张的。大敌当前,哪还有闲暇光顾一己私事?好在张仃心思全在观察川陕一带的山川地貌、人物风俗上,对艾青的心绪未予留心。罗烽则一直在睡觉,他倒可以完全陷入自己的世界当中。因此,本来几天的路程,并不觉得沉闷漫长。一天早晨,当他还在睡梦中,突然听见有人锐声叫道:"宝鸡到了,快下车!"几个人翻身爬起来,胡乱地找自己的东西,稍加清点,就下了车。

宝鸡是内地通往陕、甘、宁和青海等地的交通枢纽,抗战爆发后,这里又成了中国与苏联联系的一条重要通道。所以,艾青去延安,宝鸡是必经之地。到宝鸡的当天,他即按事先的约定,与张仃、罗烽找画家陈执中,并在他画室的阁楼上暂且住下,筹划下一步如何安全地到达延安。当时,在宝鸡、西安至延安之间,驻扎的多是国民党胡宗南的嫡系部队,沿途戒备森严,凡由此去延安的青年学生,常常未到陕北,就被扣留了。因艾青手里有至绥蒙一带的通行证,且有参谋的合法身份,风险较小的一条路是从西安至榆林，然后从榆林绕回延安；另一条，是从宝鸡插向耀县，表面是往榆林的方向走，一过此地即可以进入陕北地域，但这条路地形复杂，常有土匪出没，弄得不好，就有性命之虞。几个人犹豫再三，最后还是觉得走耀县较好，于是决定下来。一天，艾青正在准备行装，忽然听见楼下有人叫自己，到楼梯口一看，立即乐了。原来是诗人严辰和逯斐夫妇。两人早艾青几日到的宝鸡，正在为去延安筹措盘缠，今天听说艾青亦在宝鸡，一时兴奋，就一路寻来。两人 1936 年认识，四年之后重逢，自然非常高兴。寒暄过后，严辰夫妇表示将与他们同行。这一说，艾青的幽默感就来了。他先端详一下自己，说，这个“长官”我就做到底吧。张仃去过榆林，了解当地风俗人情，在前面应付盘查。罗烽倒像一个勤务兵，你就暂且委屈一下。严辰戴着眼镜，很像是副官。听见没有自己，逯斐这边急了，嚷嚷着：“我干什么呀。”艾青也不笑，只说了句，做长官的“太太”好了，说完把自己的鼻子一指。众人听罢，立即大笑起来。事情就这么定了。为了“装得”更像，罗烽去街上把头剃了个精光，临时还找了件破军装套上。逯斐年轻漂亮，为了显示“身分”，特别在皮箱里压了一件新羊皮夹克，接着又把演戏用的一双高跟鞋放了进去。艾青也准备了印刻考究的“高参”的名片，以应付不时之需，至少，也可以“吓唬”一下人。

他们一行是从宝鸡搭乘一辆长途汽车经咸阳开往耀县的。艾青身穿水獭领的皮大衣，出于安全的考虑，一路上少言寡语，显得很矜持。周围有副官、勤务兵前后照应，且有一位可心的“太太”相随，则更让众人侧目而视。一路上平安无事。车至耀县县城，时已黄昏。北方的冬天夜来得早，6 点刚过，天已擦黑了。刺骨的风呼呼地刮着，大家不由得打了个寒噤。再抬头望去，在依稀的寒光中，只听站岗的国民党哨兵一边吆喝，一边相互开着猥亵的玩笑。乌鸦在城头发出一阵令人心颤的聒噪，然后扑腾腾地飞走了。城门虽然半闭,但外面还等着不少准备进城的人。守卫的军警按三五个人一拨,逐个检查证件,放进一批后,才能轮到下一批人。等了约半个时辰,轮到了艾青一行,张仃赶忙上前,递上艾青印有"高参"字样的名片。一位军警用手电照了照名片,稍后,又照照艾青。艾青心里一紧,脸上却毫无表情。军警见无破绽,继而打开箱子搜查,发现除皮夹克、高跟鞋之外,仅仅是一些女人常用的物品。于是,把手一挥,让他们进去了。耀县是陕西一个小县,虽在战时,街肆却不显得萧条,卖羊肉泡馍的,叫卖大饼的,以及杂货铺子一溜排开,在昏暗的灯火里,人影憧憧,但处处给人一种肮脏的印象。小旅店似乎不多,经人指点,才在一个僻静的胡同里找到一家。走进房间,就闻到一股发霉的气息,人在奔波流离之中,这些是在意不得的。然而,可气的是,艾青等人刚刚准备安歇,查房的军警随即敲门进来,声称局长要看看证件,为避免麻烦,罗烽只好交了出去。直到夜深,还不见归还。于是,在胡乱猜想之中,几个人则有些发虚,整夜难以成眠。由此可以想象,这里虽然远离重庆,军警、特务的控制却是丝毫不逊色的,说不定明天还会有意想不到的事发生。天麻麻亮时,几人爬起来商量,赶在天亮前先在农民那里把轿窝子雇好,然后去军警那里索回证件,城门刚打开即出走,以免"夜长梦多"。罗烽乃关东人氏,人亦是关东人脾性,主动提出去要证件。他一路找到警察局,多数军警还在睡觉,只有值班的警察半闭着眼睛,趴在桌上佯睡。叫醒昨夜那个查房的军警,罗烽厉声责问:"看证件还要一夜不成,再不给,我们长官就要发脾气了!""长官"两个字咬得很重,那军警一看来头不小,心里有些发虚,赶紧去找打了一夜牌的局长,将证件还给了罗烽。天刚微亮,一辆小毛驴拉着的轿窝子载着艾青一拨人,匆匆走出城门,往北向铜川方向奔去。

耀县距铜川约七八十里地,不算很远。然而,铜川对艾青等人来说,却有着不同寻常的含义，过了铜川就等于进入了黄土高原，接近陕北的地界了。铜川刚过，艾青就发现，一大片无边无际的黄土铺天盖地涌入了眼帘，视线里不再有一丝生命的绿色。路上行人穿着散发出膻味的羊皮袄，因长年风沙的吹刮，皮肤像一张张马皮革子，极其粗糙，但也极有特点。四年后，他把这种深刻的印象写进一篇文章，并把它移到笔下的主人公刘占海身上，说，他"脸色赭红，额上刻着三条很清楚的皱纹……"[①]不用说，这里面有一种东西、一种特殊的生命形式，在他心里引起了深深的共鸣。昨日，车子经过一个破败的小村镇时，他耳边曾飘过两支十分苦涩的陕北民歌，其中两句是："风吹日晒淋大雨，世上苦不过受苦人！"另有两句是："前晌死你大后晌死你妈，格夹上针线包我另改嫁！"听罢心头一震。艾青吃惊地发现，当地人的秉性里似乎有一种不可思议的东西，故乡那首有名的《哭灵歌》已经够凄惨了，但与这里的民谣比起来，好像又缺少了点什么……然而，情势的紧张却不容他滞留在这种印象上，"逃出"耀县的虚惊刚刚过去，新的"麻烦"便接踵而至……

越临近陕甘宁边区，国民党的岗哨便越多，盘查也越严密。一日，在快到宜君的时候，路上突然与一个骑马的国民党军官相遇。这个军官随身带着一个马弁，在路上慢悠悠地策马而行。艾青等心里发急，想甩掉他们，但不知何故，那两个人却亦步亦趋地跟着，没有马上要离开的意思。罗烽倒很机灵，索性上前递给那马弁一支香烟，先聊上了。隐隐约约的，罗烽打听到这位军官原来是洛川警备区的牛司令，因有公事，正巧路过此地。该人系行伍出身，据说极会打仗，但因是杂牌军，混得并不得志。然而，在这一带，牛司令却是声名很响的。车到宜君后，艾青、罗烽决意请牛司令一次，他倒也豪爽，一听来意，便应承下来。在一家小酒馆

---

① 《养羊英雄刘占海》，《艾青全集》第 5 卷第 56 页。

里，三杯酒下肚，牛司令就骂起娘来，可能是平日里受过国民党嫡系的闲气，骂着骂着，干脆对蒋介石指名道姓起来，而且似乎一发不可收拾。这一骂，艾青却心里发虚，担心平白招惹出意外的麻烦，于是劝道："兄弟息怒，还是莫谈国事吧。"与牛司令的"结交"，使艾青等得以顺利通过宜君等地，到洛川，还应邀去牛司令的官邸玩了几日，居然没有出事。牛司令还当真把他们当成了绥蒙长官公署的人。热心款待，不亦乐乎。

车子绕过洛川，再往北行，陕甘宁已隐约可见。走了一些时辰，艾青看见，在连绵不断的山头上站着手持红缨枪放哨的妇女和孩子；"信天游"高亢辽远的歌声隐隐传来，这让他感到亲切和庆幸，有种异乎寻常的感觉。对这个"官"，艾青早感厌烦，不想再去"演戏"，于是索性走下轿窝，徒步走了起来。张仃高兴地对着山峦连喊了几声，尚觉不能尽兴，一边大声唱起《国际歌》，一边扑在地上，连连亲吻着土地来。让艾青深受感动的是，他人还未到，周恩来的电报就到了，电文称："文化人艾青等五位同志到了。"平生还是第一次有人称自己"同志"，对艾青来说，这个称呼既觉得陌生，又感到很是亲切。据说，延安对周恩来的回电是："武装护送。"这也是令他感到又神秘、又激动的。三十七年后，艾青对当时的情景还记忆犹新，他回忆说："我幸亏得到周恩来同志的帮助，和另外的四个作家一起，摆脱了国民党特务的跟踪，沿途经过四十七次的检查，安然到达延安。"①但他也由衷地发出感慨，说："我所经历的时代，是一个波澜壮阔、绚丽多彩的时代。我和同我差不多年纪的人一样，度过了各种类型、不同性质的战争；也遇见了各种类型、不同性质的敌人。真是变幻莫测。"②

---

① 艾青：《在汽笛的长鸣声中》。

② 艾青：《在汽笛的长鸣声中》。

二　杨家岭唇沟与蓝家坪

艾青曾回忆说："初到延安时，我的思想认识并不明确，带着许多小资产阶级的观念。我在延安只管写文章，想写什么就写什么。我是被尊重的……"[①]上面一段话，无意中为我们"摄下"了艾青初到延安时生活的一个侧影——据艾青自己说，到延安的第二天，当时的总书记洛甫、中宣部长凯丰找他谈话。谈话的气氛是十分友好和平易的，洛、凯二人都穿着粗棉布做的棉大衣，脸上架着眼镜的洛甫似乎更像是一个文弱的知识分子。他曾听说，在20年代，洛甫用张闻天的原名在《小说月报》上发表过小说，后来改为研究经济，所以，初次见面倒没有生分之感。后来，艾青对洛甫始终怀有这种极好的印象，去他家吃过饭，还在一起谈过文艺。但在今天，他隐隐感到两位领导人对重庆文艺界颇感兴趣，于是谈了有关情况，对一些人的宗派问题也有所涉及。不想洛甫对这些"内幕"并不感到惊讶，只说了一句："都是自己人，回到家里也可以说嘛。"这让艾青看到了他宽宏大量和十分沉着的另一面气质。这次谈话，洛甫、凯丰主要目的是征询艾青对工作和生活的意见，鲁迅艺术学院和中华文艺界抗敌协会延安分会，两个地方让艾青挑选。他听说丁玲是"文抗"的领导，因早与她熟识，便选了"文抗"。没选择去鲁艺教书，是否跟何其芳在那里有关，亦未可知。

艾青到延安正是延安经济上最为困难的一段岁月……据当时在《解放日报》供职的黎辛回忆：

---

① 艾青：《漫忆延安诗歌运动》，艾克恩编《延安文艺回忆录》第142页，中国社会科学出版社1992年版。

从国统区去延安的人,多半是从苏联某些充满浪漫的革命小说中想象延安的,1938 年以前,情况大致是如此。1939 年后,情形开始有所变化,一年前曾有“保卫大武汉”的说法,当时延安有人就在私下开玩笑说:“保卫大米饭。”这里的干部和文化人多为南方人,认为能吃上米饭就是好生活了。1941、1942 年,由于国民党对边区的经济封锁,不要说大米不供应了,连日用品都禁止运进来。有一段时间,困难到机关的人都吃不饱,边区银行只剩下五块钱。艾青的情况可能要好些,他当时吃的是中灶,享受的是县团级待遇,韦荧和孩子吃大灶,按照纪律要分开来吃。中灶由小鬼(笔者按:即很年轻的勤务兵)每顿送到窑洞门口,吃完后再把饭碗交给他拿回去。如果你不想吃,就原封不动的拿走,家人是不能吃的。中灶的标准是每个月三斤肉(笔者按:因延安地方的秤是一斤二两为一斤,故三斤应为四斤的样子),一半为细粮,一半为粗粮,每天则按一斤粮食、一斤蔬菜的量配给。小米多半是发霉的,边区地主在交公粮时,还往里面掺了不少砂子,很难吃。①

又据韦荧说:“1941 年前后,人们的热情很高,但生活的确是很艰苦的。艾青每月有几块钱的津贴,吃饭、看病、打开水都不要钱。单衣每年发一件,棉衣三年发一件。苦就苦了孩子。订不上牛奶,白糖、大米都见不到……这种情况,到了开展大生产以后才有所好转。”②

尽管如此,艾青的日子却是悠闲而自在的。既然抱定“想写什么就

① 老作家黎辛 1997 年 4 月 17 日在北京红庙寓所回忆。

② 据韦荧 1996 年 4 月 10—28 日在北京三里河寓所回忆。

写什么”的念头，周恩来先生亦有“艾青先生到延安可以安心写作”的允诺，那么，还有什么能使自己放下这管笔呢？带着这种安闲心情的艾青，对当时困扰人们的“吃饭”问题似乎不甚留意，在文字上也未有记述。1941 年 3 月 8 日，艾青抵延安，并与相别一个多月的妻子见面。两人先住中组部招待所，不久，移往杨家岭后沟的“文抗”，由文抗秘书长吴伯箫出面安排，分了一间窑洞，算是有了个“家”。这种心绪，出现在他到延安后不久写的《古松》一诗里。延安的山川纵横交错，一年到头都是灰蒙蒙的，少有故乡金华那种葱葱郁郁的绿色，更不要说羊乔山上高大苍劲的古松了。然而，每当黄昏降临之际，灰蒙蒙的山峦在最后一抹晚霞的照射下，却透露出在南方少见的浑厚、质朴与庄严来。在窑洞外呆呆看着眼前的情景，艾青心里忽然泛起与什么东西“久违”了的感觉。当日夜，他在灯下若有所思，提笔写道：“你和这山岩一同呼吸一同生存/你比生你的土地显得更老/你的身体又弯曲，又倾斜/好像载负过无数的痛苦/你的裂皱是那么深，那么宽/而又那么繁复交错”……只有他自己懂得，“古松”不是有具体所指，他是在检点自己。他记得，不久前的一个黄昏，丁玲饭后来看他。1938 年 2 月，他正在山西临汾的民大教书时，与率西北战地服务团的丁玲见过一面。丁玲那时虽然穿着军装，上下却透出文人的书卷气。这次见面，她人变化不大，然而艾青隐约地感到，她的言谈话语里多了些自己所不熟悉的东西。似乎对周扬亦有所非议，尽管话说得是很婉转巧妙的。艾青收住思绪，继续写着：“你屹立在悬崖的上面像老人/你庇护这山岩，用关心注视我们的乡村；/你是美丽的——虽然你太苍老了。”

或许是受到这种心绪的支配吧，艾青突然对种菜发生了兴趣。春天刚到，他就托人从老乡处买来西红柿、葫芦、白兰瓜的种籽，预备在窑洞前后的空地上种些蔬菜。听说白兰瓜炖羊肉非常好吃，他特意多下了些白兰瓜的种籽，打算攒一些津贴，待瓜长大后，弄点羊肉来解解馋。葫芦是他欢喜吃的，然而，他更欢喜葫芦串在一根藤上的样子，经风一吹，仿佛是一串无声的铃铛，颇招人爱。据韦荧说，艾青对做家务毫无兴趣，也是基本不做的，但对侍弄菜却是不厌其烦的。“文抗”的驻会作家不上班，除开会，基本是在家里写作。有时候，艾青正在看书，或者写诗，忽然间想起昨天忘了给菜浇水，于是闷声不响地一个人拎着木桶就下山去了。待拎水上来，接着就用碗为菜浇水，那种精细劲儿，比侍弄孩子还上心呢。陕北气候干燥，土质也不易于蓄水，经常是刚浇水不久，漫天的风沙一刮，地就干得裂出了口子，菜也蔫了。艾青于是又下山去，这么一来二去，人极辛苦，也颇狼狈。有一天李又然来，得知艾青之“愚”，立即拿他取笑。笑过之后，从怀里掏出酒瓶和一点花生，要与艾青喝酒。因为酒少，两人就按延安的规矩划拳，赢家喝酒，输了却没酒喝。当时本地的小商贩卖酒做假，一是酒里掺水，另一种是加鸽子粪，据说易头晕，喝者错以为酒浓，还有一种是加石灰，不知道是发生了什么化学反应，给人很烈的印象。过了一个多时辰，眼看李又然带来的花生所剩无几，艾青跑到窑洞外，弄来几个很青的西红柿，充作下酒菜，算是救了急。这次“应急”给了艾青一种经验，平日多侍弄几种蔬菜，有朋友来，也不致窘迫，何况，吃自己侍弄的菜，也是不乏情趣的。

然而，艾青所希望的这种“稼穑生活”未能持续下去，事情是因韦荧的分娩引起的。一天，他正在埋首工作，躺在炕上已经足月的韦荧忽然呻吟起来，看样子，怕是要生了。艾青没见过这种场面，慌忙唤人七手八脚地把她抬到附近的中央医院。因是头胎，生产过程并不顺利，艾青守在产房外面。对他而言，马上要做父亲自然是喜悦的，然而，平静、悠闲的日子也被打乱了。韦荧产后非常虚弱，艾青要照顾产妇，与妻子商量后，决定把孩子暂时托放在附近的一个老乡家，准备韦荧出院之后再去接回。其间丁玲来探望过，带来了一些婴儿换洗的衣物，及在延安很稀罕的营养品，如白糖之类。临走，还对艾青嘱咐一些莫让产妇着凉之类的常识。在朋友中，李又然来的次数较多，主要是与艾青聊天。艾青发现，话题未必每次都有趣味，倒是可以借此打发日子。韦荧住了一个月左右的医院，身体渐有好转，因想孩子，便要出院。回家不久，两人一同往老乡家接孩子。推开门，发现主人不在，再看炕上，婴儿身边放着一碗小米汤，碗里还趴着一只苍蝇。见此情状，艾青心里一阵难受。孩子骨瘦如柴，显然是缺少营养的缘故。不几日，这个孩子终于夭折了。这件事对艾青刺激很大。很有一些日子，他无心写作，窑洞外种的菜亦已枯黄，一向自诩不大为"亲情"所动的艾青，才发现自己身上，竟然蕴藏着如此强烈而热忱的亲子之爱！据韦荧回忆，孩子死后的第三天，两人在窑洞里枯坐，半晌都没有话。两人都在极力回避关于孩子的话题。这时，从门缝里突然传来邻居孩子笑闹的声音，心里不由一紧。再看艾青，已经是满面泪水了。不想触动的"伤疤"，不经意就被人狠狠地揭开……后来，艾青在《赎罪的话》里写道："我是爱小孩的，而且我也相信，每个人都具有爱小孩的本能，假如没有这种本能，人类就没有前途了。"不知为什么，失子之痛使他陡然想起自己曾"亲历"的情景："我记得，在故乡的污浊的池塘里，我曾看见一个腐烂了的婴尸，不知是哪个母亲偶然犯罪的结果，把它遗弃了的。乌鸦和青蛙站在那模糊了的小小的身体上。……我也记得，在一次轰炸中牺牲了的一个小孩，大概有四五岁了，他的稚小的身体被搁弃在马路旁边，眼睛是合上了，但小小的嘴还开着。他的一双手被炸断了——那只小小的应该拿着糖果的手，那只柔嫩的手，已离开他的身体，被抛在一丈多远的石堆边。"[①]如果不是编辑对文章字数有

① 艾青：《赎罪的话》，《抗战文艺》第 8 卷第 4 期。

限制，他大概会这么纵情地一幕幕回忆下去，让心头的血在笔端流淌个干净的……他心里明白，这不过是借谈别人来抒发内心深处的隐痛罢了。不久之后，艾青搬到杨家岭对面的蓝家坪居住。两处仅隔着一条延河，并不远，但他分得一大一小两孔窑洞，写作与生活条件得到明显改善，这对潜心写作的艾青来说，是十分欣慰的。据韦荧回忆，与她家相邻的有萧军和刘白羽。刘白羽是"文抗"的党支部书记，人比较严肃，同艾青来往不多。他是"文抗"的人，却听说同"鲁艺"那边，尤其是周扬的关系比较密切。萧军的家离艾青的窑洞最近，每次上茅厕，都要经过这里。他为人很豪爽，但也比较冒失，一不留意就把人伤了。在艾青的记忆里，蓝家坪虽然给了他一个较安闲的环境，然而，他与其他窑洞主人的关系却说不上融洽。他不大喜欢刘白羽居高临下的模样，后来两人"交恶"，似乎与做秘密党员的事有关。初到延安时，有一天，李维汉来找艾青，说组织上想利用他在国统区文艺界的影响，发展他为秘密党员，然后，悄悄派他回国统区去工作。一次韦荧从医院回来，无意在桌上看见一个用火漆封过的大信封。后来听说，里面有艾思奇的信，内容是通知艾青为正式中共党员。可能是他过怕了动荡的生活，亦可能想写作，对其他工作不感兴趣，事情没谈成，党员的事后来也没有了下文。但是，"事情"却并未完结，刘白羽被授意找艾青谈话，大概有帮助进步的意思。这让艾青大为光火，心想，上面是可以与自己直接谈一谈的，何必又插进来一个官不大、官气却十足的刘白羽。而刘与他谈话时，态度又比较矜持，就更令他反感。据韦荧说，一天上午，她有事去找萧军的夫人，经过刘白羽家窑洞，突然，从里面发出激烈的争吵声。刘白羽说了什么，她没听清楚，但听到艾青很气愤地高声说道："你也不是土皇帝，有什么了不起的！少拿上面来压人！"两人关系从此非常冷淡，没有特别重要的事，基本都采取回避与不接触的态度。在艾青的印象里，萧军是一个粗莽之人，人虽不失耿直，然而，火爆脾气亦是不甚好相处的。那时延安盛行周末舞会，从毛泽东、周恩来等领导人到作家、干部，都喜欢前往参加。一次，在跳舞之前，萧军起哄让韦荧唱歌，韦荧年轻爱动，也不推辞，从人群中站出来，就放声唱了起来。艾青记得，她唱的好像是王洛宾那首带有爱情意味的《半个月亮爬上来》，唱过几句后，萧军突然走上前与韦荧合唱起来。艾青对他们平常来往较多本来就感到不悦，见此情状，不禁怒火中烧。回家后，立即与韦荧大吵起来，可能两人声音很大，住在隔壁的萧军夫妇听得清清楚楚。第二天，萧军夫妇来艾青家解释，但疙瘩却在艾、萧之间结下了。后来，两人不太往来，关系逐渐淡薄了下去。据韦荧说，在延安时期，艾青与江丰的关系最为稳定。江系工人子弟，为人笃厚，当时任“鲁艺”美术系系主任，因为他的关系，艾青常骑马去“鲁艺”找他，与彦涵、古元亦有交往。

在蓝家坪，最令艾青愉快的就是与“鲁艺”文学系的学生李方立、孙健冰、郭小川、贺敬之以及侯跃动等人的交往了。据黎辛回忆，在延安的作家中，最没有架子、对青年作者帮助最多的要数艾青。因口碑甚好，常有写诗的青年学生找他请教。① 每当星期天，他们从“鲁艺”走十多里的山路，带着新写的诗稿赶到蓝家坪。在艾青的记忆里，几个人中侯跃动最有诗才，李方立和孙健冰的诗乡土气息较浓，比较朴实，而郭小川、贺敬之的诗似乎已有了某些政治抒情的气味了。当时，他是看好侯、李、孙三人的，对郭、贺却不甚喜欢。有次，他们走后，艾青还学着郭、贺的样子朗诵他们的诗，如郭小川的：“我的延河、我是你的一条小支流呀，投向你！”如贺敬之的：“走在早晨的大路上，我唱着属于这道路的歌。”韦荧对艾青这种举动很不以为然，曾当面数叨过他。但令艾青后来感到“意外”

---

① 据黎辛 1997 年 4 月 17 日回忆。

的是,恰恰是郭小川和贺敬之在解放之后"爆得大名",李方立和孙健冰却始终名不见经传。秋、冬之交的某日上午,郭小川带来几本诗刊,艾青接过略略一看,只见封面、封二和封底上写着:"主编:延安新诗歌会绥德分会。出版:警备区文化协会。经售:绥德西北抗敌书店。价目:每张二角。"据郭小川介绍,刊物是在绥德警备区军政委员会主任王震将军的支持下得以出版的。这是艾青第一次听到王震这个名字,对他支持出诗刊留下甚好的印象。另据郭小川说,刊物由他、高敏夫和张蓓(沛)三人发起,常在上面发表诗作的有高敏夫、张蓓、公木、萧三、李雷、贺敬之、胡代炜、冯牧、余修、侯跃动、袁烙、隐夫、俞波、李方立和他自己……这种在"文人圈子"里互相交换诗稿,然后办刊出书的方式,是他极其熟悉、也极感亲切的。他不禁想起,1939 年春,他与蛰居香港的戴望舒书信往来,商谈办诗刊的事,两人决定刊名为《顶点》,取纯粹追求艺术之意。4 月,在《广西日报》《南方》副刊特地登出启事,云:"戴望舒与艾青决定出版一种诗刊,刊名《顶点》,每月一期,选稿标准较高,现在筹划中,拟于 5 月间创刊,内容为诗的创作、理论、批评、介绍、翻译等。精致的素描、木刻,亦欢迎。如有投稿,请寄桂林《广西日报》《南方》编辑处转或香港《星岛日报》《星座》编辑处转,唯稿件上须注明'给《顶点》稿'四个字。"他又忆起,1937 年冬,他为胡风主编的《七月》设计封面,起初画了一个士兵的半身草图,胡风看后不满意。于是连夜重新设计,接连画了几张都不甚理想。隆冬的武昌,因无取暖的东西,只好画上一会就跑到院子里不停地跺脚,稍有暖意,立即又跑回房间里画。艾青忽然发现,那种穷困中苦苦追求的文人生活,才是最令自己魂绕梦牵,不能释怀的。"以文会友"也罢,"办刊"或热衷为杂志"插图"也罢,大概是一种适宜于自己性情、嗜好的"活法";大概正是出于这一原因,艾青与他这些"鲁艺"学生始终保持着往来,直到他四年后离开延安……

三 在“文抗”与“鲁艺”之间

到延安不久，艾青发现，在重庆耳闻的“延安城”事实上是不存在的。经过1939年日本飞机的几次大轰炸，城里的房屋几乎全被炸毁，连一堵完整的墙都没剩下。党政机关、学校因此都分散在城外方圆几十里大大小小山头的窑洞里。日子一久，他还注意到，延安的地形也是极有意思的，基本由凤凰山、宝塔山和清凉山围绕而成；这里分东、西、南方向纵横交错着三条山川，因此，又有东门、西门和南门之说，却似乎没有北门。往北是地处蓝家坪的“文抗”，往东则是在桥儿沟的“鲁艺”，无论从哪一条山道走，两地之间都有十七八里的路程，行动均要以骑马代步。所以，各单位之间不像传说的那样来往频繁，没有特别重要的事，多半不大出门，因有许多通讯站，写封信由通讯员传递，用以互通信息。因为纸张极其匮乏，所谓“信封”均用废报纸做成，在上面再贴一个纸条，写收件人的地址、姓名。

令他感到蹊跷的是，如此不便利的交通条件，何以会在“文抗”与“鲁艺”，尤其是两个部门的负责人之间，造成如此深的隔阂？因艾青基本不写日记，更拒绝撰写回忆性的自传，其中的蛛丝马迹在他的记述里没有留下任何痕迹。

1979年春，周扬在回答美籍华裔赵浩生的有关问题时，曾说：

> 当时延安有两派，一派是以“鲁艺”为代表，包括何其芳，当然是以我为首。一派是以“文抗”为代表，以丁玲为首。这两派在上海本来就有点闹宗派主义。大体上是这样：我们“鲁艺”这一派的人主张歌颂光明，虽然不能和工农兵结合，和他们打成

> 一片,但还主张歌颂光明。而"文抗"这一派主张要暴露黑暗……我为回答他们写了一篇文章。我说:请你们不要在根据地找缺点,因为太阳中间也有黑点……那是在整风以前,我的思想也没有改造,当然那篇文章不会很有力量,但是我是反对他们的,后来就是因为我写了这篇文章,延安有五个作家联名写了一篇章反对我。有萧军、艾青,还有白朗、舒群。
>
> 他们没感觉到是进入了一个新的时代,没感觉到有一个要熟悉面前这些新对象的问题。他们还是上海时代的思想,觉得工农兵头脑简单,所以老是想着要发表东西,要在重庆在全国发表,要和文艺界来往,还是要过那种生活。身在延安,心在上海,心在大城市,这怎么成呢?

显然,在心灵深处,周扬是把艾青"划到""文抗",即丁玲的那一边去了。

1982年3月8日,丁玲也回忆了这一段关系复杂的"往事"。与周文比较,这篇题名《延安文艺座谈会的前前后后》在文字上似乎不那么明朗,某些地方,甚至有晦涩之感。它显然用的是小说家的"笔法":

> 1941年5月间,有一次文协开会,事先通知了我,但我因为要发稿没有去成。傍晚在清凉山下遇到从文协开会回来的周扬同志,他下马同我谈了一下情况,说他到文协参加了"文抗"理事的选举,原来文委的意思是准备让欧阳山负责,但很多人不同意,选举的结果是七个主席,轮流负责。据我记忆,这七个人是刘白羽、艾青、萧军、舒群、白朗、罗烽、于黑丁;于黑丁兼秘书长。从这时起,文协的人员没有什么变动,但名称则只称

"文抗"了。①

一眼能看出,丁玲对周扬"插手"她领导的文抗,尤其在此过程中所流露的霸气是不满的,然而在文字间,却似乎找不到一句明确流露出这一情绪的措辞来。但显然,她与周扬之间是存有很深的芥蒂的。不然,她不会"因为要发稿"不去文协开会,她之所以"不去",是因为事先知道中央文委对人事的安排,而周扬正是衔命而去的。但意外的是,那时还敢说直话、甚至不理会"上面"安排,另选出七个主席的"文抗"众作家们,无意中却正中丁玲的下怀,末后几句虽说得平淡,如"据我记忆"之类,然而明显有些幸灾乐祸的味道。之后,她又借同忆《解放日报》文艺栏的旧事棉里藏针地说:

> 文艺栏编辑部或我个人,都没有小圈子,都没有对某些人的作品有亲有疏,或者排斥歧视。现在距那时已有四十年了。四十年来,人世沧桑,几经沉浮。但历史是不以个人意志为转移的,任何个人,即使是帝王老子也很难凭一己的金口玉言,包写历史。历史是公正的,真伪将经受千秋万代和亿万人民的检验。②

……在这种复杂的人际环境里,要想再像过去那样独来独往,几乎是不可能的。实际上,艾青刚到延安时,周扬就曾有请他去"鲁艺"任教之意,后来因他与何其芳之间有"芥蒂"而断了此念。艾青住杨家岭后沟

---

① 丁玲:《延安文艺座谈会的前前后后》,《丁玲写作生涯》,1982 年 3 月 8 日。

② 丁玲:《延安文艺座谈会的前前后后》。

时,周扬常到中宣部开会,中寅部的办公地点就在杨家岭,这样,往艾家的拜访就有了“顺道”之由,而且比较自然。反正是文人之间的交往嘛,有时吃一顿便饭,有时谈谈文艺界近况,以及彼此相熟的朋友,在极轻松的气氛里,既增进了好感,也为下一步更深的接触打下了基础。在艾青的印象里,延安时期的周扬并不像后来那样“厉害”的,他翻译过托尔斯泰的名著《安娜·卡列尼娜》,修养深厚,译笔十分漂亮。除了表情稍嫌严肃之外,艾青发现,他们两人身上居然有不少相像之处:都是三十出头的年纪,对西洋文学都有很强烈的兴趣,以及独特、深刻的见解。据他回忆:“那时的‘鲁艺’文学系曾以托翁的《安娜·卡列尼娜》为教材,仔细地分析研究这个作品,影响所及,使‘鲁艺’有的女同学就摹仿起安娜的外形来,而且有人写了一篇散文,赞美一个具有安娜型的女同学。”①周扬时为“鲁艺”的院长,课程设计不仅反映了他的旨趣,而且这种旨趣无形中也影响到同学们的个人选择。显然,周扬的“安娜情结”增进了艾青对他的特殊好感。假如没有丁玲的“介入”,说不定1955年的所谓“再批判”会是另外一种结果,艾青是否会被打成右派,也是孰难逆料的……但历史不存在“假设”,个人的命运浮沉是无法预知的……

使周扬心里产生不快的是,艾青卷入了一场与他直接发生冲突的笔战之中。1941年6月17、18、19日,《解放日报》连载了周扬的长篇理论批评文章《文学与生活漫谈》。文章用了相当多的篇幅论述了文学与生活的关系,然后笔锋一转,写道:

> 在延安,有些弄创作的同志感觉到写不出东西来了。我们过的原是一种新的有意义的生活,而创作在这里是自由的,为

---

① 艾青:《谈大众化和旧形式》,《文艺报》第2卷2期。

什么会写不出来或写得很少呢？莫非在新的生活面前创作才情反而会枯窘了吗？当然不是。于是我们听到了各种各样的有趣的解释：有的说一位大思想家（好像是恩格斯吧）讲过人类文明是靠吃肉类来的，而我们的肉吃得太少了，或者说因为我们的食物缺少维他命C，营养太不够。又有的说大家都拿津贴，生活虽苦，却不愁衣食，毋需乎卖稿子。再有的说延安文艺刊物太缺乏了，不能刺激大家。诸如此类。

那么，究竟是何原因使这些作家才思枯竭了呢？周扬没正面回答，而是说："我们还是于精神的方面来寻求原因罢。"这句话说得有些叫人摸不着头脑，亦不免深奥。但就像纺线一样，一缕缕的"线头"还是若有若无地抖落了出来："一个作家在精神上与周围环境发生了矛盾，是可能有各种决然相反的原因的。一种是周围生活本身是压迫人、窒息人的，是一片黑暗，作家怀抱着对于光明的热望不能和那环境两立，他拼命反对它。另一种是他处身在自己所追求的生活中了，他看到了光明，然而太阳中也有黑点，新的生活不是没有缺陷，有时甚至很多；但它到底是在前进，飞快地前进。作家走着他特有的艺术知识分子的步伐，和那生活的步调就不一定合得很齐。有时他觉得生活还落在他理想后面呢，他停下来，微微觉得失望；有时生活却又实在跑过他前面去了，有一种什么旧的意识的或者习惯的力量绊着了他。他感到了某种程度上的和生活的不能协调。"文章里频繁地出现"他"的称谓。然而，"他"究有何指？却又是云里雾里的。显然，这里又是上海左联时期的那种"春秋笔法"。还在1936年8月3—6日，对周扬这种"笔法"及为人了解甚深的鲁迅，为人们挑开了这个帷幕的一角，他以他惯有的辛辣语调写道："去年的有一天，一位名人约我谈话了，到得那里，却见驶来了一辆汽车，从中跳出四条汉子:田汉,周起应(笔者按:即周扬),还有另两个,一律洋服,态度轩昂,说是特来通知我:胡风乃是内奸,官方派来的……在左联结成的前后,有些所谓革命作家,其实是破落户的漂零子弟。他也有不平,有反抗,有战斗,而往往不过是将败落家族的妇姑勃谿,叔嫂斗法的手段,移到文坛上。嘁嘁嚓嚓,招是生非,搬弄口舌……”[①]在溘然长逝之际,胡风也曾感叹道:“周扬这个人,真正是懂政治啊!”周扬这篇文章激怒了“文抗”那些“不懂政治”的作家们。萧军一看报纸就火了,眼睛一瞪,抖抖报纸对丁玲愤慨地说:“都到延安了,他还想像在左联时那样霸道!这哪儿行?”丁玲不着边际地说:“可以商榷嘛。”罗烽和白朗立即附和道:“写文章反击他!”萧军问舒群、艾青:“我写文章,你们署名吗?”两人对周扬的文风亦感不悦,遂同意签名。丁玲同意签名,但不愿该文发在《解放日报》文艺版上,推说社长博古比较谨慎,云云。“更不懂政治”的艾青同意在文章上签名,大概有两个理由:一、他虽与周扬无直接恩怨,关系算得上“可以”,但对他在此文中盛气凌人的口气,应该说是不满的。二、在文章中,既然“作家”是周扬的主要批评对象,那么,这自然也包括自己在内。周扬打击“一大片”的做法,无疑伤害了艾青的自尊心。20日左右,萧军约白朗,舒群、罗烽和艾青在蓝家坪的“文抗”“漫谈”。然后,他根据漫谈记录写出《〈文学与生活漫谈〉读后漫谈集录并商榷于周扬同志》一文,经其他几个人看过并签名之后,发表于8月1日的《文艺月报》。从文章题目到内容,都有一种“挑战”的味道,尤其符合执笔人的性格。文章劈头就说:“凡是到延安来的”,“决不是想到这里来吃肉或者是补充维他命C的”,针对周文的作家“才能枯窘说”,文章反唇相讥说:“一个真正的作家,无论在新或旧,自由与不自由……的生活里,从广义来说,才情绝没

---

① 鲁迅:《答徐懋庸并关于抗日统一战线问题》,《作家》1936年8月第1卷5期。

有枯窘的时候，只有那种原本没有才情，为了某种关系而站了起来……才有这种感觉，他们的命运才有这可能的‘枯窘’底结局”。“漫谈”越是往下去，火药味便越浓起来，已经不在“漫谈”的范围了。对周扬关于“太阳中的黑点”的责难，文章愤然写道：“凡是到这新社会来的人，他们主要是追求光明、创造光明，另一方面对于‘黑点’也不会全没想到，而且也决没有因了这黑点对光明起了动摇，不忍耐地工作，不忍耐地等待着……但若说人一定得承认黑点‘合理化’，不加憎恶，不加指责，甚至容忍和歌颂，这是没有道理的事。除非他本人是一个在光明里面特别爱好黑点和追求黑点的人……”

对这场“风波”，时为“文抗”负责人、也是当事人的丁玲轻描淡写地回忆说：“1941 年 6 月 17 日、18 日、19 日，我们(笔者按：指《解放日报》文艺栏)连续登了周扬同志的长文《文学与生活漫谈》，引起‘文抗’的舒群、萧军、白朗、罗烽、艾青等五人联名写了《〈文学与生活漫谈〉读后漫谈集录并商榷于周扬同志》一文，他们漫谈的时间是 7 月 20 日左右，文章发表在 8 月 1 日的《文艺月报》上。这篇《漫谈集录》对周扬同志文中所提的作家要到生活中去并无异议，只对周扬在漫谈中的态度和对作家写不出作品的原因的几条假设不同意。”又说，“五人的文章发表后，是不是在‘鲁艺’、在‘文抗’引起过更多的议论，我不知道，我们文艺栏听到也少，也没有收到其他的或同意、或反对、或再解释的来稿。我们也无意去组织文章，展开争论。当时《文艺月报》发行数量很少，读到这篇文章的人并不广泛。这件事很快就过去了。”[①]从上述文字看，这是一副“与己无关”、至少是“局外人”的姿态。然而，事实并非如此。据当时的知情人证实：“萧军同志告诉我，这次签名，一开始丁玲也签了名的，但她与另外五

① 丁玲：《延安文艺座谈会的前前后后》。

人的意见不尽相同,故最后她去掉了名字。”[①]……事情也不像她说的那样,“很快就过去了”,而是立即引起了高层的注意。8月2日,就在“五人漫谈”一文发表的次日,毛泽东突然致书萧军:“我劝你同时注意自己方面的某些毛病,不要绝对地看问题,要有耐心,要注意调理人我关系,要故意地强制地省察自己的弱点,方有出路,方能‘安身立命’。”[②]诚恳爱护之中亦略含批评,问题是有所指的。显然,有人已抢在前面把“五人漫谈”交了上去。萧军接信后预感不好,马上致信毛泽东,要求见上一面,并将双方的“漫谈”文章一齐附上。8月6日,毛泽东回信,称:“来示,文章及报均收到,文章已读过,兹璧还,近日颇忙碌,过几天再奉约晤叙。”[③]艾青得知这两封信后,刹那间恍然大悟:难怪丁玲在文章上去掉了自己的签名!颗心陡地悬了起来。四天之后,萧军接信去见毛泽东,言谈之中,提到艾青、白朗和罗烽的名字,问能否见见他们。毛泽东显出吃惊的样子,说:“这么多作家来延安啦?我还不知道呢,哪天我看看他们去。”听到这个消息,艾青紧张的心情略有缓解。11日傍晚,毛泽东由一位警卫员陪着,从杨家岭住所绕过山梁,到后沟文抗作家宿舍来看各位作家。萧军请毛泽东在自己窑洞歇息,出门通知罗烽、舒群他们,两人恰巧外出未归。艾青得信,特意脱掉身上的旧军服,换上一身笔挺的西装,赶到萧军家里。只见毛泽东穿着很旧的军装,非常朴素。艾青立即感到了不自然。这番情形被毛泽东看在眼里,他若无其事地请艾青坐下,问了问籍贯之类,并没有提他们与周扬“笔战”一事。这是艾青第一次与毛泽东面谈,他态度沉稳,气质儒雅,读书极多,很随意地引经据典,

① 韦荧:《延安作家生活纪实》。
② 《延安文艺丛书·理论卷》第64页,湖南人民出版社1984年版。
③ 《延安文艺丛书·理论卷》第64页,湖南人民出版社1984年版。

像朋友之间谈心般自然、周到。见此情状，艾青的心也渐渐平和下来，又渐渐地对毛泽东产生出一种难以言状的信赖感。这种特异的感觉，成为他日后与毛泽东频繁交往的基础。

第二天一早，警卫员给萧军送来毛泽东的一封信，上云："昨晚未晤罗舒二同志，此刻不知他们二位及兄都有暇否？又艾青同志有暇否？又各位女同志有暇否？如有的话，敬请于早饭后惠临一叙，我们谈通一些问题，是很好的，很必要的。"[①]据韦荧说，那天毛泽东和中组部部长陈云、中宣部部长凯丰是专门来听作家们对文艺工作的意见的。因为中午还备了饭，所以发言很充分，大家对周扬的意见也全"端了"出来。韦荧注意到："毛泽东同志一直耐心地倾听着，有时拿笔记下点什么，有时和作家们说上几句幽默的话，自己也哈哈大笑一阵。但他始终只是聚精会神地听，却不轻易发表什么意见……"她又说："即使我看到毛泽东同志在听意见时脸色的变化，也分辨不出到底是因为他们中谁的发言正确或者不正确……"[②]那天，艾青的话倒不多，因为，他预感到，"风波"虽然平息了下去，但"文抗"与"鲁艺"之间的矛盾却公开化了，在人们心里无形中有了一个死结……这么想着，他的心感到分外地沉重和茫然。

四 《我的父亲》

"漫谈"的风波虽然过去，然而也同耐击碎了艾青对延安文人圈子小小的幻想。他本来不是爱抛头露面的人，遇上麻烦事，多半取一种退缩的态度。对此，他自嘲是"缩头"，比喻故乡出埂洞里的鳝鱼，一见来人，

---

① 韦荧：《延安作家生活纪实》。

② 韦荧：《延安作家生活纪实》。

便缩回洞里去。这个比喻缺少幽默,倒是有一些用意很深的苦涩的。

一晃眼,延安的夏天就到了。8 月初,已搬到蓝家坪新居的艾青在生活上有了某种“安定感”。一大一小两间窑洞,那间大的正中放一张床凳搭成的木板双人床,靠窗有一张未上油漆的木桌,另有一张皮靠背的木椅;脸盆脚盆因无盆架,放在地上,常用的锅碗瓢勺置于泥地之上,从重庆带来的两只旧皮箱也照此安置,算是艾青的卧室兼厨房。另一间小窑洞做他的书房,内有木凳架起的单人床一张,一个小书桌和一些小凳子。艾青请工人用泥土在房内垒起一张约四尺长、两尺宽的“沙发”,然后夯实,再涂以白石灰,大致有了“沙发”的模样。然后,找来陕北本地产的白羊毛毡铺上,让韦荧缝出红黑两色的坐垫。邻居丁玲、萧军、舒群、杨朔、柳青、李又然、魏伯、高长虹、陈布文及夫人、先生均来看过,对艾青这一杰作皆啧啧称赞。读书累了,艾青便踱步到窑洞外面,土坪上栽着杨柳,树下有木板钉成的长条凳,可作小憩之用。在这里举目远眺,延河边运盐的骆驼队徐徐远去,隐约能够听见叮咚叮咚的驼铃的声音。那徐缓、悠远的骆驼影子与声响中,有种他已远离而去的东西,它究竟是什么呢?艾青一时也说不清楚……总之,也许有些日子了,他心底总有一种空荡荡的感觉。

大约是 8 月中旬的一天,小鬼在送饭时带来一摞信件。小鬼把饭放在桌上,转身出了窑洞。像往常一样,艾青一边拆信,一边吃着饭。突然,他的眼光停在一封盖有“金华县”字样的邮戳上,立即拆开来看,一行小字落入眼帘:大哥,父亲大人已于 6 月 21 日在金华福音医院不幸病逝,享年五十三岁……署名“希宁、海济”。信里还写了些什么,艾青完全不记得了,只感觉到脑子里一片空白。愣了大约半个多时辰,他才真正看清了眼前残酷的“现实”:父亲从生活中被抹去了!艾青承认,对父亲,他始终是怀着一份极其复杂的感情的。他清楚地记得,有一年冬天,他与妹妹希华玩烤手用的小火罐，火罐是烧瓷的，中间留出一个鸡蛋大小的地方，专用来盛火炭。他极快地将火罐翻转一圈，罐内炭火居然未撒出。希华照样去做，结果炭火掉进了脖子，立时烫得大哭起来。父亲闻声冲出来，不问原由，把他狠狠揍了一顿。因父亲对他看不顺眼，挨打便如家常便饭一般。他又记得，1932 年春，自己刚从巴黎归国时，在东厢房见到父亲，一时竟不敢相认，他已显出老态，精神也不如从前，然而，对自己的态度却和缓了许多。谈及家事，自然话很多，如大妹希华的婚事，二妹希宁、大弟海济的教育问题，海涛年纪尚幼，亦令他颇为牵挂云云，显然有挽留之意……人已去矣！不能复生。兄弟姊妹远在敌人铁蹄之下，将来命运如何，孰难预知，天涯之外，自己却未尽到当大哥的责任——艾青心里忽然涌出深深的负疚之感。或者说，是一种想有所作为，竟又不知如何去做的痛苦的心绪罢。摊开稿纸，他的眼泪突然夺眶而出，眼前一片模糊。他强忍着内心的悲痛，在诗《我的父亲》的题目下，缓缓写道："近来我常常梦见我的父亲——/他的脸显得从未有过的'仁慈'，/流露着对我的'宽恕'，/他的话语也那么温和，/好像他一切的苦心和用意，/都为了要袒护他的儿子。"写到这里，艾青停下笔，眼前又浮现出当年初中考试名落孙山后，父亲四处求人的情景来了：初夏的一天，蒋忠樽带着艾青风尘仆仆来到金华县城，听说长山小学接收落榜学生补习，但条件苛刻。见到该校学监，父亲上前先是讨好地笑着，继而又在那里比比画画，学监脸上毫无表情，一副施舍的模样。这让年幼的艾青感到了极大的羞辱，然而，更为父亲的卑贱心肝欲裂！就在一刹那间，他陡然感受到了父亲的可亲和宽厚……于是，他愧疚地写着："去年春天他给我几次信，/用哀恳的情感希望我回去，/他要嘱咐我一些重要的话语，/一些关于土地和财产的话语，/但是我拂逆了他的愿望，/并没有动身回到家乡，/我害怕一个家庭交给我的责任，/会毁掉我年轻的生命。/5 月石榴花开的一天,/他含着失望离开人间。”据希宁在信里说,父亲死于肿胀病,弥留之际非常痛苦。阴历五月,石榴花开得很盛,花开人却去,这使艾青通过父亲的死,更加感到了生死的无常,并从中体验到一种莫名的悲凉和伤痛。

几天之内,艾青因父亲的死引起的前所未有的“焦躁感”,无法见诸笔墨。他几乎是时时、处处,莫名地“烦躁”。站在院子里的杨柳树下,听着树叶在风中瑟瑟作响,于是陷入“白杨多悲风,萧萧愁杀人”的意境之中,但思绪很快被不远处高长虹窑洞里传出的一声嘶喊打断了。据人说,高长虹的性格本来就有些古怪,深居简出,几乎不与人交往。整天在窑洞里写东西,但究竟写了些什么,无人知道,他亦从不给人看。或许是与鲁迅那场人所皆知的笔墨官司罢,来这里后,受到的冷淡是极其明显的,而这更加深了他的寂寞和乖戾……在这平静的院墙内,敏感的艾青能够感受到四周时隐时现的并不和平的“气氛”。几个月前,在大砭沟出现了一张题名为“轻骑队”的墙报,陈企霞、李锐、童大林、于光远、许立群、王若望等人为墙报的主要作者。他们除写诗歌、散文、快板之外,还画风格犀利明快的漫画,讽刺某些落后的现象。陈企霞有一首诗,大意是批评延安交通状况落后,这里山山相连,两个山头上人的喊声相闻,但要翻山开会,要走上大半天,8 点开会,10 点钟人才能到齐。有的文章对生活中吃饭分大、中、小灶有微词,对发衣服也要分粗布细布有看法。有些对经过长征的老红军追求女学生也有讥嘲之意。毛泽东十分重视“轻骑队”,据说还让警卫员打着马灯引路,亲自去看过,后来批示,让大家都去看一看。有位老干部去找过“轻骑队”的编辑,说:“你们那么写,老干部就不找老婆了吗?找不到怎么办?”态度是气愤的。这件事一时竟有些沸沸扬扬的,说什么的都有……艾青的思绪一旦转到生活中的种种弊端上,以及意识到它们“并不简单”的时候,他就身不由己地烦恼起来……

连艾青都觉得奇怪，他的神经竟如此容易被“旧事”所触动，一幕幕回忆接连不断地浮现出来：父亲的嗜好是很“乡绅”味的，喜好“抽抽水烟，喝喝黄酒”，躺在竹床上看《聊斋志异》，再就是同人谈女妖和狐狸的故事；另一方面，似乎又很“洋派”，他是当时很时髦的《东方杂志》和《申报》的固定订户。“堂前摆着自鸣钟，/房里点着美孚灯”，俨然又像一个都市的绅士了；1929 年春，他极力反对自己去法国留学，对拿出“一千元鹰洋”感到惋惜，但为保释儿子出狱，却不吝钱财，四处奔走；“他摊开了厚厚的租谷簿，/眼睛很慈和地看着我/长了胡须的嘴含着微笑/一边用手指拨着算盘/一边用低微的声音/督促我注意弟妹们的前途”；有一次，他终于按捺不住，为儿子不肯待在家里，而要远走高飞大动肝火……回忆使他不禁感慨万端，又一次联想到人在时代漩涡之中的“命运”问题，联想到人之易于“消失”、“被抹煞”：“他是一个最平庸的人；/因为胆怯而能安分守己，/在最动荡的时代里，/度过了最平静的生”……隐隐之中，艾青竟又对父亲的死有种庆幸之感，在乱世中匆匆地死，也不失为一种人生痛苦的解脱罢。艾青试图对内心的矛盾，作一番符合理性的梳理，但又意识到，它显然是极为困难的。在诗的结尾，他为自己这样开脱道：

母亲来信嘱咐我回去，
要我为家庭处理善后，
我不愿意埋葬我自己，
残忍地违背了她的愿望，
感激战争给我的鼓舞，
我走上和家乡相反的方向——
因为，自从我知道了
在这世界上有更好的理想，

我要效忠的不是我自己的家，
而是那属于万人的
一个神圣的信仰。

显然，他是把“更好的理想”当做不“回去”的理由的，正像那个时代大多数青年知识分子一样，“家”(实际是传统的象征)是作为“理想”(走出或背叛家庭)的对立面而存在的。这种历史“情结”直接影响到艾青对父亲之死的极其矛盾的态度：情感上的认同与理智上的拒绝和告别。但即使如此，艾青仍然清醒地意识到了它与“环境”之间的不协调，1980年，他还说：“《我的父亲》是在延安写的，那时实际上已开始‘整风’需要写工农兵的、大众化的作品，写那个东西，当时在延安似乎不大适合。”①

一方面是不得不“这么写”，另一方面又分明知道“不大适合”，艾青当时难以把握自己、实际上已不能把握的心情，是可想而知的……

五　主编《诗刊》及其他

然而，令艾青感到欣慰的是，诗人萧三、柯仲平有办《诗刊》的设想，并有“劝进”之意。对萧三其人，他是约略知道一些情况的，其兄为毛泽东湖南长沙第一师范的同窗，他本人是20年代的老党员，在苏联曾参加国际无产阶级作家联盟的活动。因夫人是苏联人，也因他性情浪漫，在延安颇负“喜欢跳舞”的盛名。据说，他在鲁艺时因经常跳舞而遭人嫉妒，周扬在私下里指责他“腐败”，后见毛泽东、朱德等领导人也跳，便不

① 艾青：《与青年诗人谈诗》。

再说东道西。[1] 一气之下，萧三来到文抗，当了文化俱乐部主任，干脆“明火执仗”地大兴跳舞之风了。艾青暗忖，与萧三相处，大约是不会心存芥蒂的。柯仲平是20年代上海“狂飙社”的诗人，诗风很有“狂飙”的韵味，技艺不免粗糙。但人却是极坦诚的，也颇合艾青的心思。9月6日，萧三约请艾青、柯仲平等到文化俱乐部商讨成立事宜，决定艾青出任主编。严辰具体协助，并决定诗人每月聚会一次。

萧三是大而化之之人，对具体操作并无兴致。这就苦了艾青。他挂着“主编”之名，就不能像萧三这么潇洒了。首先有一个纸张的问题。当时延安纸张奇缺，因胡宗南军队的封锁，正常的进纸渠道被切断，为打破封锁，只能从甘肃、宁夏一些纸贩子手里高价购进，除保证中央要害机关和《解放日报》的用纸，其余部门多半处于“等米下锅”的状态。《诗刊》用的是一种叫马兰纸的很粗糙的纸，先用蜡版刻印，然后由严辰带到印刷厂油印出来。因有严辰处理各种杂事，艾青倒不必陷在琐事之中。其次是办刊方针，据艾青回忆：“我过去是看不起民间文艺的。我所受的文艺教育，几乎完全是‘五四’以来的中国新文艺和外国的文艺。从高小的最后一个学期起，我就学会了全盘否定中国的传统的旧文艺……抗战初期，有人用大鼓词来写东西，我认为那是由于这些人写不出什么好作品才那么做的。认为那是一种偷懒的办法。”[2]本着这种想法，《诗刊》的审美态度会怎么样，是可以推知的。又据艾青说：“在我编的《诗刊》里，第一期第一篇就介绍了亚里斯多德的《诗学》；里面分期的介绍了雪莱、拜伦、丁尼生、海涅、惠特曼、马雅可夫斯基等诗人的作品。”[3]他个人的诗

---

① 据黎辛1997年4月17日谈话。

② 艾青：《谈大众化和旧形式》，《文艺报》2卷2期。

③ 艾青：《谈大众化和旧形式》，《文艺报》2卷2期。

学主张也被充分反映到刊物中来。11 月 5 日,他在为即将出刊的《诗刊》写的实际是“创刊词”的《祝》里明确表示:“诗是民主精神的焕发,是人类理性的最高表现。诗的发达是一个国家和民族的文化发达的必然结果。中国新诗已经历了二十年的战斗的过程,它的发展正是和中国社会的革命相同:是非常的艰苦的,韧性的,不屈不挠的,再接再厉的。没有完成的革命事业需要着诗,新中国的创造需要着诗——需要高度的表现了现实的,表现了战斗的英勇与坚强的,深刻的,感人的诗。”[①]在他心目中,诗是人类理性的“最高表现”,也是民族文化是否发达的标志。它表现了民族的斗争,表现了一个民族生存的尊严感。因此,诗是与媚俗的、迎合社会目的的、缺少深刻感人的艺术性的审美趣味绝对不能相容的。显然,主编《诗刊》在艾青的诗学追求中,仅仅是一个偶然的“事件”,只具有“时间”和“地点”的意义……

当然,对于 1941 年的艾青来说,最为重要的莫过于写作。8 月份左右,在写《我的父亲》前后,他又作诗《少年行》。与前者略同,作品的调子是抑郁的,可能是因父亲之死引起的伤感吧,他甚至写出这样的句子来:“再见呵,我的贫穷的村庄,/我的老母狗,也快回去吧!/双尖山保佑你们平安无恙,/等我也老了,我再回来和你们一起。”引人注目的是它浓厚的“返乡情绪”,它显然是与因为“死”引发的生命的无着落感相联系的。在给一位投稿的文学青年的回信中,艾青说:“一切东西,在诗人以为好是不够的,诗人必须把他所认为好的东西更本质地去理解它。光写着‘我歌唱’‘我歌唱’而事实上什么也没有歌唱出来”,那是“一种廉价的感情的抒发”。[②] 那么,“更本质”的理解意味着什么呢?9 月 13 日,艾青在

① 《祝》,《艾青全集》第 3 卷第 182 页。

② 《语言的贫乏与混乱》,《艾青全集》第 3 卷 192 页。

诗《古石器吟》里有所回答。他发现，透过时间的厚墙，具有原始精神的人的本质被岁月销蚀了，健康、勇敢的人格在战争、权力中异化了，“人类已变了样子，机械代替了肉体，/意志在晴空里翱翔……”这个“发现”令艾青感慨万端：“我抚摸它那粗钝的刀口，/那刀口也曾锋利过，/我们的祖先曾经用它/夹带着胜利的愉悦/割切过禽兽的肌肉。”艾青试图通过表面的“生活”审视每个人生存的处境，他曾说：“问题不在于你写什么，而是在你怎样写，在你怎样看世界，在你从怎样的角度看世界”，①但他清醒地意识到，自己是在“选择那最痛苦而无人知道的，描写那最英勇而被人忘却的”②一种“东西”。四天之后，这首诗经编辑黎辛之手存《解放日报·文艺栏》发表。然而，要求发现生活里“更本质”的东西的呼吁，究竟有谁会关注、倾听呢？艾青感到的是内心深处不为人知的寂寞，而它，又不是可以随意表达的。之后，他索性不再谈它。但他对更本质的意蕴的向往，却无法再停顿下来。秋后的一天，记者程追（罗丹）从前线回延安，顺道来艾青家找他聊天。程追是个极健谈的人，谈的也多是前线的“见闻”，当他说到自己随一位骑兵团长率兵夜袭敌人的故事时，引起了艾青的注意。在他看来，这显然不是寻常的“战地轶事”，似乎还有一些值得琢磨的生命的内容。按照艾青的构思，马与“我”的生命因偶然的战争因素联系在一起，它本身就唤起了生命的悲剧感。而人与马在一次奔袭中的死而复生，则更容易产生戏剧性的效果，深化人在战争中的“命运”的主题。这是艾青极其熟悉、也一直在思考的一个问题。然而，9月27日凌晨，当他写完最后一行诗，仔细把这首题目叫《雪里钻》的长诗重读一遍时，感到并不满意。后来，他拿它与《吹号者》、《雪落在中国的土

---

① 艾青：《诗论》。

② 艾青：《诗论》。

地上》和《火把》做比较,认为它失败的原因是,“根据人家讲的记录下来,不一定是好诗”,而后者“在写作的时候并没有从理性上认识那些材料我要写,只是写着写着,写出来了”[①]。于是发觉,诗终归是“诗”,不是遵命而写,是自然而然“写出来”的,它借助的主要是“想象”。

对艾青,《雪里钻》的失败无异是一个教训。或者说,再没有比写作出现问题令他不安的了。他又开始打量起熟悉的田野景色来。中秋的陕北,虽不似故乡在秋收的繁忙中还留有远山的一缕绿意,然而,木刻一般的苍茫仍能使人多注意它几眼。艾青绕到后山散步,一边走着,一边观察庄户人家的起居、劳作。他发觉自己喜欢这么“有距离”的观察乡下人及其生活,这给他一种诗意的美,又觉察出一缕活着的悲凉。他不由得把看金华、桂林和湘南乡下的“眼睛”,带到这里来了:“金色的包谷米/铺在屋背的斜面上/从那边的磨房传出/齐匀的筛面的声音/农夫从打开的门里出来/背脊因劳苦而微微驼起/一边呛咳,一边扣着纽扣/缓慢地向畜棚走去”,“他又从屋里搬出一箩小米/快要溢出的是无数细小的金珠/伸出粗糙而干裂的手取了几颗/放在嘴里用黄色的大牙咬着”……在题名为《秋天的早晨》的小诗里,显然是有艾青自己的“影子”的。在内心深处,也许他更痴迷于面前散发着庄稼气味的乡村氛围,以及它朴素的生活……10 月 30 日,艾青由此又开始了对自己内心世界的探寻。在当天写成的《强盗和诗人》一诗里,他劈头写道:

在我年轻的时候
我曾有一个幻想:
为了人间的混乱和不平
我想到群山里做一个强盗

① 艾青:《与青年诗人谈诗》。

这个“强盗”与古书里爱打抱不平的游侠有几分相像，但又透着法兰西革命者的气味，或者说是二者的某种“叠印”。像大多数初来延安的革命青年一样，艾青对根据地有一种朦胧的好感，但对其性质、意义又认识颇模糊，所以，他的理想是：“在我所驰骋的地域上/没有寄生的王/也没有靠怜悯过活的乞丐/终止一切不合理的制度/每天在仗义的冒险里高歌”，“但是，现实解除了我的幻想/书籍毁去了我的健康/我终于爱上了流浪”，于是，他不禁愕然问道：“什么时候起/我被叫着‘诗人’的？/想起来真要哭泣！/在巴拿斯山上我遗失了竹叶刀/拿叹息当歌唱。”有材料显示，这首诗在艾青手里一压就是四年，直到 1945 年初才在重庆的《诗文学丛刊》(第 1 期)上刊出。循着这一思路，艾青开始进一步思考“个人”与“时代”的关系。在一篇文章里，他写道：“作为现实主义的艺术和旧艺术之间的基本对立的精神，是前者始终是依附于人间生活的真实的基础上，而后者却依附于空想的，伪饰的，浪漫的，非人间的基础上的。”①这里强调了“现实主义”(时代)与“人间性”(个人生存)之间相互依赖的关系，它与艾青自抗战以来的思想是一致的。1939 年 7 月，他在《诗与时代》一文里明确指出：“诗人能忠实于自己所生活的时代是应该的。最伟大的诗人，永远是他所生活的时代的最忠实的代言人；最高的艺术品，永远是产生它的时代的情感、风尚、趣味等等之最真实的记录。”②一个月后，他在文章《诗与宣传》里则声称：“诗……它的主题改变了：一切个人的哀叹，……已是多余的了。”③但他又发现，在“你们不知道的地方”。两者之间又常常相互摩擦，以致处于紧张的对立状态。早

① 艾青：《序〈古元木刻集〉》，《艾青全集》第 5 卷第 375 页。

② 艾青：《诗论》。

③ 《艾青全集》第 3 卷第 77 页。

在1938—1939年间,艾青就发觉:“叫一个生活在这年代的忠实的灵魂不忧郁,这有如叫一个辗转在泥色的梦里的农夫不忧郁,是一样的属于天真的一种奢望。”①他又告诫人们说:“在我们生活的时代里,随时用执拗的语言,提醒着:人类过的是怎样的生活。”②也就是说,时代在其伟大品质的另一面,存在着对于人的异化性,或者,它在不同的地域、空间和条件下甚至存在着截然不同的文化内涵。所以,在艾青眼里,“时代的痛苦与欢乐也必须糅合在个人的痛苦与欢乐中”,它才能达到最高的真实,震撼人的心灵——它是要经受无数个“个人”良知的检验的——这一“见解”,在几个月之后终于有了一次充分发挥的机会。12月16日,也就是艾青以志丹县参议员的身分参加陕甘宁边区参议会回来的四十天后,艾青写成《时代》,以抗战爆发以来的“时代”命题,做出了他自己“集大成式”的思考。他在冥冥之中感觉到,“很久很久心里像感受了什么奇迹,/我看见一个闪光的东西/它像太阳一样鼓舞我的心”,他因此产生了一种想“毁灭”自己的冲动,正像《神曲》里的那个注定不能升天堂的罗马诗人维吉尔一样,终归一死也要充任人类的“向导”和“拉丁的人文主义者”:

——纵然我知道由它所带给我的
并不是节日的狂欢
和什么杂耍场上的哄笑
却是比一千个屠场更残酷的景象,
而我却依然奔向它
带着一个生命所能发挥的热情。

---

① 艾青:《诗论》。

② 艾青:《诗论》。

时代在它的“正题”之外，亦显然有它不可逾越的“反题”，艾青扪心自问的是：“我在你们不知道的地方感到空虚”，我所以要求“更多些”，是因为“我想从时间的深沟里升腾起来……”他惊愕地发现，在自己与伟大的“时代”之间，潜藏着一种无法克服的“悖论性”的关系。因此，他痛楚地意识到：

没有一个人的痛苦会比我更甚的——
我忠实于时代，献身于时代，而我却沉默着
不甘心的，像一个被俘虏的囚徒

但艾青更清楚地意识到，这就是爱的沉重的代价，它是一种最高的“宿命”。

我爱它胜过我曾经爱过的一切
为了它的到来，我愿意交付出我的生命
交付给它从我的肉体直到我的灵魂
我在它的前面显得如此卑微
甚至想仰卧在地面上
让它的脚像马蹄一样踩过我的胸膛

……在《诗论》中，艾青写道：“所谓命运，只不过是旧的社会环境对于人的限制，能突破这种限制的人，是勇者，是胜利者。”但他怎么也不会想到就在十六年之后，即公元 1955 年的一天，它对自己是一次“灭顶之灾”呢！历史无法预言，它留下的只是一串串无比沉重的句号。

就在此前后，12 月 11 日下午，由艾青、萧三发起的“延安诗会”在蓝家坪文化俱乐部成立,艾思奇、高长虹、何其芳、柯仲平等人出席;12 月 14 日,艾青参加作家丘东平追悼大会,对这天的会,他没有记述;12 月 20 日,他写成《语言的贫乏与混乱——一封关于诗的信》,谈论革命与艺术真诚的关系问题;12 月 27 日,又作诗《村庄》。艾青在 1941 年岁末留给人们的其中两句诗是:

要到什么时候我的可怜的村庄才不被嘲笑呢?
要到什么时候我的老实的村庄才不被愚弄呢?

六　《了解作家,尊重作家》

1942 年悄悄地来到了。初春的延安,还沉浸在过年的气氛里。

1 月份,丁玲在"文抗"理事会上提出办一个"星期日文艺补习班"的动议。大家很感兴趣,七拼八凑,逐渐形成一个意见:宗旨是使一些对文艺有兴趣学习和写作的人,有一个研究的机会,既不妨碍个人本位的工作,又可以满足自己的爱好。但大家对"星期日文艺补习班"的名称不满意,于是改为"星期文艺学园"。为此,《文艺月报》特别在 4 期和 5 期刊出文章,介绍该学园成立的经过。

2 月初的一天,艾青踏着积雪去"文抗",想找人聊天。到"文抗"一看,发现丁玲、萧军、罗烽等都在,这才听说,2 月 1 日,毛泽东在中共中央党校开学典礼上发表了《整顿党的作风》的演说。2 月 8 日,又在延安干部会上作了《反对党八股》的讲演。丁玲政治上敏感,且参加了延安干部会,属于"消息灵通"人士,于是认为中央可能有开展整风的意思。但她毕竟是知识分子,误以为这是要"放一放",因而显得很活跃。对毛泽东,艾青在杨家岭和蓝家坪有过几面之交,毛的诗人气质和少见的睿智给他很深的印象。去年 11 月，艾青在陕甘宁边区参议会上与毛泽东又有过简短的交谈，继而作诗《毛泽东》。不知毛泽东是否看到此诗，但无形之中，彼此之间似乎建立了一种好感。或许是这一层原因，政治上“迟钝”的艾青对毛泽东这两次讲话未予太多注意。

然而，形势却给人急转直下之感。一天，夹着布包准备去为“星期文艺学园”学生讲“中国新诗”课的艾青，突然听人说，中央研究院一个叫王实味的写了一篇《政治家・艺术家》的杂文，对延安的某些生活现象批评非常尖刻。他恍惚记得，《解放日报》的陈企霞曾向他约稿，说是可以写点“批评”文字。他不记得当时为什么没写，但他分明感觉到内心深处的某种东西，被什么深深触动了……紧接着，他又听到从中央研究院回来的人说，王实味还写了《我对罗迈(李维汉)同志在整风动员大会上发言的批评》、《零感两则》两篇短文，贴在研究院大门口一间大平房的墙报“矢与的”上。在文章里，王实味鼓动大家“必须有至大至刚的硬骨头”，要检查自己“是不是对‘大人物’有话不敢说?”还提出“我们决不能让邪气更大的人得势”，“我们的眼光不应只看到本院，更应该注意全延安以至全党”。这些过激的言论，在中央研究院引起很大的反响，据说有人立即反驳王实味，也有一些青年研究人员对王抱以同情。事态在进一步扩大。“矢与的”墙报后被贴在布上，挂在延安南门外热闹的新市场，引来更多外单位的观众，有人回忆，“看的人更多，像赶庙会一样”。①

如果不是丁玲《三八节有感》的发表，艾青大概只会对形势抱着“观望”的态度。3 月 9 日，《解放日报》副刊“文艺”第 98 期公开刊载丁玲这篇文章，她批评说：“女同志的结婚永远使人注意，而不会使人满意的。她们不能同一个男同志比较接近，更不能同几个都接近。她们被画家们

---

① 温济泽：《王实味冤案平反纪实》，《炎黄春秋》总第 4 期，1992 年 1 月。

讽刺:‘一个科长也嫁了么?’诗人们也说:‘延安只有骑马的首长,没有艺术家的首长。艺术家在延安是找不到漂亮的情人的。’然而她们也在某种场合聆听着这样的训词:‘他妈的,瞧不起我们老干部,说是土包子,要不是我们土包子,你想来延安吃小米?’但女人总是要结婚的(不结婚更有罪恶,她将更多地被作为制造谣言的对象,永远被污蔑)。不是骑马的就是穿草鞋的,不是艺术家就是总务科长……被逼着带孩子的一定可以得到公开的讥讽:‘回到家庭里的娜拉。’而有着保姆的女同志,每一个星期可以有一次最卫生的交际舞。”丁玲不禁气愤地写道:“我自己是女人,我会比别人更懂得女人的缺点,但我却更懂得女人的痛苦。她们不会是超时代的,不会是理想的,她们不是铁打的。”读罢丁玲这篇杂文,艾青不由得感慨系之。他敏锐地觉察到,她的所指实际触及五四新文学的一个重要命题:妇女的解放和如何自我解放。这是五四精神在40年代延安的延伸,以及后者能否经受住这种严格检验的一个极其敏感的问题。心想至此,他不禁犹豫起来。

恰巧这时,又发生了作家马加的小说“《间隔》事件”。马加这篇小说主要情节是写一位老干部、游击队长和他追求的女学生之间感情的“间隔”。老干部喜欢上了一个从城市来的女学生,但他那粗鲁、简单和纯朴的爱则使女学生感到害怕,于是闹出了一系列的笑话。小说并无深意,只是善意地讽刺延安某些缺少真正爱情的婚姻。此小说也发在《解放日报》“文艺”栏。社长博古从杨家岭带回消息说,王震听说此事后骂了娘,说:“他妈的,老子干革命,找个老婆他们还有意见!”刚刚因《三八节有感》受到微辞,接着又碰上《间隔》的“闯祸”,作为“文艺”栏负责人丁玲无形之中有了一种压力。自然,心里也有些忿忿不平。她来求艾青帮忙,理由是她办完100期就移手他人,请他支持一下文艺栏。又说,艾青也得出来“说说话呀”。据一位非常熟悉艾青性格的人回忆,他当时之所以忽然产生了写文章的冲动,不懂政治且又爱抱不平,是最主要的原因。[①]但显然,在艾青的潜意识里,那个在他内心世界里一直纠缠不清的"时代与个人"的难题,实际才是促使他捉笔写文章的根本原因!每每遇到人生的节骨眼时,艾青都是不会"绕过去"的。这也许就是真实的艾青……

于是,艾青连夜著文《了解作家·尊重作家》。3月11日,也就是丁玲所说的她只管到的"'文艺'第100期",将该文登载了。明眼人一看即知,这篇文章是"有所指"的。文章一开头,艾青就为作家下了一个定义:"作家是一个民族或一个阶级的感觉器官,思想神经,或是智慧的瞳孔。作家是从精神上——即情感、感觉、思想、心理的活动上——守卫他所属的民族或阶级的忠实的战士。"因此他认为,在"时代与个人"的命题中,作家的价值追求是至关重要的,这是因为:"人类还会思索,还有感觉,还知道耻辱和光荣,还能嫉妒和同情,还懂得爱和恨,还常常心里感到空漠因而悲哀,还要在最孤独的时候很深沉地发问:'活着究竟为什么?'"他清楚地意识到,如果说,《三八节有感》是从妇女解放的角度回应五四新文学的巨大回声的,那么,自己是将这一话题引向了五四精神的核心命题:个性解放与怎样解放的问题。他说:

> 我常常听人说:"某些人看了某篇作品不高兴了。"我的心就非常高兴,因为,由此我们可以知道那作品的确起了作用了。
>
> 作家并不是百灵鸟,也不是专门唱歌娱乐人的歌妓。他的竭尽心血的作品,是通过他的心的搏动而完成的。他不能欺瞒他的感情去写一篇东西,他只知道根据自己的世界观去看事物,去描写事物,去批判事物。在他创作的时候,就只求忠实于

① 据艾青夫人高瑛回忆:艾青虽很有个性,但不懂政治,容易被人利用。

他的情感,因为不这样,他的作品就成了虚伪的,没有生命的。

希望作家能把癣疥写成花朵,把脓包写成蓓蕾的人,是最没有出息的人——因为他连看见自己丑陋的勇气都没有,更何况要他改呢?

愈是身上脏的人,愈喜欢人家给他搔痒。而作家却并不是喜欢给人搔痒的人。

等人搔痒的还是洗一个澡吧。有盲肠炎的就用刀割吧。有沙眼的就用硫酸铜刮吧。

生了要开刀的病而怕开刀是不行的。患伤寒症而又贪吃是不行的。鼻子被梅毒吃空了而要人赞美是不行的。

假如医生的工作是保卫人类肉体的健康,那么,作家的工作是保卫人类精神的健康——而后者的作用则更普遍、持久、深刻。

作家除了自由写作之外,不要求其他的特权。他们用生命去拥护民主政治的理由之一,就因为民主政治能保障他们的艺术创作的独立的精神。因为只有给艺术创作以自由独立的精神,艺术才能对社会改革的事业起推进的作用。

尊重作家先要了解他的作品。作家在他作为作家的时候,不希求在他作品以外的什么尊重。适如其分地去批评他。不恰当的赞美等于讽刺,对他稍有损抑的评价则更是一种侮辱。

为此,艾青发出呼吁:“让我们从最高的情操学习古代人爱作家的精神吧——‘生不用封万户侯,但愿一识韩荆州’。”在他看来,作家只有真正听从自己内心的律令——“根据自己的世界观去……批判事物”,才会有人格上的独立。一个作家只有在人格意义上是独立的，而不是从属的，那么，所谓艺术创作的自由方不是一句空话。在这里，艾青实际已触及政治与文艺的关系，并且把思考深入到鲁迅考察中国社会问题的起点——“国民性的疗治”上，认为“保卫人类精神的健康”，比任何东西都“更普遍、持久、深刻”。他的眼光，显然是非常深邃的，但也能品悟到，这思考同时又蕴藏着他内心怎样一种深沉和难以言状的痛苦。恰好像1923年鲁迅在北京女子高等师范学校的一次演讲中所说的：“人生最苦痛的是梦醒了无路可以走。做梦的人是幸福的。”[①]也许正是这种心绪的驱使，不久，他接着写出《坪上散步》一文，把这一思考引向深入。他继续在谈文学作品的主观能动性，“把一篇作品看作一个引擎，一个轮子，或是一把镰刀都好。却不要把它当做装饰，一块会议桌上的桌布，或是办公厅的窗子上的窗帘。”而且语调越来越刻薄、尖锐：“与其穿了不合身材的衣服，还不如赤裸。越是对艺术有勇猛的热情的作者，越是欢喜赤裸。”又如：“批评家的工作是，发现作家……却不是在司令台上喝叱着，发号施令。”他仍在不客气地问：“为什么写人物呢？写人物无非是通过人物写社会。假使不是这样，那么写的人物是没有生命的，”它只“是一种剪影”。[②] ……可以说，这种在焦躁中又渴望向人诉说的情绪，也在延安其他作家那里蔓延着，它热烈、躁动、苦闷，而又显得过分的急切，显得不那么耐心。

让我们翻开当年的《解放日报》“文艺”栏，一页一页往下看去：3月12日，罗烽在上面著文《还是杂文的时代》，声称鲁迅的精神没有过时，“我希望今后的《文艺》变成一把使人战栗，同时也使人喜悦的短剑。”

---

① 鲁迅：《娜拉走后怎样》，《妇女杂志》1924年10卷8号。

② 《坪上散步》，《艾青全集》第5卷第380—383页。

3月13日和23日该栏连续刊载王实味的杂文《野百合花》。4月8日,继续推出萧军的《论同志的"爱"与"耐"》,文章表面是谈他的小说《八月的乡村》,用意却在其他。一说革命同志之间应该有真诚的"爱","我却感到这'同志之爱'的酒已越来越稀薄了！虽然我明白这原因,但这却阻止不了我心情上的悲怆";一说要"耐",对同志不要像"撒旦",动辄跳脚骂娘,而要耐心"说服、教育、理解"……

七　参加"延安文艺座谈会"

艾青等人的文章受到了杨家岭的注意。

据艾青回忆:"4月间,毛主席给了我一封信,说:'有事商量,如你有暇,敬祈惠临一叙,此致敬礼!'我去了,他说:'现在延安文艺界有很多问题,很多文章大家看了有意见。有的文章像是从日本飞机上撒下来的;有的文章应该登在国民党的《良心话》上的……你看怎么办。'我说:'开个会,你出来讲讲话吧。'他说:'我说话有人听吗?'我说:'至少我是爱听的。接着他又谈了一些文艺方针。过了两天,他给我第二封信说:'前日所谈有关文艺方针诸问题,请你代我收集反面的意见。如有所得,希随时赐知为盼。此致敬礼!'在'反面的'的三个字下面打了三个圈。我也不知道什么是反面的意见,就没有收集。只是把我自己对文艺工作的一些意见写成文章寄给他了。"①艾青敏感地意识到,"上面"对包括自己在内的那些文章是不满意的,但他又为毛泽东虚怀若谷、礼贤下士的大度深有所感,这番心情,一时竟难以言表。不仅仅是艾青,初到延安的这些青年作家和学者刚开始都是自视甚高的,在精神上不乏某种优越感。何

---

①　艾青:《漫忆四十年前的诗歌运动》,《艾青全集》第3卷第586页。

其芳在一篇文章里写道:“当我坐着川陕公路上的汽车向这个年轻的圣城(延安)出发,我竟想到了倍纳德·萧离开苏维埃联邦时的一句话:‘请你们容许我仍然保留批评的自由。’”[①]并把他从北平到抗日根据地比喻为“印度王子的出游”。[②] 口气是很大的。丁玲使用的也是一个“居高临下”的观察视角,她说:“即使在进步的地方,有了初步的民主,然而,这里更需要督促,监视,中国所有的几千年来的根深蒂固的封建恶习,是不容易铲除的”,因此,没必要“讳疾忌医”。[③] 话里话外明显带着周扬说的来自文化中心上海的精神优越感。艾青则用“生不用封万户侯,但愿一识韩荆州”的诗句,明确地表示了自己的某种知识分子的清高。“出游”也罢,“督促”也罢,或者不拿“万户侯”当什么也罢,纤毫毕露地表明他们已养成了“五四”以来知识分子的那种批评和怀疑的态度——这种风气,在根据地以外的大城市里,是不会有人感到奇怪的。

那么,是什么原因促使艾青、也包括其他作家很快就“转变”了态度了呢?

何其芳在同一篇文章里的完全不同的表白,是很能说明这种“转变”的内在原因的。他说:“……我想到应该接受批评的是我自己而不是这个进行着艰苦的伟大的改革的地方。”[④]人们会问,“这地方”——何以会有如此之大的魅力呢?艾青说,几日之后,毛泽东再次致信给他,称:“深愿一谈,因河水大,故派马来接,如何?乞酌。此致敬礼!”[⑤]接信后,他心里有一种忽然一热的感觉,尤其是,见毛泽东甚至派警卫员牵着马来

---

① 何其芳:《一个平常的故事》,《何其芳文集》第2卷第223、217页。

② 何其芳:《一个平常的故事》,《何其芳文集》第2卷第223、217页。

③ 丁玲:《我们需要杂文》,1941年10月23日《解放日报》。

④ 何其芳:《一个平常的故事》,《何其芳文集》第2卷第223页。

⑤ 艾青:《延安文艺座谈会前后》,《艾青全集》第5卷第606页。

接自己,更感到,这在延安恐怕是最高的礼仪了。这么一来,心里那股郁结的"牢骚"似乎也风飘云散了。艾青是在新迁的另一处窑洞见到毛泽东的。北方的 4 月还有些寒气,他注意到,毛泽东穿的棉衣很旧,可能是长时间靠着桌子写作的缘故。袖子中间的部分已被磨破了,棉花从布缝里露出一大片。在艾青眼里,它显得格外触目,毛泽东日常生活艰苦的情状由此可见。同样是诗人的他,对坐在自己对面的诗人艾青似乎怀着一种不同于他人的特殊好感。毛泽东是 1893 年生人,长艾青整整十七岁。与毛谈话,艾青恍然觉得如同面对和蔼、宽厚的长者,他身上有种类似传统的兄长或是家长的特殊的吸引力,让你没有理由不信任他,把心里的话都当着他的面掏出来,以致在四十多年后,艾青还对当时的情景和一个"细节"记忆犹新:窑洞"中间放了一张桌子,他把我的文章交还给我说:'你的文章,我们看了,有些意见,提供你参考。'我就准备记录,但是地不平,桌子有些摇晃,我跑出窑洞去找小石片来垫桌子,不料他跑得比我快,马上拣来小瓦片回来垫上,桌子不再摇晃了。这件事给我印象很深。不要说他是革命领袖,就连一个连长也不会那么快跑去拣石头。"[①]"拣石头"这个细节的含义也许已远超出艾青所言的"尊重",而具有了非常厚重的中国传统文化的内容,正因为如此,它给予艾青的不只是"印象",而实际是一次发自内心的深深的"震动"——以至他在以后的岁月里不断提及它,感受尤深。毛泽东还告诉他,他的文章被政治局的其他委员传阅过,并把"传阅"后的字样以及自己写的一些意见拿给他看。这无形中是说,政治局(当然也包括毛本人)对艾青表现出充分的信任——对这个举动,艾青先是表现出惊讶,继而又被感动了。自己一介书生,对文艺的意见居然受到众多党的领袖的重视,这是他没想到的,也

① 艾青:《延安文艺座谈会前后》。

是万万不曾想到的……

在非常的时代里，“细节”往往有一种不可思议的人格的力量和巨大的说服作用。在某种意义上，它甚至超出了战争的残酷断杀和阶级对垒，超出这一环境中的人与人之同的猜忌、警觉、防范，令不同性格和背景的人在一刹那间，突然感到了种安详，一种向心的力量，它难以想象地把众多不同的人团结在一个伟大的集体之中。在这一期间，凡是与毛泽东交往过的人，都对这位不同寻常的领袖留下了非常美好、也许是刻骨铭心的印象。据丁玲回忆，有一个时期与毛泽东来往，他很少谈政治，却对旧诗表现出浓厚兴趣，“他常常带着非常欣赏的情趣谈李白，谈李商隐，谈韩愈，谈宋词，谈小说则是《红楼梦》……有几次都是一边谈，一边用毛笔随手抄几首他自己作的词，或者他喜欢的词，有的随抄随丢。”① 舒群忆及一次在毛泽东住处喝酒，至酩酊大醉，情形非常狼狈。夜深回返时，毛泽东欲用华侨领袖陈嘉庚送他的、当时也是延安唯一的一辆小汽车送行，柯仲平执意不肯。当柯、舒躺在马背上走了十几里路，而且迷失了方向的时候，料事如神的毛泽东忽然带着警卫员驱车赶到，让他俩坐车走，自己却与警卫一起骑上柯、舒的马返回。因此，舒群在一篇文章里大发感慨道：他（指毛泽东）“深情厚意而独到的动人之处，令人永生难忘。”又说，“其亲其爱之情，情同手足，甚于手足……人生啊，人生啊，人生难得最相知，最相知。”②又据李又然说，毛泽东那时是非常忙碌的，一般不容易见到他。一次去拜访，“我刚坐下，有位秘书同志进来说：‘洛甫同志打电话来，请你去开会。’洛甫同志就是张闻天，当时的总书记。我立即站起，准备就走。可是主席却亲切地、缓慢地说：‘和同志谈话，不去

① 丁玲：《延安文艺座谈会的前前后后》。

② 舒群：《枣园之宴》，《新观察》1982 年 14 期。

了!'‘我这么重要么?’我心里说,‘因为和同志谈话,连中央的会都不去开了?就算只是普通的会吧,也是中央的会呀!’我很感动,于是坐在主席身旁,说:‘毛主席……’我刚开始喊了声,只是声音有点激动,可是主席,立即把全部心力集中起来,这时候好像只有坐在他身旁的一个我,听我讲话是唯一重要的事了。”①萧军的耿直在延安文艺界是出了名的。因与“鲁艺”的周扬等人发生矛盾,遂萌生离开延安的念头,他说:“1941年7月的一天,我到毛主席那里去辞行,毛主席很奇怪我为什么要离开延安,问我究竟发生了什么事?希望我坦率地毫无顾虑地告诉他。我看他那么诚恳、那么热情,就把我遇到的一些不愉快的事毫无保留地同他谈了。他听了,一方面安慰我,承认延安是有某些缺点,另方面也希望我及时反映,帮助改正。”②据说,后来萧军夫妇迁居延安乡下,打算从此种田时,毛泽东不仅容忍了他的任性,还派秘书胡乔木前去探望,并嘱当地政府务予“照顾”,被传为一时佳话。连周扬也说:“主席对我确实是关系很深,确实对我很热情、爱护、培养。”③

在艾青的性格里,“软”和“硬”是两个十分突出的方面。他曾自我表白说:“在人生的道路上,无论是对歧视中国人的洋人,监狱里的看守,重庆国民党的部长,还是我的顶头上司,我都是‘倔’得很。但我的心又是很软的。我对土地、家乡、穷苦人,总是充满同情。”④在更深的层次上,艾青性格里的这两个方面与中国知识分子的人格结构是血脉相通的,它们之间是一种深沉呼应的关系。在中国士人的血气秉性中,“士为知己者死”与“士可杀不可辱”是最为触目、也最为持久的两大心灵特色,他们

① 李又然:《毛主席》。

② 萧军:《难忘的延安岁月》。1987年5月11日《人民日报》。

③ 周扬:《与赵浩生谈历史功过》,《新文学史料》1979年第2期。

④ 周红兴:《艾青研究与访问记》第300页。

的处世、为人，“修己”与“治人”，无不深刻沉浸着认同“知己”与强烈排斥“凌辱”的情感倾向，并把其视为人生的最高精神追求及道德准绳。可以说，这一精神追求与道德准绳是深深暗含在艾青和延安时期大多数作家的人生选择之中的。从一般的道理上讲，中国士人阶层是从内在超越的观点来发掘和认识“自我”的本质的。这个“视角”要求把“人”当作一个有理性、也有情感的，有意志、也有欲望的生命整体来看待。整体的自我一方面通向宇宙，与天地万物为一体；另一方面则通向人间世界，成就人伦秩序。“因此自我的存在，一方面是外在客观世界存在的保证。另一方面外在客观世界的存在也保证了自我存在的真实性。”①在艾青而言，是他与“环境”是否能协调和如何协调的问题。1941 年春，艾青曾自称是“延安这‘娘’的怀抱里回来的‘流浪的儿子’”。显然，他是带着认同母爱或是知己的心情来到这里的。周扬的文章《文学与生活漫谈》无疑让他大受刺激，出于对人格的维护，他与萧军、罗烽等一起发表了“五人漫谈”，做出了最直接和最强烈的反应。也正因为如此，他又截然相反地对领袖们的信任做出热烈的回应，“君臣有义、朋友有信”的传统准则，在这里不但被人格化了，而且演化成人与人之间有血有肉、有情有义的人伦关系。通过一个具体的人，“环境”不再是抽象和冷冰冰的了；它变成一个可资反复品悟的“细节”——所以，不论受到怎样的个人委屈、误解、挫折，延安始终是曾经在此生活过的人们一种刻骨铭心的记忆，它甚至成了不尽圆满的现实的一面镜子，对郁闷的心情，它甚而有一种排遣与转移的神奇作用。

可能是重新理顺了与周围环境的关系，艾青这一期间的诗作明显有

---

① 辛华、任青编：《内在超越之路——余英时新儒学辑要 · 编序》，中国广播电视出版社 1993 年版。

了某种“亮色”。在《黎明的通知》里,他像是自语、又像是劝勉他人似地写道:“为了我的祈愿,/诗人啊,你起来吧/而且请你告诉他们/说他们所等待的已经要来”,“请叫醒每个人/连那些病者与产妇/连那些衰老的人们/呻吟在床上的人们/连那些因正义而战争的负伤者/和那些因家乡沦亡而流离的难民”。这些不乏热情的诗句,让人恍然想到抗战初期那个一边流浪、一边大声疾呼的艾青来。所以,人们更吃惊于它的“久违”。接着,他又作诗《河边诗草》五首,借物抒发日渐明朗、清新的心绪。听着“我”的“粗野”的“没有节拍的没有词句的歌”,那“母牛突然停住了脚步/朝向我睁着眼竖起了耳朵”(《歌》),由于这种心绪的作用,“羊群”在他眼里“慢慢地移动/慢慢地涌着柔和的波浪”,“它们一边走一边吃草/静寂里发出细微而愉快的声音”,以至发现“在它们的背上”也“披上了崭新的和平”(《羊群》)……4 月 23 日,根据毛泽东的意见修改的文章《我对于目前文艺上几个问题的意见》最后酌定。人们注意到,与艾青一个多月前的《了解作家,尊重作家》和《坪上散步》比较,该文发生了一些微妙的“变化”。变化之一是,他认为“文艺和政治,是殊途同归的”,而不再坚持让政治家去“了解作家”,进而让政治“保障他们的艺术创作的独立的精神”。对作家的立场和态度,艾青认为,它归根到底“是作者和他所生活的时代的政治方向相结合的东西”,并提出了“政治方向”的问题。在写“光明”还是写“黑暗”这一他和萧军等曾与周扬发生过激烈争论的问题上,艾青的态度也有所调整,他说:“说‘边区也有黑暗’,是一种夸张的说法。所谓‘黑暗’,是指那种漆黑一团的环境,那种半夜里突然有人来敲门,请你到你所不知道的地方去的环境。边区是有一些‘小缺点’,但这些‘小缺点’大家都看得清——是在太阳光里的破窗纸一样看得明晰的东西!这些窗纸今天破了,明天涂上新的!”并且有些气愤地说,谁若再这样,“除非他是我们的敌人”。更有意味的是,艾青在文章里特别谈到作家的“团结”问题。作家的团结一直是令杨家岭的领导人头痛的问题，30 年代初，当它刚刚出现在上海时，组织上就曾进行过调解、劝说、批评，但没有得到彻底解决。无疑，艾青是说出了领导人的“心病”的，纯粹从“当事人”的角度来说，则起到了后者无法起到的作用。在文章末尾，艾青讲到的关心作家“写作情绪”的问题，实际是在呼应前面这层意思的。

5 月 2 日，对艾青来说，这是个非同寻常的日子。就在 27 日这天，他接到一份请柬，由毛泽东、凯丰共同署名，上云：“为着交换对目前文艺运动各方面问题的意见起见，特定 5 月 2 日下午 1 时半在杨家岭办公厅楼下会议室内开座谈会，敬希届时出席为盼。”虽然不能确知会议内容，但艾青预感到，一个非常重要的事情将要发生了。午饭后，艾青趟过延河，徒步往杨家岭走去。会址在杨家岭中共中央大礼堂后面，是一个与中央办公厅连接着的会议室，艾青对这里大约是熟悉的。杨家岭中共中央大礼堂是专为党的第七次全国代表大会而建的，矗立在山麓，在延安算是一个雄伟的建筑。中央办公厅是一处有两层楼房的西式建筑，在它旁边的山上，有一排窑洞，此处即为毛泽东的办公与住宿地，一道飞桥由此直通中央办公厅的楼上。因来过几次，艾青对这里也是眼熟的。

这天天气晴朗，往远处瞥去，有一种登高望远的感觉。因有那篇“表明态度”的文章，艾青的心绪是平静的，或者说感到了某种踏实。在他眼里，会议室的布置是平易近人的，一面摆着一张铺着白布的长方形桌子，算是主席台，其实后来毛泽东、朱德等中央领导人只占了一半，其余一半由参加会议的作家、艺术家随便坐着。另外三面放了许多椅子、方凳和长凳，大概就是与会者的落座之处。艾青注意到，会议邀请的一百多位作家、艺术家和学者，如周扬、丁玲、何其芳、萧三、艾思奇、塞克等，他大多较熟悉,但只有一个人没有露面,即高长虹。在延安文艺界,这位20年代"狂飙社"的诗人算是资格最老的了,他与鲁迅由关系亲密到反目为仇,也是众所周知的。不知何故,他到延安后未受到应有的重视,似乎还受到某种冷落。他还注意到,朱德等中央领导人和大多数与会者坐好后,中央宣传部长凯丰站起来说:"大家等一等,毛主席一会儿就到。"过了一会儿,毛泽东走了进来,他先由陪同的人一一介绍作家、艺术家和学者,分别握手;待大家坐定后,他高声说道:"大家都来了,开会吧。"艾青记得,那天毛泽东主要讲的是"引言"部分,涉及知识分子与工农兵的感情问题,知识分子如何经历从一个阶级到另一个阶级的变化,等等。他讲话时,喜欢一只手叉着腰,一只手打着手势,更喜欢用深入浅出的比喻与听众沟通,很有感染力和鼓动性。他的口气也是商量式的,绝无以势压人的意思。为活跃会场气氛,末了,他还说了句笑话,意思是:现在有两支军队,一支是朱总司令的,一支是鲁总司令的。听到第一句话,坐在他身边的朱德不禁抿着嘴微微笑了起来。第二句话刚说完,大多数与会者也笑了起来,鲁迅先生的形象一下子就树立起来了。

会议于5月2日、16日和23日开了三天。在毛泽东发表"引言"的演说后,主要以讨论为主,许多人都发了言,据艾青回忆,"讨论也很激烈"。① 丁玲说,萧军是炮兵出身,让他先发言。萧军在第一天就有些别别扭扭的,似乎憋着气,一听让他发言,二话不说就站了起来。艾青记得,萧军一开始就放了一炮,说:"这样一个会,我看了情况就可以写十万字。"又说,他相信罗曼·罗兰提倡的新英雄主义,他不但要做中国的第一作家,而且要做世界的第一作家。他还谈到鲁迅精神,声称鲁迅一直是革命作家,没有什么转变。对所谓百分之九十九和百分之一的划分,

① 艾青:《在汽笛的长鸣声中》。

他说宁可做百分之一的那种人。还说，他是从来不写歌功颂德的文章的。萧军最后一句话，激怒了不少人，据说陈云在会前已找刘白羽和丁玲谈过话，从组织的角度提出共产党员应在意识形态领域斗争中发挥先锋作用的要求，所以，刘、丁两人先后站起来反驳萧军。丁玲甚至声色俱厉地说出既然萧军愿意做百分之一的人，就应该从革命队伍里出去这类伤害感情的话来。正在与众人争辩的萧军，一听这话就炸了，他大声吼道，出去就出去，别拿这东西吓唬人！说罢就要离开会场。最后，还是德高望重的吴玉章出来打圆场，才得以维持住会场秩序。在这一过程中，毛泽东自始至终是一面听取大家发言，一面用铅笔在纸上记点什么，很少插话。这种场面，艾青还是第一次看到，对丁玲的急剧转变，以及对萧军的桀骜不驯，他都采取了"静观待变"的态度，这倒不是因为老练，而是对这种在朋友之间公开伤和气的做法，一时还不怎么习惯。23日，最后一个发言的是朱德。他以惯有的宽厚和缓慢的口气说了很多话。艾青懂得，这是针对萧军而发的。主要意思是，不要眼光太高，要看得起工农兵。中国第一也好，世界第一也好，都不能由自己封，而要由工农兵批准。关于鲁迅的转变问题，他认为不只是转变，而且是"投降"。"比如我朱德，就是从旧军队里投降到共产党这边来的嘛。你们看，大家见我仗打得多了，为无产阶级做事久了，就推我出来做总司令了。"于是，他反问道，共产党和八路军是有德有功的，为什么不该歌、不该颂呢？艾青回忆说，朱德在发言中还涉及了自己，但语气是和蔼和爱护的，"在会上，我记得的是朱总司令对我在文章中引用的李白的两句话：'生不用封万户侯，但愿一识韩荆州，作了精辟的解释：'我们的韩荆州是工农兵。'实际上指出了文艺工作者的方向。"①他又说："在会议结束的那一天黄昏，毛主席

① 艾青：《在汽笛的长鸣声中》。

发表了著名的经典性的《在延安文艺座谈会上的讲话》,把马克思主义的文艺理论发展了,也明白无误地重申了列宁对文学艺术的党性原则。”[①]

延安文艺座谈会后,中宣部立即向作家发出了深入生活的号召。艾青写信给毛泽东,提出到前方去工作一个时期,但未获准。毛泽东不久回信说:“来信收到。赞成你去晋西北,但不宜太远,因同蒲路不好过。”又说,“目前这个阶段希望你待在延安,学习一下马列,主要是历史唯物论,然后切实研究一下农村阶级关系,这个问题不搞清楚,对中国的战况总是不很明晰的。”[②]在信的末尾,又补上一句,“待天晴,我再约你面谈。”据知情人证实,因当时前线战事频繁,人牺牲得很多,毛泽东不让作家上前线,显然是出于这方面的考虑。因无具体材料,艾青当时的心境究竟怎样,却无法推知。

八　《吴满有》

毛泽东的《讲话》发表之后,文艺界内部虽尚有零星不和谐的声音,但风气已得到扭转。7 月 15 日,金灿然指名道姓对丁玲、萧军、罗烽提倡写杂文提出批评,认为“一年来我们的刊物上所发表的杂文,一部分刺向了朋友,一部分则对着了自己。而我们目前的敌人日本法西斯却讨了便宜”。[③] 9 月 9 日,周扬以《艺术教育的改造问题》为题,对“鲁艺”过去的工作做了深刻“检讨”和“自我批评”,他认为“鲁艺”的办学方针之所以脱离了现实,是由于“糊涂观念”在那里作祟,所以,非“改进”不可。[④] 两

---

① 艾青:《在汽笛的长鸣声中》。

② 艾青:《在汽笛的长鸣声中》。

③ 金灿然:《论杂文》,1942 年 7 月 25 日《解放日报》。

④ 周扬:《艺术教育的改造问题》,1942 年 9 月 9 日《解放日报》。

天之后，张庚直接呼吁作家、艺术家们“赶紧”去“转变我们阶级立场”。[①]在风声一阵紧似一阵的情况下，艾青一直在注意来自更高一层的动向。1943 年 2 月 10 日，陆定一在《解放日报》发表《文化下乡》一文，特别把自学成才的木刻家古元作为一种样板向众多文艺家介绍。对古元，艾青不算生疏，1941 年秋，出于对这位年轻木刻家质朴、厚实的作品的偏爱，曾为其木刻集作序，但怎么也没想到这里面还有如此深奥的学问。以一个诗人的全部聪明和敏感，艾青对自己将要做出怎样的选择，转眼就“明白”了。2 月初，延安文化界为欢迎劳动模范吴满有、赵占魁和黄立德召开的一次座谈会，给了艾青一个机会。吴满有是在边区大生产活动中被发现的劳动英雄，那天，与众多带着一脸学习的虔诚的作家和艺术家见面，他脸颊虽布满陕北汉子那种特有的皱纹，但还是泛出了一片红光；在艾青眼里，吴满有脸上这种奇异的光彩，是很有些翻身农民的某种特征的。他突然产生了想写一写吴满有的冲动。春节过后，按照与吴满有事先的约定，他怀着很大的热情和好奇心，来到延安南区吴家枣园吴满有家。据黎辛说，艾青这个举动在当时延安文艺家中是很不简单的。鲁艺那些要求进步的艺术家和作家，虽然表现得比谁都积极，但却没真正“下过乡”。因为，陕北很缺水，人很少洗澡，老乡的炕上虱子很多，一沾炕，身上就会奇痒无比，令人难以忍受。[②] 为了详细占有材料，艾青在吴满有家一连住了两个晚上，他就是与吴满有面对面地坐在炕头，听他絮絮不休地讲自己身世和在大生产中的种种事迹的。回延安后，艾青一反过去沉重的调子，尽力用明朗、单纯的笔调刻画这位新时代的农民英雄。在这首题名为《吴满有》叙事长诗的开头，他写道：“像一个年老的新女

---

① 张庚：《论边区剧运和戏剧的技术教育》，1942 年 9 月 11、12 日《解放日报》。

② 据黎辛 1977 年 4 月 17 日谈话。

婿,/你一身全是新的——/新的黑棉袄。/新的白棉裤,/新的灰毡帽。/你是一个新农民,/你过的是好光景;/身体结实健康/腰上束着腰带,/脸上闪着红光。"但写着写着,艾青又发现自己并不熟悉吴满有,尤其在感情上,还不能说真正进入他的内心世界。他甚至苦恼地发现,对旧中国的农民自己原本是非常熟悉的,但对翻身的农民,这管笔却怎么也找不到感觉。2 月 15 日,艾青带着不踏实的心情,再次风尘仆仆地来到吴家枣园。据他在这首诗定稿后的"附记"中追述:

我们到吴家枣园去找吴满有,下午到他的庄子上,走到他家门前时,他正在扫地,他很愉快地接我们进去。我们上炕,他点油灯——为了客人吸旱烟。我们一坐下,就听说吴满有的羊闹瘟了。我们很为他难过。但吴满有是个硬性子的人,他说:"不要紧,这是小事情。"吴满有一直进进出出地忙着,他的女儿,弟媳妇,儿媳妇也忙着给我们烧东西吃——煮羊肉,蒸小米馍,油糕(这是过节时吃的)。不一会儿,同庄的人都来了,他的窑洞里人站得满满的。我把我写的《吴满有》拿出来念给他听——这是我找他的目的。我坐在他身边,慢慢的,一句一句,向着他的耳朵念下去,一边从他的表情来观察他接受的程度,以便随时记下来加以修改。吴满有的感受力,是超过一般普通农民的。他随时给我补充或改正。譬如说,我念"你把四岁的女儿,换了五升小米",他说:"三岁……是五升糜子。不是小米";我念"而今做活,不是为了别人,是为自己"。他说:"可不是为了自己!"譬如说,我念"两条犍牛……一条母牛",他说:"母牛卖掉了,现在是三条犍牛,两条小牛。"(他不知道我写的是去年的事)

> 在念到“门边的羊圈里”那一段，怕他难过，就跳过不念了。老吴现在只剩下十九只绵羊了。我念“写你爱边区”，他说：“我不爱边区。还能做劳动英雄么？”我念“我来时候，比你们不好，比你们苦”，他说：“可不是，我来时候，一满没办法！”我念“全个吴家枣园大大小小都欢喜你……”他说：“可不是！人家调查了八次，是背后调查的，没有一个说咱坏话！”我念到“写你当了劳动英雄”这一节，吴满有愈来愈高兴，满脸是笑。在我每次念完“你说……”的时候，他总是说：“我说过的，我说过的。”……直到我问他“还有没有意见？”他说：“没有意见了，几十年的事被你一下写光了。”我的朗诵才算结束。①

长诗得到“主人公”的首肯，艾青一颗忐忑不安的心，终于放下了。他深感庆幸的是，这证明自己是能够按照《讲话》的要求去表现新的时代和人物的。在“附记”的结尾，他不禁对这种成功颇为自得，向别人传经送宝道：“农民欢喜具体，欢喜与他直接相关的事，欢喜明快简短的句子，欢喜实实在在的内容。”②3月9日，《吴满有》在《解放日报》迅速刊出，又被其他根据地的报刊转载，《解放日报》紧接着配发评论予以介绍，据说，一些领导同志读了也十分欣赏……然而，令艾青颇为难堪的是，不久他听说，吴满有被国民党抓去，竟叛变了。不仅如此，在内心深处，对自己的写作一向近于严苛的艾青，对这种类似大白话的语言，恐怕也是没有底的。他曾告诫过自己，“应该考虑得更多些、更远些、更成熟些。也只有这样，诗才可以避免成为时事新闻。”③他还曾痛心疾首地对人说：“我

---

① 《艾青全集》第1卷第658、659页。

② 《艾青全集》第1卷第658、659页。

③ 艾青：《我对新诗的要求》，《艾青全集》第3卷第413页。

发现自己的诗里凡是按照事实叙述的,往往写失败了,"[1]……写作《吴满有》的挫折,并没有影响到艾青"下乡"的热情。不久,他与木刻家古元、合作社劳模刘建章相约,随骆驼队离开延安去三边(即定边、安边、靖边)采风。他听说,三边民间剪纸之风很盛,妇女中高手如云,有些收藏的作品堪称一绝。但又听说,三边在延安以北,靠近宁夏、内蒙一带,因地处陕甘宁边区边界,常有土匪和国民党散兵游勇活动,于是决定走志丹、吴旗这条路线。一天,他们经过一个叫宁条梁的地方,这里人家稀少,本来心里就有点紧张的古元,看见山沟下有一些人影在蠕动,以为是有敌情,马上朝艾青喊道:"是国民党的兵,快跑!"三人立即策马狂奔。一下子跑了几十里地,才听见后面追来的人喊:"同志,不要跑! 那都是自己人!"对这场虚惊,大家不免觉得可笑,在艾青看来,这个"小插曲"更增加了下乡采风的生活意味。比如,在路上,他就听到几位妇女唱着很有趣的民歌,歌词是这样的:"骑白马,/挎洋枪,/哥哥吃的是八路军的粮,/有心回家看姑娘,/呼儿嗨呀……"。但艾青更惊异于革命内容与民间男女爱情之间如此大胆的,"结合",而且,它在艺术上竟然这么美、这么和谐! 他还察觉到,民间艺术并不全是男女调情、哥呀妹呀一类的东西,它是对自我的欣赏,是对生命的一种富于夸张的张扬,自己不就是把对生命的表现视作诗歌的最高境界么? 这个发现令艾青兴奋不已。他对散落在庄户村落里的剪纸,愈发表现出强烈的兴趣了。于是,他注意到,"有的地方比较纤细琐碎(如志丹、安塞一带),有的地方比较粗犷,单纯。"并且用一种更精细的眼光打量起剪纸来,"粗犷单纯的一种,常比较纤细琐碎的更显得纯朴可爱"。[2] 一旦由一般观赏转向艺术上的认同,

---

① 艾青:《与青年诗人谈诗》,《艾青全集》第 3 卷第 460 页。

② 艾青:《窗花剪纸净》,1944 年 12 月 4 日《解放日报》。

自然而然地，艾青感觉自己是真正进入这个民间艺术的世界里了。他记得，在盐池县火山坡张芝的家里，她新进门的弟媳剪的窗花让人不敢置信，主人见他喜欢，特别挑出八幅送他，其中有"鲤鱼跳龙门"、"鸭嘴衔鱼"、"大山羊"等。从定边往回走，路过绥远的一个叫做糜地梁的地方时，艾青和古元见房东家的剪纸技艺非常精湛，便用随身带的纸与其交换，当地缺纸，且质量粗糙，于是，艾青换得一张"老虎"、一张"麒麟"，似乎还有"猴子"和"走马"等，颇有收获。在靖边张家畔，艾青以纸换窗花剪纸的办法屡屡奏效，据说，从各家换得的窗花计有："黄金万两"、"老鼠偷葡萄"、"兔子吃麦穗"、"凤"、"飞鸟衔草"、"荷池浮鸭"、"小猫"、"跨马的人"，等等。但也有不换，只让艾青和古元观赏的人家。靖边城里的姚一庄家就属这种类型。姚家属当地富足人家，门庭光洁干净，家人老小装束蛮体面，大概不存在"缺纸"的问题，所以，艾青的以物换物的方式对这种人家没有吸引力。据他回忆，主妇倒很大方，送了他一些样子。另外记得，"她剪的窗花比较工整，物体的形状轮廓都很准确，由那构图的完整上看，好像是出于一个有素描基础的画家之手……这已经不是光剪一个主物，而且在主物以外有了背景；她剪的狗很生动，姿势好像要突然跳跃起来的样子。"①艾青曾在不少场合表示，放弃画画是他一生的憾事之一，所以，在延安，他多半是与画家们来往，对作家则较疏远，他后来在《窗花剪纸》一文里对这一民间艺术大加赞扬，也是不足为怪的。他在其中大发感慨道："剪纸可以说是农村家庭的产物，是没有印刷条件的处所的艺术品。它不像绘画需要多种的色彩，它的工具和材料只要一把小剪子和几张彩色的纸，正因为这些剪纸出于老百姓的手，所以它比其他的美术品，都显得纯朴可爱，就像是一曲曲的民谣，很生动地写出了人民的

---

① 艾青:《窗花剪纸净》，1944 年 12 月 4 日《解放日报》。

感情、趣味和希望。”

“文化下乡”对艾青来说，无疑是有收获的。所以，从三边回来不久，艾青又乘兴与诗人萧三去南泥湾和金盆湾访问。这里是卫戍延安的三五九旅的驻地，自延安上下开展大生产运动以来，他们开发的南泥湾不仅造出数万亩良田，实现了粮食自给，还为延安输送了不少的粮食。艾青听说，南泥湾又称烂泥湾，一百年前，原是一个人口密集、物产富足的好地方，因为战乱，后来人走地荒，方圆数百里荒草丛生，极其荒凉。部队刚开进来时，用当年左宗棠追剿回民起义军时遗落的大刀、大炮打成镢头，住的是临时挖成的窑洞，生活非常艰苦。一般每天每人挖生地六七分至一亩，熟地则可挖几亩，天不亮上山，天黑透了才下山。有一个时期缺少粮食，战士们只好以黑豆充饥，把尚未长熟的南瓜、西红柿摘下来吃。经过几年的艰苦创业，1941 年开荒种地一万一千多亩，粮食自给达 70%，第二年种地两万六千多亩，1943 年则完全自给有余了。听到旅司令部同志的情况介绍，艾青一时诗兴大发，3 月 14 日晨，作诗《拥护自己的军队——献给三五九旅》。在金盆湾欢迎文化慰问团的大会上，艾青当众热情朗诵，在朗诵到最后一段时，他还挥手做了一个很有力的手势，大声念道：“拥护我们的元帅朱总司令，/拥护百战百胜的三五九旅，/拥护贺师长、萧司令员、王旅长!”坐在人群中的王旅长——王震，听着听着不禁笑了，显出很开心的样子。一年多前，他还为马加的小说《间隔》发过脾气，说过“老子打天下，找个老婆你们还有意见”的粗话，艾青写《了解作家，尊重作家》据说是由此“而发”。两人对金盆湾初识，似乎都很珍惜。艾青发现，留着大胡子、人很精瘦的王震，其实是很好打交道的。可能是职业军人性情豪爽的缘故，在艾青面前，王震甚至只字未提那场“笔仗”，哈哈大笑之间，一切皆烟消云散了。艾青打心里喜欢这个年轻、耿直的将军,喜欢他对诗歌的特殊好感,甚而他仰头喝酒时的粗犷之态。但两人都未曾想到,十五年后,突然蒙难的艾青不仅受到王震的保护,而且两人之间的友情一直延续到最后辞世之时……

九　整风始末

艾青频繁的“下乡”,获得了各方面的好感。同其他党外作家相比,艾青受到更多的信任。还是去年5月29日,陕甘宁边区文化委员会为配合战时动员,特别成立临时委员会,推举吴玉章、丁玲、艾青、柯仲平、莫文骅和塞克等十二人为委员。名单肯定是事先审议定的。5月27日到6月11日,中央研究院召开“党的民主与纪律”座谈会,艾青被指定出席,并与范文澜、艾思奇和丁玲等人作为主要发言人。6月9日那天,批判王实味的斗争达到高潮。早晨7点多,各单位的人潮水般涌向会场,最多时达到一千多人,因会场太拥挤,只好改在外面操场上进行。艾青即席做了长篇发言,他说:“王实味的文章充满着阴森气,当我读它的时候,就像是走进城隍庙一样,文章的风格是卑下的。这样的‘人’实在够不上‘人’的称号,更不应该称他为同志!”[①]口气是鄙夷的。七天之后,艾青认真地把发言整理出一篇题目为《现实不容许歪曲》的约一万余字的长文,把王实味上纲上线到“思想上的敌人”和“政治上的敌人”。又过了八天,《解放日报》将全文推出,在文艺界引起不小的反应[②]……

可能是从“信任”中受到鼓舞的缘故,他的写作又出现了一个小小的

---

① 黄昌勇:《楚汉狂人王实味》,《作家文摘》1996年11月15日。

② 可能因为是“奉命之作”,或许还有其他如心灵上的原因,艾青1990年在委托其子艾丹编《艾青全集》时,未将此文收入。这一举动,显然是今天人们研究延安时期艾青思想活动的一个饶有趣味的视角。

高产期。入夏至深秋以来,光诗就有《野火》、《风的歌》、《希特勒》、《献给乡村的诗》、《悼词》、《向世界宣布吧》、《十月祝贺》、《赖伐尔》、《土伦的反抗》等。但引人注目的是,他过去作品里忧郁的底色和深沉的情绪,逐渐在这些诗作中被淡化了,即使是其中最好的那首《献给乡村的诗》,除去某种怀旧的情绪,基本看不到个人与环境的任何冲突。此时的艾青,兴趣也许是在街头诗的热情鼓吹和实践上。据说,有一段时间,整天都可以看到他出没于文化沟口的街头艺术台上,手里拎着一卷诗稿和浆糊满头大汗地跑来跑去。当时,在街头艺术台上有三个墙报是很有名的,一个是张仃、朱丹编辑的“街头画报”,一个是由鲁藜、高阳负责的“街头小说”,再就是艾青主管的“街头诗”了。对街头诗这种准“民间”的文艺形式,他以前是绝对不肯介入的,甚至还有些微词。他说,我“是看不起民间文艺的。我所受的文艺教育,几乎完全是‘五四’以来的中国新文艺和外国的文艺。从高小的最后一个学期起,我就学会了全盘否定中国的传统的旧文艺。”又说,“莎士比亚、歌德、普希金是比李白、杜甫、白居易要稍稍熟悉一些的。我厌恶旧体诗词,我也不看旧小说、旧戏。当然,我是更不会去看‘民间文艺’的。”在他眼里,民间文艺还排在旧文艺之后,是属最末一等的东西,故而他讽刺地说:“抗战初期,有人用大鼓词来写东西,我认为那是由于这些人写不出什么好作品才那么做的。”①但现在,他又在大力提倡街头诗了,在为“街头诗”创刊而作的《开展街头诗运动》一文中,艾青劈头写道:“劳动者是文化的创造人;革命的目的之一,就是要把文化从特权阶级夺回来,交还给劳动者。”那么,何种人算是“特权阶级”呢?他认为是“绅士们”、“教授们”和“诗人们”。艾青用挖苦的口吻写道:“那些绅士们,教授们,诗人们,都以为文学是贵族们的东西;以为

---

① 艾青:《谈大众化和旧形式》,《艾青全集》第3卷第234页。

得使大家不了解为光荣，他们嘲笑一切写给大众看的东西为‘粗俗’，或者有意无意地无视它们，抹煞它们，甚至给以冷嘲”。在他看来，“只有诗面向大众，大众才会面向诗”[①]，从而结束少数人对诗的垄断。但艾青的“转弯”，以及极力否定过去文艺观点的表白，却未能使自己在接踵而至的整中“幸免”。据他后来回忆：“我从‘三边’回来，延安开始轰轰烈烈的‘整风运动’。”接到组织上的通知，“我进党校学习”。[②] 他所说的党校，实际是中共中央党校三部，在此学习的主要是青年学生和文化界人士。在一部的，则多是延安和从前线回来的老干部。还在艾青去“三边”之前，就传来准备撤销“文抗”的信息，但“文抗”作家的归宿一时还难以确定。据说，当艾青在何去何从上有些茫然之际，任延安留守兵团司令员、与艾青要好的莫文骅将军曾经邀请他去政治部工作。艾青倒是去过的，待了几天就回来了，可能是因不习惯军队生活所致。在心底里，他对莫文骅的好意甚为感激。1943 年暮春，当他风尘仆仆从“三边”回到延安时，才得知在他离开的一个多月间，已搬过两次家。第一次是从蓝家坪搬到南门外的边区文协，第二次，则接到有关方面的通知，说是让搬到桥儿沟的“创作之家”。所以，确切地说，艾青从“三边”回来，回的是创作之家的这个“家”。这里依山新挖了七八个窑洞，说是让从乡下体验生活回来的作家住，同时搬来的还有周而复、杨朔、塞克等。

刚刚回到延安的艾青，有一种时间突然加快了的感觉。老实说，过惯了不紧不慢、来去自由的作家生活的他，一开始还很不适应。他听人说，胡宗南的国民党军队已在进攻延安，形势日趋紧张。他回来不久，即有人通知他去党校三部报到。到了三部后，他发现刘白羽、欧阳山、草

---

① 艾青：《开展街头诗运动》，1942 年 9 月 27 日，《解放日报》。

② 艾青：《漫忆延安诗歌运动》，艾克恩编《延安文艺回忆录》第 144 页，中国社会科学出版社 1992 年版。

明、陈明等已在那里。当天,负责整风的人就让艾青等人坐在台上听批斗会,艾青始而惊愕,继而不解,尤其对某些人还动手“教育”有问题的人感到了震惊。对毛泽东亲自发动的这场整顿三风的运动,他从心里是拥护的。当他与毛泽东本人有过深入的接触之后,更加相信,凡是他决定的关乎革命事业前途的大事,肯定是正确的,对我们这个民族的解放是有利的。然而,当他看到三部在整风中的一些过火的情景时,他不能不陷入深深的困惑之中,甚至感到非常痛苦。夜深久久不能入眠之时,他隐约听到从审查室传来的被打的人的喊叫声,有几次,他真想跑出去喊:这都是自己的同志啊!但是,随着运动的深入,连艾青自己也有了朝不保夕之感。先是学员被重新编队,接着是分头写个人交代,继而是个别审查。他突然发现,自己已从运动的“观望者”,变成了被“观望”的人,还没弄清是怎么一回事,自己已掉进被审查的“圈子”里了。一天下午,他所在的党支部书记陈唯实突然来到宿舍,说是有事找他,艾青心里不由格登了一下,他明白,看迹象绝对不像陈所说“是来随便谈谈”的。果然,家长里短的话题之后,陈唯实的话转向“正题”。他用眼睛盯住艾青,问:“在苏州反省院,你是怎样提前保释出狱的?”艾青的脑子轰了一下,他意识到,组织上肯定是怀疑自己有叛变行为了,否则,不会使用这种严重的口气的。陈唯实又提到艾青在《广西日报》副刊供职一事,并说,这一段历史也是要向组织交待清楚的。见艾青愣在那儿半天不出声,陈唯实知道火候到了,是无须再点破的,于是起身说:“你认真回忆一下,把想起来的事情写出来,到小组会上交待。”临出门时又补了一句:“这次是人人都要过关的。”

据韦荧回忆,在审干最紧张的两个多月里,在“创作之家”孤零零的山头上,只剩下她、塞克的妻子和沉默寡言的高长虹,颇有萧瑟之感。更多时候,是在战战兢兢的心绪里不知所措。听说,还有人挺不住自杀的,艾青每周被允许回家一次，但他一回来，就往床上一躺，满脸是灰，一句话不说，情绪非常低落。最痛苦的莫过于写“交待”，以艾青这么高傲的性格，这种安排所带来的折磨，远不是伤其筋骨可以形容的。有时实在写不出一个字来，艾青急躁地在窑洞里转来转去，那情状，把孩子吓得连大气都不敢出。“鲁艺”在山下，夜半时分，还听见喊口号不断，声音恐怖，气氛紧张极了。她说，对艾青来说，难以忍受的还是没有时间、也没有心绪写诗。刚从“三边”回来时，他曾构思过一首叫《白家寨子》的长诗，当时雄心勃勃，说是要写一首到延安以来最好的诗的，稿纸还在桌上摊着，却一个字写不下去。大约在这年夏、秋之间，陈唯实忽然来访。陈这次来，一是让她做艾青的工作，向党“坦白”在苏州反省院的表现；二是令她向党说“真话”，不要包庇艾青。主要怀疑艾青在反省院有变节行为，对党有隐瞒。我反复对他说，艾青确实是因患肺病、由他父亲花钱保释出去的，投有写悔过书之类，但从他的眼神看，他并不相信我的证词。因此，我的心就更沉重了，完全想象得到艾青在三部的真实境况。[①] 亲身经历过“抢救运动”的温济泽老人在多年以后曾回忆说：

> (康生)1943 年 7 月 15 日在延安干部会上作了一个所谓《抢救失足者》的报告，煽动起所谓“抢救运动”。……“抢救运动”进行不久，周恩来从重庆回到延安，看到这个情况，向党中央和毛主席提了意见，“抢救运动”随即停止，各机关都立即进行甄别平反，保卫机关对一些被关进去的同志也着手进行甄别平反。各机关的各级负责人还向被搞错的同志一一当面赔礼道歉。“抢救运动”是康生犯的严重一错误，但毛泽东主动承担

① 据韦荧 1996 年 4 月 10—28 日回忆。

了责任,并且亲自到一些机关、学校,在大会上向受了冤屈的同志举手行礼,赔礼道歉。[①]

王首道同志在一篇回忆录中写道:"1945 年初,毛主席在中央党校礼堂的一次报告中讲到审查干部问题,以严于律己的精神承担了审干中发生错误的责任……毛主席对被搞错的同志赔礼说:现在给你们……赔个不是。毛主席把手举到帽沿下说,我向你行个礼,你该还我一个礼吧!你不还礼,我这手就放不下来了。这时全场爆发出热烈的掌声,不少同志感动得热泪盈眶。"

"抢救运动"是党在延安时期犯的一次严重错误,使不少好同志受到不应有的冤屈,在一些同志的心灵上留下了伤痕,也使党的工作受到了损失。[②] 人们已无从了解艾青在这大起大落的运动中的真实心情,他如何"解脱"的过程和细节,也未留下片纸只字。但这事显然与周恩来回到延安有关,所以,事后他经常心怀感激地对人讲,"还是周公了解我,还是周公了解我"。或许是"知恩图报"的思想起的作用吧,艾青在三部学习的后期是很积极的。三部组织上自然也想树立一个运动中的样板,于是,在这年夏末,艾青被发展成党员。

十 秧歌队长与边区劳模

卸下"抢救运动"思想包袱的艾青,立即投入到热火朝天的演秧歌剧

① 温济泽:《再谈王实味冤案》,《王实味冤案平反纪实》第 66、67 页,群众出版社 1993 年版。

② 温济泽:《再谈王实味冤案》,《王实味冤案平反纪实》第 66、67 页,群众出版社 1993 年版。

的活动中。由于他表现积极，被大伙推举为中央党校秧歌队副队长。当时，扭秧歌的风气很盛，先是出现在“鲁艺”，后来在各单位迅速推广开来。或许是为了体现知识分子与工农兵打成一片吧，“鲁艺”戏剧系的王大化等参照陕北民间流行的表现男欢女爱的两人演的秧歌剧创作了《兄妹开荒》、《夫妻识字》、《刘二起家》和《牛永贵负伤》等秧歌剧。于是，各单位组织人到别的单位去演，别的单位又用几乎相同的节目回访，热闹非凡。往往是在土台上锣鼓一响，立即有潮水般的干部、群众从四面八方涌来，一边围观，一边还高声叫好。台上演员受到鼓励，跳得就更欢了。有人回忆当时演《兄妹开荒》的情景说：“那时我们条件很差，没有什么服装道具，也没有制作费，一切都是自己动手，道具也是自己解决。妹妹的担子是大化屋里的一根顶门棍（延安风大，他住小平房，晚上不顶门就会被风吹开），两头系上两根背包绳子，一头是个平时打水的旧水罐，一头是个旧篮子，碗筷是向伙房借的，锄头是自己用木头做的。陕北老乡喜欢在腰里系一个紫红色的粗羊毛围巾，大化就向老乡借了一条系在腰里。化妆品是在山崖里找的带颜色的土制成的，当然，擦在脸上很不舒服，黑颜色是从锅底下刮下来的黑灰，白的是农村妇女用的铅桃粉，定妆是牙粉等。我们没有交通工具，更没有扩大器，一大早从桥儿沟出发，走过飞机场，穿过延河，每走到一处，锣鼓一敲，全体演员都扭起大秧歌，扭完就接着演唱小节目，在上万人的广场上，全凭自己的嗓子把歌声送到观众耳朵里。”①在亲率中央党校秧歌队四处演出的过程中，艾青除与兄弟单位联系住宿，组织道具，安排化妆，兼作队员思想工作外，也参加演出，不过不是主要角色。多半是锣鼓一响，他就随着大秧歌队绕场一周，在台上扭上一圈。延安风特别大，演第一场人还有头有脸的，到第二场时，艾青满面就成了一个黄土包子了，嘴里塞满沙子，及至到了场下，

---

① 李波：《黄土高原闹秧歌》，艾克恩编《延安文艺回忆录》第 208 页，中国社会科学出版社 1992 年版。

彼此一见,禁不住大笑一番。但他留心观察秧歌剧的整个演出过程,对唱腔、道具、服装、对白,演员对剧情的处理,尤其是对台下成千上万个以工农兵为主体的兴高采烈的观众,做了细心的研究。与非常西洋化的两年前相比,眼前的情景真有一种恍若隔世之感。他清楚地记得,那时在延安有限的几家剧院里,经常上演的是《悭吝人》、《巡按》、《马门教授》、《茨冈》、《驿站》、《日出》、《雷雨》、《阿Q正传》和《上海屋檐下》等欧美、俄国、中国的名剧,从各大城市来延安的学生和文化人,是这些剧目的热心观众,一般老百姓和八路军战士是几乎不看的。在文化水平普遍不高的延安城,演出不免给人一种"曲高和寡"之感。两种场面这么一比较,艾青不禁发出一番感慨:"就是这样的一种过分爱好新形式,盲目崇拜西洋的风气,使我们长期地脱离了实际,脱离了群众——劳动人民,使我们的文学艺术成了一种文化的装饰,一种满足为数不多的高级知识分子的欣赏趣味的东西。感谢毛主席,他纠正了我们的错误,他给我们指出了新的方向……"①

夏日将尽的延安,空气渐渐由热变凉。燥气开始退去,代之而来的是清爽沁人的气息。登高朝远方看去,层峦叠嶂如大海起伏,煞是壮观,然而也透出一种少有的沉静。经过"三边"考察的劳顿,整风的紧张不安,入党时的激动,艾青还是头一次产生出对安详、平静的渴求。他的思想真的通了,似乎有了一种澄明的感觉,一种重新超越了自己的宏大、开阔的心境。带着这种心情,他写出《论秧歌剧的形式》一文,近乎虔诚地赞扬秧歌剧,认为,"秧歌剧之所以能很快的发展,主要的原因是:它体现了毛主席的文艺方向——和群众结合,内容表现群众的生活和斗争,形式为群众所熟悉,所欢迎。在新的政治环境和新的经济条件下,群众要

① 艾青:《谈大众化和旧形式》。

求有自己的文化艺术，能很快地反映现实”。在肯定了秧歌剧的现实意义后，他对新、旧秧歌剧做了历史比较，说：“延安的旧秧歌舞，我曾看见过几次，一次在新市场附近看见，领队的举着一把张开的雨伞，队员有二十人左右，男女对扭，女的是男人扮的，有丑角，有手上提着一只乌龟的和尚。扭的时候，男女互相调戏，色情气味很浓……所以有的老百姓说：‘旧秧歌是骚情地主。’……今天秧歌剧的表现手法，是吸收了各种戏剧的手法而成的。主要的有象征的（或者可以叫做写意的）手法和写实的手法，象征的手法，用手势或别的动作表情，来形容物体的存在和运动，如用手遮在眉上，向天空一仰，表示看太阳月亮，或天气的变化的现象……这种手法，中国的旧剧里用得特别多，为中国人民所熟识，运用这些动作，有它们的好处，它们不受时间和空间的限制，适合于歌舞剧的表现。”对秧歌剧，艾青显然不只是“观察”，可以说下了一番研究的功夫。更重要的是，他发现了秧歌剧这种明快直接的艺术形式对于这场革命的巨大参与性作用，它独特的空间对文化程度很低、然而革命热情很高的工农兵的特殊的吸引力。他接着说：“秧歌剧是广场剧，没有布景，只有用人物的上场和下场来表明时间和地点的转移。”故而他建议，“收场是全剧发展的终极，在多数的情形下，是新的力量终于战胜旧的力量的一个大凯歌。收场最好有高潮，表现一种狂欢，使观众在情感和思想上，都有饱和状态的满足和含义深长的余味。”通过系统地研究音乐、歌曲、唱词、舞蹈以及化装、服装、道具等秧歌剧的技术手段后，艾青不禁为它乐观的前景欢欣鼓舞。在文章的结尾，他语气不由夸张地说：“我们已临到了一个群众的喜剧时代。过去的戏剧把群众当做小丑，悲剧的角色，牺牲品，群众是顺从的，不会反抗的；没有语言的存在。现在不同了。现在的群众在舞台上大笑，大叫大嚷，大声唱歌，扬眉吐气，昂首阔步走来走去，洋溢着愉快，群众成了一切剧本的主人公，这真叫做

'翻了身'!"[1]这篇在当时堪称最为系统的评论秧歌剧的文章,立即引起了广泛的关注。周扬高兴地对人说,"艾青很会写文章嘛,会写文章。"据艾青本人说:"在一个晚会上,我遇见毛主席,他说:'你的文章我看了,写得很好,你应该写三十篇。'"[2]同样也是杰出诗人的毛泽东,出于一时高兴,竟用了诗人的方式来夸奖艾青。1944年,对已经三十四岁的艾青来说,是人生的一个重要转折。他在为即将由北门出版社出版的个人诗集《献给乡村的诗》所作的序言里说:"我的这个集子,写的是旧的农村,用的是旧的感情。我们出身的阶级,给我很大的负累,使我至今还不可能用一个纯粹的农民的眼光看中国的农村。"口气里明显有一种忏悔的意味。在另一篇散文《汪庭有和他的歌》里,他试图用更贴近主人公的心理状态的笔调写道:"从汪庭有的这个'十绣金匾'歌里,我们可以看出来劳动人民对于革命领袖、革命军队、革命政权、革命根据地的最纯真的爱。"[3]4月28日至5月2日,艾青应邀参加西北文委召开的文化下乡经验交流会,他在会上热情地向与会者介绍了自己学习工农兵、转变思想感情的经验。6月底,又与吴玉章、周扬、丁玲、柯仲平等人在边区银行大楼一起召开记者招待会,谴责国民党刊物《良心语》对延安作家的诬陷……这说明,党已经不再把艾青视为"团结对象",而看成是自己可靠的"同志"了。所以,在第二年1月的"边区群英大会"上,艾青不仅榜上有名,而且评了"甲等奖",成为甲等劳动模范。中共中央党校劳动英雄模范工作者选举总筹委会在评语中说:

艾青……被选为甲等模范工作者的事迹:

---

① 艾青:《论秧歌剧的形式》,1944年6月28日《解放日报》。

② 艾青:《漫忆四十年前的诗歌运动》,《艾青全集》第3卷第588页。

③ 艾青:《汪庭有和他的歌》,1944年11月8日《解放日报》。

1. 在整风以来，执行毛主席的文艺方向，于去年赴吴家枣园调查，写了《吴满有》的诗篇，并给吴满有朗诵，走向调查研究、为工农兵服务的新文艺方向。这首诗在艾青同志自己是一个转变，即由写小资产阶级而转变为写劳苦群众。这首诗在《新华日报》发表以后，影响许多大后方的青年向往延安，宣传了我党在边区的经济建设。

2. 他在去年自动地积极参加秧歌运动。中央党校秧歌队，由艾青领导，演出《牛永贵挂彩》、《妇访》、《归队》、《张兰英》等秧歌剧，都给观众以根大的教育（如文化沟二流子看剧后领纺车）。

3. 他写《论秧歌剧形式》一文，总结了党校的秧歌运动，给秧歌以恰当的估计，提出若干正确的意见。现在这篇文章已印成小册子，并正在教育众多的文艺工作者。

艾青同志也有他的缺点，如个人主义、个人英堆主义残余。如能改正，他更有远大的前途。

在整风运动中，艾青和延安大多数知识分子一样，接受了革命的洗礼，从伤筋动骨到脱胎换骨，最终从幻想回到现实里来。1 月 27 日，也就是在他被评为甲等模范的十四天后，艾青得知法国作家罗曼·罗兰辞世的消息，作诗《悼罗曼·罗兰》，诗里充满“惜别”的味道。一方面，他以“过去”的眼光承认，“他像一个古代的先知，/日夜为人类探索前途，/深陷着的两眼闪着热情，/深沉地注视众生的痛苦”。然而，“痛苦”是什么呢？艾青在这里“打住”了。另一方面，他又用刚刚学到的世界观，表白说，要“把文学和艺术交还给民众；/科学也要做行动的从仆；/一切都为了人民的幸福，/就是牺牲生命又算得什么？”一个是到延安之前的“个人英雄主义”者的艾青,另一个是作为中央党校秧歌队副队长的艾青,渐渐地,前一个艾青的影子正在和后一个艾青重叠起来……有意思的是,5 月31 日,诗人闻一多在昆明的一次讲演中,以特别欣赏的口气谈到了艾青:“胡风评田间是第一个抛弃了知识分子灵魂的战争诗人,民众诗人。他没有那一套泪和死。但我们,这一套还留得很多,比艾青更多。我们能欣赏艾青,不能欣赏田间,因为我们跑不了那么快。”①意思是提醒人们不要忘了这个忧郁的诗人。

然而,1945 年整整一年,艾青只有《悼罗曼・罗兰》、《爷台山》、《狂欢的夜晚》、《两家亲》、《解放军歌》、《挽歌》、《索亚》七首小诗。

十一　奉命北上

整风学习结束之后,艾青面临着重新“被分配”的境遇。他原先隶属的“文抗”撤销了,隐隐之中,他有一种受冷落之感。周扬闻讯,骑马到与“鲁艺”同在桥儿沟的创作之家拜访,请艾青去鲁艺做文学系主任。周扬的表现是大度的,并不计较“五人漫谈”一事,但艾青拒绝了。他显然不愿与何其芳共事。在这一段寂寞的时光里,经常来艾青这里的是住在隔壁的高长虹。艾青从心里是尊重这位有骨气的文坛前辈的,但因高只是来看他种的葫芦、西红柿,不谈其他问题,所以,往往在这种时候,艾青心底是难以言状的。望着他路有些驼的背影,他只能默默以目相送,却说不出什么。

其间,胡乔木、艾思奇请他们夫妇吃饭。席间,隐约问起艾青的去留,口气是关心的,然而,似乎也有周扬相托之意。从胡乔木处得知,何

① 闻一多:《艾青和田间》,1946 年 6 月 22 日昆明《联合晚报》“诗歌与音乐”第 2 期。

其芳已调重庆八路军办事处工作，周扬请他去，是有所借重，是诚心诚意的。于是，艾青从1945年初开始，直到日本投降，除担任文学系主任外，还为学生讲过诗歌写作的课。他记得是在“鲁艺”平房的院子里讲的，学生带着马扎围成一圈，在膝盖上记笔记，非常用功。他每次去讲，准备的讲义比较简单，主要是为学生分析惠特曼、普希金、叶赛宁、凡尔哈伦的诗，有时也谈自己的创作体验。因为在“鲁艺”教书属“业余”性质，大部分时间，艾青仍在家读书、写作，所以，对“鲁艺”的记忆是比较淡漠的……时间在艾青身边飞快地流逝，转眼到了8月。一天晚上，他正在院子里踱步，突然，山下的“鲁艺”放起了鞭炮，间或还有沸腾的欢呼声，非常热烈。正当艾青纳闷的时候，有一个人在距他不远的地方一边跑一边喊道：“日本投降了！”对战争局势，艾青是很关心的，从苏军大举进入东北的态势看，日本人的战败只是时间问题。但他完全没想到会来得这么快，这么突然。高长虹、韦荧和其他人闻声跑出窑洞，大家跳啊、笑啊，兴奋得不能自抑。跳着跳着，艾青的眼泪出来了，他也不管，听任它在脸颊上尽情流淌。八年啦，对艾青来说，这些年简直像一场梦……一幕幕旧事从眼前匆匆掠过，想起来令他激动难忘，久久不能自抑。10日夜，他作诗《狂欢的夜晚》，以诗抒发自己的感情：“‘日本无条件投降了！’/消息像闪电，/划过黑夜的天空……/人们从各个角落涌出……/向街上奔走……/向广场奔走……/‘日本投降了！’/没有什么话比这/更动人！更美丽！”在恍惚之间，他好像看见：“所有的门都打开”，“欢乐是今天夜晚最高贵的客人，/锣鼓的声音，/直冲到天上……”然而，在整个延安城庆祝胜利的日子里，艾青亦在密切关注着时局。报纸是他每天必看的，头条消息，外电转载，乃至后方生产情况，都成为他感受国内政治动向的种种迹象。8月11日，蒋介石以军事委员会委员长身分发布命令，指示“各战区将士加紧努力作战，”同时则命令十八集团军，“应就地驻防待命”。朱德总司令立即做出反应,命令“各解放区任何抗日武装部队,得缴敌军之械,受敌军之降,编遣伪军。”他敏感地意识到,这个命令是一个信号,大批的干部包括文化干部将会被派往各个解放区,充实那里的力量。为此,他悄悄地做着行前的各种准备。据韦荧说,艾青先是弄来不少木炭,他估计,妻子和孩子大概是要在延安过冬,这一走,不知何时还能见面。一天,他又从外面弄回五块银元,这在当时是很值钱的。他不说钱来自何处,只嘱咐给刚生不久的小儿子买件皮袄,一旦开拔,就用皮袄把儿子裹上……

据艾青回忆,“日本投降后,‘鲁艺’分成三摊子,一摊子留在延安,一摊子到东北,一摊子到华北。”[①]到华北的称“华北文艺工作团”,由他任团长,目的地是塞外的张家口。

离开延安的日子终于到了。9 月 20 日这一天,一向不写日记的艾青,突然写起了日记。在当天的日记里,他情绪激动地写道:“今天是八月中秋,我随华北文艺工作团,离开解放区的京城,民主中国的首都——延安,出发去华北。”[②]上午 10 时,文艺工作团从桥儿沟出发。鲁艺师生和附近群众前来送行。艾青记得,文艺工作团的成员有:江丰、陈企霞、严辰、贺敬之、贾克、马达、周巍峙、李振声、边军、凌子风、吴晓邦、杜矢甲、彦涵、莫扑、钟敬之、舒强、叶映、萧逸、萧兵、陈强、迪之、王朝闻、陈清章、王昆、胡斌、逯斐、李冰、程瑞彻、孙铮、陈孟君、吴坚、周峰、吴劳等人。全团配有几头驮行李的骡子,因路途远,每人只允许带十五公斤的东西,所以,大家多半只带着随身用的物品,另外,“挎包里装的是水果、干粮、诗集、小说集和笔记本”。因心情非同寻常,那天的天气亦给他留下很深

---

① 艾青:《漫忆延安诗歌运动》,艾克恩编《延安文艺回忆录》第 144 页,中国社会科学出版社 1992 年版。

② 艾青日记:《走向胜利》,上海文化工作社 1950 年版。

的记忆："天气很好，薄薄的一层云遮住了太阳，很凉爽，大路沿着向东而去的延河，在一条平川上蜿蜒前进。"[①]这次是率团远行，责任重大，不敢松懈；要横越陕、晋、冀三省，一千多里的路途，其中还要穿过尚未解放的同蒲路，全团男女五十六人的衣食住行，行止安全，是不能不时时萦绕在心的。艾青转而又想到了自己，深感个人在命运之中的戏剧性，所以，22 日，当队伍进入甘谷驿一带时，他又在日记中写下不失感慨的句子："从延安到甘谷驿九十里，是一条大平川，延水就弯弯曲曲地流动在这平川上。从甘谷驿再向东，延水进入比较窄的山沟，在走出甘谷驿十九里的地方，延水便向东南方转折过去，被山遮住，看不见了。从 1941 年 3 月起，我就在延水边生活着，延水哺育我四年半的时间，我衷心感激。如今当我看见延水流向东南，而我却走向东北，不知什么时候能再看见它，心里难免有些留恋。"[②]在艾青的性格中，"家"的概念一向是很淡薄的，然而，与妻儿作这种长别，毕竟还是头一次。他不由自吟起古人伤别的诗句来，如"飒飒秋风生，愁人怨离别。含情两相向，欲语气先咽。心曲千万端，悲来却难说。"又如，"扬子江头杨柳春，杨花愁杀渡江人。数声风笛离亭晚，君向潇湘我向秦。"这是在向亲人告别，亦是向延安告别。艾青自来延安，就没打算再离开的，未想来去竟都由不得自己，他从中真正体会到了命运的不可预测。

艾青更想看到的，还是阔别近八年之久的黄河。10 月 5 日，他率队风尘仆仆地走到了黄河岸边。在当日日记里，他感慨地写道："1938 年年初，我从汉口到山西，在潼关曾看见黄河，如今匆匆已八年了。抗战已得到胜利。这里的河面，没有潼关的宽，渡船也没有潼关的庞大与庄

① 艾青日记：《走向胜利》，上海文化工作社 1950 年版。

② 艾青日记：《走向胜利》，上海文化工作社 1950 年版。

严。”[①]变化最大的还是自己罢,他记得1938年初夏,曾写过这样的诗句:“我们不是去访久别的朋友,/只因为这是初次走的路”。在山西省临县,他听到看到的,正是与近八年前几乎类似的情形,在城庄,一个捡菜豆的女人对他说:“去年,也正是这些日子,秋收刚完,在这个院子里扬谷子的时候,听见院子外面有人喊:‘鬼子来啦!’大家就把庄稼丢了,门也来不及上锁,连一个生了小孩才三天的媳妇也从床上爬起来跟着走,全村的人都逃到山里。等人们回来时,全村的庄稼都被敌人抢完了。敌人是年年秋天来抢粮的。为什么都要逃呢?她说前年8月,敌人来,有的人没有逃,敌人就强要财物首饰,拿不出的就砍头。这个村子里有十个人被砍死。有一个老人,敌人向他要白洋,他不给,敌人用麻绳把他绑起来,又用锯子锯开他的脑盖,他仍没有死,敌人就把他吊在屋梁上,再用刀将吊绳割断,把老人摔死。一个老太婆(她一边说一边指给我看:在同一院子里,洋芋堆的旁边,跪着那个六七十岁的老女人)因为拿不出白洋,被敌人用木棍打断了腿,现在她只能在地上爬了。”[②]对于已习惯了延安没有战争的宁静生活的艾青,这个女人的诉说是触目惊心的。黄河沿岸破败的村镇,衣不裹体的人群,更令他感到痛心。在10日的日记中,他愤然记下所看到的惨景:“老百姓的生活很苦,我们所住的村子里,居民大都是蓬首垢面,衣服褴褛。自从过了黄河以后,在新解放的地区,到处所见的都是贫穷。”[③]这对八年之后,对黄河怀着一种凭吊心情的艾青来说,无疑是非常失望的。所以,他虽然沿着黄河走了不少天,却没有再写出一首关于它的诗。

---

① 艾青日记:《走向胜利》,上海文化工作社1950年版。

② 艾青日记:《走向胜利》,上海文化工作社1950年版。

③ 艾青日记:《走向胜利》,上海文化工作社1950年版。

北方冬天来得早,10 月 17 日,当艾青一行走到晋西北的岢岚县城时,河床上已经结冰,天气奇冷。这里距敌人驻防的宁武较近,因护送的八路军武装人员不多,文艺工作团的文艺家们不免有些紧张。21 日,他在日记里记道:“从于庄子出发,一路上大家心里都很紧张,提心吊胆地前进,因为这一带附近都有敌人。过东湖镇,东湖是大镇。从东湖到九姑村二十里,尽是荒地,好像连野草都长不高。”满目都是荒凉的景象,似乎还有一种风声鹤唳的意味。艾青虽然经历过日本人的轰炸,但距离只等着向国民党军队缴械、仍旧全副武装的日本鬼子这么近,在他平生还是头一次,心里难免也是有点发虚的。这种心绪,在之后几日的日记中仍有所反映。据他 22 日所记:“最紧张的时刻来到了。队伍改变,以四路纵队(女同志和身体弱的男同志夹在当中)的形式急速地前进,愈走愈快,后来等于是跑步,到同蒲铁路边,看见星散地埋伏着的掩护部队,有的伏在机关枪旁边。”因为穿越封锁线太紧张,23 日这天,艾青没有记日记。24 日,他又记道:“突然有人来叫大家准备撤退。后来查明原来是发生误会。”……这种连奔带跑、惊吓不定的生活,直到 27 日,才暂告结束。然而,由雨变成的雪,使行军变得更加困难。路过五台山地区的一个柴梁沟时,因为山高天冷,还下着雪花,停下来又怕出问题,大家决定冒雪前进。艾青借了床毛毡子披在身上,形状像一个俘虏,非常狼狈,但他也顾不得许多了。29 日,华北文艺工作团终于走出陕北和晋西北连绵不断的大山,开始进入晋东北一带。从繁峙再到浑源、天镇,距河北北部的目的地张家口就不远了。经过一个多月艰苦跋涉的艾青,为最困难的一段历程的即将结束而兴奋,欣慰之情,溢于言表,他说:“走了一个多月的路,真是越过了千山万岭,如今,要和山告别了。山是那么单调,枯涩;山里的居民是那么贫穷、痛苦。但山是伟大的。山里的居民是伟大的。山和它的居民在抗日战争中,起了伟大的作用。就是那千万险峻的山峰,波涛汹涌似的岗峦,成了我们军事力量的摇篮,不驯服的山,培养了不驯服的人民。”

这段文字表明,四年的延安生活,不仅转变了艾青的思想感情,而且改变了他观察问题、思考问题的方式,他是站在民族解放的立场上重新认识陕北和晋西北蜿蜒起伏的高山,和生活在其中的人民的巨大牺牲,对于抗战最终取得胜利的特殊作用的。这个发现令他感动不已,他说:“我由衷地感谢山!我们和你们相依为命,你保护了我们,支持了我们,使我们成长壮大……”艾青也感觉自己变了,他后来在总结自己的人生道路及其创作时,曾对之做过“编年史”的划分,他说:“我的创作生活,大概可以划分成三个时期:国民党统治的白色恐怖时期;抗战初期;延安时期。”显然,艾青的“变”是刻写着很深的时代烙印的,或者说,作为20世纪第二代知识分子中的一员,他个人的命运无法不与“三四十年代”这个最令人难忘的历史阶段发生深刻的关联。

11月8日晚,艾青及华北文艺工作团到达张家口。与大城市生活久违的艾青,走在张家口繁华的街道之中,真有一种恍若隔世之感:一种生活结束了,另一种生活难道开始了吗?

十二　在张家口、束鹿和正定

满身风尘的艾青,甚至来不及浏览张家口的街道,就忙碌了起来。张家口当时是华北解放区的临时首府,各大机关、报社云集于此,华北文艺工作团从延安千里迢迢而来,不失为当地一件引人注目的新闻。于是,在文艺工作团抵张的第三天,晋察冀中央局宣传部、新华社晋察冀分社、边区文联和军区抗敌剧社等单位联合召开欢迎大会,欢迎众多作家、艺术家的到来。在会上,当地领导人邓拓等发表了热情的欢迎辞。之后，艾青代表文艺工作团致答辞，他说：

> 我们华北文艺工作团到达张家口市，今天是第三天，蒙中共晋察冀中央局宣传部及各文化机关团体热烈的欢迎我们，感到异常兴奋，又得到邓拓同志、于副部长和一些同志很多的指示和希望，不过其中有很多话使我们感到惭愧。晋察冀边区的文艺工作者，根据过去在延安从前方得到的消息，我们认为是各解放区成绩最好的。在文艺与实际斗争结合这一点上，在全国范围内，是起了光荣的先进作用。听到有很多文艺工作同志，亲身参加群众斗争、军事斗争，亲身参加武工队，深入到敌后去，长期奋斗不懈，以身殉国，这在中国文艺运动史上，起到了光荣的模范作用。①

当时从后方来前方的人，普遍有一种自惭形秽的心理，这种心理对艾青也有一定影响，所以，当他恭维了晋察冀文化界的同仁后，话题自然转到自己身上来。他不无真诚地说："我们华北文艺工作团全体同志，绝大部分是小资产阶级和知识分子出身的，和实际结合很差，面对着中国革命的需要，是有着很多问题的。这些问题，要不是遵循着毛主席的理论与实际结合的方针走，一辈子都不要想去解决它……前方的同志们，给我们打下了天下，今天让我们来参加工作我们是感奋不尽的。"②"自惭形秽"的心理，在革命热情高涨的环境下，是很容易转化为发愤图强的敬业精神的。

---

① 艾青:《边区文艺界集会欢迎华北文艺工作团》,《艾青全集》第5卷第63—65页。

② 艾青:《边区文艺界集会欢迎华北文艺工作团》,《艾青全集》第5卷第63—65页。

在由抗战结束转向内战爆发之间的张家口，形势的骤变往往是突发性的，而工作的性质、任务也必须服从这种“突变性”的总体形势的需要。离开延安，艾青被告知他的任务是深入敌后开展文艺宣传活动。在此期间，毛泽东在重庆正与蒋介石为中国未来的命运进行紧张的谈判，当时不仅仅是艾青，还有党内的不少人都对国、共的第三次合作抱有和平幻想。但未想到的是，毛泽东前脚离开重庆，蒋介石就密令其精锐部队向山东解放区发动了“重点进攻”，一时战云密布，其势汹汹。接延安总部指示，晋察冀中央局宣传部立即对近期工作做了调整。12 月初，直接受它领导的华北文艺工作团，受命放弃实际斗争，与华北联合大学合并，工作重心由参加实际斗争转到为战时培养文艺干部上来。华北联大原有教育、政法两个学院，据艾青后来回忆，文艺工作团是“作为文艺学院”并入该校的，他先任院长，后改为副院长。文艺学院下设文学、戏剧、美术、音乐、新闻、外语六个系，分别由江丰、周巍峙、钟敬之等人负责。除建院后的行政工作外，已经是领导的艾青的各种“应酬”，被安排得满满的。以下日程可略见一斑：12 月初，主持华北联大校长成仿吾“由陕甘宁边区考察一年胜利归来”的欢迎会；12 月 15 日，与成仿吾、萧三、江丰、钟敬之、严辰、王朝闻等文艺界人士联名致电郭沫若、老舍、洪深，对重庆文艺界的反内战活动表示声援；1946 年 1 月 8 日，张家口文艺界在联大礼堂召开欢迎抵达延安文艺工作者的茶话会，于力副院长讲话，艾青也在席中；1 月中旬，晋察冀边区文化界联合会、华北文艺工作团、鲁迅艺术文学院等十六家单位，通电重庆政治协商会议，呼吁在全国范围内实现思想、创作、言论、出版自由，签名者有成仿吾、周扬、丁玲、萧军、艾青、田间、邓拓、张春桥、陈企霞等一百余人；2 月上旬，张家口文化界成立“北方文化社”，创办综合性刊物《北方文化》，成仿吾、张如心任正副主编，陈企霞任责任编辑，艾青列名周扬、丁玲、萧军、何干之、邓拓等十一名编委之中；2 月 22 日，重庆发生震惊中外的“较场口事件”，著名人士郭沫若、马寅初、李公朴、章乃器被殴，张家口文化界立即愤然致电蒋介石，要求严惩凶手，并慰问诸公；4 月 22 日，中华全国文艺协会张家口分会在联大礼堂成立，百余名文艺界人士出席，艾青被选为理事；5 月4 日，应约为康濯主编《时代青年》写作歌词《青年之歌》；5 月 16 日，作《释新民主主义的文学》一文；5 月 18 日，参加为老词人柳亚子祝寿活动；6 月 3 日，华北联大举行欢迎美国大使馆新闻处处长费正清及夫人的座谈会，艾青出席并讲话，其中有“希望美国给我们送来惠特曼，不要送来马歇尔”的妙言……连续不断、没完没了的“应酬”，一直持续到他 10 月随华北联大撤离张家口……与日益频繁的社交活动相比，艾青的写作不免有些寂寥。据统计，1946 年整整一年，他仅仅“忙中偷闲”地写了《人民的城》、《青年之歌》和《想起他们》三首诗，而且《青年之歌》还是一首歌词。1947 年，全年无诗。1948 年，也只有数量可怜的组诗《播谷鸟集》和《送参军》一首……对这一期间的写作，艾青后来不无遗憾，他说：“我从延安到华北，经历了人民解放战争，土地改革，做了几年的行政工作，写作比较少，印刷条件也比较困难。”直到晚年，他还不忘把那时创作的低产归咎为“文艺学院搞行政工作”，深以为憾。事实上，在烽火连天的年代，即使没有行政工作缠身，艾青也是无法坐下来静心写作的。1946 年夏秋之间，国民党撕毁重庆和谈协议，向解放区发动了全面进攻。10 月，华北联大随晋察冀军政机关撤离张家口，先退至山西广灵、灵丘一带山里，后来越过京石线，辗转来到冀中束鹿县的小李庄。在频繁的转移之中，艾青写东西的想法再次化为泡影。束鹿县是老根据地，距战事频繁的京广线较远，生活较稳定，但十分清苦。据韦荧说，文艺学院设在贾家庄一家地主的院子里，各系分散在附近几座村子，陈企霞在文学系工作，江丰负责美术系，音乐系是李焕之负责，舒强则负责戏剧系。文艺学院有几百名学生,多半是从平津一带来的进步学生。大家在老乡家起伙,吃大锅饭,因人多粮少,天天只能吃小米饭和白菜汤。有的学生由于忍受不了自杀了,但大多数人的情绪高昂。联大的文工团经常在地主的院子里演出节目,先是演高尔基的《母亲》,以后又演过《白毛女》。文艺学院还多次举行诗歌朗诵会和音乐演奏会,没有电灯,也没有汽灯,师生们就点起油灯,照样进行。据说学生曾朗诵过艾青的诗《欢呼》和其他名诗,每逢这时,学生都可以看到台下坐着的艾青。

从 1947 年底到 1948 年春,艾青和他的学生们是在束鹿县土改工作中度过的。对这段生活,艾青没有留下任何记述,他的组诗《播谷鸟集》倒是为人们记录了作者生活的某些侧影。在《耙地》一诗里,艾青写道:"一匹马/拉着耙/向前/向前/人站在耙上/像站在筏上"。在《送粪》中,艾青勾画出一位农村媳妇劳动的情景,她"额上流着汗/嘴上含着笑/她的眼睛在说/以后的日子好了"。在《浇地》里,艾青则仔细体会着农民分到土地之后的心情,欣然写道:"这是新分到的土地/这是发香的土地/这是亲爱的土地。"他甚至试图像过去一样,用一首诗去概括农民的命运在这个时代翻天覆地的变化,"年年春天/播谷鸟在叫唤/割麦插禾/割麦插禾/地主吃饱/农民受饿/播谷鸟,播谷鸟/看见农民的辛苦/看见打下的粮食/送进地主的仓库/它的叫唤像在哭/叫人听了真难过/今年春天/播谷鸟又叫唤/声音可不同了/春雷响过/雨也下过/翻了身的人/快种谷!……"对于半辍笔的艾青来说,这组诗给予人的印象是极为深刻的。诗人在兴奋和不安地等待一个新的时代的到来,然而,他习惯于表达沉重和忧伤的笔,一时还来不及换上适合于它的色调和情绪。由于转换得太猛、太急促,它们留给人的色彩难免有一些不真实。1951 年,当开明书店出版艾青的第一本选集时,这批作品反而意外地"落选",不是被编辑,而是被作者本人从书里面删掉了。这种处理对于正准备跨入新社会的这位诗人，是耐人寻味的。

艾青是在河北正定县听到北京和平解放的消息的。据说，对国民党的黑暗统治已不耐烦的作家废名，此时也在他任教的北京大学静静地等待着这个政权的垮台。[①] 但两个人的心情截然不同。一个像北平城里大多数正直的知识分子一样，在一种“被解放”的状态中，把全身心的期盼寄托在即将出现的一线曙光上。而艾青则是以“解放者”的姿态进入这座古城的。

① 郭济访：《废名年谱》。

第九章　在北京（1949.2—1958.4）

一　最初的忙乱

1949年2月，艾青随华北大学踏着积雪进入古城北平。北平军管会成立后，他被调到军管会下属的文管会，就住在文管会所在地北池子。因韦荧一年前被分到周扬所在的华北局工作，此时正在河北平山县，故与孩子们进城稍晚。

最初的“接管”工作是忙碌的。作为文化接管委员，艾青、沙可夫和江丰接管的直接目标是北平艺专（今天的中央美院），当时艺专在城东的东总布胡同，从紫禁城东侧的北池子到这里，少说也有五六里地，有一段时间，他们每天都要来，偶尔可以坐坐车，但多数都是徒步走去的。所谓接管，一是清理财产，另一项是甄别人员，决定原旧教职员的去留。当时三人均身着军装，臂上戴印有“军事管制委员会”标志的红袖章，有时身后还跟着一两个士兵，无形中充满了严峻的气氛。据说，艾青等前去拜望艺专教授、年近九旬的国画大师齐白石时，起初还把老先生吓了一跳，以为是什么人要与他过不去呢。对当时的情形，艾青记得很清楚。他说：

> 1949年我进北京城不久，就打听白石老人的情况，知道他还健在，我就想看望这位老画家。我约了沙可夫和江丰两个朋友，由李可染先生陪同去看他，他住在西城跨车胡同十三号。进门的小房间住了一个小老头子，没有胡子，后来听说是清皇室的一名小太监，给他看门的。当时，我们三个人都是北京军事管制委员会的文化接管委员，穿的是军装，臂上戴臂章，三个人去看他，难免要使老人感到奇怪。经李可染介绍，他接待了我们。我马上向前说："我在十八岁的时候，看了老先生的四张册页，印象很深，多年都没有机会见到你，今天特意来拜访。"他问："你在哪儿看到我的画？"
>
> 我说："1928年，已经二十一年了，在杭州西湖艺术院。"他问："谁是艺术院院长？"
>
> 我说："林风眠。"
>
> 他说："他喜欢我的画。"
>
> 这样他才知道来访者是艺术界的人，亲近多了，马上叫护士研墨。带上袖子，拿出几张纸给我们画画。他送了我们三个人每人一张水墨画，两尺琴条。给我画的是四只虾，半透明的，上面有两条小鱼。题款："艾青先生雅正八十九岁白石"，印章"白石翁"，另一方"吾所能者乐事"。[①]

① 《忆白石老人》，《艾青全集》第5卷第298—299页。

然而,在艾青回来不久,文管会围绕是否留用齐白石发生了激烈争论。有的人以他每月只来学校一次、为学生画一张示范画为由,声言要停他的工资;艾青以军代表的身分坚决拒绝此议,甚至动了气,说:“日本人和国民党在的时候,他都没有饿死,难道要饿死在我们手里不成?”由于艾青的反对,这件事最后不了了之。3 月份,拟议中的中华全国文学艺术工作者代表大会的筹备工作,亦在紧锣密鼓地进行。22 日,艾青应约赴长安街东头的北京饭店,参加联席会议。会议当场推选出筹委会成员三十七人,即:郭沫若、茅盾、田汉、洪深、郑振铎、叶圣陶、周扬、萧三、沙可夫、丁玲、曹靖华、曹禺、徐悲鸿、柳亚子、俞平伯、胡风、贺绿汀、程砚秋、李广田、叶浅予、赵树理、柯仲平、吕骥、古元、袁牧之、艾青、欧阳山、陈荒煤、李伯钊、马彦祥、宋之的、刘白羽、盛家伦等。选举郭沫若为筹委会主任,茅盾、周扬为副主任。24 日,举行第一次筹委会。会议第二天,艾青在《人民日报》一版下方,看到了对两次会议的报道,称:这是“为适应全国革命形势与革命任务的需要,团结解放区与国民党统治区一切进步文艺力量”而召开的,关于与会人选,该消息说:“决定华北、东北、西北、华东、中原五大解放区文协理事及中华全国文协总会及各分会理监事为代表大会当然代表”,云云。艾青心里明白,郭、茅两人实际是“挂名”的主任、副主任,具体工作实际是由周扬负责。因是筹备委员,他自然也是脱不了干系的,好在委员中解放区的居多,人都较熟悉,其他国统区的也多半有一两面之识,配合起来并不困难。所以,从 3 月直到 7 月大会召开,艾青既要忙于接管,又得为大会的种种琐事奔波。7 月 2 日,第一次文代会在中南海怀仁堂召开。主席台后方中央,悬挂着毛泽东和朱德的画像,前端上方中央,是第一次文代会会徽,它由毛泽东、鲁迅的侧影像和六面红旗构成。四十余幅锦旗在主席台一字排开。整个会场的气氛是严肃的,因为朱德、林伯渠、董必武、陆定一、李济深、沈钧儒、彭泽民和蔡廷锴等国家领导人的到场，则更显得非同寻常。大会主席团总主席郭沫若起立，建议大家同唱东方红。唱罢，由周恩来副主席作政治报告。就在他的讲话即将结束之际，毛泽东突然亲临会场，作了简短的讲话，说："同志们，今天我来欢迎你们。你们开的这样的大会是很好的大会，是革命需要的大会，是全国人民所希望的大会。因为你们都是人民所需要的人，你们是人民的文学家、人民的艺术家，或者是人民的文学艺术工作的组织者。你们对于革命有好处，对于人民有好处。因为人民需要你们，我们就有理由欢迎你们。再讲一声，我们欢迎你们。"全场欢声雷动。艾青注意到，几年未见，毛泽东人胖了不少，不过，还像以前那样会讲话，会概括。只是，他的话里面多了些"你们"、"我们"的称谓，而不像在延安时统统是"我们"，是"自己的同志"。毛泽东讲完后，精瘦的郭沫若立即大声地附和说："我们诚恳地全部接受周副主席给我们的指示，努力改造自己，向人民学习，学习我们所不熟悉的东西，老老实实、恭恭敬敬地学习，热诚地做毛主席的学生。"①他的话也被掌声淹没了，下面的话，艾青基本没听清楚。在会议期间，他只记得是和胡风在诗歌组里，任委员和负责人，委员有十二人：李广田、柳亚子、柯仲平、俞平伯、田间、冯乃超、何其芳、臧克家、冯至等。诗歌组基本不讨论诗学问题，甚至基本不涉及诗歌创作，只是没完没了地讨论周恩来、茅盾和周扬等人的报告，这让处在兴头上的艾青，多少有点扫兴。

北京的夏天是炎热的，但以极大的建设热情投入工作的人，似乎意识不到气候对人的影响。文代会结束后，艾青继续他对北平艺专的接管事宜。经过调整，属于美术方面的系有合并成立"中央美术学院"的决议，但院长人选迟迟未决。除老画家徐悲鸿，还有江丰，也包括艾青。然

---

① 1949 年 7 月 7 日《人民日报》。

而,此事又被另一项重要活动所打断。入秋不久,艾青就听说将召开新政治协商会议,会议改称为“中国人民政治协商会议”,据说与会名单中有自己的名字。9 月 21 日下午 7 时,事先已接到会议通知的艾青,乘车进入中南海,到刚刚修葺一新的怀仁堂参加政治协商会议第一届全体会议。坐在六百六十二位代表中间,他的心情难免有些激动,尤其是当毛泽东用他高亢的湖南口音致的开幕词,更使他难以忘怀。毛泽东缓慢而充满自信地对全体代表说到“占人类总数四分之一的中国人从此站起来了”,“我们的民族将再也不是一个被人侮辱的民族了,我们已经站起来了。我们的革命已经获得全世界广大人民的同情和欢呼,我们的朋友遍于全世界”时,全场沸腾了,很多人眼里满含泪水。在这一瞬间,艾青眼前匆匆掠过二十年前在巴黎所遭遇的种种情景,被人瞧不起的处境和感受,对于他是刻骨铭心和终身难忘的。他不由想起十年前在桂林时写下的诗句:“为什么我的眼里常含泪水?因为我对这土地爱得深沉。”而在激动的人群中,他又感到,这种心绪是难以言状的……会议开了将近十天,27 日,大会通过一系列文件,决定定都北平,从即日起改称北京;纪年采用公元;以《义勇军进行曲》为代国歌,30 日是大会最后一天,主要进行两项选举:一是选举中国人民政治协商会议第一届全国委员会委员,一是选举中央人民政府主席、副主席和委员。就在这次会上,艾青当选为政协候补委员。大会通过建立人民英雄纪念碑决议和毛泽东亲自撰写的碑文。在大会进行紧张的统票的时候,时间已近黄昏,六百多名代表乘车来到天安门广场,在那里举行了“人民英雄纪念碑”奠基仪式。艾青后来欣然作诗《国旗》,诗中写道:“我们爱五星红旗/像爱自己的心/没有了心/就没有了生命/我们守卫它/它是我们的尊严/我们跟随它/它引我们前进。”据说,作为国旗、国徽设计组成员的艾青,曾为新国旗、国徽设计过若干图案,有一些还受到了赞许,不知因为何故,最终采用的是另两幅作品。当然，最令他难忘的还是10月1日那天，他应邀登上天安门城楼，参加中华人民共和国成立庆典。因站得较远，他只隐约看见毛泽东、朱德、周恩来的背影，但他熟悉的毛泽东讲话的声音，却在整个广场回响，它远比在延安时洪亮、深广、持久，有一种无法抵御的魅力……

二　在东总布胡同二十二号

建国之初的忙乱过后，艾青迁入位于北京东城的东总布胡同二十二号。新成立的中国作家协会就设在这里。这里是前、中、后三进院子，有一幢样式考究的两层小楼，丁玲、萧三、沙可夫携家眷住在楼上，艾青被安排在楼下，一间大的做书房兼客厅，小的为卧室，另外还有家眷住的房间，公务员负责打水、打饭，处理各种杂务。会议室亦在一楼，一般会议不必外出。

据吕剑说，艾青起初想担任中央美院院长一职，他想到那里大干一番。周扬认为艾青长于创作，短于行政，或许还有其他考虑，没同意，却让他做了刚刚成立的《人民文学》的副主编，协助主编茅盾办刊物。这令他非常不满，为此大发牢骚："北京解放，使我又一次燃烧起对重新搞美术工作的希望。这个希望是很强烈的……但是，时间不久——大概只有一年的样子，又把我从美术工作调到文学工作里了。我的第二次和美术工作的姻缘被切断了。这一次好像是和美术成了永远的告别。我只能是美术的爱好者。我好像是被嫁出去了的人，最多也只能对美术像'走亲戚'的关系。"[①]当时《人民文学》编辑部只有古立高、严辰等三四个编辑，在编辑同仁的眼里，茅盾看稿子是非常认真的，不仅送上的稿子每篇

① 艾青：《母鸡为什么下鸭蛋》。

必仔细读过,而且还写出意见来。艾青只是一般看看,好像对这种"坐班"的生活不感兴趣。好在,他不久就离开副主编岗位,只留任编委,专事于写作去了。

从1950到1953年的四年之间,除一次去苏联访问,另几次在国内旅行,艾青基本是在画画、买画、求画和写作中度过的。与朋友在小酒馆里饮酒,约人去看画、买画,写诗并与友人相赠,在他是莫大的乐事。他去得最多的是王府井附近的中央美院画室,他说:"我常常和美院同学一起画速写。"[①]有时,也画画模特儿。当时,社会上对画模特儿已有成见,认为是资产阶级作风。一次,艾青与学生去画时,见那个模特儿坐在那里扭扭捏捏的,有人上前做工作,她低着头,始终不说话,弄得众人毫无办法。过了半晌,她突然抬起头,很认真地问:"毛主席同意画吗?"艾青忙说:"同意,同意的。"众人立即大笑起来。模特儿经这一说,便也让画了。画速写还不过瘾,艾青甚至想半路出家学雕塑,但后来未能坚持下来。解放初期,买画、卖画主要集中在宣武的琉璃厂,但价格贵得惊人。艾青的稿费是很高的,据说在作家中仅低于郭沫若、茅盾两个人。奇怪的是,他到处搜求齐白石的画,却不去名画如云的琉璃厂,偏偏要去位于东城的和平画店。据常陪他去的诗人吕剑回忆,艾青之所以对和平画店情有独钟,一是齐白石老先生是那里的常客,可以见到他,当面请教,问安;二是该店老板亦喜搜购齐老先生的画,艾青鉴别真假画的眼光极好,借此与老板抬抬杠,不失一种享受。[②] 在古稀之年,艾青还乐此不疲地回忆起当年的情形。他说:

① 艾青:《母鸡为什么下鸭蛋》。

② 据吕剑1996年3月28日在北京车公庄寓所的谈话。

我在上海朵云轩买了一张他画的一片小松林，二尺的水墨画。我拿到和平书店(笔者按：应是画店)给许麟庐看，许以为是假的。我要他一同到白石老人家，挂起来给白石老人看。我说："这画是我从上海买的，他说是假的，我说是真的，你看看……"他看了之后说："这个画人家画不出来的。"署名齐白石，印章是"白石翁"。我又买了一张八尺的大画，画的是没有叶子的松树，结了松果，上面题了一首诗："松针已尽虫犹瘦，松子余年绿似苔。安得老天怜此树，雨风雷电一齐来。阿爷尝语，先朝庚午夏，星塘老屋一带之松，为虫食其叶。一日，大风雨雷电，虫尽灭绝。丁巳以来，借山馆后之松，虫食欲枯。安得庚午之雷雨不可得矣。辛酉春正月画此并题记之。三百石印富翁五过都门"，下有八字："安得之安字本欲字"。印章"白石翁"。

他看了之后竟说："这是张假画。"

我却笑着说："这是昨天晚上我一夜把他赶出来的。"他知道骗不了我，就说："我拿两张画换你这张画。"我说："你就拿二十张画给我，我也不换。"他知道这是对他画的赞赏。这张画是他七十多岁时的作品。他拿了放大镜很仔细地看了说："我年轻时画画多么用心啊。"①

鉴别画的真假，固然是文人之间一种古已有之的游戏，对艾青而言，重要的也许是其中浓厚的文人气氛，对疏于做官、甘心写作的他，再没有什么比这更具吸引力了。他还听说，白石老人收的门徒很多，据说梅兰

① 《忆白石老人》，《艾青全集》第5卷第300页。

芳还跪着磕过头,以为颇有趣,有种浓浓的书香味。然而,画画、买画毕竟不如求画更具兴味。买画是一个以钱换物的简单过程,类似市场上顾客与小贩之间的互换,而求画则纯属文人间的一种情谊交流,出于对画或画家生命的激赏,而绝无他图。艾青向齐白石求画,其中还有一个小故事,据艾青说:"一天,我在伦池斋看见了一本册页,册页的第一张是白石老人画的:一个盘子放满了樱桃,有五颗落在盘子下面,盘子在一个小木架子上。我想买这张画。店主人说:'要买就整本买。'我看不上别的画,光要这一张,他把价抬得高高的,我没有买;马上跑到白石老人家,对他说:'我刚才看了伦池斋你画的樱桃,真好。'他问:'是怎样的?'我就给他说了。他马上说:'我给你画一张。'他在一张两尺的琴条上画起来,但是颜色没有伦池斋的那么鲜艳,他说:'西洋红没有了。'画完了,他写了两句诗,字很大:'若教点上佳人口,言事言情总断魂。'他显然是衰老了。我请他到曲园吃了饭,用车子送他回到跨车胡同,然后跑到伦池斋,把那张册页高价买来了。"①一来一往,然后以车相送,完全是朋友之间或是师徒之间的交往。

1950年,艾青的写作几乎是与随代表团访问苏联同步进行的。7月底,他为即将出版的《艾青选集》作完序,就起程去了苏联。因为代表团有更重要的活动,不是一般的文人出游,所以,艾青对莫斯科以及途经的奥特堡、巴库、贝加尔湖只有"走马观花"的印象,而无独特深切的艺术感受。在出国的第一站奥特堡,他写下《奥特堡》一诗,映入眼帘的小城是这样的:"小小的车站,/精美的木房,/一边是公园,/一边是球场;/公园的进口,/站着列宁的铜像,/他在振臂高呼,/声音传向东方。/长长的月台上,/年轻的红军在散步,/嘴上是亲切的笑,/眼里是柔和的光。"在《车

① 《忆白石老人》,《艾青全集》第5卷第304页。

过贝加尔湖》里，静若处子的贝加尔湖恍若世外桃源："早上看见贝加尔湖，/晨雾正在湖上升起，/湖水平静有如明镜，/湖边山峦这样秀丽！"这是艾青第一次见到西伯利亚，这位擅长写荒凉的旷野的诗坛圣手，却意外地为人们留下了明丽、轻浅的笔墨：'"从贝加尔湖/到乌拉尔山，/森林接连着森林，/列车从森林里穿过/好像在绿海中航行……青春的大地，/孕育着财富，/工业和文化，在这儿繁殖，开花……"在莫斯科中国大使馆，艾青意外地见到了他在华北联大的女学生、时为使馆翻译的陈琳。师生两年后在异国重逢，两人都感到非常惊喜。艾青注意到，与两年前相比，身着列宁装的陈琳愈发漂亮了，苗条中不乏丰满。在陈琳的眼里，刚届四十的老师身上有一种成熟的男性的魅力。这次他随如此高规格的代表团前来，更是一种身分的证明，在年轻姑娘的心目中，再没有什么比它更有吸引力了。从莫斯科到其他城市，是由陈琳一路陪同和担任翻译的，在年轻可爱的女性身边，艾青的诗句也禁不住年轻了起来。在《菩提树的林荫路上》这首诗里，明眼人一看，就知道它表面写中苏友谊，而实质已带上了个人情感成分："我们什么时候见过面？/为什么我们这样相亲？/每个人都好像是兄弟，/两个民族像一个家庭；/在斯大林居住的城市里，/友爱的波涛到处荡漾着，/即使我在这儿生活一天，/也是我一生最大的幸福。"与在国内的旧式文人的心态比较，这时的艾青仿佛又回到了巴黎时期，一种浪漫的、甚至幻想的因素占据了他整个的心："这些旅居的日子，/我常常穿过红场，/沿着红色的宫墙，/走到莫斯科河旁；/站在河边向上看，/那就是克里姆林！/它好像显现在空中，/却是建筑在大地上；"它"好像梦中所见，/却又真实异常；"这些诗句无非表明，艾青已经陷入对陈琳的爱情当中了。待在苏联半年的时光里，无论是表现革命题材的《十月的红场》、《新的城市》、《宝石的红星》，还是表达对俄罗斯灿烂文化由衷敬慕的其他诗作，如《普希金广场》、《牛角杯》等，透露的多半是在恋爱之中的作者本人生命的光彩,准确地说,自北上张家口以来,艾青从没有像今天这样完全地向人展示过自己的内心……终于,这种危险的诗人游戏败露了:艾青与陈琳越过了“师生”的界限。艾青回国后,这段绯闻传到妻子韦荧耳朵里,两人的感情遂出现无法弥合的裂痕[①]……

这场情感波折对艾青创作的影响是显而易见的,其后两年,他仅得《有朋友从远方来临》、《给乌兰诺娃》、《母亲和女儿》、《给希克梅特》、《我在和平呼吁书上签名》五首,产量可谓骤减。在个人感情上受到重创的他,不得不把兴趣转移到其他方面。1951 年 8 月,智利诗人聂鲁达、苏联诗人爱伦堡衔国际和平奖金委员会之命,为中国国家副主席宋庆龄女士授奖。中国作家协会让艾青陪同两位诗人访问。整整一个星期里,沉寂近一年的他,仿佛变了一个人。在聂鲁达、爱伦堡下榻的宾馆里,他与两位诗人热烈地谈诗,并交换作品。聂鲁达对艾青诗歌中深沉的忧伤和对事物深刻的洞察非常吃惊。艾青作品中对农民命运的悲悯尤其引起了他心头的强烈共鸣,因此称艾青为“伟大的人民诗人”。对情绪一度低落的艾青来说,来自这位重要客人的赞赏分量非同一般,有关方面肯定也听到了这个很高的评价,对艾青的态度明显客气起来。艾青不免又有些兴奋了。他回忆说:“在逛颐和园的时候,我说:‘你姓聂,按汉字讲,聂字是三个耳朵构成,而你只有两个耳朵,多了一个耳朵,放在哪里?’他马上回答:‘一个耳朵放在前额上。可以倾听未来。’并用手拍拍前额。他

---

① 韦荧得知艾青与陈琳有染后,写信告到中共中央组织部部长安子文处,安将信转给胡乔木,胡感到棘手,又转给了周扬,结果不了了之。据悉,真正激怒艾青的是信中的一段话:“艾青说,怕什么,怕什么,开除我出党也没有什么了不起!”因为它很容易被人利用,上纲上线。于是,艾青提出离婚,并向北京市中级人民法院起诉,中级法院判决两人离婚,但又被最高人民法院驳回。至此,两人感情完全破裂,开始分居。凡事艾青均通过第三者,不再与韦直接接触。

说:‘一个耳朵倾听未来。’这回答多好。他就是以一个耳朵倾听将要发生的和没有发生的。这正如他自己所说的:‘我们向来是朝着远方看的。’”[①]艾青对他与聂鲁达在一个叫“听鹂馆”的小酒馆里吃饭的情景仍记忆犹新,出于外国人的好奇,聂鲁达对这个仅有两个座位的酒馆喜爱异常,称其是中国“最好的酒馆”,这也令艾青大为开心。聂鲁达回国后,艾青曾动情地致信给他:“你和爱伦堡离开中国之后,我们好像家里少了人。”[②]然而,读到聂鲁达大气磅礴、含意深邃的诗作时,却使艾青感到了苦恼。他自知这几年的诗作“多为应酬”之作,是很失水准的,但对摆脱这种状况又苦无良策……一天,艾青收到妹妹希华、希宁从上海寄来的信,信中涉及故乡的人与事。这突然给了他一个启发:畈田蒋一带曾是抗战时期的游击区,浙东游击队在那里留下很多斗争事迹,自己不正可以从中挖掘一个大题材么?至少,大约是比写写应景小诗有意思一些。1953年春,艾青趁去上海开会之机,经金华回到阔别十五年的故乡畈田蒋。父母亲十几年前已经仙逝,两个妹妹去了上海,弟海济、海涛亦到金华谋事,昔日一幢热热闹闹的大房子,如今人去楼空。刚踏上故乡土地的艾青,突然有一种怅然若失的感觉。但他没有时间凭吊,甚至没有时间细想,就投入到紧张的采访之中。浙东游击队健在的老战士在当地不少,有一些与艾青还有点沾亲带故的关系,听说他专为采访而来,自然是愿意谈谈昔日的光荣的。据一些老人回忆,从抗战到解放战争时期,金华、汤溪一带活跃着一支被民众尊称为“八大队”的英雄的队伍。1944年10月间,日、伪军趁八大队主力赴外线作战之机,纠集七百余人从兰溪向金东根据地进犯。当时,李一群大队长手下只有二百余人,力

① 《我和聂鲁达的交往》,《艾青全集》第5卷第308页。

② 艾青:《和平书简——致巴勃罗·聂鲁达》,《文艺报》1952年第18号。

量明显不如对手,但他采用“从内打出”的办法,先迂回到敌人的背后,然后再往外打,令敌人措手不及。后来,中共金萧地区特派员马青秘密潜回,重新组建八大队,威名大振,打了不少胜仗。然而,在此期间,当地的老百姓付出了沉重的代价,很多人都为掩护八大队的战士,或是被敌人残杀后丢入婺江,或是一家连坐,受尽酷刑。

从金华返京后,有一段时间作协的人注意到,与妻子分居的艾青很少下楼来,即使有特别的事下来,也总是紧皱眉头,像是有什么心事。原来,艾青正在苦心构思长诗《藏枪记》。解放之初,出于总结革命历史的需要,叙事诗的创作一时十分兴盛。田间正在把写于 1946 年的长诗《赶车传》加以扩充,使之变成一部横跨中国革命各个时期的宏篇巨制。在小叙事诗《报信姑娘》、《只因我是个青年团员》之后,李季发表了叙事长诗《菊花石》。为了表现地方特色,李季有意利用了南方五句头山歌和盘歌的民歌形式,给人耳目一新的感觉。是像田间那样用大手笔展现浙东地区的革命斗争全貌呢,还是如李季一般围绕一个人物的命运去写?艾青不禁有些头痛,《吴满有》的失败像一道阴影,写自己不甚熟悉的生活,心里毕竟有些发虚。他先设计出一个主写浙东游击队浴血奋战的集体英雄主义的方案,但很快就推翻了。接着,他又想出另一套办法,让主人公杨大妈藏起大儿子、游击队员小虎留下的枪,然后一波三折,先是特务抓走杨大妈,严刑拷打却没有结果。其后又抓走小虎的朋友杨明钢,最后将他折磨至死。到诗的结尾,解放军过江解放了杨大妈的家乡,杨大妈和被藏的枪终于重见天日。思路有了,下面就是怎样去写的问题,受当时诗坛风气的影响,艾青采用的是民歌加自由诗的形式,在诗的开头,他劈头写道:“杨家有个杨大妈,/她的年纪五十八。/身材长得很高大,/浓眉长眼阔嘴巴。”在描写人物之后,是描述人物生活的环境:“杨家是个小村子,/整个村子都姓杨;/村子前面有小溪,/村子后面有山岗……”

《藏枪记》当年秋写就，11 月份，就见于《人民文学》。然而，文艺界对这首诗的反应平平，多数人保持了沉默。这令艾青不免难堪；更令他百思不得其解的是，几年前，在对北平艺专和辅仁大学学生发表的题为《文艺与政治》的讲演中，他自认为是解决了两者在创作中的关系的，他记得当时的话说得非常自信："提到政治两个字，有一些自以为是艺术的圣徒们就会觉得不舒服"，为什么会如此呢？他斩钉截铁地认为，这是因为，"在他们看来，文艺好像是一个圣处女，一接触到政治。就失去了贞操，不纯洁了。"对这种观点，艾青是嗤之以鼻的，他的理由就是，"人人都生活在政治里，就像人人都生活在空气里一样，人们只能自己没有意识到他和空气之间的致命的关系，但是却没有一个人能离开空气生活一天的。"又说，"艺术性和政治性不是相矛盾的东西，而是统一的东西。"①但为什么写出的作品竟这样枯燥、粗糙和缺少诗意呢？自己明明是按照政治与文艺的关系逻辑去努力而为的呀！他后来终于承认，"以民歌体写的叙事长诗《藏枪记》却失败了"。②

然而，不可否认的是，写作长诗《藏枪记》是艾青试图"找回"自己诗人感觉的一次尝试。尽管，结果是不令人满意的，但对独居于东总布胡同二十二号小楼二楼上的艾青而言，写作毕竟不失为人生的一种解脱……

三　结识聂鲁达

对疏于做官、潜心写作的艾青来说，与智利大诗人聂鲁达相识，其意

---

① 《文艺与政治》，《艾青全集》第 5 卷第 466、467 页。

② 艾青：《在汽笛的长鸣声中》。

义也许不下于他与齐白石保持密切的关系。

然而，自聂鲁达 1951 年来访后，艾青与他只是偶尔有书信往来。令艾青吃惊的是，远隔重洋的聂鲁达并没有忘记他。据他回忆："我和聂鲁达的第二次交往是在 1954 年。那年 7 月 12 日是聂鲁达的五十诞辰。不知是谁发起的，利用这个日子，进行一次保卫和平的运动。我得到以智利众议院议长的名义发出的邀请，去到圣地亚哥。同行的还有诗人萧三和当时的中联部副部长赵毅敏，加上翻译陈用仪。"①显然，在确定被邀请人的名单时，聂鲁达是起了作用的。后来艾青得知，这次应邀前往祝寿的诗人中，还有苏联的爱伦堡，捷克的德尔达、库特瓦勒克，色拉圭的埃尔维奥·罗梅罗，阿根廷的奥利维里奥·希隆多、诺拉·朗赫等人，爱伦堡与聂氏要好，自然也是被列为座上宾的。但艾青一行却不那么一帆风顺。他约略记得，因当时太平洋还没有通航，从中国到智利，需绕道欧洲的布拉格、日内瓦、里斯本，南美洲的里约热内卢、布宜诺斯艾利斯，最后才能到目的地圣地亚哥。本来是一天的航程，却坎坎坷坷地飞了八天，因与途经国无外交关系，其中换机、借宿等还受到种种刁难，"有些国家见我们如临大敌"。②

这样的旅行，在艾青眼里肯定是缺乏诗意的，他除了后来在一篇文章中略有追述外，并未加以渲染，甚至不愿意多说。

但艾青在聂鲁达身上感受到的友情，却是深挚、诚恳和极其诗人化的。7 月 12 日那天，当艾青风尘仆仆赶到智利大学祝寿现场时，身体肥胖、眼含微笑的聂鲁达，已经在张开双臂迎接他了。艾青在不久写下的诗《在世界的这一边》里，记下了当时的情形："也不是他乡遇见了故知，/

① 《往事·沉船·友谊——忆智利诗人巴勃罗·聂鲁达》，《艾青全集》第 5 卷第 266 页。

② 《往事·沉船·友谊——忆智利诗人巴勃罗·聂鲁达》。

许多人都从来不曾见面，/但在一种崇高的感情下，/个个都像是久别的爱人。”明眼人一看即知，十余年来，除写些英雄模范人物，艾青很少像这样用超越阶级性的笔触来抒发人类普遍性的情愫，“他乡”、“故知”等字眼或许唤起了他的某种记忆？尤其是他得知聂鲁达因反对政府，几次被迫流亡国外，却仍以深沉的情感怀念自己的祖国，赞美马楚比楚山峰时，这些字眼更注入了他内心深处某些他人无法理喻的内涵。然而，在艾青的眼里，聂鲁达极富魅力的人性，也许比他的诗句更具吸引力：“他在城里的住宅是在一个小花园里。房子有一间喝酒的地方，挂了一个牌子：‘今天不收酒钱，明天可以赊账。’”[①]而这个牌子，深藏的分明也是中国人的幽默和智慧，一种含蓄地与朋友对斟的交友方式。在艾青心里，与友人冬天围着火炉谈天，或是煮酒论诗，原是一种人生的境界，在他也是心仪已久的理想的生活。也许是眼前情景的触动吧，艾青忽然对聂鲁达的收藏癖也大感兴趣起来，他发现，“在木柜子里放满了他收集的奇形怪状的空瓶子。酒吧间有一张大圆桌，桌面用玻璃压住了世界各国有风景的明信片。”来到楼上，在一间专用于收藏的房子里，艾青看见一个收藏“上万只海螺与贝壳的木柜子”，而且，每个收藏品都被细心的主人贴上了标签。[②] 这更让他对聂鲁达生出一种“知音”之感，直到晚年，他还用自嘲的口吻对人说：“我小的时候，喜欢到附近的小河边去拣晶莹的小石块，玲珑透剔的小石块……”，并戏称是“玩物丧志”。[③] 弦外之音，自然是不需说破的。

一个多月后，艾青一行又应聂鲁达之约，到他在海滨的别墅游玩。他后来在一篇文章里记述过对聂鲁达的印象：他“有着外交官的彬彬有

---

① 《我和聂鲁达的交往》，《艾青全集》第5卷第310—311页。

② 《我和聂鲁达的交往》。

③ 《我和聂鲁达的交往》。

礼的风度、诗人的天真的情感和民间歌手的纯朴的品德。他站在别墅门前,就仿佛远洋航轮上的大副。”在另一篇文章里,又用赞羡的语气说:“他的别墅完全像搁浅的船的模样,面临大海,而他也真像一个飘泊在世界上的人。”①聂鲁达在艾青心目中成了某种自由的象征。太平洋的波浪,安达斯山,以及从这里出去飘泊、然后又返回的聂鲁达,突然唤起了艾青内心深处关于流浪生活的回忆。1941 年之前,他多次在文章里谈及“流浪”问题。1937 年冬,他在《忆杭州》一文里称,自己“几度在旅行中经过杭州”,那形迹如同“流亡”;不久,又在《西行》里叙及携妻女从故乡流落武汉时,在途中的种种狼狈情状;1939 年 8 月,艾青避居桂林乡下时,作文《乡居》,对自己及其他战争难民的生活做了不厌其烦的描叙,并戏称自己不过一“房客”而已;紧接着,他在《坠马》中借题发挥,由怜悯战争的弃儿——“死马”起,问及它的“主人”在何方,可谓刻骨铭心。

1940 年夏,在《夏日书简》里,已到重庆北碚育才学校任教的艾青,详细述及乡下的环境,表白道:“我是欢喜这山地的。”他还多次在其他场合谈到,某某年月,“饿是在流浪与监禁中度过的”,诸如此类,都说明他对流浪问题特殊的感受和看法。在艾青关于“流浪”的自白中,是存在着两层语义的:一层说明了他对动荡岁月的切骨的生存感受,充满作为诗人的生命的悲剧感;另一层则暗示了他对“流浪”——这一自由的生命状态的强烈渴望,他之所以一遍又一遍、甚至不厌其烦地重复这个字眼,说明他敏感地意识到,一个诗人、包括他的全部写作,只有处在一种极不安定的环境下,他才有可能洞察生存的本质,并能正确地表述自己的看法。否则,对于一个诗人来说是极可怕的。于是,我们看到,对自己景况的忧虑,在他旅游期间产量很高的诗里面得到连作者也始料未及的“反证”。

① 《我曾经喜欢》,《艾青全集》第 5 卷第 280—283 页。

在圣地亚哥，尤其在瓦尔帕莱索，艾青的写作一发不可收拾。7月24日晚，他作诗，《在智利的海岬上——给巴勃罗·聂鲁达》："巴勃罗的家/在一个海岬上/窗户的外面/是浩森的太平洋/一所出奇的房子/全部用岩石砌成/像小小的碉堡/要把武士囚禁/我们走进了/航海者之家/地上铺满了海螺/也许昨晚有海潮"，艾青问道："是胜利归来的人，/还是战败了逃亡的人？/你是平安的停憩，/还是危险的搁浅？"25日，接着作诗《礁石》。"礁石"的形象含义复杂，一边是"一个浪，一个浪，/无休止地扑过来，/每一个浪都在它脚下/被打成碎末、散开"，另一边则是，"它的脸上和身上/像刀砍过的一样/但它依然站在那里/含着微笑，看着海洋……"就在同一天，作诗《珠贝》，又作诗《海带》，情绪转向低沉，"任风吹太阳晒/心里焦渴地期待/能像往日一样/在水里自由自在/但命运不给它/较好的安排"。28日晚，在聂鲁达五十寿辰纪念会上，当场作诗《给巴勃罗·聂鲁达》，称赞他"太平洋的波浪，/千万年来都一样，/而你的歌声/是我们这时代的波浪。"8月，艾青写下《在智利的纸烟盒上》，令人吃惊地写出"自由神只是一盒纸烟"的句子，他当时是何种心情，亦未可知。9月中旬，艾青的访问行将结束，聂鲁达与他把酒倾谈，然后，又送至机场，艾青在飞机上写下《告别》一诗，字行间充满忧伤，但更触目的则是不知何时再能相见的迷茫："说了一声：'再见。'/不可能许下重聚的日期"。三年之后，艾青在云南与聂鲁达重逢，但据他回忆，回到北京后，一次他正与聂鲁达在那儿闲谈，某位部长突然上楼，向聂鲁达告知艾青被打成右派的消息。迷惑不安的聂鲁达离京时，居然再未见到艾青。聂氏1973年与世长辞，艾青没能与他再见上一面。呜呼，圣地亚哥重新燃起的诗人不切实际的幻想！在晚年，艾青恍然记得自己在重庆北碚"普式庚"的林子里、朗诵过这位不朽的俄国诗人《欧根·奥涅金》中的"献辞"："我不想取悦骄狂的人世，/只希望博得朋友的欣赏。/但愿我能写出更好的诗,/献给你——和你的灵魂一样,/也那么饶美,那么纯真。”……不知他当时是悲是喜,人生的目的究竟是达到了呢,还是终究是一场幻想? 人们已不得而知了。

四　婚变内外

从智利回来不久,乘着旺盛的写作兴头,11月,艾青又与人到浙江舟山群岛体验生活,归来,果然写出比《藏枪记》出色的长篇叙事诗《黑鳗》。据说,有人看中这部长诗,想把它搬上银幕,但因反右作罢。

转眼又到了第二年春天。韦荧突然向艾青提出离婚。两人已分居五年,1950年艾青提出离婚时,北京市中级法院判决离婚,但韦荧不服,提出上诉,最后,最高人民法院驳回中级法院的判决。一场长达二十二年、马拉松式的法律诉讼开始了。1955年5月2日,经艾青与韦荧双方同意,由法院协议离婚。然而,双方因子女抚养费问题引起的纠葛,却刚刚开头。

据韦荧说,她和艾青感情破裂的主要诱因是她要出去工作,而艾青反对她工作。早在延安时期,两人就为此事大吵过,因当时孩子还小,事情被淡化了。进城后,她再次向周扬提出工作要求,被分配到《工人日报》做记者,后来一度到《人民文学》工作。出于对她的不放心,艾青甚至雇过三轮车,跟在她的后头。所以,两人的矛盾愈来愈尖锐,终至无法挽回。①

又据艾青夫人高瑛说,在延安时期,韦荧就向艾青提出过离婚。进城后,她去《工人日报》工作,有时几天不回家。有一次,艾青去报社找

① 据韦荧1996年4月10—28日在北京三里河寓所的谈话。

她，她闭门不出。结果，艾青在马路上“晾”了许久，回来自嘲是“马路上站着的油桶”。气愤之极，可以想象。①

感情也许是人世间最复杂、最难以辨清的人生难题，我们除把当事者的零星回忆作为某种依据之外，不可能再有所作为。问题是，两人之间婚姻的形式虽已不复存在，但围绕子女抚养问题展开的冲突却愈演愈烈，给双方带来极大的痛苦。艾青小妹蒋希宁回忆说，艾青当时有四个子女，按照协议，老大艾清明、老二艾端午、老三艾圭圭判给艾青，老四艾梅梅判给韦荧。艾青1957年被划为右派后，三个孩子去了天津，回到韦荧身边，但仍由艾青抚养。艾青不愿再见韦荧，所以一切均由中间人江丰调节、传递。艾青在银行存了一万元，每年的利息七百元作为孩子的抚养费，每年的5月份由韦荧来取，一直到满十八周岁为止。这笔钱先由姐姐蒋希华掌管，她调外地工作后，由我掌管。然而，双方围绕抚养费增加问题的争论却旷日持久，以至发展到几次对簿公堂的地步。② 据现查到的“北京市中级人民法院民事判决——(57)中民婚字第1352号”文件：

原告：韦荧，女，三十五岁，江苏常州人。住天津新华南路263号，写作。

被告：艾青，男，四十七岁，浙江金华人。住东单豆腐巷9号，写作。

本院于1958年1月20日由审判员高燕生担任审判长和人民陪审员王华禄、许晋卿组成审判庭。书记员赵占元担任记

① 据艾青夫人高瑛1997年6月25日在北京东四十三条九十七号寓所的谈话。

② 据蒋希宁褒士和丈夫吉如山先生1996年6月12日，在北京西单背阴胡同二十八号寓所的谈话。

录。在审判庭公开审理原告人韦荧诉被告人艾青子女抚养一案。

本案业经本院审理完结,现查明:

双方于1955年5月2日在最高人民法院和解自愿离婚,对所生四个小孩的处理略为:"幼女艾梅梅归女方抚养,男方负责生活教育费用三十元,至大学毕业能够自立为止。艾梅梅因病医疗费用,可按医院单据由男方给付。在艾梅梅进初中以前,男方每月另付保姆费二十五元。大女艾清明、大儿艾端午、次儿艾圭圭归男方抚养。全部费用由男方负担,直至大学毕业能够自立为止。另外,每月由男方交给女方三十元,作为女方在假期内照料两个男孩生活补助费用。上列应由男方给付女方的一切费用,每年5月份一次交清。"1957年8月间,女方以男方1957年5月份应给付之假期照料孩子生活补助费每月三十元拖延给付,并请求艾端午、艾清明、艾圭圭归自己抚养,起诉到院。男方以女方自1956年12月份去天津后并未每周接看孩子,因情况变化不同意再行给付。

1957年11月26日双方在调查庭上对子女抚养问题曾达成协议,后因女方提出新意见:一、小孩抚养费不够,并要求男方对给付抚养费应负一定保障;二、男方负担之保姆费应为每月四十元,期限应行延长;三、小孩意见要求带走单人床,书架等家具。经询男方表示不同意。因此,本案除双方同意的(一)双方所生四个小孩均由女方抚养;(二)男方欠付女方1957年度在假期照料两个男孩的生活补助费三百六十元,女方自愿放弃。(三)小孩赴京看望男方的路费由女方负担,返回的路费由男方负担。(四)如艾清明等三小孩1957年第二学期不能向天津转学，仍在京上学，费用负担仍按最高人民法院1955年民上二字第893号调解内容履行。但其中女方假期照料小孩费用每月三十元及艾梅梅医药费用，男方不再负担。另外，小孩如到天津看望女方来往路费，双方负担。如能按时转学，男方自小孩赴津之日起先付至1958年5月12日的抚养费，以便今后与艾梅梅的抚养费统一自5月12日给付，每年一次付清。（五）男方负担小孩的抚养费至小孩大学毕业为止。如小孩因某些情况在大学毕业前暂时工作，在此期间男方停付抚养费等五项外，应行解决的问题，则是女方以上提出的几点请求。

经本院公开审理及调查结果，本院认为：

一、父母对子女均有抚养义务，根据男方每月同意负担艾清明、艾端午、艾圭圭三人抚养费各二十七元及艾梅梅抚养费三十元，共计一百一十一元，按一般生活水平是较高的，况女方每月工资百元左右，即使男方所付抚养费偶有不足，女方是有责任也是有能力负担的，女方过高要求不能准许。保姆费问题，女方既要求抚养孩子，男方也给付一定抚养费，保姆费用理应由女方自行解决，男方既同意每月负担保姆费二十五元，至艾梅梅进入初中前停止，对女方已尽照顾，因此，女方要求保姆费每月四十元，期限延长至二男孩大学毕业，显无道理。

二、关于女方提出小孩应带走的东西，经查大部分为男方家中陈设之家具，并非小孩的东西。女方既抚养孩子，家具问题自应设法解决。小孩应带走的东西，应包括小孩衣服被褥、书籍及男方为小孩购买之物等。

三、男方现有自住房屋一所，及三万元银行存款，为使子女今后生活不至因男女双方任何一方经济情况的变化，而受到影响，女方提出将男方现有银行存款划出一部分保障执行，并无不当。

据此，判决如下：

1. 双方所生四个小孩均归女方抚养，男方每月负担抚养费共一百一十一元(计艾梅梅三十元，艾清明等三人各二十七元)，另外负担保姆费二十五元(艾梅梅进入初中前停付)小孩衣服(衣服、书籍、被褥及男方给小孩买的东西)小孩带走。

2. 上述双方同意的五项内容，应予准许。

3. 为了保障孩子生活，艾青应提出一万元存款，由双方出名另立储蓄户头，在艾青履行抚养义务期间，不得擅自提取本金，只能支付利息。如不服本判决，得于收到判决后十日内，提出上诉状，上诉于北京市高级人民法院。

审判员　高燕生

人民陪审员王华禄

1958年2月11日

书记员　赵占元

岁月的流逝可以冲淡记忆，却丝毫不能减轻人的痛苦。就在艾青、韦荧离婚三年后，艾青被打成右派，全家迁至东北，然而，两人的官司却没有罢休的迹象。让我们把镜头推向1959年秋的某个下午，北京市高级人民法院的判决书写道：

申诉人韦荧为不服北京市中级人民法院(57)中民婚字1352号判决，提出申诉，主要理由是：为保障子女生活不受影响及避免每年交付上的麻烦，要求艾青将四个小孩抚养费按照原判决规定的数目，均计算到每个小孩十八岁为止，一次付清。经函讯艾青意见称：对方的意见我决不能同意。自中级法院判决后情况已发生了极大变化，除自房一所已由农垦部代管，现在之工资亦全部捐给农场外；又于1958年12月由原有之三万元存款内捐献给八五二农场购买机器五千元，同年买公债四千元，1959年买公债三百元，还得负责五口人生活费用，再除去已付小孩抚养费用，即所存无几，请求法院根据目前经济情况重新考虑中级法院判决。

经本院审查全部宗卷，认为原审法院判决既考虑到艾青负担能力，也照顾到子女长远利益，同时判决后艾青已基本按期交付了子女生活费用。并未因拖延使子女生活受到影响，故韦荧坚持一次付清之理由不足。再查艾青自判决后经济情况虽有所变化，但并未变化到无力支付之程度，至于对农场的一切捐献表现了对社会主义建设积极支援的精神是好的，但这应量力而为，不能借此而降低子女生活费用，故艾青变更原判之请求亦不予采纳……

这份题名为“北京市高级人民法院民事裁定1959年民申字第7号”的判决书，是在被告艾青未到场的情况下签发的。这时，艾青在距北京千里之外的黑龙江省八五二农场劳动，收到这份判决书，不知该做何感想。韦荧当时在天津作协工作，暂住天津大理道一百二十四号，带着四个未成年的孩子艰辛度日。两人的景况，都非刚进城时可比，充满坎坷应是最贴切的比喻。

1975年5月，艾青“经上级批准到北京医治眼疾”，暂居西四背阴胡同二十八号的妹妹蒋希宁家，来往协和医院治疗眼疾。艾青深深感到了手中的拮据,不明实情的老朋友的责怪,更加剧了他内心的冤屈。[①] 四个孩子都已成年,法院判决存在银行的一万元抚养费本金,从道理上讲,应该归自己所有。为了生存,年过花甲的艾青不得不拖着病残之躯,为自己愤然抗争了。6 月 21 日,艾青在背阴胡同断断续续地写出《关于四个孩子抚养费问题的说明》,之后,把这份状子递至北京市中级人民法院。全文抄录如下:

一、1955 年春天,女方(韦荧)向男方(艾青)提出:"我同意和你离婚"。同年 5 月 2 日,经最高人民法院和解自愿离婚。

当时规定:"幼女艾梅梅归女方抚养,男方每月负担生活教育费三十元,至大学毕业能够自立为止……另付保姆费二十五元……每月由男方交给女方三十元作为假期内照料两个男孩生活补助费用。"

同时规定所有费用每年五月一次付清。

从 1955 年 5 月至 1957 年 5 月,三年期间,仅幼女一人,男方共付出三千零八十元。

除此之外,男方还须抚养三个孩子。

当时,女方每月工资百元左右,而男方则靠稿费,收入不固定,住房和家具都是公家的。

1956 年 12 月,女方调到天津,把幼女带走。

1957 年 5 月,男方交付第三年度的抚养费时,考虑到两个男孩已有半年没有到天津,自动停付所谓"假期内照料两个男

① 据高瑛回忆,艾青此次返京求医,文艺界的一些旧日朋友因不知实情,纷纷责备艾青置韦荧抚养的四个子女于不顾,使他非常痛苦,也感到十分冤屈,有百口难辩之感。

孩生活补助费用”，女方即以此为理由，于同年 8 月提出申诉，并要求将另外三个孩子也归她抚养。同年 11 月 26 日，在北京市中级法院调查庭上达成协议：三个小孩归女方抚养，男方交付每人每月各二十七元抚养费，一年一次付清。连同艾梅梅的抚养费每年共计一千六百三十二元。

不久，女方又提出申诉(大意)：1. 抚养费应增加，而且要有保障执行的保证金；2. 保姆费应增加到每月四十元，期限延长到两个男孩大学毕业为止；3. 要家具。

1958 年 2 月 11 日，北京市中级法院(57)中民婚字 1352 号判决(大意)：1. 抚养费共计每月一百一十一元，按一般生活水平是比较高的……对女方过高要求不能准许；2. 保姆费二十五元到艾梅梅进入初中前停止，对女方已经照顾，增加保姆费及延长期限，显无道理；3. 为了保障孩子生活，艾青应提出一万元存款，由双方出名另立储蓄户头，在艾青履行抚养义务期间，不得擅自提取本金，只能支取利息。同时规定“凭双方印鉴支取”字样，作为约束(注：从 1956 年至 1957 年期间，男方与出版社签订了几份出版合同，增加了稿费收入，有三万余元银行存款，所以女方即提出要有保证金)。一目了然，这一万元是男方的存款，它的作用仅仅是作为男方履行抚养义务的保证；不言而喻，在男方完成履行抚养义务之后，应即解除“凭双方印鉴支取”的约束，由男方单独提取本金和利息。(事实上，每年换存款单时，均由男方支取利息)这个存款的所有权属于男方。

1959 年 4 月，当时风闻将要实行供给制。

女方进一步提出申诉：“要求艾青将四个孩子抚养费按照判决规定的数目，均计算到每个小孩十八岁为止，一次付清。”

显而易见,女方想夺取那作为保证金的一方完存款,免得受到实行供给制的影响,而且可以每年支取一笔利息。

同年9月15日,北京市高级人民法院判决:“本院认为北京市中级人民法院(57)中民婚字1352号判决正确,应予维持,申诉无理,均予驳回。”

二、按最高人民法院1955年民上二字第893号调解(五)规定:“男方负担小孩的抚养费至小孩大学毕业为止。”

同时也规定:“如小孩因某些情况在大学毕业前暂时参加工作,在此期间男方停付抚养费。”

从男女双方自愿离婚以来,男方历年为四个孩子所付的抚养费如下:从1955年5月至1959年5月,付艾梅梅的抚养费共3080元;从1958年5月至1963年5月,付四个孩子的抚养费共8150元;从1963年5月至1964年5月,付由个孩子的抚养费共1322元;(停付保姆费)从1964年5月至1968年5月,付艾圭圭、艾梅梅二人抚养费共2736元;(清明于1963年毕业,从1964年停付抚养费)全部加在一起,男方共付抚养费15288元!

提出一万元作为保证金是1958年2月决定的,从1958年5月至1968年5月,十年期间,男方共付出抚养费12378元,这不是远远超过作为保证金的一万元吗?

(注:从1955年5月至1958年5月,本来只付艾梅梅一人的抚养费,另外三个孩子和男方一同生活;但是,从1957年8月开始,另外三个孩子也归女方抚养了,这段时间的抚养费是另外交付的,约810元,没有算进去。)

三、按法律规定,男方所交付的抚养费全部超过了。

最高人民法院1955年民上二字第893号调解(五)规定中说:"如小孩因某些情况在大学毕业前暂时参加工作,在此期间男方停付抚养费。"北京市中级人民法院(57)中民婚字第1352号判决中说:"父母对子女均有抚养义务。""况女方每月工资百元左右,即使男方所付抚养费偶有不足,女方是有责任也是有能力负担的。"

根据上面所说的两条来检查:艾端午1963年在新疆参加工作,而抚养费已付到1964年,多付了一年的抚养费324元;艾清明1963年参加工作,而抚养费已付到1964年,多付了一年的抚养费324元;艾圭圭1966年参加工作,而抚养费已付到1968年,多付了两年的抚养费648元。

合计共多付1296元,女方保持沉默。

再从"父母对子女均有抚养义务"来检查,从来都把四个孩子的抚养义务完全压在男方一人肩上不必说了,还要提什么"保姆费"、"假期照料费"等等,好像女方是一个家庭妇女、既无责任亦无能力负担抚养义务的;而随时都可以提出什么"抚养费不够"、"保姆费要增加"、"保姆的期限要延长到两个男孩大学毕业为止"等等。至于女方有没有雇保姆、雇了保姆是否为艾梅梅干活之类,男方是无权过问的。多少年来,女方亦从未向男方提供抚养费的收据以及对子女支付抚养费的清单;甚至教唆子女口口声声要和男方"划清界线(限)"。

当然,所有的钱如何处理,女方心里是清楚的。

假如再按1959年女方自己提出的:"四个孩子的抚养费按照原判决规定的数目,均计算到每个小孩十八岁为止一次付清"的标准,从孩子们的年龄来检查:艾清明1960年满十八岁,而抚养费付到1964年;艾端午1963年满十八岁,而抚养费付到1964年;艾圭圭1965年满十八岁,而抚养费付到1968年;艾梅梅1968年2月满十八岁,而抚养费付到1968年5月。

四个孩子都超过了十八岁的期限。

假如再根据同一要求,从金额上来检查:从1958年5月至1959年5月的抚养费已付。

从1959年5月开始算——艾清明还需付二年,共648元;艾端午还需付五年,共1220元;艾圭圭还需付七年,共2268元;艾梅梅还需付十年,共6600元(因她每年是660元的标准)。

假如按照女方的要求,男方须于1959年5月算起,一次付出11036元!如再加上1958年5月已付的1632元,共计12668元。

这个数字,比作为保证金的一万元,虽多出2668元,但是它比男方历年所付的抚养费的总额15288元,却还少2620元!

当然,一次付清12668元,存入银行,每年有一笔利息,同时还可以避免实行供给制的影响。女方是考虑得很周到的。

四、关于上大学的问题。女方历次提出抚养期限,法院也同意:“至大学毕业能够自立为止。”女方甚至提出连保姆费也要“延长到两个男孩大学毕业为止”。但是,这只能当作主观愿望。众所周知,能不能上大学不是由谁自己决定的,也不能设想所有的学生都必须到大学毕业。

艾端午1963年到新疆,当时他十八岁,劝他上学,他不愿意,说上初中岁数太大,上高中功课撵不上。只好参加工作,每月工资38.90元归他自己处理。听说他现在西安某厂当工人;

在我身边，我爱人和她前夫所生的两个孩子，都是十七岁就参加工作。另外还有和我所生的孩子，一个十八岁，在念高中一年级，一个十三岁，在念小学五年级，将来能否上大学，谁知道？凡是参加工作的，都应该是“能够自立”的人，也是“有社会主义觉悟的有文化的劳动者”。

五、如上所述，男方对前妻所生的四个孩子的抚养费截止1968年5月(注:1967年，我在下放中——从1966年下半年即开始——领取每人才15元标准的生活费，已无力支付艾圭圭和艾梅梅二人的抚养费，只得从那一万元的保证金中扣去从1967年5月至1968年5月的最后一个年度的抚养费。即使这样，也并没有延误抚养费交付的日期——可以从存款单存入日期1967年5月19日为证)。

从1968年5月至今已七年，而没有换存款单、没有支取利息已八年。时至今日，男女双方自愿离婚已二十年之后，男方完成抚养义务已七年，女方却想利用“凭双方印鉴支取”作为要挟，进行刁难，这不但对男方是欺人太甚的行为，同时也是对历年各级法院所作的判决的全盘否定。兹特向贵院提出要求：迅速解决拖延已久的悬案，正式下一通知，由本人提取作为保证金的本金与利息。不胜感激之至！

艾青1975年6月21日于北京

另附：存款在北京市东城区闹市口储蓄所账号：23784，户名：艾青，存入日期：1967年5月19日(即最后一次交付到1968年5月的抚养费)①

---

① 艾青亲笔所写《关于四个孩子抚养费问题的说明》。

两个月后，即1975年8月26日，北京市中级法院回函拒绝了艾青的申诉，表示“关于你们离婚后的子女抚养及财产纠纷问题，北京市高级人民法院于1959年以(59)民申字第七号裁定处理……故本院不予受理。”[①]然而，事隔一年半之后，1977年3月4日，已搬至西四锦什坊王府仓四号、因病滞留北京未归新疆的艾青，突然收到北京市中级法院(76)中民字第347号民事裁定书，对一万元存款归属问题进行了重新“裁定”，声称：“艾青、韦荧共同存于北京站储蓄所八千七百八十元，除二千元归子女(由韦荧代领)外，其余本金及利息归艾青所有。”[②]至此，长达四分之一世纪之久的经济官司，总算在艾青和韦荧之间划了句号。

抄完这些冗长的文件和艾青亲笔手稿，我们默然了……艾青、韦荧夫妻一场，离异不算稀奇，但对簿公堂二十二年，在旁观者看来，简直难以置信。据一位知情者回忆：“1948年，我到河北正定县找艾青，当时任华北大学文艺学院副院长的他，就住在县城一个天主教堂里。那天，正好碰见韦荧在院子里补一床千疮百孔的破棉絮，艾青在一边帮忙，看得出来，他们生活虽清苦，但感情是很好的。将近半个世纪过去，但那一幕怎么也忘不掉。”[③]韦荧曾说：“我们这个家庭是很不幸的……”[④]直到1987年冬，艾青还在为一部有关他的书写的“序”里，以一种决不原谅的口气说：“凡是我走过的路，做过的事，都可以写，包括我的缺点和错误，我是无所顾忌的。要尊重历史。我发现有的人居然在为自己编造历史，甚至篡改历史。这是愚蠢和不明智的。假如在做人上多用些精力，要比

---

① 北京市高级人民法院1959年(59)民申字裁决书。

② 北京市中级法院1976年民字第347号裁定书。

③ 据牛汉1996年3月6号回忆。

④ 据韦荧1996年4月10—28日回忆。

编造‘辉煌’的历史更有意义。”①

当我们的目光重新回到 1955 年春天，心情难免显得沉重和复杂。这里难说有是非曲直，假如人们从男方、或调一个角度从女方的处境去想，大概只能说，这是个性与个性之间没有胜局的冲突，是人不可解脱的悲剧。俗话说，夫妻反目为仇，形同路人，有时，甚至不如路人。艾青和韦荧都未能逃脱传统思维方式对人的宿命性制约，不同的个性本可以相互补充，却变成了不能相容，你死我活，而且无以休止。艾青生前曾说，他至死不见韦荧，最后竟成事实。

呜呼，悲哉！

五　受难的日子

就在艾青家庭发生变故的前后，一场有步骤的改造知识分子思想的运动开始了。

这年 1 月 20 日，中共中央宣传部向中央提出《关于开展批判胡风思想的报告》。报告认为：“胡风的文艺思想，是彻头彻尾资产阶级唯心论的，是反党反人民的文艺思想”，“他的这种思想代表反动的资产阶级思想”。报告要求对胡风的文艺思想进行公开的批判。去年 7 月，艾青风闻胡风向中央递交了《关于几年来文艺实践情况的报告》（即“三十万言书”）。凭他对胡风性格的了解，也凭他的感觉，深知这事凶多吉少。但此事酿成如此滔天大祸，却万万没有想到。他密切注视着《人民日报》的动向，一颗心不禁为老友悬着。在那个变幻无定的年头，《人民日报》是政治的晴雨表，一旦由它做出结论，就再无挽回的可能。更令他惊愕的

① 《序〈艾青的跋涉〉》，《艾青全集》第 3 卷第 669 页。

是,5 月 13 日,《人民日报》公开发表《关于胡风反革命集团的一些材料》,把胡风定性为"反革命集团"之首;五天之后,又经全国人民代表大会常委会批准,将胡风逮捕,同时撤销他担任的一切社会职务;6 月,《人民日报》接着发表第二批、第三批胡风"反革命集团"的材料,并有舒芜反戈一击的文章及胡风致他的若干私人信件……

然而,事情绝不会到胡风这里为止。

1955 年 8、9 月份,中国作协揭出的"丁、陈反党集团"成为牵连到艾青的一根导火线。因为延安文抗那段"历史",周扬把艾青列为丁玲那边的人。批丁玲、陈企霞因《文艺报》"压制李希凡、蓝翎等小人物"引起,同年 4 月,陈企霞写信给党中央负责同志,要求改变对《文艺报》的武断结论,结果受到进一步的批判。入夏后,中国作协奉命连续举行十六次扩大会议,最后一致认定丁、陈二人"反党",具体表现是:"一、拒绝党的领导和监督,违抗党的方针、政策和指示;二、违反党的原则,进行感情拉拢,以扩大反党小集团的势力;三、玩弄两面派手法,挑拨离间,破坏党的团结;四、提倡个人崇拜,散播资产阶级个人主义思想。"[①]批"丁、陈"由周扬亲自指挥,结论中所谓"进行感情拉拢,以扩大反党小集团的势力"的说法,显然有文外之意,影射丁玲与艾青的关系。据知情人说,解放以后,艾青与丁玲的关系实际上已比较疏远。艾青对丁玲获斯大林文学奖的长篇小说《太阳照在桑干河上》颇有微辞,私下还有所嘲笑,曾模仿丁的声调朗诵其中的某些章节,然后大笑不止。[②] 然而,艾青对这种完全不容对方辩驳的批判方式是不满的,他想到了延安整风时的某些流弊。当然,对周扬等人的作风更为光火。于是,不免有些为丁、陈"打抱

---

① 据韦荧 1996 年 4 月 10—28 日回忆。

② 据韦荧 1996 年 4 月 10—28 日回忆。

不平”。有一段时间，艾青与李又然、朱丹常在一起喝酒，都是学美术出身，不免有点艺术家放纵不羁的气质，酒一喝多，话题自然扯到文艺界，认为“作协有两帮人，一帮总是被整的，一帮总是整人的”。一次，作协支部开会批判丁玲，周立波发言时盛气凌人，而且无限上纲，令在座的人悚然。艾青忍不住说，你周立波不要永远像一个共青团员的样子，一贯正确，比谁都革命。把周立波呛得一句话也说不出来。周立波乃周扬侄儿，这话自然传到了周扬耳中。据当时任作协机关总支书记的黎辛回忆，作协的整风是按三个阶段进行的，第一个阶段是整丁玲、陈企霞，第二个阶段整冯雪峰，第三个阶段则是整艾青、白朗、李又然等人。艾青显然没有觉察到这种山雨欲来的政治气候，他性情高傲，也没有太把作协这些人放在眼里。[①] 也许，这正是艾青的迂腐之处！

4 月 28 日，想借助党外人士帮助党内整风的毛泽东，以其诗人的浪漫在中共中央政治局扩大会议上说：讲学术，这种学术可以，那种学术也可以，不要拿一种学术压倒一切，“百花齐放，百家争鸣”，这应该成为我们的方针，艺术问题上百花齐放，学术问题上百家争鸣。他还说，现在春天来了嘛，一百种花都可以开放，不要只让几种花开放，还有几种花不让它开放，这就叫百花齐放。百家争鸣是诸子百家，春秋战国时代，两千年前那个时候，有许多学说，大家自由争论，现在也需要这个。在中华人民共和国宪法之内，各种学术思想，正确的错误的，让他们去说，不干涉他们。有那么多的学说，那么多的自然科学，就是社会科学，这一派，那一派，让他们去说，在刊物上，报纸上可以说各种意见。5 月 2 日，毛泽东在最高国务会议上正式宣布了“百花齐放，百家争鸣”的方针。不久，艾青听说，历史学家周谷城发表的一篇文章受到许多人的围攻，周立即著

---

① 据黎辛 1997 年 4 月 17 日回忆。

文为自己辩驳。周刚开始还有些顾虑,后来毛泽东在上海请他作客,并一起讨论了该文,又让周谷城大感欣悦。一向敏感的郭沫若特地为一百种花卉作诗,结集《百花集》出版。这些消息无疑让艾青受到了鼓舞。自胡风被批判后,他心里一直憋着气,对周扬、夏衍、林默涵、何其芳、刘自羽等人飞扬跋扈的态度尤其不满。不久,他连续作散文四篇,发泄这种不满。在《画鸟的猎人》一文里,他借猎人与假猎人之间的对话,尖刻地讥讽了文艺界某些以"整人"为业的人,打飞行中的鸟不成,就打纸上的鸟,还嫌不过瘾,干脆把纸挂在树上,随便打一枪,然后在中枪处画一只鸟。在他看来,整人变成了一个行当,一种职业,"人必须有一技之长,在许多职业里面,我所选中的是打猎。"所指再明显不过。接着,又作《偶像的话》。与前文相比,后者笔锋愈加犀利,人们塑造了"偶像",但又畏惧之,倒是偶像自己说出了一番令人惊醒的话来:"众生啊,你们做的是多么可笑的事!你们以自己的模型创造了我,把我加以扩大,想从我身上发生一种威力,借以镇压你们不安定的精神。而我却害怕你们。我敢相信:你们之所以要创造我,完全是因为你们缺乏自信——请看吧,我比之你们能多些什么呢?而我却没有你们自己所具备的。你们假如更大胆些,把我捣碎了,从我的胸廓里是流不出一滴血来的。当然,我也知道,你们之创造我也是一种大胆的行为,因为你们尝试着要我成为一个同谋者,让我和你们一起,能欺骗更软弱的那些人。"《养花人的梦》是应和"双百"方针所作,文字风格上多少有些鲁迅散文诗《野草》影响的痕迹,只是有点晦涩,却没有太多的沉痛罢了。末尾倒不乏尖刺,诸如:"花本身是有意志的,而开放正是她们的权力",又如,"我自己也越来越觉得世界太狭窄了。没有比较,就会使许多概念都模糊起来",等等。另一篇《蝉的歌》,语多涉及人格的异化,"蝉"整天唱着"同一的曲子"居然毫无察觉。写到这里,艾青不由为自己一段时间缺乏风格的写作大发感慨了,但他又不禁借蝉之口为个人辩护:“不,人们说我能在同一的曲子里表达不同的情绪。”然而,痛苦究竟是痛苦的,它甚至于无从说起,艾青的“牢骚”除了可以得一时之快,大约是改变不了任何现状的。

事情的发展甚至出乎艾青的意料。1955 年春、夏之间,因离婚而在东总布胡同二十二号楼上“蜗居”的艾青,认识了后来的妻子、当时是作协人事科干部的高瑛。他不久获知,高瑛系 1933 年 8 月生人,祖籍山东龙口,九岁时,随父母闯关东迁居佳木斯。她十五岁考入松江省鲁艺文工团,任舞蹈演员。这年 5 月,她又随丈夫谭谊调入中国作协,谭被安排在组联办公室任科长,高瑛则去了人事科。据高瑛说,她认识艾青是很偶然的。批判胡风后,有很多文件要及时递送,作协就抽了几个人负责为艾青及其他作协支部的人送文件,她是“被抽”的几个人之一。当时,已是初夏,天气挺热,有时忙,她索性就与其他人住在作协。一次,艾青在晚饭后外出,有人问:“艾青同志,你上哪儿呀?”艾青回答:“审查电影去。”他当时是中央电影审查委员会成员,那天要去审查的是印度影片《流浪者》。几个人就起哄:“艾青同志,能不能带我们去呀?”回答是:“当然可以。”于是,她和他从此就熟悉了。又据她说,后来,我和艾青产生感情,与我无爱的婚姻有关。凭良心说,谭谊是个老实人,也不失为一个好干部,组织观念强,为人比较朴实,但很难说是一个好丈夫。我和他虽然已有两个孩子,作为妻子,却很少感受到他的体贴,更不要说爱情了。对此,我是很痛苦的……[①]但事情很快就“败露”了。先是高瑛把实情告诉了谭谊,当时作协负责人刘白羽知道后,让谭到北京市中级法院告艾青、高瑛重婚罪;接着高瑛被隔离审查,作协秘书长张僖代表组织找艾青谈话,表示事情比较严重,让他作好受处分的准备。据当时作协机关总支

---

① 据高瑛 1997 年 4 月 29 日回忆。

书记黎辛回忆,当时的事态是比较严重的,作协负责同志在商量处分意见时,不少人力主开除艾青的党籍。因我是机关总支书记,需要我拿意见,我主张给留党察看的处分,当时双方有争论,没办法,只好报请上级最后决定。就在等上面"决定"的日子里,艾青非常紧张,看上去,精神也垮了。一天傍晚,我正在吃饭,艾青突然来找我,我感到愕然,但并不意外。让他坐,他停了半晌才坐下来,一边不停地说,我在延安时的情况你了解,看人要看长远。眼睛里已满是泪水。我劝了他半天,他才回去。当时在东总布胡同二十二号,他的处境是可想而知的。张天翼还悄悄问过艾青的情况,口气里虽有关心之意,却不敢明说。艾芜因为刚入党,更怕沾上自己。我散步经过他家门口,他坐在里面不敢出来。[①]

上级按作协机关总支的意见,给了艾青一个留党察看的处分。法院那边却不那么"领情",判了艾青、高瑛重婚罪,刑期一年,每人半年,监外执行。这边刘白羽还不放手,勒令艾青从二楼搬到院里的平房去住。过了一段,艾青用五千元买下北京火车站对面丰收胡同二十一号,一处四合院,与婚后的高瑛搬了过去。为此,艾青不无苦涩地揶揄说:"刘白羽想把我扫地出门,未想还成全了我,送给我一个自家的院子。"

然而,留在心上的一道阴影,艾青是再也抹不去了。1956 年,在"大鸣、大放、大辩论"的口号下,一些地方的学生和教授帮助中共整风,说话过激。在高楼深院的中国科学院,也传出诸多尖锐意见:罗常培指责"重理轻文,社科规划无人管";袁翰青抱怨"分工太细";傅承义认为"上下不通气,党内外有墙,领导接触少";傅鹰索性说,"学委是橡皮图章";吴正之讲"新党员有特权思想";童第周感到"共产党不近人情";副院长陶孟和认为旧知识分子未尽其用;竺可桢也提出,"向科学进军必须实事求

① 据黎辛 1997 年 4 月 17 日回忆。

是，不能从主观愿望出发”，特别对50年代初“全盘苏化”，以及共产党的会多等提出了批评。[①] 据说，对教授、学生们的“牢骚”，毛泽东起初是大度的。范瑞君的文章《我的蜜月・我的丈夫》在《解放日报》发表之后，受到二百余封来信的指责，罪名是有“小资风味”，毛泽东闻讯幽默地对人说，不能让每篇文章都讲上甘岭嘛。上述风习对作协创作委员会诗歌组想“帮助”艾青的人，无疑是一种鼓励。在一次讨论艾青创作的会议上，臧克家发言说：“对艾青的诗我有一些意见。我对他的诗一向是估价很高的，但是他解放以后写的许多诗，我觉得主题的积极性和时代精神相去较远。我知道艾青写诗很慎重，不轻易拿出来发表，但也应该拿出高度的政治热情迅速反映时代的变化。”《藏枪记》、《黑鳗》和《双尖山》之所以未给人留下深刻印象，原因“还是思想感情的问题”，“他对新事物的感觉和心爱，没有他过去对旧社会的憎恨、对光明未来的追求那么强烈和敏锐。”严辰认为，《双尖山》的“思想感情是陈旧的”。吕剑则以为是他“政治热情不饱满”所造成的。刚刚冒尖的青年诗人邵燕祥说话就不讲客气了，他说：“在艾青近年的诗作中，仍然使人听到他过去诗作中的旧的腔调。”曾是艾青学生、以后以写政治抒情诗闻名的郭小川，虽不像前面几个人那样“不留余地”，但还是指出，“对人民常常只限于同情”，多半是艾青写作的一个局限。[②] 在50年代，认为你和旧时代“藕断丝连”，“思想感情陈旧”，无异于一种政治性的“判决”。这次会议对艾青的打击，尤其是对他心灵的挫伤，是可以料知的。1956年整整一年，艾青写作不辍，应该算是多产，但作品明显分成了两类：表现时代、显然又力不从心的诗作，不时见于报端，如《马头琴》、《女司机》、《官厅水库》等；另外是一

---

① 《反右中的竺可桢》，《华人文化世界》1997年4期。

② 《沸腾的生活和诗》，《文艺报》1956年2月3期。

些借景咏怀之作，折射出他不寻常的心情。一朵路旁的小兰花，给了他异常的触动："小小的兰花/比秋天的晴空还蓝/比蓝宝石还蓝/小小的兰花/是山野的微笑/寂寞而又深情。"在诸多诗学文章里，艾青坚持认为，诗歌的色调实际是诗人生命色调的一种无形的"流露"。不妨说，诗作里这令人无法忍受的蓝色，透出的实在是作者内心深刻的寂寞，一种难有"知音"的伤悲。不久，他又"移情"于对人世浑然无知的小牛犊。这年8月，他与萧乾、吕剑到内蒙古"深入生活"，在天高地阔的草原上，他对似乎与草原、天地融为一体的小牛犊，突然生出了一种怜悯之心："小牛犊儿多调皮/慢慢地走在公路上/汽车喇叭在后面催/它却一点也不慌张/它天真地仰起了头/流露出新奇的眼光/是从哪儿来的客人/到了这草原的牧场"，或者不如说，这是借小牛怜悯自己的处境罢，从诗句深处，不免有一丝彻骨的凉意向人袭来。牛的无知，难道不正反衬出人间的险恶吗？紧接着，又作短诗《长城》，直接透露出夹带着酸辛的沧桑感来："原是古代的边墙/经受了千年风霜/听不见塞北的笳笛/却记得往日的战场。"后来，他在一次座谈会上又针对自己解放后想象力的减退，不无苦涩地表示："那时候，早晨醒来，脑子上像沾满露水，现在有时像是一块柚子皮。"①

不过，艾青绝对没有料到，等着他的将是一场更猛烈的暴风雨。

转眼到了1957年春。1月18日到27日，中共中央召开各省、自治区和直辖市党委书记会议，议题主要是两个：一为农村问题和经济问题，一为思想动向问题。一些地方虽已有"闹事"情况，但因为"思想动向"是作为其中一个问题提出的，故未强调到非常突出的地步。毛泽东在会上讲，1956年是多事的一年。有些地方学生闹事，一些教授中也有各种怪

① 据高瑛1997年4月27日谈话。

议论，党内少数人动摇，但绝大多数干部是正常的，农村和城市的政策是正确的，全国大乱子闹不起来。他说，对于大民主，第一是不怕，第二是要加以分析。对于闹事，要分几种情况处理：闹得不对的，要驳回去；有对有不对的，对的部分接受，不对的部分加以批评。毛泽东不排除阶级斗争的分析，但对当时形势的估计，仍然认为属于“人民内部矛盾”。然而，“形势”并没有按他预料的方向发展，一些地方的人提出“共产党下台，让国民党回来”的口号，这对毛泽东和党内大多数人都是一个很大的刺激。5月15日，毛泽东在《事情正在起变化》一文里愤怒地写道：几个月来，人们都在批判教条主义，却放过了修正主义。批判教条主义的各种人，有共产党人——马克思主义者，有括弧里面的“共产党人”，即共产党的右派——修正主义者。有社会上的左派、中间派和右派。社会上的中间派是大量的，他们大约占全体党外知识分子的70%左右，而左派大约占20%左右，右派大约占1%、3%、5%～10%，而情况不同。文章最后指出：右派有两条出路，一条，夹紧尾巴，改邪归正；一条继续胡闹，自取灭亡。这等于正式发出了警告。6月8日，毛泽东又为中共中央起草党内指示《组织力量反击右派分子的猖狂进攻》，更为明确地发出反右派的指令。7月17日到21日，中共中央在青岛召开省市委书记会议，着重讨论反右派斗争问题。毛泽东在会议期间写的《1957年夏季的形势》一文，为这场斗争“定了性”：“资产阶级右派和人民的矛盾，是对抗性的不可调和的你死我活的矛盾。”这样，形势发生了完全相反的变化。

在50年代，作为中国政治最敏感部门之一的中国作协，几乎就在青岛会议刚刚落下帷幕之际，便在内部发动了一场声势浩大的反右派斗争。8月6日，作协在四次有作协分会和省市委宣传部长共二百余人参加的扩大会的基础上，举行第十二次会议，把反对“丁、陈反党集团”的斗争目标转向冯雪峰。第二天，显然是事先已准备好了的《人民日报》，在第一版以赫然醒目的“文艺界反右派斗争的重大进展——攻破丁玲陈企霞集团”的正副标题，公开点了冯雪峰、艾青、江丰、罗烽、李又然和白朗的名，除冯雪峰一人外，实际把延安的“文抗”一锅端了。艾青的主要罪名是“丁、陈和江丰反党集团之间的联络员”，在家里召开记者招待会，声称文艺界有“两个底”，一个是丁玲、陈企霞，另一个是江丰，斗他们无非是党内宗派主义在作祟。对艾青来说，在党报上被公开“点名”令他措手不及，更感到政治斗争的残酷无情。然而，更叫他惊骇不已的是，原先的一帮“朋友”，居然在大庭广众面前，公然揭他个人的生活“隐私”。一次，在王府井文联大楼开艾青的批斗大会，×××、××、××先后发言，声色俱厉地痛斥他生活腐败，甚至大讲某些“细节”令艾青无地自容。艾青欲起身解释，立即有一些人大喊：“艾青，你老实点！”这种场面，使他想起“五四”初期一些人与陈独秀的争论来，反对陈独秀的人认为，搞群众运动乃是“多数人对个人实行专制”，是压制个人的自由。两年前，作协主席团扩大会议决定开除胡风的会籍，并撤销他在文艺方面的一切职务。正当主席宣布决定时，有一个文质彬彬的人走上台要求发言，艾青认出他是美学家、翻译家吕荧。只见他从从容容地说，胡风是文艺思想问题，文艺问题应该与政治问题区分开。他的话不断被台下的喊声打断，他仍然不停地讲，毫无惧色，最后台下一片哄喊，他不得不走下台来。这幕情形给了艾青极深的印象。胡风罹难，尚有不怕死的诤友挺身而出为其辩护，鄙人落难，众朋友却做了“墙倒众人推”的丑角，艾青不由不感到满腔的悲愤了。然而，事情并没有完，批斗还在升级。一次开批斗会，有人对他算起历史旧账，说他反党由来已久，从延安就是富有经验的老手，但又特别善于伪装。解放后，在丁、陈、江丰反党集团之间窜来窜去，上蹿下跳，他的这种身分，很容易让人想起战国时那个游说列国的苏秦。另有一位名作家揭老底道：去年 3 月，在作协第二次理事扩大会上，周扬同志在报告中批评了艾青，艾青不服，乘中间休息，周扬同志对他讲："我是对你提出希望。"没想他却反唇相讥道："我知道你的分量。"态度极其恶劣。还有一位作家愤慨地站起来说，艾青这个人太狂妄，他多次散布说，目前某些人写不出作品，就弄理论，理论弄不成，就搞行政。结果是行政管理论，理论管创作，一个婆婆压一个媳妇，创作还有什么希望？艾青请示主持会议的刘白羽，问能否让自己说几句，刘冷淡地挥挥手，拒绝了。

然而，最令艾青难受的还是那些连篇累牍、无中生有的批判文章，对方操着各式武器，而被批判者只能赤手空拳，被人拳打脚踢，却毫无自卫的权力。艾青越是怕看报，每天越是迫不及待地打开一份份报刊，急促地搜索上面的文章。在《诗刊》1957 年 9 期上，该刊副主编××发表《艾青能不能为社会主义歌唱》一文。在文章里，××疾言厉色地问："我们要猛喝一声：艾青，你能不能为社会主义歌唱？能不能髓着社会主义高歌前进？这要看你能不能彻底批判你自己的腐朽的资本主义，思想，能不能彻底改造自己，重新回到党的立场上来！"他与××40 年代初就认识，关系应算不坏，见他如此下手，心里不免伤心。紧接着，又读到××发于《诗刊》10 期的《艾青近作批判》。他记得，仅仅就在今年《诗刊》4 期上，××曾撰文对自己的诗大加颂扬呢，未想见风使舵竟如此之快。更未曾料到，××的措辞会如此恶俗，说艾青的诗"句句变成了臭狗屎"等，读及此处，艾青眼睛紧闭，半晌才回过神来。他接着翻阅 9 月 8 日的《文艺报》，一篇文章称李又然是"丁、陈反党集团的爪牙"，再看有关自己的，无非仍是帮助丁、陈、江丰和吴祖光等"向党进攻"之类。他不由感到厌烦，索性只浏览题目，不再看内容，往下计有：《诗刊》9 期，田间的《艾青，回过头来吧》；《人民日报》9 月 6 日，白桦的《有这样的诗人〉《文艺月报》10 期，姚森的《"大诗人"》；《文艺学习》10 期，臧克家的《艾青的近作表现了什么》；《诗刊》12 期，晓雪的《艾青的昨天和今天》；《文艺报》第 23 期，李季、阮章竞的《诗人乎？蛀虫乎？——评艾青》，等等。文章作者多半是他的熟人，有的还是朋友，以时代的非常情形计，不少人是出于"苟活"才勉强成文的，说的话也言不由衷，倒也不是不能体谅。但有的人确属于"趁火打劫"，不惜抛却读书人的儒雅、检点，满口恶言秽语，这就不得不令他大为震骇了。更叫艾青无法忍受的还有不停地写检查，而且似乎永远都通不过。据高瑛回忆，当时已是初秋，北京早有凉意了，然而，经常见艾青大汗淋漓地坐在桌旁，伏案写所谓"交代"。有时，着实无话可写，他又不愿违背良心说假话，写检查骂自己，只有在桌前枯坐。久久无话，待见窗外夜深，才长叹一声，也不洗漱，裹衣而睡，情状十分凄惨。① 这年秋，出访捷克回国途经北京的阳太阳，到丰收胡同二十一号探访这位老友，对他形容的枯槁、无言的沉默惊讶万分。②

艾青得知他被撤掉《诗刊》编委的消息，已是 1957 年 11 月。一天，他正在窗前枯坐，一只乌鸦突然在院子的树上大噪，声音异常凄厉。不一会儿，乌鸦扑腾腾地飞走，偌大院子复又陷入死一般的寂静。忽然，他生出一种不祥的预感，但这一凶兆究竟是什么，又不得而知。

隆冬的北京街头，尤其显得萧瑟。北风呼呼地吹着，地上残存的枯叶和纸屑打着转儿，行人走路，多半缩着头、弯着腰。目睹眼前的情形，艾青不禁打了个寒噤……凶兆终于得到证实，公务员送来的文件上赫然写着：开除艾青党籍，撤销其中国文学艺术界联合会委员、中国美术家协会理事等职……

艾青首先想到了自杀。在他终生喜爱的俄国诗人中，叶赛宁、马雅可夫斯基都是以自杀结束人生的痛苦的。早在 1939 年，他就在一篇文

---

① 据高瑛 1997 年 9 月 21 日回忆。

② 据阳太阳 1996 年 5 月 7 日谈话。

章里谈到了死："它是无望了。它将如此懊丧地死去，它将带着永远不能填补的恨怨死去，就为了它不是死在那浓密的炮火里，不是死在喧闹着的子弹声里，不是死在震耳的轰响声里，却死在遥远的、僻静的、古旧的城墙之下，一条空无人迹的阴暗的小道上。"①在诗作《向太阳》、《时代》、《吹号者》、《他死在第二次》等篇什中，他也不止一次写到死，想象"马蹄"踏过"胸膛"时那种颤栗的快感。然而，前者究竟都是一种远离生存本身的死亡体验，是一种"想象"而已。艾青神情的变态使刚刚产后的高瑛大骇，不禁抱紧他失声痛哭，抽泣着说："你死了，我们娘仨怎么办?"为了不让艾青再受刺激，每天邮递员送报纸的时候，她提前到胡同口等着，如见报上载有艾青的消息，立即撕掉，然后丢进垃圾筒里。她像老母鸡一样护着丈夫，生怕有个闪失。但终究无济于事，因为年纪尚轻的高瑛，解决不了艾青心灵深刻的困惑：参加革命究竟何罪之有？据说，艾青尝试过多种自杀的方法，打算"一了百了"。一天深夜，高瑛拥孩子正在熟睡，忽然被隔壁"咚咚"的声音惊醒，她爬起来跑到隔壁一看，艾青正在狠狠用头撞墙，准备以此结束生命。她不顾一切地冲上去抱住了他，就近一看，只见他头上鲜血直流，两人相拥一起，放声大哭。看着眼前三个熟睡中的孩子，艾青的怜悯之心油然而生，答应高瑛不再轻生，要好好"活着"。冬去春来，艾青家的门庭显然冷落了许多。在那个时代，落难之人，是人人惟恐避之不及的，哪还有人敢登是非之门呢！喜爱与朋友小酌的艾青，心里自然格外寂寞。然而，亦有"以身试法"者。一日，落寞中的艾青正在中山公园与人下棋，忽然感到一个人凑到了身边，转头一看，却是作家赵树理。解放后，艾青虽与赵树理同在一个作家支部，个人之间并没有什么接触。他对牛汉说过喜欢赵树理小说幽默的语言，然而仅此而

---

① 艾青：《坠马》，《艾青全集》第5卷第25页。

已。他问:“你找我下棋,就不怕落个不三不四吗?”赵树理的回答像他的小说对话一样干净:“不怕。”在艾青看,他的为人里透着农民的朴实,真诚。进城以后,像他这样不势利取人,依然故我的人实在太少。他不由觉得心头一热。但也泛出一丝内疚,以为自己平日待他太薄。自此以后,赵树理成了艾家的常客,孩子、保姆与他也渐渐熟识了。两人见面,不谈其他,只把棋盘一摊,棋子一一摆好,就慢慢下了起来。1970年,赵树理是在太原被人折磨致死的,据说死得特惨。此时,艾青正被红卫兵囿于距石河子一百多里的“地窝”子里。[①] 两人音讯隔绝,艾青对这位棋友的死毫不知晓。另一个不畏权贵,敢来探望艾青的是他二十余年的老友林林。林林当时在中国对外友好协会工作,艾青被打成右派时,他正在国外访问,回国得知艾青遭遇不测,立即就来探访。据艾青回忆,“最使我感动的是在1957年,他从印度归来,我已被划为‘右派’,像一个印度的贱民——不可接触的人,他却来看我,送我一个印度的象牙雕瓤,非常精致的汲水姑娘。我们一起照了相,象牙雕刻和照片一直保存到今天。”[②]据高瑛说,在他们最困难的时日里,经常接到一些匿名电话,都是急匆匆的,有简短问候,亦有安慰的,估计其中有的是老朋友,有的是喜欢艾青作品的不认识的读者。[③]

然而,对命运将会怎样安排自己,艾青却是茫然的……当然,这一年他自然无诗。除《赠艾德林》和《滇池啊》两首纯粹朋友唱酬的诗之外,他几乎停止了写作。

---

① 李辉:《风雨中的雕像》第110页,山东画报出版社1997年版。

② 艾青:《〈雁来红〉序》,《艾青全集》第3卷第656页。

③ 据高瑛1997年9月21日谈话。

| 第十章　落难新疆（1958.4—1975.5）|

一　到何处去？

往下的日子，艾青基本是把自己封闭在丰收胡同二十二号。

他记得，自己是曾有过几回“无路可走”的人生遭际的。1937年底，幸得胡风来信，才决定携家北上，赶赴即临战火的武汉；另一次则在1941年初春，他在内心深处，特别感激周恩来和他手下极能干的秘书张颖，他们热心安排自己去延安，于人生的挫折处勉力相携，却是不敢忘记的。但对这次能否有何转机，艾青心头实无把握。

大约是1958年初春的一天，二十二号来了一位特殊的客人，时任中国作协书记处书记、秘书长的郭小川。郭小川算是旧日学生，艾青与他有师生之谊。然而现在今非昔比，乱世之中，谁还讲这个？艾青恰好在中山公园下棋，只余高瑛一人在家。他显得很着急，像有什么重要的事情。高瑛这才知道，是农垦部长王震遣他找艾青。更觉惊讶的还是艾青,自进城后,艾青与这位昔日的老朋友见面不多,亦无密切往来,他缘何在这时找自己,而且是派郭小川来的?与郭小川到了王震家,艾青心里的谜团这才解开。据王震说,周恩来得知艾青被打成右派的消息时,已经很晚,再干预已来不及。这次王震找他,他不知是周的意思,还是王震个人决定的。王震还是军人作风,做事情不拐弯抹角,喜欢直来直去。对艾青打成右派,王震只说了一句:"老艾呀,我又爱你,又恨你。你不是反党反社会主义的。"话题随即转向艾青能否去北大荒的问题。四年前,王震曾有劝他去铁道兵部队工作之意,因他感到不熟悉军队生活,此事于是作罢。但这次艾青明白,这是王震在他危难之中慨然相助,并无他意。不禁心存感激。怕高瑛不同意去,第二天中午,王震专程来艾家,做她的工作,未想竟也同意;又做保姆的工作,却未通,保姆声称是南方人。到北大荒生活不习惯。王震走后,艾青对高瑛说:"天无绝人之路。"

在此之前,发生了一个小插曲。1 月 26 日,《文艺报》2 期特设"再批判"专栏,将王实味、丁玲、萧军、罗烽、艾青等发表在 40 年代初的文章《野百合花》、《三八节有感》、《论同志的"爱"与"耐"》、《还是杂文时代》、《了解作家,尊重作家》,在该期重新刊出,并配有一组批判文章。在编辑部起草、经毛泽东仔细修改的"编者按"中说:"'奇文共欣赏,疑义相与析',许多人想读这一批'奇文'。我们把这些东西收集起来全部重读一遍,果然有些奇处。奇就奇在以革命的姿态写反革命的文章。鼻子灵的一眼就能识破,其他的人往往受骗;外国知道丁玲、艾青名家的人也许想要了解这件事情的究竟,因此我们重新全部发表了这批文章。"编者按又说:"毒草成了肥料,他们成了我国广大人民的教员。他们确能教育人民懂得我们的敌人是如何工作的。"读到"再批判",艾青先是不解,继而震惊:二十年前的旧案,居然一直锁于屉中;一桩早说"过去了"的笔墨官司,竟始终耿耿于怀,终于在合适时机,公之于天下。然而,艾青复又冷静下来，一年前，在《〈关于胡风反革命集团的材料〉的序言和按语》一文里，不也有同样的文字吗？“这样一来，胡风这批人就引人注意了。许多人认真一查，查出了他们是一个不大不小的集团。过去说是‘小集团’，不对了，他们的人很不少。过去说是一批单纯的文化人，不对了，他们的人钻进了政治、军事、经济、文化、教育各个部门里。过去说他们好像是一批明火执仗的革命党，不对了，他们的人大都是有严重问题的。他们的基本队伍，或是帝国主义国民党的特务，或是托洛斯基分子，或是反动军官，或是共产党的叛徒，由这些人做骨干组成了一个暗藏在革命阵营的反革命派别，一个地下的独立王国。”对胡风及其他一些人，艾青是深为了解的，这些人突然之间成了“特务”、“反动军官”、“叛徒”，他是怎么也不会相信的。那么，反过来就会问，何以诬其为罪人呢？他不禁为政治的残酷、无情和毫无章法不寒而栗了。

驱动艾青去北大荒的，“小插曲”恐怕是一个主要原因。然而，他也相信，在一种人不能决定自己命运，甚至不能选择生死的环境里，“走”亦是无济于事的。数年之前，自己不是写过“生活是一张网”的诗句吗？只是，在自己还未来得及弄清历史的本来面目时，历史却早早在命运中应验了，判决了。这才是真正的悲哀罢。据艾青的亲属说，高瑛把丰收胡同二十二号的家具原封不动地留了下来，大约以为不久还能回来。然而未想到，这一别，竟是二十多年！终究还是应验了艾青的预感：“走亦无用。”

二　石河子八师大院

这年 4 月，艾青一家乘一列载满转业到北大荒的军人的火车，冒着春末的寒冷，往中苏边境的黑龙江密山县驶去。

举家北迁，艾青心头难免有一种百感交集的感觉。一路幸承王震部下的关照，他在“遭贬”的屈辱之外，竟莫名地俨然像一个“客人”。随王震走了几个农场，由王震做主，艾青被安排在深藏于完达山森林之中的八五二农场。他后来得知。农场党委书记曾做过王震的警卫，因有王震的交代，对艾青一家自然是很客气的。在这里的一年多里，艾青办过黑板报，与人种过苗圃，做过林场名义上的副场长，按王震的意思，主要是“体验生活”，日后写点文章。艾青曾勉力写过两部长诗，一部叫《踏破荒原千里雪》，另一部叫《蛤蟆通河上的朝霞》，显然有歌颂垦荒军人之意，可惜后来丢失，未能刊行。幸存的《烧荒》这首诗，倒从某一方面披露了作者婉曲的心境。该诗措词淋漓痛快，一看就有敷衍的痕迹。第二年夏，王震来此视察，发现这里生活条件太差，就把艾青调回北京，当年冬，又将他调往条件较好的新疆建设兵团，后转到师部设在石河子的农八师。因有上边“打招呼”，又因新疆建设兵团副政委张仲瀚恰巧既是王震的老部下，又是艾青 1943 年在南泥湾结识的朋友，一层层往下“交代”，待艾青一家抵达石河子时，才发现，这里的人们对他亦是友好的，住师部大院，除写些东西，并无其他任何安排。

起初的日子是比较开心的。但日子一长，艾青又隐约觉得，自己毕竟是“戴罪之身”，是断不能这么心安理得地吃着“皇粮”的。他记得，去年在乌鲁木齐暂住时，自己曾根据真人真事写过一部十余万字的报告文学《苏长福的故事》，倒是不觉得怎样生疏的。他听说，石河子这一带原先是很荒凉的，王震率领一兵团开抵新疆后，这里成为重点开发的垦区之一。十年下来，沧海变桑田，石河子成了全新疆有名的“绿洲”，声名大噪。于是，艾青萌生了以文学形式为垦区撰史的想法，他后来追忆说，“这样的一些稿子，既不是长篇小说的结构，也不属于报告文学之类的东西”，“它多少有点像《猎人笔记》之类的模式，是比较自由的，并非连贯的，是每篇可以独立，可以作为一个个小故事的作品。”他又解释说，“所写的人物，有些是熟人，也有些是自己塑造的；所发生的事情，多数是真实的。”[①]为追求“真实”，艾青不放弃一切采访的机会，利用开会和实地考察，收集各种材料，据他说，这些材料竟积累了“几十万字”之多。从1961年至“文革”爆发，艾青陆续写了《荒原》第一、二部，及《第一犁》、《山东来的黄毛丫头》等近三十篇纪实散文。

除写散文，艾青在“大院”的生活可以说是平静而寡淡的。与他往来较多的是两个人，一个是农八师的于政委，另一个是常来石河子检查工作的兵团的张仲瀚副政委。于政委曾作为人物原型被艾青写进《绿洲笔记》，艾青欣赏他做事干净利落，多少又有些武断的军人气质。据说，一次他从外地开会回来，见办公室里挂满了各种报表，很多人在那儿一头大汗地忙碌着，立即火了，训斥众人说：“我找一个大棍子把这些表格全给打乱了，大热天，没事干，竟做这些没有用的事！”艾青与他“投合”还有一个原因，两人都有看戏的嗜好。那时，八师下属的每个团都办有剧团，戏种依该团哪省的人最多而定，有豫剧、京剧、吕剧等数种，在农闲季节，各团轮流到石河子演出，在艾青眼里，颇有点故乡金华赶庙会的味道。看完一个戏，两人就要在一起品头论足，津津乐道。与张仲瀚交往，也是艾青的趣事之一。他是一个大学生，虽是书生弃文从武，身上却留着不少文人的习性。张仲瀚来石河子，除去检查工作，就是来找艾青聊天。张仲瀚唱得一口好京剧，在延安曾登台献艺。但就是怕记者采访或催稿子，一见这场面，他就说：“要稿子没有，要命有一条！”另一件就是找对象。他一直独身，原因就在“条件”苛刻，一要大学毕业，人要漂亮，二要会唱京剧，所以，往往是大学毕业，也漂亮，但不会唱京剧，或者会唱京

---

① 《绿洲笔记·自序》，《艾青全集》第4卷第3页。

剧,人却不漂亮。很多人都为他着急。一次访问越南,胡志明见他老大不小的了,热心地说,"找个越南姑娘算了。"没想他幽默地回答:"那还得配一个翻译呢。"这对艾青寂寞的日子,无疑是增添了些许的乐趣的,在人心不古的年代,两人的朴实,更让他感受到了一丝温暖。

1961 年冬,正当艾青和高瑛回北京接孩子时,《人民日报》有一条消息引起了他格外的注意。12 月 17 日讯:"中央国家机关和各民主党派中央机关等单位根据 1959 年 9 月 16 日中共中央、国务院关于确实表现好了的右派分子的处理问题的决定,最近又摘掉一批右派分子的帽子……"艾青急切地往下寻找着,突然,一段文字跳入他的眼帘:"这一批被宣布摘掉右派帽子的有钱端升、冯雪峰、柳是、黄药眠、徐懋庸……吴祖光、艾青、白朗、罗烽等三百七十多人。"眼光从报上移开,他的眼泪不禁夺眶而出。在似乎被打入地狱的一千多个日日夜夜里,他经历的仿佛像一场噩梦,令人不堪回首。居京的短暂日子,他听到一些传闻,如冯雪峰、牛汉、绿原等被重新启用,安排在人民文学出版社工作,下放河北某县的吕剑,据说亦有望返京……一颗心不由得暗怀着某种期冀……但很快又复如死灰……中国作协对"首要分子",并没有丝毫的宽恕。从北京到兰新铁路的交汇处,再从星星峡改乘长途汽车继续西行,艾青一路上沉默寡言,呆呆望着窗外,心情颇感怅惘。多年之后,他借写天山之机,抒发了当年刻骨铭心的失落感:"我无论在哪儿,只要是晴天,我都要朝南方寻找它的影子。有时它混在白色的云团一起,几乎分辨不出哪是云,哪是它的雪峰。而在万里无云的日子,它就像浮在空气里似的,向我露出和善的微笑。"①又在一篇文章里痛不自禁地说:"然而人们即使在很远的边疆,一听到播送评剧《刘巧儿》,就会听到嘹亮的:'巧儿我……'

① 艾青:《怀念天山》,《战地》1980 年第 1 期。

就会想起凤霞，梳着大辫子，穿着农村花布裤褂……的模样……”[①]新凤霞是朋友吴祖光的妻子，著名评剧演员，而对羁居石河子的艾青来说，她的戏腔里隐隐约约唱着的分明就是自己在北京的日子，那些永不复还的日子！

从 1964 年 1 月起，艾青又写起了诗，也许，不失为用它来补偿痛失的生活吧。在某个寒风凛冽的清晨，艾青披衣起床，伏在桌前写道：“大雪小雪一场又一场/雪多么白呀心多么红/战了春、夏、秋三个季/冒着风雪再战它一冬”(《欢迎你啊——新的一年》)。在石河子，艾青只是象征性地干点农活，并无“大干”的体验，也就是说，他虽然身居军垦农场，顶多是个“旁观者”的角色。受到客气的礼遇，却是无足轻重的。所以，下面虽还有诸如“我们将以雪亮的犁刀/犁开一个崭新的年代”的豪言壮语，但握着笔杆的艾青，已觉茫然。不久，作《槐树》一首，诗云：“看见青青槐树枝/就会想起长安街/闻到阵阵槐花香/就会想起中南海。”他记得，从丰收胡同的家出来，往南不远是长安大街，朝南走约一二百米，就是熙熙攘攘的北京火车站了。沿途尽是低矮的槐树，夏季槐花放香，随处可闻，冬天则树叶散落，让人顿生萧瑟之感。如今忆起，竟有不知身在何处的恍惚。之后，除根据报载写了两首反映沿海驻军打下美国无人驾驶飞机的诗之外，这种“托物言情”的写作仍在继续。11 月，又得诗《是谁》一首。与前者相比，这首诗里有一种与他年龄不符的青年人的浪漫情调，一开始，就是一系列的排比句：

是谁在沙漠边上
升起了篝火？

① 《美在天真》,《艾青全集》第 5 卷第 263 页。

向万古荒原
吹起进军的号角?
是谁开动拖拉机
惊醒了沉睡的大地,
把苇湖与碱滩
变成了万顷良田。

结论是“解放军”和“支边青年”。通过这格外显得透明、欢快的诗,艾青大概也从中得到某种安慰了罢。无形之中,他似乎获得了潜在状态的。“合法身分”。在那个特殊的时代,某某又写东西了,或某某的作品被禁了,不啻是作家本人命运的晴雨表,也是极容易被人关注、为当事者所“在乎”的。

艾青没有想到,一场更猛烈的风暴正在悄悄酝酿之中,不久将席卷而至……

三　苦居石窝子

1966年转瞬之间就到了。

5月28日,北京大学哲学系党总支书记聂元梓等七人在校内贴出《宋硕、陆平、彭佩云在文化革命中究竟干些什么》的全国第一张大字报。

6月1日,经毛泽东同意,这张大字报被中央人民广播电台全文播发。6月2日,《人民日报》全文刊登,并配以《欢呼北大的一张大字报》的评论员文章。

6月20日,刘少奇以中共中央名义批转北大工作组的一期简报,指出,“北大工作组处理乱斗现象的办法是正确的,及时的”要求各单位“参照北大的办法处理”。

7 月 25 日，毛泽东在接见中央局书记和中央文革小组成员时愤怒地说，工作组“起坏作用，阻碍运动”，“统统驱逐之”。

8 月 5 日，毛泽东写出《炮打司令部——我的一张大字报》。

8 月 8 日，中共八届十一中全会通过《中国共产党中央委员会关于无产阶级文化大革命的决定》，“文化大革命”正式开始。

然而，艾青对“文化大革命”的真正含义毫无觉察。凭着延安整风、1957 年反右的“经验”，他又有一种不祥的预感。1967 年 1 月 26 日，这种预感终于被证实。这一天，石河子市发生了一场相当规模的武斗，双方动用了轻重武器，不少人受伤，另有人死于非命。农八师大院被两派红卫兵包围，广播喇叭声震耳欲聋。不久，院墙上出现了把大右派艾青“揪出示众”的大字报。艾青这才猛醒：本来荆棘缠身的自己，这次大约将在劫难逃了。某日，艾青一家正在吃饭，一群人突然冲进来，呵斥艾青、高瑛站到一边，然后翻箱倒柜起来，把房间弄得一片狼藉。被抄走的除毛泽东、周恩来、吴玉章等人的书信之外，还有长诗《长江行》和写于北大荒的两部诗稿。他后来回忆说：“接着又第二次抄家。从此，我们就天天等着被抄家。对我来说，那时什么事都可能发生的，因为我是右派，谁都可以欺负……”①既然意识到是戴罪之人，完全失去自我保护的能力，难免如惊弓之鸟，惶然不可终日。

5 月 19 日，艾青被通知搬出师部大院。几天之后，急驶来一辆大卡车，把他全家送往距此一百多里地的一四四团二营八连。八连地处荒漠，生存条件极艰苦，在八师有“小西伯利亚”之称。使他产生深深受辱之感的不只是这次“发配”，而是在他到八连之后，造反派在某次会议上

---

① 奇俊：《艾青在新疆》，《关于艾青》，新加坡西冷艺苑 1983 年版。

宣布,要注意阶级斗争的“新动向”,“严密注意”谁与艾青“来往”。把他看作异类”。八连造反派为表示与艾青划清界限,又令他从土坯做的平房里迁出,搬入连队用于母羊下崽的地窝子里。因属临时下羊羔之用,故地窝子简陋无比。在平地上陡直往下挖一个土坑,土坑上再铺一层木棍,敷上干草及土,算是“屋顶”。旁边留出一个斜坡,权当进出的门。地上铺上些草,作为全家的床。在墙壁上挖出一个土台子当桌子用,另挖两个小洞,一个放上一盏油灯,另一个放些书籍之类。最令艾青难受的不是地窝子的潮湿、窄促,而是它的阴暗。一盏飘忽不定的小油灯,既供高瑛做饭之用,又为儿子高健、未未做作业照明,及至自己晚上看点闲书,仅只借点余光而已。这番情形,不禁令艾青苦涩地忆起在桂林、延安的日子。两地之间,除了命运、境遇的悬殊差别之外,变化最大的就是他对“前途”已不抱任何幻想。据艾青最小的儿子艾丹说,有一些日子,父亲整日坐在那儿发愣,一天到黑难说上一句话。又据高瑛说,一次她从外面回来,发现地窝子顶上用于挡落土的布有点异样,而上面就是一根木梁,骇然问艾青,才知他刚才曾想自杀,因念丹丹尚小,方断了这个念头。

早在金华读书期间,艾青即有“人生无常”之感,就像故乡的斗牛,一旦进到场内来,是断不知自己的生死的。此时人生即此,顿生“弃世”之意,亦是自然。艾青自称是“生死无知”之人,以“静观待变”自命,深知“命在人家手中把着”之苦,[①]渴望人死即“一了百了”,亦是自然。唯念幼儿丹丹,尚不谙人生险恶,如风中弱草,经不起半丝摧残,是他最为放心不下的。依艾青的性情,却不愿为妻儿留下任何只言片语,或作交代,或作告别,所以埋在心底的隐痛,分外地疼痛,如撕心裂肺一般。

---

① 奇俊:《艾青在新疆》,《关于艾青》,新加坡西冷文艺苑 1983 年版。

艾青对进一步的迫害已有觉察，但没想到竟会如此之急。一天，地窝子里忽然来了一个穿黑衣服的瘦削的男人，自称是奉“上级”之命，要揪艾青去批斗。见艾青身上穿着黄色旧军装，颇为不悦，令其换下。艾青一时找不到替换衣服，正在手足无措，那人脱下自己的黑衣，与他交换。艾青人高，黑衣服怎么也套不进去，形如绳子绑在身上一样，极为狼狈，最后，还是高瑛和孩子们四下拉扯，才勉强穿上。然而，问题还不在“换衣之羞辱”，不在徒步走了十几里路才到会场，亦不在台下“打倒大右派艾青”的喧闹，而是下面的一幕。在喊过口号，愤怒声讨等之后，有人冲上来朝他身上吐口水，贴白纸条，使劲按他的头，迫其低头认罪。突然，一个人拿了一瓶墨汁朝艾青的脸上猛地泼洒，艾青顿然觉得眼前一片黑暗，什么也看不见了。在人们的讥笑声里，墨汁顺着艾青的眼睛、嘴巴直往下淌，头上、脸上、脖子上立即涂满了墨汁。墨汁恶臭异常，艾青感到一阵恶心，险些跌倒。当天夜里，艾青回到地窝子时，全家人吃了一惊，赶紧打水为他清洗，不知换了几回水，才看清他本来的面貌。艾青只在早晨吃了点东西，一天茶水未进，疲乏已极，再加受辱，几乎不能动弹。他久久靠着土墙坐着，沉默不语。

在“文革”中，“劳动”形式的变化，在某种程度上，也象征着他命运的变化。艾青起初被安排剪修林带，路旁、水渠两侧和田边的林带，均是他的工作。不久，又改扫厕所。刚开始时，每天打扫几个厕所，后来逐渐增加，达到十三个之多。艾青毕竟是年近花甲之人，不免感到吃力。那时，多半是露天厕所，屎尿弄得满地皆是。夏天，厕所里恶臭难忍，到处是粪便污水，实在无法打扫，艾青只好用长勺粪瓢，一瓢一瓢舀到桶里，然后才能打扫。到了冬天，情状更为艰难。这里气温最低时是零下二十多度，粪便污水均结成厚厚的冰块，每天不扫，立即会堆积如山。干活时，艾青用锄头把粪冰一块块刨下来，然后再做清除，十三个厕所均如法炮制。这种活计，对艾青来说，是十分吃力的。儿子高健、未未见此情形，每天放学都赶来帮忙，父子三人有时忙到天色擦黑，才得以解脱。然而，“皮肉之苦”之外，还得忍受人们的冷言冷语。一次，某人拉完屎，提着裤子走出厕所后，对艾青不咸不淡地挖苦道：“嚯，扫得还挺干净呢，可以摆一桌宴席了！”艾青听罢大受刺激，愣怔了半晌，才想起还得干活——既为“牛鬼蛇神”，哪还有人的自尊可言！

更令他苦恼的还有身体的不适。地窝子因常年见不到阳光，十分阴暗潮湿，被子、衣眼经常是湿漉漉的，铺的草几天不晒，即不堪忍受。艾青睡在地上，这种“不适”之感尤觉强烈。一天，他突然觉得小腹奇痛，无以排遣。这时高瑛不在，孩子们亦在学校，在疼痛之外，更感到了一种无助的孤单……在一种近于晕眩的状态中，不知过了多久，他隐约听到妻子在焦急地吩咐别人快点……在晚年，当艾青向人诉说这一痛苦的“经历”时，仍觉不寒而栗，他说：“记得那时到医院看病是坐拖拉机去的。医生问：‘你是艾青？什么病？’‘小肠疝气。’位女医生说：‘疝气？没什么了不起的。’我说：‘我查过辞源，疝气疼痛时如女人分娩，你们二三年生一次，我们天天如分娩。’”[①]后经恳求，医生才同意住院做手术。艾青后来听人说。患疝气与长年住地窝子有关，地气潮湿，寒凝气滞，故而引发。他再一次从“环境”里品尝到了人生的卑微、低贱和悲凉来。目睹高瑛为全家人的吃穿而忙碌的身影，更是陡然生出一缕作丈夫的负疚之感。为补养艾青手术后的病弱身体，高瑛把全家每月仅有的三斤大米白面留给丈夫，自己和孩子天天吃杂合面。全家大小六口，全靠艾青的六十元生活费，难以维系。于是，先当掉皮靴、大衣，无东西可当之后，就去戈壁滩

---

① 《在粉碎“四人帮”后召开的第一次全国诗人座谈会上的讲话》，《艾青全集》第 5 卷第 577 页。

上打柴、挖菜,高瑛甚至学会了赶马车。这些对于艾青而言,实在是出于万般无奈的权宜之计,每每见到妻儿“俘获”意外之物之后的欢悦之态,他心头不禁泛起“贫贱夫妻百事哀”的人生感慨……

四　读《罗马史》

在“苦居”的日子里,艾青感到苦不堪言的还是无书可读。据艾丹回忆,一本《毛选》被父亲画满了横杠,另一本《法语辞典》也被磨出了毛边,以至最后不得不作必要的贴补。饥渴之余,艾青忽然对手头一本《罗马史》大感兴趣起来。拿艾青自己的话说,他读《罗马史》是从“整理《罗马史》”[①]开始的。所谓“整理”大概是一边阅读、一边做眉批,再随手写点笔记之类,可惜因岁月的淘洗,这些弥足珍贵的“思想札记”已经散佚,无从寻觅。

可能是感同身受吧,他对《罗马史》中与个人处境有关的章节特别留意。他发现,约在公元前 452 年,罗马帝国就开始出现初具民主色彩的“保民官”制度了。这是由平民与贵族之间激烈的斗争而导致的。当时,平民反抗贵族的主要方式是“撤离”。传说公元前 494 年至 432 年之间,罗马平民进行过几次“撤离”。他们撤到罗马附近的圣山上,宣布独立,并在这里建立新都,对贵族构成了很大的威胁,因为平民在罗马军队中占居绝对多数,当时战事频繁,罗马正与沃尔斯奇和厄魁人之间进行战争,情势危悬。在此千钧一发之际,贵族不得不做出让步,被迫通过了一项用于安抚平民情绪的“保护罗马公民的指令——爱迪克特”。法令规定,任何人不得扣押或奴役愿意参军的公民,更不得没收其土地和其他

---

① 《谈诗及写长篇小说的新计划》,《艾青全集》第 3 卷第 426 页。

财产。虽然这种人身自由在当时是极其有限的，罗马平民还是有一种“解放之感”。读及此处，艾青不由对自己的“苦居”处境泛起一阵苦涩之感，作为地窝子的“主人”，这难免也是一个自嘲罢。某年冬日，八连的农活进入“冬闲”季节，正无事可做的艾青又翻起了《罗马史》。这时，关于奴隶制的一段描述进入他的眼帘，书云：“罗马奴隶的处境比起古代其他国家更为悲惨。罗马法学家把奴隶说成是‘另外一种家畜’，认为‘奴隶不是人，是工具，罗马人管牲畜叫‘哑巴工具’，管奴隶叫‘会说话的工具’。奴隶主可以任意处罚奴隶，如：割舌，挖眼，烙印，杀死，钉死在十字架上。有的奴隶主用奴隶的肉喂鱼。”读到这里，艾青不由打了一个寒噤。他想起去年那场对自己的“批斗”，当时的处境大概与奴隶无异，任意拳打脚踢不说，还把墨汁泼在脸上相羞辱，临末竟至令你山呼“万岁”。就像古时县衙棒打犯人，被打者却要“谢恩”。这是另一种意义上的人格剪除。30 年代末，艾青正气凛然她写过一篇涉及“人格”的文章，其中有“一首诗是一个人格，必须使它崇高与完整”。[①] 把人格提升到判定一首诗、乃至一个人的生命是否具有意义的高度，可谓责已甚严了。不久，他在另一篇文章里又发出类似的诘问：“活着究竟为什么?”[②]这说明，他对非人道的个人生存处境早就充满了警觉，而且提出了严厉的批评——但他断未料到，这种“命运”不幸被言中，并且在他身上应验了！

羁居塞外的艾青更没想到，就在他读《罗马史》的前后，1966 年 8 月 23 日，老朋友老舍在“一群红卫兵的押解下，他和二十多位作家艺术家，被拉到国子监街孔庙大院里，让他们在大成门前的空地上，时而下跪，时而围着燃烧的戏装和书堆跳‘牛鬼蛇神舞’。”[③]之后，遭红卫兵毒打并被

---

① 艾青：《诗论》，桂林三户图书社 1941 年 9 月版。

② 艾青：《了解作家，尊重作家》，1942 年 3 月 11 日《解放日报》。

③ 李辉：《消失了的太平湖》，《风雨中的雕像》第 96 页，山东画报出版社 1997 年版。

送到派出所。老舍不堪凌辱，第二天在北京德胜门豁口外的太平湖投湖自杀。同一天，武汉大学校长李达被迫害致死。9月3日，著名翻译家傅雷和妻子朱梅馥双双自缢而死……蛰居地窝子的艾青倘闻知这些消息，不知该做何感想！

又一日，书中的一行文字引起了艾青的注意："公元前2世纪中叶以后，角斗表演在罗马已成为通常的现象。罗马统治者不惜耗费巨金建筑角斗场。开设专门的角斗士学校，出现角斗艺术教师。角斗士是从罪犯、战俘、犯罪奴隶中挑选出来的，在角斗士学校里进行专门的训练。这种血腥表演是极其不道德的，它毁坏人们的心灵，以致成为罗马道德败坏和政治腐化的源泉。"

这使艾青惊骇不已，深受震撼。他记得，少时在故乡，亦曾看过斗牛，但顶多是一种"好玩"的感觉，并不理解其中的"深味"。至今，当自己成为剧场看客的"眼中之物"，与角斗士的命运毫无二致的时候，才真正体验到其中绝顶的荒谬和悲哀。在一个时代的大荒诞中，个人生存本身就是滑稽的，甚至是无足为道的。他又联想到石河子的武斗。1967年1月25日下午，他正在农八师大院家里，突然听到街上枪声大作，还有人紧张地跑步，凄厉的尖叫声。到房外一看，才听说是毛纺厂等单位的二千余名造反派到汽车二团夺权，二团请八师独立团支援，双方遂发生武装冲突。下午7时，造反派增至四千余人。至次日零点，在夺枪与反夺枪的激烈枪战中，十一人伤亡。26日，农八师武装处将一部分部队调进师部，对师机关加以保护，艾青及其他人的家属均被告知不得"外出"。艾青闻之大惊，想到家小安危，更是坐卧不安。上午，造反派开始冲击师部，院墙外人声大哗，经反复劝说无效，造反派开始动武，部队奉命还击。冲锋枪、机枪声大作，炒豆子一般，令人心惊肉跳。不久，枪声转移至公共汽车站一带，傍晚才渐渐稀疏。艾青后来听说，这一天双方死二十四人,伤七十四人,景象甚惨。他又听说,事件发生后,双方都在抓对方的人质,施以各种酷刑,手段极为残酷、丑陋。艾青后来追忆道:“我和同我差不多年纪的人们一样,度过了各种类型、不同性质的战争;也遇见了各种类型不同性质的敌人。真是变幻莫测!”[①]他后来写出一系列揭露时代荒谬、令人为之惊醒的诗作,如《鱼化石》、《光的赞歌》和《古罗马的大斗技场》,与这一时期的深切体验是有直接关联的。

在此期间,又发生了一件令艾青极受刺激的事。1971 年,“9·13”事件发生,林彪匆匆北逃,在蒙古温都尔汗摔死。一天,连里传达中央文件,艾青听说后,搬了一个小板凳,想去听个究竟。当时,“听会”有两种含义:一是让地、富、反、坏分子前往接受训斥,领受惩罚性的体力劳动任务;另一是普通群众听传达上级文件。中共九大之后,在清理阶级队伍的同时,也强调了“缩小打击面”,这不免使艾青脑子中产生出某种“缓和”的幻觉,他正是在幻觉的驱使下去听传达文件的。当他走进会场,刚刚找到一个地方坐下,主席台上忽然一声断喝:“艾青,你给我出去!”见此情状,四周的人立即轰笑起来。毫无准备的艾青闻声一愣,像被什么击中似的,踉跄着离开了会场,回到地窝子,独自悲哀之余,他蓦然发现那本《罗马史》还摊开着,那一页上写着这样一段话:“在叙利亚有整个地区的奴隶和隶农逃亡,他们夺取庄园,进攻城市。在小亚,发生了伊苏亚人大起义,声势浩大,罗马政府无力镇压。整个东方一片混乱……”

这段描述,使艾青在一瞬间陡然有种“闭幕之前”的预感。反省自己刚才的行为,它刚好又是一种讽刺。历史是在嘲笑它自己呢,还是也包括了生活在其中的每一个人?

---

① 艾青:《在汽笛的长鸣声中》。

五　赴京求医

1972年11月，艾青一家被允许回到石河子。五年半的"苦役"划上了句号。正当他启程返石前却不安地发现：因久居光线昏暗的地窝子，自己右眼已近于失明！这对艾青无疑是一次沉重的打击。医生建议速去北京治疗，但上报的"申请"却久久不见批复。处于无言的孤寂之中的艾青，不由产生了很强烈的写信的愿望。在音讯久绝之后，他第一次与远在故乡金华的大弟海济夫妇联系。8月30日，在致大弟媳雯娟的信中，他怆然写道："我一向不爱写信，一动笔就感到不知从何说起。"10月2日，刚刚收到海济和海涛自千里之外寄来的信，立即回信，说："我和你们从1953年见面之后，匆匆不觉已过了将近二十年！"感慨之余，又告知近况："我身边除高瑛外，还有三个孩子：最大的高剑十九岁，已去农场学习机务；第二个未未十五岁，在念初中二年级，第三个丹丹十岁在念小学三年级。……还有一个女儿玲玲，分配在内蒙（北京军区生产建设兵团）"，又说，"我现在除治病外，每天看看报纸"；[①]第一次提到令自己苦痛的"眼疾"。不久，又在信中说。"如果不想退休，则留在八师养病"。[②]并寄去二帧旧照片。12月22日，当得知八师领导同意他赴京治眼疾的消息，马上急切地致书海济，称："师党委"的意思，是"叫我治病"，让兄弟分享好消息的心情溢于言表。1973年1月19日，又致信弟媳雯娟，说"准备春天到北京寻访名医治白内障，再回老家看望你们"。[③] 后来又致

---

① 《致雯娟》、《致济、涛二弟》，分见1972年8月30日和1972年10月2日书信，《艾青全集》第4卷第559—562页。

② 《致雯娟》，《艾青全集》第4卷第563、569—571页。

③ 《致雯娟》，《艾青全集》第4卷第563、569—571页。

书雯娟说,“我们本来计划 4 月初到内地,不料就在 4 月间,中央忽然下达文件,规定凡×级以上干部到首都看病与探亲,都必须经省一级领导批准。”“何时动身”,“尚难确定。”[①]且喜且忧,复杂之情难以叙述。

短短半年之内,连续给兄弟、弟媳写了六封信,这在“一向不爱写信”的艾青,是绝无仅有的。这说明,在经历了“文革”七年之久的批斗之后,他有一种急于向亲近的人诉说苦痛、孤独的愿望,内心压抑的情感的火山,仿佛在一夜之间要爆发;在潜意识里,他想重新回到正常的生活中来,包括回复正常的人格,而“去北京治病”无异于地平线上出现的一缕曙光。因为,是“就地退休”还是“回去”,只能取决于北京的态度。尽管这个希望是那么渺茫。

艾青是 1973 年暮春获准去北京治眼疾的。1959 年全家迁至石河子后,他和高瑛极少有机会回北京,对出生在新疆的艾丹来说,北京就更显得陌生、遥远。十四年矣,世事人事皆非,令人不堪回首。艾青一家在北京无处落脚,只能暂住小妹希宁在西单背阴胡同二十八号的家,房子一下变得拥挤起来。艾青听说,他原先那个丰收胡同的“家”已更换主人,十八间房子被尽数占去。[②] 心里感到一阵凄然。

艾青毕竟已是六十三岁的老人,求医看病,上下挤车,连日奔波,竟有吃不消之感。常常是高瑛先挤着排队挂号,然后艾青再坐在医院的长椅子上等候“叫号”。有时运气好,一上午能被叫上号,从门诊出来却已是中午 12 点多,难免饥肠辘辘,不胜疲劳。若赶上病人多。坐等一天而

---

① 《致雯娟》,《艾青全集》第 4 卷第 563、569—571 页。

② 据蒋希宁回忆,艾青与高瑛刚结婚时,在北京东城丰收胡同购得一个四合院,共十八间房,每间房里均置一套红木家具。因高瑛年轻,以为去新疆石河子不会长久,故对房产未做处理,家具全部留下。但没想到,这一去竟十几年,房子也全部被人占据(据 1996 年 6 月 5 日谈话)。

无结果，也是常有的事。但艾青毕竟是怀抱“希望”而来，虽疲惫不堪，却无丝毫怨意。这种心情，在致李纯青、谈家芳夫妇的信中有所流露：“我经同仁、中医研究院、首都这三家医院的眼科多次检查，一致认为右眼复明已不可能，现在只有设法保护左眼。中医研究院已为我开了药方，买的药也足够半年的需要。请放心。”又说，“如有可能，明年再来，那时上定来拜访你们。”[①]谈家芳是艾青常州女师时的学生，艾青在京医治期间，她与丈夫李纯青竭尽学生之责，为老师四处张罗，使多觉“不适”的艾青感到莫大安慰。

治病之外，意外的收获是见到了老朋友江丰。从50年代后期起，两人音讯隔绝，生死不知，这次竟能相见，自然感叹不已。江丰当时住在复内大街一五二号，虽未下放，人却憔悴，本来言语不多的江丰更显沉默。从他这里得知，丁玲、陈明现在北大荒某农场务农，何其芳被揪斗，周扬倒台后被捕入狱，萧军还在抚顺，生死不明。听到这些消息，一种荣辱无常、世事艰险的感觉立即涌上艾青心头。他还听说，中央虽解放了一批老干部，但对文艺界没有任何新的动作。这次“治病”，艾青另有一个意图，即打探消息，再决定后半辈子的“去留”。上述“小道消息”无疑深深刺痛了他，何日能够返京，真正是“遥遥无期”了。这番感受，也使两个老朋友的离别显得分外凄凉。9月下旬，艾青全家离京时，江丰赶到北京火车站送行。话虽没说，但两人心知，今生今世能否再见上一面，真是“孰难料知”了。江丰不禁热泪潸然，艾青亦然，但都转过身去。人啊，谁知今生今世还会有何变故……

---

① 《致李纯青、谈家芳》，《艾青全集》第4卷第572页。

六　患难之交

艾青携高瑛、艾丹乘车经济南、南京、杭州到达金华，在金华海济家稍事休息，再与海济、海涛夫妇一同返回故里。距他 1953 年回乡，正好是二十年。对这次返乡，他颇有感慨，后来追忆说："这次在老家受到你们热情的款待，乡亲们也对我们非常好，虽然时间很短，却使我们终生难忘。家乡送我们的茉莉花茶，已经博得许多人的赞赏了。这些年，我经常听到曾到过金华的人反映故乡的生产和生活怎么好，百闻不如一见，这次旅行的确给我们留下了深刻印象。'鱼米之乡'，真是名不虚传。假如像大队支部书记所说春节时可以有了电灯，那就再好也不过了。"①艾青以"戴罪之人"的身分受到亲人和大队干部的接待，自然是十分感激的。这封信虽然不免有夸大之词，但确也反映了他的真实心情。

他在家大约住了五天，于 10 月上旬踏上归程。因老友黄源、莫朴现居杭州，遂打算先看朋友，再转道上海返回新疆。未想，却因此结识了莫朴的学生、青年雕塑家徐勇良，并成为忘年之交。徐家居杭州，但为上海画院的画家。他为人慷慨仗义，又慕艾青诗名，自然不仅成为艾青一家游西山公园、柳浪闻莺和苏堤的义务向导，往返车票定购等极难之事，也由他尽悉包揽，令艾青大为感动。返回石河子之后，艾青立即致信徐勇良，在信里大动感情：

勇良同志：

"桃花潭水深千尺，不及汪伦送我情。"和你认识是偶然的，

① 《致雯娟》，《艾青全集》第 4 卷第 574 页。

时间也很短促，但是印象却太深了。你帮助我们克服了多少困难啊，你的热情，将永远铭刻在我们的心中！

在离开你的第三天，我们在乌鞘岭遇上了大雪纷飞。13 日安全到达石河子。请勿悬念。

再一次的谢谢你和你的夫人冯大夫。小蒙蒙像一片曙光的脸多么可爱。很希望能有一张她的照片。

祝你全家生活在幸福之中！

艾青、高瑛

1973 年 10 月 18 日

对晚辈引用这一著名的“典故”，着实有些言重了。由此可见，在那个人心悬危的年代，艾青对不畏风险、热诚相助的人的感念之深。无以相报，也使艾青颇费脑筋。恰在左右踌躇之时，一位熟人欲回杭州省亲，艾青立即托其带给徐勇良一袋葵花子，聊表心意。但此人又突然不走，令他略觉失望，于是致信徐勇良：“本来早该写信给你，因前些日子有一个美术工作者(也是杭州美专毕业的)说要到杭州探亲，我已准备了一袋葵花子请他捎给你，等了半个多月，又说暂时不走了，因而把事情耽误了，实在对不起。”[①]八天后，听说有人将去上海，又忙写信说：“勇良同志：前国立艺专同学张一弓同志因交涉出版画集事到上海，现托他带上葵花子一小袋，作为给你的新年礼物。”[②]算是了却了一桩心事。

知道艾青喜欢收藏书画，这年底，徐勇良寄来画家唐云作的一幅山水画，并亲自细心裱过。过了一阵，艾青乘一位上海知青回沪之机，托其

① 《致徐勇良》，《艾青全集》第 4 卷第 578、583、587 页。

② 《致徐勇良》，《艾青全集》第 4 卷第 578、583、587 页。

为徐带去点吃食,并又致一信,说:“带一包西瓜子给你,过年时可以消磨时间,这种瓜子是专门为收籽而种的。”并热心介绍吃的方法:“你可以自己炒一炒或煮一煮——因为它是淡的。”[①]1975 年 3 月 22 日,农八师职工胡秀英由沪返石,带回徐勇良赠艾青的一些食品,29 日,艾青去信道“你托她带的花生油一桶、清油两瓶、海米一包、银鱼一包、小核桃一袋,均已如数收到。收到后,使我们心里很不安。老这样让你破费怎么得了!”[②]石河子虽然供应匮乏,据人回忆,当时艾青的处境已有“好转”,享受行政十三级待遇,加上新疆与内地的“地区差”,月工资约二三百元,不致没有饭吃,更非“地窝子时期”所比。[③] 相比之下,徐勇良工资较低,且与妻子分居两地,来回往返免不了花钱。正因为心里极清楚,艾青对徐这种在非常时代里的“义举”格外感激。有一段时间,当他在北京和石河子之间“去向未定”,产生回杭州养老的朦胧念头之时,甚至有过“如果你能调到杭州,我们亦能到杭州,将来见面的机会就多了”这类不乏“天真”的设想。

人生苦短,而情谊却长。从 1973 至 1978 年的六年之间,艾青与徐勇良的私人通信竟有二十五封之多,这样的患难之交,在艾青与人交往的历史中,是颇为罕见的。艾青在石河子后期的心理状态,由此可见一斑。

---

① 《致徐勇良》,《艾青全集》第 4 卷第 578、583、587 页。

② 《致徐勇良》,《艾青全集》第 4 卷第 578、583、587 页。

③ 据江文 1996 年 6 月 6 日在北京木樨地寓所的谈话。

第十一章　重返北京（1975.5—1996.5）

一　寄宿王府仓

一日，艾青正在伏案看书，左眼里忽然有种异样的感觉。书上的字逐渐变得模糊起来。揉揉眼睛，眼前仍然混沌一片。往师部医院检查，诊断为左眼视力减退，建议转院治疗。这对“大部分时间消磨在阅读上”的艾青来说，是一个沉重的打击一年多前，对左眼抱有幻想的他，曾以宽慰的口气对友人说：“人的一生总难免要有所耽误。而对我来说，能保全一只眼睛看看瞬息万变的世界也就心满意足了。”还幽默地打趣说，“人身上为什么有两只耳朵、两只眼睛、两只手、两只脚……难道不是有意要给予‘备料’吗？”[①]这一次，他幽默不起来了。

1975 年 5 月 5 日，艾青单身赴京求医。先住西单小妹家，高瑛携孩

① 艾青：《致李纯青、谈家芳》，1973 年 12 月 9 日。

子来京后,又移往史家胡同。从此,艾青再也没有回石河子。

1975 年的中国,对每个人来说,都是异常压抑和沉重的。1 月 5 日,中共中央发出第一号文件,任命邓小平为中共中央军委副主席兼中国人民解放军总参谋长。1 月 8 日,中共中央十届二中全会在北京召开,决定召开四届人大。1 月 13 日至 18 日,四届人大第一次会议召开,确定了以周恩来、邓小平为核心的国务院领导机构,从会上透露出"安定团结,把国民经济搞上去"的重要信息。艾青注意到,王震被重新起用,出任国务院副总理。然而,正当邓小平对国民经济着手"全面整顿"的时候,8 月份,毛泽东忽然发动批《水浒》,言有所指地批"投降派";这年冬,又发动"反击右倾翻案风"运动。艾青惶然地注视着事态的变化和发展,同时对国家和个人的命运忐忑不安。

艾青蛰居西单背阴胡同的日子,可以说是灰色而暗淡的。牛汉的回忆说:

> 冬天,在下班回家的路上,我拐到西单副食唐想买点熟肉,排在买猪头肉的队伍里。偶然抬起头来,看见排在前面的一个老人,穿着脏兮兮的旧黄棉军装,头上戴一顶战士的冬帽,从侧面看,那颧骨,那肤色,真像是艾青。于是我走到前面去就近看看,果然是分别近二十多年的艾青,他也在排队买猪头肉。我禁不住地喊了他一声:"艾青!"(这一次是由我喊他了!)艾青怔怔地看着我,一下子认不出我是谁:"你是谁?"他望着我高高的个子,想了想又问:"是牛汉吧?"我说:"我是牛汉。"艾青嘟哝着:"咱们都活着……"艾青和我禁不住地拥抱在一起,想不到他在我的脸颊上实实在在地亲吻了一下。我和他早已忘记了买猪头肉的事,面对面仔仔细细地相互看了好一阵,两人终于

> 爽朗地笑了起来。我已经有多少年没有这么笑过了。他告诉我，他从新疆来，他的右眼失明了，是来北京治眼睛的。他住在妹妹家——一个叫前英子的胡同，一向粗心的我把门牌号忘了，几次找他都没找到。一两个月之后，才在西城王府仓四号找到了他。①

在牛汉眼里，岁月的风尘早已使昔日的艾青面目全非，"脏兮兮"的"旧黄棉军装"，"戴一顶战士的冬帽"，目光也近于呆滞。而对于艾青来说，首先是治病，在那个时候，人心惶惶，医生没心思看病，病人只是捱着时日而已。石河子倒是发着工资。北京这边却毫无"解冻"的迹象，何去何从，心里实在一片茫然。高瑛带孩子一来，妹妹家本来狭窄的住房，更是人满为患，寄宿也成了问题。艾青于急难之中，突然想起了王震，他是新的副总理，能否求助于他呢？于是匆匆写了一信，托江丰转交，江丰也一时"投信无门"，最后只好送到了农业部，结果是石沉大海。乱世之中，风云突变，没有常数，人人都有为难之处，艾青倒有些释然。

不久，经人介绍，艾青全家迁入西城的王府仓四号。这是一个大杂院，雨天一片水洼，晴日则多灰土。这间东房是一位喜爱文学的工人让出的，原来只是放些杂物，地面潮湿，光线较暗。据牛汉说，那是"一间十平方米大小的简陋的平房，床的上空架着防地震的家什"，②除一张双层床、一张单人床之外，引人注目的是两个小旧书柜，再就是几轴齐白石的画，说明主人那种落难之中的文化人身分。③ 住下后，因为是外地户口，自然难处颇多。每逢买油、肉、豆制品时，总有热心的街坊给高瑛送来副

---

① 牛汉:《一颗不灭的诗星——痛悼尊师艾青》,《收获》1996 年 2 期。
② 牛汉:《一颗不灭的诗星——痛悼尊师艾青》,《收获》1996 年 2 期。
③ 牛汉:《一颗不灭的诗星——痛悼尊师艾青》,《收获》1996 年 2 期。

食本，说："给艾先生买点吃食吧。"艾青见状深有所感。1976 年 7 月 28 日，唐山地震的余震波及天津、北京，就在当天，艾青全家逃离王府仓四号，在大雨之中到阜成门的工地上避难，达四个小时之久。晚上不敢进屋，只好在一个胡同口待上一夜。第二天，仍不敢回去，在阜内大街副食商店门前过了一个通宵。第三天，因余震不断，回家无望，索性住进在马路边临时搭成的防震棚里。在艾青一生中，像这样狼狈的状况还不曾有过。六十多岁的老人，毕竟经不起这么折腾。整天在防震棚里枯坐，也难免厌烦。他在致徐勇良的信中描述了自己的景况："从地震之日起，我们的生活秩序完全打乱了。……过得真像抗战期间敌机轰炸下的生活。所有商店都关门——有的改为衡头'临时服务站'。食品只卖火烧，间或小包子和米饭。都是排队，买了就走。"又说，"街上，除中间可行车辆之外，两边都是窝棚。"末了又附上一笔，"昨天，黄源同志也来信了。他促我迁入杭州。"[①]在危急之中，他突然又想起了大弟，于是找到了另一个倾诉对象："我们在北京已住了十六个月，本想趁此机会能决定去向问题，惟这一年多的时间里，一事无成，仅图温饱而已。退休之事，至今未谈，工资还是由新疆按月寄来。目前又是震灾时期，谁也顾不上谈个人问题，只有等待。"11 月 2 日，他在致友人书中吐露了苦衷："我们和王之闻仍保留着间接的联系。至于到杭州还是在北京住下去，都只有看形势发展来决定……王仍在医院中，较之一个月前，身体好多了。"[②]"王"是指王震，他政治处境的好坏，对艾青的"去留"显然有直接影响。不便说出、或不好说出，是情有可原的。据说，艾青"排遣"苦闷的方法，是从防震棚里出去"遛弯儿"，盲目地在街上四处看，至少可以暂且忘却痛苦。

---

① 艾青：《致徐勇良》，1976 年 8 月 15 日。

② 艾青：《致徐勇良》，1976 年 11 月 2 日。

但这不免要与高瑛发生口角。他在给友人的信中苦中作乐地说:“告诉你,我从开始到现在都十分镇定,因而和小高免不了发生矛盾——她不让我上街。我每天都上街。”因为那里“照样人很多”。① 其中,不免又有老人身上通常都有的“孩子气”,令人哭笑不得。

在百无聊赖之中,与友人的往来,则是令艾青感到快慰的事。骆宾基、秦兆阳和牛汉是常去王府仓四号的几个人,因为大家都没有“解放”,自然要“夹着尾巴做人”,不便议论国事的。艾青似乎又恢复了在东总布胡同的“生活”,聊聊天,碰上有好吃的,就顺便“咂”上一口;在高兴时,他还会展示收藏的齐白石老人的赠画,与大家一起欣赏。文人相聚,自然会产生“写”的冲动,苦于没有稿纸,这心绪又无从发挥,于是,牛汉从人民文学出版社通过“私人关系”弄来一千张稿纸,算是解决了燃眉之需。据江丰之子江文后来回忆:“艾伯伯当时的表现是很冲动的。有一段时间,他每天总是清晨3、4点起床,写点诗,然后6点钟出发,步行一个多小时,从西四走到我们住的复内大街一五二号,这时约7点钟,全家还没起床。他把诗拿给父亲看,没有诗时,就找爸爸聊天。”江文回忆说,“他们俩在一起时,多半是艾伯伯开玩笑,爸爸沉默的居多。但两人的心是息息相通的。我们家盖一间小房,艾伯伯就让艾未未、艾丹来帮忙和泥、铲土。地震时,他家在东房外加一间小房,爸爸便叫我去当‘临时工’,天天如此。当时,未未读高中,丹丹还在读小学,高阿姨没有工资,艾伯伯每月有二百元钱,因为未未要跟工艺美院的郑可先生学画,买颜料,再加上其他开支,他们的生活是很清苦的。困窘之中,不免会有非分之想,有次两人谈话,甚至天真地想去求周巍峙帮忙。周是延安时的老人,当时

---

① 艾青:《致徐勇良》,1976年8月15日。

正担任文化部长。”[①]

1982 年 9 月江丰去世时，艾青来为老朋友送行。在江丰木樨地的寓所里，他感伤地说：“外面人都说艾青江丰，江丰艾青，现在江丰却不在了……”话未说完，眼泪就流了下来，说不下去了。五十多年的莫逆之交，在日子刚刚好一点的时候即离他而去，这却是困在王府仓的艾青所没有想到的。

二　在“四五”的日子

就在艾青以与友人的聚散打发暗淡的日子的时候，一个震惊中外的事件爆发了。

1976 年 1 月 8 日，国务院总理周恩来因病去世。艾青从小道消息中得知，10 日，各个方面的负责人在北京医院向周恩来遗体告别。11 日下午，成千上万的市民自动集聚在通往八宝山的十里长街两侧，默然肃立，为灵车送行。

他与周恩来在 1940 年即有交往。当时，周恩来到重庆北碚的育才学校参观，闲聊了一阵之后，他对艾青说：“像艾青先生这样的人，到延安去可以安心写作，不愁生活问题。”后来，艾青到延安，果然是他安排的。整风时，艾青得以解脱，听说与周恩来的“说项”也有关系。在艾青的印象里，周恩来非常注意仪表，很有修养，而且敏感细心，经常在你不注意的细节中，说出关切的话来，因此在重庆进步文化界，是深得人心的。周恩来在中央上层的特殊位置，使艾青预感到，国家生活将会失去某种“平衡”，具体是什么变化，却是他无从料知的。

---

① 据江文 1996 年 5 月 15 日回忆。

3 月 19 日,北京市朝阳区牛坊小学的红小兵在天安门广场的人民英雄纪念碑前,献上第一个纪念周恩来的花圈。虽然已有"预感",但听到这个消息,他还是吃了一惊。对于参加过人民纪念碑奠基仪式、深知它的历史含义的艾青来说,知道这一个纯粹来自民间的举动将意味着什么。胡同里的人已开始议论纷纷,对"上面"压制纪念活动,以及在《人民日报》上淡化这方面的消息,隐隐流露出不满。友人来访,告知这几天天安门广场的花圈越来越多,而且贴出了许多旧体诗词。过了几日,更惊心动魄的信息接连传来:24 日,天安门派出所的民警开始检查送花圈的单位和个人,但目的不明;30 日,有人在人民英雄纪念碑南侧贴出了一张公开批判王洪文、张春桥、江青、姚文元的大字报;一些人自发地在广场上举行悼念仪式,其中有市公安局的便衣混在里面;4 月 1 日,有所谓"总理遗嘱"和"总理给主席的诗词"的传闻;一位外地青年在纪念碑上贴出"欲悲闻鬼叫,我哭豺狼笑。洒泪祭雄杰,扬眉剑出鞘"的诗词,其意所指,已十分明显;4 月 2 日,北京重型机械厂工人制作的第一个铁花圈送进广场。中国科学院一〇九厂职工在纪念碑上立起四块巨型诗牌,上写:"红心已结胜利果,碧血再开革命花。倘若魔怪喷毒火,自有擒妖打鬼人。"极为引人注目。

一天,艾青正在江丰家里闲谈,江文从外面兴冲冲地回来,拿出刚抄回的天安门广场的诗词给他们看,两人不禁失色。江丰厉声喝道:"你知道就是了,还抄它们干什么!"艾青也叮嘱他要"小心为是"。这一幕,给江文留下了极深的印象。[①] 但在内心深处,艾青有更复杂的心理活动。这却是江文无法理解的,在后来所写的一篇文章里,艾青曾忆及自己当时的心境:"'反抗'两个字是属于精神范畴的、抽象的名词。'哪里有压

① 据江文 1996 年 5 月 15 日谈话。

迫,哪里就有反抗’。反抗天然地产生予受迫害的人。难道还有迫害人的人需要什么反抗吗?”然而,他又自问,“作为一个民族,作为一个要求生存权利的个人,遇到连续的迫害该怎么办呢? ……这也只是从受到‘无休止地扑过来’的‘礁石’的角度上所应采取的态度——它还有什么别的办法吗?”[①]引人注目的是,从40年代至今,艾青的思考再一次回到“个人”的敏感话题上面。在面临“选择”的紧要关头,他重新意识到了个人生存的价值、意义。一场变动突然唤醒了艾青的知识分子良知,而这个“变动”正巧来自被标榜为“最最革命”的历史,对艾青来说,它未免不是一个残酷的玩笑——虽然它来得已经太迟、太迟!

注意到艾青思想微妙的变化,就不难理解,1976年4月4日那天,他为什么会冒着一定的风险,出现在天安门广场,还让人拍下了一张珍贵的“历史照片”。伫立广场,艾青突然感到了一阵悲怆。远远看去,人民纪念碑陷在花山人海之中,四周的松墙和铁链上,系满一朵又一朵小白花,像是积了一层厚厚的雪。再往前走,一幅挂在柏树上的白色条幅引起了艾青的注意,这篇题名《清明诔文》中写道:“呜呼,悲哉! 栋梁之折,砥柱之毁,悲于原野、哭向逝川。天地英雄气,千秋尚凛然!”他心想,诔文乃古时叙述死者生平,表示哀悼的文章。作者古文功底显然深厚,他以“诔文”的形式写诗,是把周恩来当作痛失的亲人,或是故交知已来看。国人悲到极处,即回到中国传统伦理的情景之中,人只有感到非常为难的时候,才会如此的詈。他注意到一篇署名“赤脚医生’”的文章,题目叫《给〈文汇报〉开的诊断书》,上云:“读贵报3月15日奇闻,真为你的身体担心,让我给你检查一下吧:哦,原来发了高烧;发烧引起精神错乱……”文章像是玩笑,但明显有讽喻之意。在“文革”中,《文汇报》算是一个重

① 艾青:《在汽笛的长鸣声中》。

要喉舌，文章所指，人所尽知。再往前走，见有许多人围着抄写什么东西，他挤上去一看，是一首题曰《向总理请示》的短诗：

黄浦江上有座桥，
江桥腐朽已动摇。
江桥摇，
眼看要垮掉。
请指示，
是拆还是烧?

普通劳动者　　丙辰清明

他不由对作者的“大胆”，感到非常惊诧。惊诧之余，四方望去，围抄的人仿佛对随时可能出现的“危险”毫无察觉。他忽然意识到，一个时代结束了。虽然，对它将要导致的局面，艾青隐隐地感到惶恐不安。他就是怀着这种心绪，在广场的东侧，目睹了一个青年工人手执半导体喇叭朗诵诗的：“……人民在想，在哭，在想着您，更重要的是，人民已经挺身捍卫您了，不，是捍卫人民自己的利益，您和人民本身就是一体……”人群中有人嚎啕大哭起来，大家向传来的哭声望去，见是一位警察在那里放声痛哭。紧接着，朗诵者的声音也变得呜咽起来，听众中已有不少人泪流满面。艾青一言不发地走出广场，一路上，人群还在朝广场里涌动。

第二天下午6时25分，天安门广场的高音喇叭反复播放北京市市长吴德的广播讲话，称：“今天，在天安门广场有坏人在进行破坏捣乱，进行反革命破坏活动革命群众应立即离开广场，不要受他们的蒙蔽……”气氛骤然紧张。6日凌晨，据说有三万余名首都武装民兵、公安干警和卫戍部队的士兵手持术棍冲进广场，对尚未撤出的群众进行毒打，并有几十人被捕。艾青先是听到消息,不久被广播所证实。他沉默了,据说亦没有留下只字片纸。

三年之后的一个清明节,他终于打破沉默,写出诗作《清明时节雨纷纷》:

看不见的线
牵引所有的人
从四面八方
到天安门广场
天气很冷,很冷
柏树的围篱上
白白的,白白的
好像昨晚下了雪

这是一个老人的眼睛所观察的"历史情景"。艾青突然间感觉自己老了,他再不会像广场上的青年人那么冲动,用青年人特有的热血,去做时代的悲剧英雄,而是把痛苦深深地埋在心底。那么,沉默之中的艾青在想些什么呢?

三　"诗要说真话"

1976 年 10 月 6 日,艾青得知"四人帮"倒台的消息。刚开始,他以谨慎的态度观察着时局。二十年来,一直处于压抑之中的生活,让他变得谨言慎行。然而,形势急转直下,"文革"结束的"迹象"也越来越明显。从中,他看到了一丝希望。11 月 2 日,在致徐勇良的信中,艾青一反原先的矜持,告诉这位忘年之交:“揪出‘四人帮’,举国欢腾:北京热闹了好几天。不知杭州的情况如何?”[①]一个月之后,他又谈到自己最近的“变化”:“我最近也在尝试写一点东西,不少朋友在鼓励我……”[②]第二年,元旦刚过,他在一封给蔡其矫的信中描述了急剧变化的心情:“在整整一个多月的时间里,我是很紧张的。我每天两三点钟起床,不停地写呀写,写了改,改了抄,抄了再改,怎么也放不下。你会问我写什么?写‘诗’。你知道,我已有十多年不写东西了,恢复起来是很吃力的。写了有什么用?写就是为了唤起自己对当代发生的事情的应有的热情。去年是我劝你不要写,如今又是我劝你写,赶快写,多多地写。……昨天我还以为诗要写得含蓄一些;今天我却认为能痛快地大喊大叫也是好的!”末了,又追加一句,“再不喊叫,更待何时?”[③]三日后,他在致吕剑的信中更明确表示了自己对时局的“关切”:“近日天安门前,群众诗词很多,有的写得很好,我已从孩子的抄本中读到一些。”[④]

种种迹象表明,艾青要出来“说话”了。5 月 1 日,他在听郭兰英演唱后写的《我爱她的歌声》,最早发出了这方面的信息:“这歌声很熟识/却已经好多年没有听见/好像是在梦里/好像离得很远/好像早晨的港湾/汽笛响在天边……悲哀如此深沉/音符里浸透了泪水/从抑扬的节拍里/发出了捶胸顿足的、扶棺痛哭的声音。”与其说他在听人唱歌,莫如说是“听”到了自己内心里所发出的声音。压抑太久,以致觉得现实也像是梦;也许憋闷得太久了罢,刚刚说话,那声音却像是“扶棺痛哭”。艾青的“表现”,并不让人奇怪。1977、1978 两年之间,局势阴晴不定,乍暖还

---

① 艾青:《致徐勇良》,1976 年 11 月 2 日。

② 艾青:《致徐勇良》, 1976 年 12 月 6 日。

③ 艾青:《致蔡其矫》,1977 年 1 月 9 日。

④ 艾青:《致吕剑、宗珏》,1977 年 1 月 12 日。

寒,难免叫人不知所措。翻翻那两年的文学期刊,人们会不禁为历史的苦涩而哑然失笑。一年后,艾青又为《文汇报》写了诗作《红旗》,并苦涩地告知友人,他是“扛着红旗回来的”。[①] 为什么会显得吞吞吐吐、欲说还休呢?在他看来,都是因为人们心有余悸、不敢说真话的原因所致。要想写出真正的诗,就不能不首先打破这道无形的禁锢。于是,他著文大声疾呼:“诗人必须说真话。”

> 常常有这样的议论:某人的诗受到欢迎,因为他说了人们心里的话。我以为这种议论不够全面。全面地说,某人的诗受欢迎,因为某人说了真话——说了心里的话。
>
> 人人喜欢听真话,诗人只能以他的由衷之言去摇撼人们的心。诗人也只有和人民在一起,喜怒哀乐都和人民相一致,智慧和勇气都来自人民,才能取得人民的信任。
>
> 人民不喜欢假话。哪怕多么装腔作势,多么冠冕堂皇的假话都不会打动人们的心。
>
> 人人的心中都有一架衡量语言的天平。[②]

艾青的说“真话”还包含另一层意思,即诗人应该有人格,不能见风使舵,“谁得了‘势’就捧谁,谁‘倒霉’了就骂谁”。更不能像看“天气预报”那样的写诗。在《新诗应该受到检验》一文中,他对不能说真话的社会现象做了透辟的分析:“为什么人们不说自己心里的话呢?因为说真话太危险了说真话容易触犯权势者,说真话会招来严重的后果,说真话

① 据牛汉 1996 年 3 月 6 日回忆。

② 艾青:《在汽笛的长鸣声中》。

得到的惩罚是家破人亡。”紧接着，又进一步把这一思考向中国的历史经验中延伸，说：“历来的文字狱都是可怕的，而且规模太大了，延续时间太长了，受株连的人数太多了。”并愤慨地质问：“多年来的教训还不够深刻吗？”[①]他听说，因写关于他的评论，当时还是武汉大学中文系学生的晓雪、叶橹都受到了株连，叶橹还被打成右派，最后落到在南京某街道办的运输点为人拉板车的地步，情形十分凄凉。当他的诗作《红旗》在上海《文汇报》上刊出时，不少因爱他的诗而受累的读者朋友奔走相告，有的人甚至失声痛哭，说：“艾青还活着，他还活着！”这些消息令艾青痛心疾首，坐卧不安。

因此，他的笔锋直指“极左文艺思想”和“艺术民主”这两个敏感的问题。他从自己命运的浮沉中痛切地意识到，极左的思想一日不除，将国无宁日，老百姓也别想安居乐业，作家要想真诚地表达自己，几乎是不可能的。针对某些国民身上的“四人帮”健忘症，他提醒人们“勿忘历史”：“‘四人帮’的罪恶是一百年也写不完的。写了这些经历，无非让后世的人得到教育：封建法西斯的统治再也不能重复了。”同时，他也警觉地发现，虽然封建法西斯的统治在体制上已经完结，但在一些人观念里，不仅没有连根拔掉，反而存在着死灰复燃的可能，有人“又在动手裁剪纸头、准备制造各种类型的帽子，忙着寻搜棍子，准备‘文攻武卫’了”。“他们的哲学很简单：只要学会打人，就可以冒充‘左派’。他们里面有过去就是打过人的，有的是捞到油水的，所谓‘既得利益者’。”[②]事实上，这个问题触及了封建法西斯统治的基础——国民性的尖锐命题。艾青曾直言不讳说过，他的创作是受过五四文学很深的影响的。也就是说，五四文

---

① 艾青：《新诗应该受到检验》，《艾青全集》第 3 卷第 410、411 页。

② 艾青：《新诗应该受到检验》，《艾青全集》第 3 卷第 410、411 页。

学关注的核心问题，如个性解放，彻底的反封建精神，不仅是他一生创作的主题，也成为他“对当代发生的事情”表示关注的一个重要焦点。如果说，从30年代到今天，艾青思考得最多的是人的命运，人是否最大限度地获得了个人幸福，在人性遭到前所未有的摧残的70年代初期，这个问题变得更加令人焦虑，而且日愈急迫了。这就是他的人的理想的结构：人民的权利—政治民主—艺术民主。人民是否拥有正当的权利，是实现政治民主的绝对前提，而政治民主则是艺术民主的体制上的保障。他认为，“真正代表人民的声音是无办法压制的。即使把泡沫塑料塞进嘴里——甚至割断喉管，也扑灭不了真理的呼声。人民的眼睛是被泪水擦亮的。人民的耳朵是被魔笛的声音震醒的。现在的中国人民，不是十年前、二十年前、三十年前的中国人民了。”①那么，所谓艺术的民主如何去实现呢？在题曰《我对新诗的要求》一文中，艾青发表了自己的见解：

> 比什么都重要的是政治上的民主；只有政治民主了，才谈得上艺术民主。对诗人的要求是更能听从自己的意志，比较自由地工作。
>
> 对于主题和题材没有固定的要求，能写什么就写什么。主要看你怎么写。
>
> 有人问我是怎样工作的？我是比较不受约束的。无论内容和形式都按照自己的兴趣和习惯的手法写。
>
> 经验证明：凡是属于应时的，或者说，属于时事性的东西，常常是不持久的。
>
> 这样说，是不是诗人应该离开时代的要求？是不是应该和

① 艾青：《新诗应该受到检验》。

人民的关系疏远了？是不是要背离现实而工作？当然不是。诗人所要求反映的真实，是更深刻的真实。或者说，是属于最广大的人民群众的、更持久的真实。

诗人应该考虑得更多些、更远些、更成熟些。也只有这样，诗才可以避免成为时事新闻。

在这里，艾青认为艺术的民主与“听从自己的意志”，能够“比较自由地工作”是同义的，它不受“主题和题材”的限制，更重要的是，应该与“时事新闻”担负着不同的社会功能。在刚刚解冻的70年代末，这种言论是相当尖锐和大胆的。然而，细心的人们会发现，它与艾青一贯的诗学思想是一脉相承的。30年代末，当文艺界围绕“与抗战无关论”发生争论的时候，他连续发表了《诗与宣传》等一系列文章，彰明自已的观点。一方面，他反对文艺背离人民的要求，但也反对把文艺变成紧跟时事的新闻报道。40年代初，当延安文艺界提倡街头诗，并出现排斥文艺的艺术倾向时，他明确地坚持诗“应该考虑得更远些、更成熟些”，而不能对时尚趋之若鹜。50年代，在异常困难的时候，他还写下《礁石》一诗，声称：尽管“它的脸上和身上/像刀砍过的一样/但它仍然站在那里/含着微笑，看着海洋……”在普遍的蒙昧之中，留下了自己遗世独立的声音。

正是在这种不乏激切、也不免忧心忡忡的状态下，艾青告诉友人，“我逐渐在恢复‘创作’的心情”。① 一月有余，又说：“我……每天早上二三时起床，可以工作三四小时，陆续写了几千行，放着，等有朝一日需要了即可付梓。”②这表明，已入晚境的他正在酝酿着他一生中的另一个创作的高潮。

① 艾青：《致徐勇良》，1977年9月17日。

② 艾青：《致徐勇良》，1977年10月24日。

四　《光的赞歌》及其他

1978年初春,西城区区长听到关于“艾青先生住房情况窘困”的传闻,来到王府仓四号,见房子极狭窄,竟无法坐下人来。于是,着人在东城史家胡同二十七号借了五间平房,算是解了艾青的“燃眉之急”。从此他有了个人的“空间”,这对艾青的写作有着重要的意义。

他每天都在伏案写作。某日早晨,他为自己在石河子漫长的“蜗居”生涯所触动,沉痛地写下诗作《鱼化石》,检讨自己精神的麻木,诗云:“但你是沉默的,/连叹息也没有,/鳞和鳍都完整,/却不能动弹;/你绝对的静止,/对外界毫无反应,/看不见天和水,/听不见浪花的声音。”5月30日,因看日本画家东山魁夷的个人画展有感,写出《东山魁夷》,叙及对久违了的美的感受:“好像是幻觉,/好像是梦境,/人和自然得到谅解,/自然赋予人的心灵。”他深深惊讶的是,自己迟钝了的艺术感觉竟能得以恢复,与画中的林间瀑布、沼中倒影之间居然有种“高度的默契”。据高瑛说,刚开始艾青对自己是否还能写诗颇多怀疑。① 毕竟已是古稀老人,是否还有艺术的第二次青春,像晚年的歌德那样写出不朽的长诗《浮士德》。值这种疑虑,到写《小泽征尔》一诗时,已经烟消云散。这年暮春,日本大指挥家小泽征尔先生率团来华演出,艾青在电视里看了他不同凡响的指挥。刹那之间,通过小泽征尔魔幻般的指挥,他突然感觉到,那个沉睡有年的“自己”苏醒了。诗中几节,表面是写小泽征尔,但分明是在对苏醒了的自己“说话”:“把众多的声音/调动起来,/听从你的命令/投入战争;/把所有的乐器/组织起来,/像千军万马/向统一的目标行

① 据高瑛1997年9月21日回忆。

进……/你的耳朵在侦察,/你的眼睛在倾听,/你的指挥棒上/跳动着你的神经……/突然如暴雨骤至,/雷霆万钧,/你腾空而起/从毛发也听到怒吼的声音。"兴奋之余,却不免想到世间的种种阴差阳错:1975年春第二次赴京求医,自己曾萌生晚年退隐乡里,了却残生的念头。幸得江丰阻止,这才决定转道杭州。江丰的说法是,你一个"牛鬼蛇神"到了金华这种小地方,别人还不把你往死里去整?于是突然闪过一个念头:倘如江丰说的那样,自己还能坐在窗前胡思乱想吗?大概更不可能像今天这样大声疾呼了罢?在这种晦暗的心境里,便有了"我与伞"的对话。

早晨,我问伞
"你喜欢太阳晒
还是喜欢雨淋?"
伞笑了,它说:
"我考虑的不是这些。"

艾青复出写诗的时候,正好是六十八岁,人生接近古稀,已算是糊涂人生矣。老人的简单与晦涩,也不再是年轻人能够了然的。那么,他心底深处"考虑的"究竟是什么呢?

这年暮秋,艾青写下了震惊一时的长诗《在浪尖上》,算是一年来思考的总结吧。在这之前,在"四五"被捕的人陆续放出,冤案得到澄清。艾青听说,有一个叫韩志雄的工人特别勇敢,而且很有思想,便前去访问。在他那里,艾青听到了许多鲜为人知、惊心动魄的故事,受到很大的震动。据高瑛说,这首三百余行的长诗是艾青两天之内赶出来的,因非常愤慨,诗写得很快。不久,在工人体育场约有二三万人参加的一次诗歌朗诵会上,这首诗和柯岩的《周总理,您在哪里?》、白桦的《阳光,谁也不能垄断》受到听众的热烈欢迎。当朗诵到"一切政策必须落实,/一切冤案必须昭雪,/即使已经长眠地下的,/也要恢复他们的名誉"这些诗句时,每念一句,就在台下引起一片欢呼,有的人甚至当场痛哭失声。这给在场的艾青留下极深的印象,他感慨地说:"诗确应该是人民的代言者,它是人民的良知和朋友。"[①]又据高瑛回忆,起初《在浪尖上》是寄给《诗刊》编辑部的,柯岩不敢发表,专门来家里做艾青的工作,想让他改一下。艾青又把它寄给《人民日报》的袁鹰,袁鹰把诗发在"大地"文艺栏,结果引起很大反响,收到不少读者的来信。《诗刊》的人说,党报都敢发这样的诗,我们为什么还缩头缩脑的?于是立即予以转载。[②]

这件事引起了艾青的思考,他关心的是,一首普通的诗为何在人们当中产生差异如此之大的反应?而思想越来越敏锐的读者界,何以对自己这个老者感兴趣呢?有一次,他被邀请参加一个文艺座谈会,突然发现有一种"隔世之感",他后来回忆说,我"至少有二十多年没有进入这样的会场了。一走进这个会场却使我有点紧张,不知是'心有余悸'呢,还是'心有预悸'呢,总之都同样属于经验主义。我是过来人,是惊弓之鸟。听说有这样一幅未刊的漫画:鸟笼里有一只鸟,鸟笼的门是开着的,鸟在里面歪着头思考该不该出去。这件事可以说明鸟害怕,笼子外面的人也害怕。"[③]这使他发现了处在光明与黑暗之交的许多人心灵的隐秘,也可以说是一种隐痛。当一个人还不习惯过正常的生活的时候,生活却向他发出了正常的律令,这是一个多么难堪的历史处境。于是,他进一步发现了在人的这种总体处境中的"光明"与"黑暗"相搏斗的两个诗学主题,它们交叉着,激烈地较量着,就像一个随时可能把人吞食下去的巨大的

---

① 据高瑛1997年9月21日回忆。

② 据高瑛1997年9月21日回忆。

③ 艾青:《谈艺术民主》,《文艺报》1979年第3期。

漩涡。这个“发现”使艾青深感惊愕，他说：“1919 年的‘五四’运动到 1976 年的‘四五’运动，走了漫长的五十七年！而我们今天好像还在补五十七年前的课：要求科学，要求民主。我们怎能随便地抛弃这两面光辉的旗帜呢？难道我们中国人非得永远是愚昧无知、任人摆布的奴隶吗？”①然而，思考的日子是枯燥而单调的，从这年夏天直到深冬，艾青都陷入一种莫名的焦躁不安之中。于是，我们读到了他写下的这样一些文字：

越过了多次仅免于死亡的灾难，我总算在人间混了七十个年头……同行的朋友开玩笑说我是“出土文物”，我也高兴自己成了这个动荡的时代的幸存者。然而，我倒宁愿把自己看作是一个从垃圾堆里拣起来的、被压得变形了的铅制的茶缸，最多也只能用来舀水浇花而已。②

我今年六十八岁，按年龄说并不算老，但是，有许多年轻的朋友都死在我的前面，而我却像一个核桃似的遗失在某个角落——活着过来了。③

我这些年，一直在劳动改造。“劳动”“改造”这两个词都是好词，但一合并就成了“劳动改造”，就麻烦了。直到现在还有不少人在劳动改造，中央五十五号文件也不传达。水落石不出……④

---

① 艾青：《谈艺术民主》。
② 《〈艾青抒情诗一百首〉前言》。
③ 艾青：《在汽笛的长鸣声中》。
④ 艾青：《在粉碎“四人帮”后召开的第一次全国诗人座谈会上的讲话》。

无论是说在人间"混了"大半生，还是以遗失的"核桃"自嘲，或在"劳动改造"这个特定词组上面讥讽地绕口令，都反映出艾青想深刻检讨历史，但一时找不到更好的表达方式的曲折心境。某日，他正在窗前枯坐，树上的乌鸦忽然发出一声凄厉的嘶叫，令他不寒而栗。他记得，刚到"小西伯利亚"时，一天造反派拿他开心，给他糊了个高帽子游街示众，游街完毕，还勒令他把高帽拿回家去，说是下次再用。他不禁扪心自问：为什么自己在如此的侮辱面前，竟然毫无反抗呢？或者说，为什么更多的人在一夜之间丧失掉了生存的勇气，而盲目听命于另一个荒谬的律令？由个人的荣辱，艾青联想到了更深、更广大的社会历史问题……他不由得激动了。牛汉先生后来回忆说："一天黄昏，在史家胡同居室的暗淡的窗前，他兴奋异常地主动为我朗诵了刚写成的《光的赞歌》。"[①]他记得，艾青当时的朗诵，一会儿低低的而且沉缓，一会儿突然高扬，变得愈来愈急促愤激，他的金华腔的普通话里充满了对往昔岁月的反省以及沉痛的感情。只听他念道：

每个人的一生
不论聪明还是愚蠢
不论幸福还是不幸
只要他一离开母体
就睁着眼睛追求光明

世界要是没有光
等于人没有眼睛

① 牛汉：《一颗不灭的诗星—痛悼尊师艾青》。

航海的没有罗盘
打枪的没有准星
不知道路边有毒蛇
不知道前面有陷阱

世界要是没有光
也就没有扬花飞絮的春天
也就没有百花争妍的夏天
也就没有金果满园的秋天
也就没有大雪纷飞的冬天

世界要是没有光
看不见奔腾不息的江河
看不见连绵千里的森林
看不见容易激动的大海
看不见像老人似的雪山
要是我们什么也看不见
我们对世界还有什么留恋

念到这里，艾青的声音变得干涩、迟缓，念不下去了。牛汉看见，他的眼眶里溢满了泪水，声音也有些颤抖。艾青记得，1957 年秋的某天下午，中国作协在王府大街的文联大楼开批斗他的大会，主要发言的是××、×××、××三个人。他们显然是有准备而来，“上面”也有所“授意”，故一上台就气势汹汹，甚至连说带骂。艾青与三人是 30 年代的老朋友，1940 年在重庆时，同××还一度过从甚密，在反右运动中，亲朋反目并不鲜见,对他们为人所授,亦能接受。他最忍受不了的就是,他们在大庭广众面前把他个人的私生活当靶子,而且肆意渲染,随便拔高:比如,××把他与前妻韦荧的情感纠葛"曝光",声称,"他30年代在男女关系上就乱得很"。××也对他与高瑛的恋爱结婚大加"演义",而且极尽丑化。反右之前,××经常撰文,对他的诗大加吹捧;见他倒霉,立即著文声讨,后来听说他出的一本诗论中,关于批艾青的文章就占了三分之一。他还记得,一次在"小西伯利亚"的连队里挨批,几个出身不好的知青和想换工作的复员军人,跳起来拉着他又揪又扯,表现得非常坚决。他们显然把斗他当成了改变境遇的某种砝码。在艾青看来,他们和自己一样,在那个时代都是没有"罗盘"的可怜人。坐在观众席上的"看客"与被看的"角斗士"的命运是如出一辙的,无非是自已时代的牺牲品罢了。所谓的区别,不过是先与后、明与暗、早死与晚死而已。

凡是压迫人的人
都希望别人无能
无能到了不敢吭声
让他们把自己当做神明

凡是剥削人的人
都希望别人愚蠢
愚蠢到了不会计算
一加一等于几也闹不清

"他们要的是奴隶/是会说话的工具/他们只要驯服的牲口/他们害怕有意志的人"。令他震惊的是,这一思考促使他发现了"文化大革命"

的“秘密”:愚民。在这里,艾青提炼出一个尖锐的诗歌主题:光明与黑暗的对立,以及历史在这一过程中的全部复杂性。他指出:“‘百花齐放,百家争鸣’喊了多少年了。这当然是一个具有极大的号召力的口号,本身就是属于社会主义民主的口号,但一直没有真正地实行。所有的野心家、阴谋家,林彪、江青,还有大大小小代这帮家伙立言的所谓‘理论家’,既然仇恨人民,就必然反对一切属于民主的言论和行动。他们常常得意于愚民政策的法术。但人民总是要从实践中得到教育的。”[①]但他同时也意识到,“并不是人人都能适应胜利的局面”,[②]并深深觉察到认识这种复杂性的难度,“我所经历的时代……真是变幻莫测!”[③]在普天同庆、举国欢腾的时刻,而诗人应该负起什么责任呢?这正是艾青所严重关注的。因此,在《光的赞歌》中,他一方面热烈地鼓吹向黑暗开战:“曾经有多少年代/沉浸在苦难的深渊/黑暗凝固得像花岗岩/然而人间也有多少勇士/用头颅去撞开地狱的铁门。”另一方面,他意识到解决“光明”与“黑暗”的关系问题,绝不是一次性的,它不是一道简单的减法题,“我们从千万次的蒙蔽中觉醒/我们从千万种的愚弄中学得了聪明/统一中有矛盾、前进中有逆转/运动中有阻力、革命中有背叛/甚至光中也有暗/甚至暗中也有光/不少丑恶与无耻/隐藏在光的下面”。显然,这一思考是艾青30年代光明与黑暗主题的进一步延伸,其中淡化了往昔那种心灵的忧郁,却多了些老年人的冷静与睿智。尤其引人注目的是,对历史生活中“社会主义特征”的深入辨析与省察,成为他这一阶段思考历史问题的重心。

据熟悉艾青的朋友们说,“1978到1979年间”,是他“晚年创作最为

---

① 艾青:《谈艺术民主》。

② 艾青:《新诗应该受到检验》。

③ 艾青:《在汽笛的长鸣声中》。

旺盛的一段时间”。[1] 他的“沉默与归来，在我们那个年代具有一种典型意义”。[2] 情形也确乎如此。在史家胡同，艾青密切注视着时代的“变化”，不放过报纸上任何一个重要的消息。他敏感地意识到，历史虽然仍在打着漩涡，但毕竟以迅猛的气势向前发展了，没有任何力量能阻止这一符合人心天道的“变化”。感应着这一“气氛”，艾青在公开场合的发言也日益大胆。在一次关于诗歌的座谈会上，他大声疾呼诗人解放思想，说：“最笨的人也知道因气候不同而更换衣服。”[3]在《谈艺术民主》一文中，又借转述周恩来 1961 年关于文艺的谈话之机，借题发挥说：“请注意这段话开头的‘几年来’三个字。总理不说‘一年来’，也不说‘两年来’，而是说‘几年来’，是 1961 年说的，既然说‘几年来’，当然指的是 1961 年以前的那几年。”在他眼里“文化大革命”的浩劫显然不是一夜之间造成的，而有着更深更值得思考的原因，它不光是“60 年代”的产物，而与“50 年代”的思想脉络有着某种精神上的承传性。以艾青在诗坛的身分，这种思考显然是开风气之先的，它在诗歌界乃至文学界所产生的连锁影响也可想而知。

7 月，北京显得比往年都要闷热。有几天时间，艾青一大早就坐在桌前，伏案写刚构思好的长诗《古罗马的大斗技场》。凝神片刻，他提笔写道：

也许你曾经看见过
这样的场面——

---

① 牛汉：《一颗不灭的诗星——痛悼尊师艾青》。
② 牛汉：《一颗不灭的诗星——痛悼尊师艾青》。
③ 艾青：《我对新诗的要求》，1979 年 10 月 29 日《北京日报》。

在一个圆的小瓦罐里
两只蟋蟀在相斗，
双方都鼓动着翅膀
发出一阵阵金属的声响，
张牙舞爪扑向对方
又是扭打、又是冲撞，
经过了持久的较量，
总是有一只更强的
撕断另一只的腿
咬破肚子——直到死亡。

写到这一句，他不由得打住了，眼前蓦然浮现出幼年在故乡金华看斗牛的情景来。牛先由壮士护送，从对角两座旌门入场，让两牛相互对视，作为撩拨，以激发牛性。霎时，斗牛怒目而睁，牛性大发，低头夹尾，奋力角斗。有半晌功夫，弱者血肉淋漓，惶恐逃命，强者奋力追杀。这时，全场喊声震天，高呼："勿叫它逃了！勿叫它逃了！"情绪煞是兴奋、激昂。令他蓦然心惊的是，偶尔从眼前晃过的这一幕情景，与诗里所写竟如此相像，由动物本性之恶联想到人类之丑陋。于是，回忆的镜头，又摇向1967年武斗之中的石河子：毛纺厂等单位的造反派与汽车二团为争夺枪支，先在农八师附近激战，不久，又移往公共汽车站，双方死伤甚多。据不少目击者事后说，死伤的人都不认识对方的人，不少人甚至不知道为什么要打，一呼而应，抄起家伙就冲上去了。在艾青看来，无论是斗牛，还是参与武斗者，与"小瓦罐"里的蟋蟀其实毫无区别，命运皆是既盲目又悲痛的。胜也罢，输也罢，均不过是时代眼里的"被看者"罢了。活着的意义，显然出于为人取乐而已，无非是"一场残酷的悲剧/从别人的痛苦激起自己的欢畅”。联想及此,艾青的心突然有种被揪痛的感觉,自己不就是那只被驱赶着盲目去拼杀的蟋蟀吗?甚或还竟不如呢?“相搏斗的彼此无冤无仇/却安排了同一的命运,/都要用无辜的手/去杀死无辜的人”。那么,为什么人不仅不能决定自己的生死,反而听从于另一个根本看不见的东西?那视而不见、却又无处不在的力量究竟是什么?是谁给了它这种无限的权力,谁给了它对所有人命运的“判断”权?在对血一般历史教训的痛定思痛中,艾青先把锋芒指向那些“帮凶者”:

看那些“打手”多么神气!
他们是角斗场雇用的工投
…………
一场角斗结束了
那些“打手”进场
用长钩子钩曳出尸体
和那些血淋淋的肉块
…………
然后用水冲刷污血
使它不留一点痕迹——
这些“打手”受命于人
不直接去杀人
却比刽子手更阴沉。

在近期的文章《谈艺术民主》、《在汽笛的长鸣声中》和《新诗应该受到检验》等篇什中,艾青对历次运动中形形色色的“帮凶者”进行了无情地鞭挞，戏之以“看天气预报写诗的人”、“文痞”、“假左派”等。但他更感兴趣的是，当代政治文化是何以滋生、助长了这一些职业的文化“打手”的，它的机制是什么，它的深层原因究竟是什么。于是，艾青继而把他犀利的目光扫向了斗技场的高高的“看台”：“再看那一层层的看台上/多少万人都在欣喜若狂/那儿是等级森严、层次分明/按照权力大小坐在不同的位置上。”“他们赞赏血腥的气味，/能看人和兽搏斗的/多少都具有兽性——/从流血的游戏中得到快感/从死亡的挣扎中引起笑声。”在这血一般的震惊中，他不由愤慨地质问：“谁在主宰着人间？/谁是这场游戏的主谋？/时间越久，看得越清……”1979 年夏末的一天中午，当中央人民广播电台朗诵到这一节时，笔者正在从教室回宿舍的途中，驻足聆听，久久不肯离去。作为七七级的大学生，或说作为曾目睹过“大斗技场”种种惨境的青年人，与其说被唤起了对历史可怕的记忆，不如说是被艾青犀利痛切的诗句震撼了。在那个年代，还有什么比它更能从中获得教益呢？

《古罗马大斗技场》以及在此前后写就的《盆景》、《镜子》、《关于眼睛》等诗，使艾青的思考一再地回旋到“光明”与“黑暗”对立的主题上。艾青在晚年以病残之躯对“文革”历史所进行的深刻批判，在同代作家中殊为仅见，他的作品一经问世，即受到批评界的热烈回应。罗君策评论说：“《光的赞歌》是艾青的优秀近作。它通过‘回顾人类的历史’长河中光明与黑暗的搏斗，表达了诗人深刻的思想和真切的感受。诗中，艾青以他全部的感情，气势磅礴地讴歌了‘只知放射、不求报偿’，‘大公无私、照耀四方’的光明；着力地鞭挞了‘凝固得像花岗岩’似的黑暗。而诗中袒露出来的诗人对政治和人生的见解，使《光的赞歌》蕴含着极高的美学价值。和三十八年前的《向太阳》相比，《光的赞歌》显然是一脉相承的，然而，后者深刻的思想，却是诗人在长期斗争烈火熔冶下的结晶。那对

‘光中也有暗’、‘暗中也有光’的新的认识,是艾青的,也是时代的。”[①]在一篇文章里,谢冕兴奋地写道:“举过‘火把’、高歌‘向太阳,的诗人回来了”,但他同时也提醒人们说,“他带来的不再是欧罗巴带回的那支芦笛”。[②] 像艾青一样,刚刚“归来”的老诗人吕剑认为:“《光的赞歌》‘是艾青的一篇力作,是他的又一座里程碑。他在更大幅度之内穷究‘光’的问题,实际上它是艾青的‘诗体的哲学’,是他的宇宙观、真理观,甚至是他的美学观的一篇诗的表述。在这篇长诗中,诗人或正写、或反写,或以美、或以刺,揭示了光明与黑暗、生命与死亡、前进与倒退、科学与愚昧、美与丑、善与恶之间的剧烈斗争……”[③]连远在广州的老朋友芦荻也有所感应,他对出现于艾青晚年的这次创作的高潮“并不感到突然”。以他对艾青的了解,艾青对“光明”历史内涵的思考,显然“不自现在始”。[④]1939 年秋,芦荻与艾青先后转道桂林,对他的长诗《他死在第二次》写作过程极为熟悉,并一起探讨过有关光明与黑暗的问题。来想四十年后,这个问题再次成为这位老朋友诗歌的主调,历史的演变竟不知是悲、是喜?这自然不是他敢置喙的……

五　出访途中

在晚年,艾青常以“出土文物”、“打捞沉船”自况,形容自己复归诗坛的景状,在风趣之外,不免又蕴含着难以言表的伤痛。

1979 年 2 月 1 日,中国作家协会做出“关于艾青同志‘右派’问题的

---

① 《读书》1983 年 3 期。

② 谢冕:《和新中国一起歌唱》,《文学评论》1979 年第 4 期。

③ 吕剑:《艾青〈归来的歌〉读后》,《诗与诗人》第 11 页,花城出版社 1985 年版。

④ 芦荻:《读艾青〈光的赞歌〉》,《广州文艺》1979 年第 5 期。

复查结论”，宣布正式为他平反，恢复党籍及其他待遇。这表明，他这个“文物”在埋葬了二十二年之后，终于要“出土”而回到人间来了。

然而，作协“恢复”他的待遇之快，却是他始料不及的。二十天后又做出决定，让他担任诗人海港访问团团长，率同为“出土文物”的一批诗人如蔡其矫、吕剑、孙静轩等，去广州、海南、湛江、上海等地访问。在一篇文章里，艾青对自己的复出不免大发感慨：“要从海底捞起一些零星的记忆，并不容易、经过海水的浸蚀，很多都已失去原有的光泽。多少年来，我和世界是被隔绝了的。现在已经开了窗门，可以呼吸到外界的空气……许多事情又都涌现到我的眼前。”①“打捞”，也罢，“隔绝”也罢，无非是对过去生活的一种痛惜，于今天却是无济予事的，所以，“使我难过的是，我还必须把那些被朱笔勾销了的岁月，像拣云母片似的一片一片拣回来。”②在古稀之年，想把失去的时间“拣回来”的急迫心情，在他出访途中所写的诗作中表现得淋漓尽致。2 月 23 日，艾青一行抵达广州，下榻在广州的迎宾馆。由上厕所都要横穿马路的乱糟糟的史家胡同，忽然来到绿意盎然的南方，在他简直有种隔世之感，他整个心灵对绿色表现出的异乎寻常的敏感，是不出意外的：“突然一阵风，/好像舞蹈教练在指挥，/所有的绿就整齐地/按着节拍飘动在一起……”(《绿》)一个多星期后，当他来到海南三亚的海湾，极目大海和点点的帆影，视野突然间变得阔大起来，于是，又有了另一种全然不同的感受：“南海的南面是海南岛/海南岛最南端是崖县/站在悬崖上向南瞭望/茫茫的大海一望无边。”(《天涯海角》)是的，从大漠深处、音讯断绝的“小西伯利亚”到仿佛是另一个世界的广州和海南岛，对已习惯做一个“非人”的艾青来说，两番情

---

① 艾青：《往事 · 沉船 · 友谊》。

② 《〈艾青抒情诗一百首〉前言》。

景的强烈反差是无法想象的。对一望无边的“大海”,他的心一时还感到有些茫然,或者说无所适从,毕竟,在二十二年的漫漫岁月里,他离正常的人间生活着实太远。他的心绪中不时出现“波动”也是自然的,因此,一会儿是“海水是咸的,泪也是咸的”(《海水与泪》)自顾的喟叹,一会儿则是终于走出噩梦的心头的欢欣,“海滩上的天真/浪花里的笑声”(《拣贝》),一会儿又是洞悉人生的宽慰,“要是我们不知甜、酸、苦、辣,/活着还有什么滋味?”(《“神秘果”》)把一个处于世纪之变中的艾青,活生生地呈现于人们眼前。据徐靖回忆:

> 那时的远洋轮都停在深海里,要先乘小船再爬舷梯,才能到海轮上去访问海员。我们担心他身体受不了,劝他不要去。但他爬那吊在船边上摇晃的软绳梯时,动作最敏捷。我们乘海轮,由广州到海口时,中途遇上了风浪,船随着海浪波动,东颠西簸,一会将我们这些比艾青年轻十多二十岁的团员摇晕了。一个个呕吐得趴在床上起不来了,而艾青却坐在客厅的沙发上,吸着烟、喝着茶,有说有笑,不时还为晕船的同志倒杯开水。①

也许,对于艾青来说,写与看是浑然不分的,目的是为了重新回到人声鼎沸的生活中去。在“回忆中醒来”不免是苦涩的,然而,劫后生还又令人倍感庆幸,他说:“我在这茫茫无边的群山的脚下生活了十六年,占我的生命的四分之一的时间”,“我怎能不激动呢?”②

---

① 徐靖:《我所认识的诗人艾青》,《今日名流》1997年第5期。

② 艾青:《怀念天山》,《战地》1980年第1期。

“时间”对已入晚境的艾青无疑是极为敏感的。他一再地通过诗来试探它的脚步，感受它不容怀疑的临近：在《时间》一诗里，他声言“活着就要和时间赛跑/一切速度都在争取时间”；但对自己能否征服它产生疑虑，甚至不安的心理，“原是自己的影子/却老走在你前面/像光一样无形/像风一样不安定”，这是因为他发现，“她永远陪伴你/一直到你终止呼吸”——时间原来竟是在与生命赛跑，是在与命运一起争夺自己这残存的生命！1932 年春，在从巴黎返回国内的邮轮上，年轻的艾青曾经对时间之谜疑惑不已，作诗道：“阳光在沙漠的远处，/船在暗云遮住的河上驰去”，又敏锐的察觉到，“在每秒钟里，/它警告着人世的永劫的灾难”。时间使他得以深究“在途中”的人生主题，借此又把“在途中”这一主题还原到一生活动的各个细节之中——在这里，它与艾青生命意识中那种深刻的流浪感不期而遇了，并有了深深的契合。

于是，人们不禁发现，1979 年之后的几年间，艾青频繁地造访德国、法国、美国、香港、新加坡和澳门等国家和地区，写下了诸多探究人类共同境遇的诗篇，为他一生的最后一个时期，留下了极其耀眼的一笔。在波恩，他想到的是柏林墙对一个民族感情的切割：“墙有多高？/有多厚？/有多长？/再高、再厚、再长/……又怎能阻挡/飞鸟的翅膀和夜莺的歌唱？/又怎能阻挡/流动的水和空气/又怎能阻挡/千百万人的/比风更自由的思想？”（《墙》）在慕尼黑的达豪集中营，时间永远终止在 1945 年春天，“这是一些挂在铁丝网上的尸体/一个个都瘦骨嶙峋/伸出了无援的手”，艾青眼前忽然闪过石河子公共汽车站的一个镜头，四周一片狼藉，武斗的人已经撤走。几具横七竖八的尸体被抛弃在路旁，时间似乎也停止了。在维也纳，这座古老的城市使他在一瞬间看到了自己的影子，“坐在古老的转椅里/显得格外忧伤”（《重访维也纳》），于是，在时间的深渊里，他联想到人的意义：“昨天在罗马/今天在翡冷翠/翡冷翠/

想你的时候/我是一个青年/如今看到你/我已经是一个老人。”他眼前马上又闪出自己在巴黎留学的影子，一次，他与吴作人到郊区作画，画倦了，大家合照了一张相片。今天，他与吴作人皆已老矣。当年回国，一副指点江山的劲头，谁曾有流离颠沛的准备呢？而且，命运被安排在石河子这个地方，一去竟是近二十年？难道他命运中注定要做另一个苏武？一次，飞机飞临新疆的上空，他触景生情，不禁百感交集：

> 天下的名山大川很多，惟独天山和我的关系最深。最近我坐飞机从欧洲回来，在飞越中亚细亚之后，我问航空服务员：“什么时候到新疆？”我的目的是要从高空看天山。临到国境线上，我从一万米的上空看下界的万重山，时间是早晨，天山的雪峰映着初阳，像大海中的万顷波涛奔腾而过……
>
> 天山！雄伟的山！壮阔的山！
>
> 我曾经在这茫茫无边的群山的脚下生活了十六年……怎能不激动呢？①

三十四年前，艾青在率华北文艺工作团从延安到张家口，也曾对西北、华北连绵不断的山峰发出过由衷的惊叹。那时，他是以征服者的身分去接受张家口这座大城市的，踌躇满志，惊叹里不免有胜利者的骄矜。50年代末，他的身分变成了一个囚犯，说是“下放”，其实不过是“终身监禁”，根本不敢想还会活着回来的。他说：“从1968年夏天开始，我是在军垦农场的一个连队里度过的。那个连队离天山很远。但我无论在哪儿，只要是晴天，我都要向南方寻找它的影子。有时它混在白色的云团

---

① 艾青：《怀念天山》。

一起，几乎分辨不出哪是云，哪是它的雪峰。”①

在幽禁的日子里，毕竟是没有巡游四方的惬意的，所以，那朦朦胧胧的天山，于无形中成了自由的化身，令他可望而不可即。一会儿是大山的主人，一会儿又变成它的奴隶，人生的戏剧性也莫非如此了。无论是在波恩、维也纳、新加坡抑或是在群山之上换一个观察角度，均不过是在反观自己过去的生活而已。柏林的“墙”，慕尼黑的“达豪集中营”，以及“翡冷翠”，乃至“天山”，都是他出访途中的特殊的心境，写诗无非是诗人观察世界的一种方式，如此而已。

1980 年 3 月 8 日，他在《〈艾青抒情诗选一百首〉前言》里写道：“越过了多次仅免于死亡的灾难，我总算在人间混了七十个年头。”既然生死于他已不再可怕，一切不过是“在途中”而已，开局也好，结局也罢，都是无碍事的。在艾青眼里，自己的出访颇有点像刘姥姥游大观园，一次次出去，竟有些在梦中的味道。

六　返乡之路

1979 年 1 月 11 日清晨，一阵哭泣声把高瑛惊醒，她循声望去，见是艾青。他书桌上放着一束诗稿，一行题目跃入眼帘：《致亡友丹娜之灵》。丹娜是捷克著名翻译家，曾译过艾青的诗，与他交情甚笃。在艾青落难的日子里，丹娜不顾个人安危，致信中国驻捷克大使馆，抗议迫害艾青。1976 年秋，丹娜死于一场车祸。二十年前，两人分手时曾约好再见的日子，未想到竟成永诀。

然而，丹娜之死深深触动的不只是艾青对往昔时光的回忆，还有他

---

① 艾青：《怀念天山》。

的思乡之情。在此前后,艾青情不自禁地多次向人谈起与故乡有关的旧事。一次,在《诗刊》编辑部举办的青年作者座谈会上,他忽然离开题目,话题转向了大堰河和他的父亲:“《大堰河——我的保姆》是出于一种感激的心情写的。我的保姆你们可能认为很美,其实她长得不好看,诗里没有写她的相貌。她生了好多孩子,喂养我时已是第五个了,奶已不多,不可能哺育得很好。不过我幼小的心灵中总是爱她,直到我成年,也还是深深地爱她。《我的父亲》是在延安写的,和写《大堰河——我的保姆》相隔八九年。父亲这个典型完全是真实的,没有什么虚构。”[①]还有一次,艾青在北京劳动人民文化宫与诗歌爱好者闲谈,令与会者感到意外地提及家乡女人的哭:“在我的老家,女人死了丈夫,一边哭一边唱出调子……一般的女人只会捶胸顿脚、号啕大哭,让人听了更悲伤。”[②]何以要不厌其烦地谈及亲人、往事,甚至女人的哭呢?也许,大概是什么刺痛了他的心灵,才至于这般反复再三地叙说,以便减轻内心的苦痛吧。据说,一次三弟海涛来北京出差,在与艾青闲聊时,说到畈田蒋村北埠洋塘边大堰河的墓因年久失修,已是荒草离离,颇为凄凉。艾青听后久久不语,然后起身进里屋去了——遥远故乡的那根细细的丝线,因岁月长久而沤断了吗?

在中国传统士人的心灵中,友朋、亲情本来是浑然不分的,因为他们不仅要恪守忠、信、义的人格准则,而且,更把对友朋、亲情的依恋看作是安身立命的根本。所以,在中国士人的传统中,埋藏着无数“长亭送别”与“母亲手中线,游子身上衣”的感人至深的故事,经过千百年的浸润熏染,被深深内化在一代又一代文人的内心生活中,是自不待言的。艾青

---

① 艾青:《与青年诗人谈诗》,《诗刊》1980年第10期。

② 艾青:《和诗歌爱好者谈诗》,《人民文学》1980年第5期。

自然也不例外。那天清晨，好友丹娜亡故的消息促发了他埋藏在内心深处的对故乡的怀念，是在经历了人生坎坷曲折之后这警情愫的一次总爆发。

1982年5月28日上午，当艾青冒着霏霏细雨出现在畈田蒋濡湿、泥泞的村口时，离他第一次从法国回乡已整整五十年，距1973年的那次还乡亦差不多十年的光景。刹那之间，涌上艾青心头的是“少小离家老大回，乡音无改鬓毛衰”的两句刻臂铭心的古诗。走时乃一懵懂少年，归来却是一白发老翁——人生一大伤心事，莫过于此也。他记得，1941年在延安写下的《少年行》一诗中，似乎有这么几句：“再见啊，我的贫穷的村庄，/我的老母狗，也快回去吧！/双尖山保佑你们平安无恙，/等我也老了，我再回来和你们一起。”……往事如烟，一切都不能追回，无论成年的痛苦，还是儿时的记忆，一切的一切，舔已去矣。

回到自家的旧宅子，令艾青有一种沧桑之感：推开两扇木门，进入院内的天井，两层正屋还是原先模样。他记得，房屋是父亲请东阳的师傅建造的，父亲亲自在窗户、门庭上描红画绿，雕龙画凤。1941年，日本人到畈田蒋一带扫荡，老父、老母携希宁七月等逃离金华，回来后，见老屋被日本人烧掉，不禁嚎啕大哭。这惨痛的哭声穿过四十余年的烟云，依稀就在耳畔，尤其让人伤感。艾青不觉与随行的人上了二楼。从北面几扇木窗望去，是令他非常眼熟的双尖山，一个熟悉的身影一掠而过，艾青恍然忆起，是幼年的朋友，住在隔壁的成功。幼时，两人常在一起玩耍。成功因家境贫困念不起书，还未成年，就被家人送去做了店员。那是个下雨的日子，成功的背影慢慢消失在雨雾之中，他走在青石板上的脚步“踢踏踢踏”的让艾青第一次朦朦胧胧地感受到了离别的滋味。他后来听说，成功死于日本人的一次飞机轰炸，未能终年。

突然，有人喊道；“正银来啦！”艾青一愣，但很快就认出眼前这个瘦小精干的老者,正是大堰河的第二个儿子。按年龄算,正银年长自己五岁,应为兄长了。艾青朦胧地记得,幼时与正银几个兄弟玩得最多的是用泥巴捏各种小人,稍长,就与他们几兄弟偷偷跑到外面小河边,一边拾花色石头,一边听他们说各种闲事。回去,几兄弟是少不了要挨大堰河一顿骂的,主人家的儿子磕碰出点什么,自然是不好向女主人交待的。日子一长,艾青从中感受到的却是她对自己母亲般的爱怜。听正银说,大堰河死的时候,因家里贫苦,向人借了四块钱买了口很薄的棺材,铺上几束稻草就下葬了。艾青 1953 年回乡时,曾去村子北边大堰河的墓上看过。在一片稻田的旁边,隆起一个不起眼的小土包,大堰河就长眠在此。正是这个大字不识的女人,与自己的生命有着千丝万缕的联系!艾青忽然忆起,1933 年 1 月的某日,上海第二看守所的外面突然飘起了少见的雪花,触景生情,自己写下了怀念这位乳母的《大堰河——我的保姆》:

大堰河,含泪的去了!
同着四十几年的人世生活的凌侮,
同着数不尽的奴隶的凄苦,
同着四块钱的棺材和几束稻草,
同着几尺长方的埋棺材的土地,
同着一手把的纸钱的灰,
大堰河,她含泪的去了。

也许是这些诗句的触动吧,艾青忽然有了一种“飘泊”之感。经历了诸多“变化莫测”的岁月沧桑,虽然此前已有人告知,丰收胡同的那套私宅有望不久退回,然而在内心深处,这种思乡、还乡的心情反而有所加剧，竟不能自抑了。眼睁睁看着面前一副乡下村夫装扮的正银，他心底又陡地升起一丝对人的悲悯感来，自己所爱的大堰河的第二代，仍然没有逃脱贫穷的命运。片刻之间，他又陷入了宿命的情绪当中。

其实，此前很长一段时日里，艾青就为一种怀乡、怀友的情绪所纠缠了。在一封致聂华苓的信中，它得到了淋漓尽致的宣泄："我常常想念远方的朋友们。……要见面却也很难。一想到寄封信就得十天八天才收到，心里就感到渺然。人的心理是很脆弱的，脆弱到经不起一阵风吹。"①日夜苦思远方的友好，却又因信的不能及时到达而烦恼，这显然是一种老人的心态，怀旧、怀乡总是不免在晚年滋生的，慷慨热烈的盛年过后，人最容易陷入的情绪大概就是悲哀了，它由怀疑人生发展到"脆弱"地眷恋旧人旧事，也是极其自然的。在给一位友人的信中，他又写道："我自己从来没有过什么'生日'，都是有心人在起哄，才知道糊糊涂涂过了七十年。"②不久，他又告知友人："我今年已经七十二岁，走过了很不平坦的一段路，也算是幸存者。"③直到后来很长一段时间，他还在不厌其烦地向人诉说："现在年岁大了，行动更不方便，对朋友只是在思念中。"④所以，就不难理解，回乡的那天下午，当汽车在雨中离开畈田蒋时，艾青为何要透过被雨打湿的车窗频频回望了。对于游子而言，故乡是扯不断的丝线，然而更是一个倍感苦涩的梦。

七 "朦胧诗事件"

熟悉艾青与朦胧诗人关系的朋友，对艾青 1983 年前后连续发表言

① 艾青:《致聂华苓》，1980 年 2 月 10 日。

② 艾青:《致运启》，1980 年清明节。

③ 艾青:《致王载源》，1982 年 11 月 19 日。

④ 艾青:《致林刚》，1984 年 1 月 26 日。

辞严厉的批评朦胧诗人创作的文章,都感到非常吃惊。这时,一场来自思想界的整肃亦在进行,有些人不免在私下议论:这是怎么啦?朦胧诗难道被宣布为“非法”了吗?也有人心情格外沉重,心头不觉一片茫然。

在发表于《文汇报》题名《从“朦胧诗”谈起》的文章中,艾青不仅点了舒婷、顾城的名,而且劈头问道:“朦胧诗作为一种文学现象,不足为奇,反对它也没有用。奇就奇在有一些人吹捧朦胧诗,把朦胧诗说成是诗的发展方向。好像离开了月亮就不能生活,离开了雾就不能存在,离开了雨就不能呼吸,离开了朦胧就不能写诗。朦胧诗的提倡者说:‘三十年来中国文学的没有流派,文学形态上基本没有发展,瘟疫般的雷同化、公式化、概念化的局面再也无法维持下去了。’真的像瘟疫吗?……甚至大声疾呼:‘不能理解新的一代,就不能理解青年的诗;不能理解青年的诗,就不能理解我们的时代’,最后得出的结论:‘中国新诗的发展前途就是朦胧诗。如果说读者读不懂朦胧诗,那是读者的耻辱。’蒙受耻辱的人太多了。”在谈到朦胧诗人的诗歌主张时,他的挖苦是尖刻的,说:“有一种现象:思想不明确,口齿不清楚,不可能通过明确的语言表达明确的思想。胡思乱想、苦思冥想、奇思怪想,把不能联系的东西拉扯到一起。或者是没有谜底的谜语,猜来猜去,原来里面是空的。以残缺不全为美,畸形的、怪胎、毛孩子;像在开化装舞会,出现了许多蒙面人。这样就要求我们善于把口齿不清的与表现含蓄的诗区别开来。”那么,何以会造成如此混乱的局面呢?艾青认为,一是由于“朦胧诗提倡者”的“捧”,另一个原因则要到这一代人身上去找:“整整一代人,二十岁到三十岁的一代人,上山下乡、插队、失学、失业、待业;他们没有受到革命的传统教育,甚至没有受到正常的教育。有些是在饥饿中长大的。他们亲眼看见了父兄一代人所遭受的打击。有些人受到了株连。这是被抛弃了的一代,受伤的一代。他们在无人指引下,无选择地读了一些书,他们爱思考,他们探索人生……他们对四周持敌对态度，他们否定一切，目空一切，只有肯定自己。他们为抗议而选择语言。他们因破除迷信而反对传统；他们因蒙受苦难而蔑视权威。这是惹不起的一代。他们寻找发泄仇恨的对象。他们中间有一些人很骄傲。'崛起论者'选上了他们。他们被认为是'崛起的一代'。"①这些文字给人的印象是愤怒的、痛心的也是不屑和讥嘲的。

不久，他又著文说："这几年，看了一些诗歌，看了一些诗的理论，包括'三个崛起'的文章，我觉得应该说几句话，希望青年人不要走入'朦胧诗'的歧途。"他说，"我在《文汇报》发表了一篇《从"朦胧诗"谈起》的文章，以后又陆续地谈了我对于诗歌的意见，想不到招来了很多的仇恨。有人造谣，有人污蔑，有人希望我早一点进火葬场。发表这些言论的一个刊物，是由一个编辑往外散发的。看来，有些编辑是支持这些人和这种论调的。"人们注意到，与前文相比，这篇文章虽火气仍然很大，但对问题开始有所分析，比如他声明：——"我并不反对新诗向外国诗学习。新诗的出现就是受了外国诗的影响的，我们现在实行开放的政策，就可能会带来西方文化的一些影响，但，不是说开放了就一定会污染，关键是要有鉴别，要有清醒的头脑。"

以艾青的特殊身分，他的文章会引起轩然大波几乎是在意料之中的。但从他个人的兴味看，他对与人争论似乎没有太大兴趣。除30年代因《画梦录》与何其芳有过一场笔仗，50年代初与杨绍萱为"戏曲改革问题"发生过争论外，在他个人的历史中，几乎找不到任何参与重大文艺问题论争的记录。那么，他为什么会情绪激动地批评几位还不算真正成名的青年诗人呢？

---

① 《艾青全集》第3卷第528—537页。

据高瑛说,北岛对艾青态度的转变,是引发“这一事件”的直接原因。而在此之前,北岛是以艾青的学生、忘年之交的身分出入于她家的。[①]

大约在1976年“四五”前后,一天,风沙迷漫了西城的王府仓胡同,这时,一位穿着军大衣的年轻人叩响了四号的油漆斑驳的门。那天,艾青正好在家。当街坊把这位年轻人引到艾青面前时,艾青先是一愣,继而又对这位自称叫赵振开专程来拜访自己的青年微微一笑,让进了屋。这就是后来的朦胧诗人北岛。又据高瑛回忆:“当时北岛是一个工厂的工人,因慕艾青诗名,特来求教。在人的初次印象里,他长得很漂亮,个头不高,话很少,似乎还有些腼腆。了解多了,艾青发现他思想很深沉,而且也在写诗。听他说,他妹妹死了,说起来他十分痛苦,看来是很爱他妹妹的。估计他所在的工厂距这里不远,每次来,总是背着黄挎包,里面放着饭盒。日子渐长,我们家里的人都对北岛有所了解,也很好。他总是一来就与艾青谈诗。拿出新写的诗稿给艾青看。艾青对他非常好,谈起他的诗也德耐心、仔细的。所以,我一见他们谈上了,就去准备饭。吃完饭后,又继续谈。这样的光景,一直从1976年持续到1981年,竟有五年之久。”[②]两人关系出现“裂痕”以至“破裂”是因一件小事导致的。1980年7月23日,艾青应《诗刊》编辑部所邀为该刊举办的“青年诗作者创作学习会”讲诗。内容主要是谈自己的创作体会,计有“关于我自己”、“关于突破”、“关于生活、想象、真实的世界的关系”、“关于诗的散文美”等部分。在“关于写得难懂的诗”这一问题时,艾青说:“有些人写的诗为什么使人难懂?他只是写他个人的一个观念,一个感受,一种想法;而只是属于他自己的,只有他才能领会,别人感不到的、这样的诗别人就难懂

---

① 据高瑛1997年9月21日回忆。

② 据高瑛1997年9月21日回忆。

了。例如有一首诗,题目叫《生活》,诗的内容就是一个字,叫'网'。这样的诗很难理解。网是什么呢?网是张开的吧,也可以说爱情是网,什么都是网,生活是网,为什么是网,这里面要有个使你产生是网而不是别的什么的东西,有一种引起你想到网的媒介,这些东西被作者忽略了,作者没有交代清楚,读者就很难理解。"又补充说,"出现这种情况,到底怪诗人还是怪别人?我看怪诗人,不能怪别人。"[①]没有材料证明北岛当时是否在场,但可以肯定,艾青这次谈话很快传到了他那里。令人不解的是,当时诗歌界围绕朦胧诗问题正在展开激烈的争论,艾青为何要在这个"敏感"时刻发表上述带布倾向性的谈话呢?

高瑛说,艾青并无其他意思,谈论《生活》这首诗是出于对青年人的爱护。写诗要让人读懂,是他一贯的主张。

然而,黄翔却不这么看。认为是艾青在压制青年诗人。为此,他写了封《致艾青的公开信》,口气十分激动,要"艾青给他一条生路"。[②]

北岛写了一首叫做《彗星》的诗,其中云:"离开或者回来,我们别在门口。"语意非常晦涩,令人难解。据说,个中的人却是知其所指的。

真正激怒艾青的还不是北岛"组织人围攻"[③],也不止是黄翔这封公开信,而是黄翔不久后在贵州大学文学社所办文学刊物《崛起》上发表的一篇声讨艾青的檄文。在文章里,他认为艾青现在成了现代诗歌发展的一个"障碍",并声称,要"把艾青送进火葬场"。闻讯后的艾青,先是震惊,继而气愤,回信黄翔,称:"我还要别人给出路呢?"作为对公开信和檄文的回答。

在上面发表的文章里,艾青所谓"否定一切,目空一切"显然并非泛

---

① 艾青:《与青年诗人谈诗》。

② 据高瑛 1997 年 9 月 21 日回忆。

③ 据高瑛 1997 年 9 月 21 日回忆。

泛而谈，针对的就是黄翔与朦胧诗人；他所谓反对他的言论都是“一个编辑散发”，暗指的正是北岛。此时北岛已调至国务院外文局所属的《中国文学》编辑部，在那里任英文编辑。显然，他也是不够冷静的。

高瑛事后说，在这个事情上，“北岛做人不厚道”。感愤之情，溢于言表。然而，她又说，事情过后，就烟消云散了。艾青仍然主张要爱护青年人。当时一家出版社欲出“七家诗选”，编辑来征求艾青意见，他就力主应该有北岛，说：“北岛也应该是一家嘛。”后来，北岛的妻子邵菲回国，曾来探望过我们。黄翔来北京，也都来家里看艾青的。①

牛汉也证实，黄翔后来向艾青当面道歉，这事也就过去了。黄翔与艾青常有往来。

据说，艾青 1996 年去世时，在国内或国外的几位朦胧诗人都未作出任何反应，这是由于做人不厚道，或是因为其他的原因呢？实在是很难深究了。按讲，艾青与后来的朦胧诗人都是中国现代诗歌运动的代表人物，在诗歌主张和艺术上是不应该有很大分歧的。艾青作为文坛前辈，理应受到后学者的敬重，而他自然也会提携奖掖青年诗人们上进，不应存在你死我活、非彼即此的尖锐矛盾。

八　从丰收胡同到东四十三条

从 1978 年到 1984 年的七八年间，艾青都是在报刊杂志的催稿与“还债”中度过的，他曾戏称这是“每天都生活在火车站里”。1985 年以后，除偶尔有些应酬性的诗文，艾青基本不再写作，进入了一种所谓的“晚年岁月”之中。如他本人所言，真正变成了时代的“出土文物”。其

---

① 高瑛 1997 年 9 月 21 日回忆。

间，他的生活变故最大的，大概就是不停地搬家了。如：因周扬的过问，1980年暂时迁至北纬饭店居住；1983年夏，因落实政策，原四家住户迁走，故搬回旧居丰收胡同二十一号，一住就是七年；1990年夏，又迁至东四十三条九十七号，这才算定居下来。

在致孟伟哉的一封信里，他对自己近年的生活景况略有述及："我得承认自己老了，已力不从心。近一两年来，身体不好。我曾对别人说，烟是我最好的伙伴，它陪伴着我从蹉跎的岁月里走过来，也将陪伴着我走到最后一息，可见我的烟瘾之大。但是去年3月，在医生和高瑛的劝告下，我和烟绝交了。""我常接到邀请，外地的朋友也希望我去走走。但想到有病在身，腿脚也不灵便，走到哪里都会给主人增添麻烦，就没有勇气迈出家门。当然坐在家里也不是没有苦衷，生活里的干扰太多，无法排除，经常感到筋疲力尽。"[①]晚年的苦痛，莫过于人老体衰，精力尽去。1985年初春，纪鹏送来韩笑新出的诗集。后来，艾青在回信中借题发挥道："我已经到了力不从心的时候了。前几天，翻阅了几本评奖初选诗集，夜里心绞痛几次，高瑛给我吃药输氧之后才慢慢缓解。这两年，我一累就犯病。我收到许多同行赠书，都未能好好地读一读。遵嘱题写了'三味书屋'四个字寄上。我不是书法家，写不好字，朋友提出的要求，又不好不写，倒给了我练字的机会。时下题字盛行，我常常被逼着拿起笔来。"[②]一年后在致聂华苓、安格尔夫妇的信中，又十分伤感地对两位朋友说："我们这些人，总是被病魔追赶着，喘不过气来，只有百般警惕才能过好日子。你信上说果真是癌，我首先想到的是可怜的安格尔。这样的信，读了真叫人流泪。"[③]落款是"艾青（病中）"。

---

① 艾青：《致孟伟哉》，1985年3月8日。

② 艾青：《致韩笑》，1985年4月7日。

③ 艾青：《致聂华苓、安格尔》，1986年8月23日。

然而，处于“病中”和“寂寞”之中的艾青，异常敏感的恐怕还是与朋友的往来过从。也许，朋友们的到来，不仅可以排遣寂寞，也是传达外间生活的一种方式吧。据韩作荣回忆，一次他去看艾青，见老人还在睡觉，不忍打搅，便在一旁枯坐：“看着老人花白稀疏的头发，瘦弱的四肢，只有肚腹臃肿地隆起，我的心里很不是滋味。及至艾老醒来，他握住了我的手，便一直没有放开，且抓得很紧，无言的我只能以手的紧握表达尊敬和亲近。老人以缓慢而低沉的声音对我说：‘常来看看我，等我好了，再去看你。”[①]在韩作荣耳边，这声音犹如空谷足音，令他心颤。吕剑对他与妻子一起去看艾青的情形，至今仍记忆犹新。在一篇文章中，他追忆道：“等我和宗钰刚刚迈进大门，看见艾青坐着轮椅，已经从正房来到了院子当中，高瑛引着我们‘你们看，他已经迎出来了！’我们快步走过去，互相紧紧地攥住双手，艾青连说：‘好朋友永不分离，好朋友永不分离！’我也很激动，重复着：‘是的，好朋友永不分离，好朋友永不分离！他接着又说：‘那么，就住在这里吧，今天，就不要走了！’他一再劝我们喝茶：‘我们那里有两样东西百吃不厌，一是杭州龙井，一是金华火腿。”[②]据吕剑说，他与艾青第一次见面是 1948 年，在河北省正定县，转眼四十年有余矣。人进晚年，见一次就少一次，难免是要叫人哀痛的。在牛汉眼里，这时的艾青是寂寞的：“那天，艾青见到我的第一句话是：‘牛汉，你也来福我了……’我已有两年多没见到他了，听到他这一声动情的话，惭愧得无地自容。老年的艾青，有些寂寞。比起前几年，人显得苍老些，像一棵宁静的大树。以前他讲话幽默而风趣，时时有智慧的火花迸出，现在火花不多了。”[③]对晚年的艾青来说，从丰收胡同到东四十三条，地点的变动就

---

① 韩作荣：《缅怀艾青》，《作品》1996 年 9 期。

② 吕剑：《又见艾青》，《随笔》1996 年 3 期。

③ 牛汉：《一颗不灭的诗星——痛悼尊师艾青》。

像季节的交替，是毫无意义的。在他心目之中，只剩下岁月的回忆，朋友旧影，以及对这回忆一遍遍地重温。在一篇对外国友人的"答问"中，他仍不失风趣地说："有人劝我写回忆录，我一直在犹豫：什么值得写呢？我既不是身经百战的将军，也不是倾国倾城的明星。我的经历既没有悲剧色彩，也没有喜剧的成分。谁爱看平淡无奇的东西呢？"①然而，视身后功名如浮云的他，却对旧人旧事念念不忘，在为一本书信集作序时，他借机抒发了内心的块垒："我是一个喜欢读信，却不爱写信的人。许多朋友曾为收不到我的信而抱怨我。过去我珍藏了一些书信，在动荡的年代里，我始终把它带在身边，到了'文化大革命'，被统统地抄走，至今下落不明。每想起来深感惋惜。因为在那些信里，有难以忘情的往事。"②

这一期间的艾青，心灵受到的最大刺激，莫过于胡风和田间的先后去世。1985 年 5 月底或 6 月初的一天，胡风夫人梅志突然来信，称"胡风病危"。他马上叫车赶往协和医院，据他后来追忆，"在路上作协的驾驶员说：'胡风已在昨天下午 4 点钟去世了。"③汽车向着王府井方向的协和医院急速行驶，在悲痛之余，艾青竟有些茫然。当车子掉头开到木樨地二十四楼胡风的寓所时，艾青只说了一句："晚了一步，没有赶上，我很悲痛……"就说不下去了，不由得老泪纵横。从 1936 年两人相识，到胡风去世，已整整半个世纪。其间两人时聚时散，音讯时断时续。1955 年，胡风被定为"胡风反党集团"首犯，先关进秦城监狱，后秘密转道四川，刑期也由有期改判无期，从此音讯断绝。二十多年后两人再次相见，彼此的衰老之相竟难以相认。在最后两年，因胡风陷入始终被人迫害的强烈幻觉中，老朋友之间已经不能交谈，每次去都是枯坐。半年之后，艾青抱

---

① 艾青：《答塞内加尔塞杜 · 思迪亚耶夫先生》，《艾青全集》第 5 卷第 633 页。

② 艾青：《写在〈世界名人书信集〉前面》。

③ 艾青：《思念胡风和田间》。

着病残之躯写下了《思念胡风和田间》一文。忆及两人多年交往旧事，不禁感慨万端。文中回忆两人最初来往的情形，历历如在眼前："他来，总是静静地坐着，看见我的桌子上有诗稿，就拿起来自己读，读完了就带走发表。"那时艾青刚刚出名，仅仅靠写作是维持不了生活的，而胡风已是文坛重镇，交际甚广，其中所说"有困难就靠朋友接济"等语，自然是包括了胡风的。艾青恍然记起，1937 年末，杭州湾失守，杭州眼看落入日本人手中。万般无奈之际，正是胡风从武汉来信，安排他偕家北上，才解了一时之急。转而他又忆起 80 年代初在会议上见到胡风的情景来，此时的他虽已自由，但二十四年的囚禁已完全剥夺了他正常人的心态："每逢文艺界开会，他得到通知就来参加，总是坐在远远的地方"，显得落落寡欢。令艾青略感庆幸的是，胡风以八十三岁高龄而终年，但一念及他竟有二十四年身陷牢狱，又不免悲从中来。所以，为老朋友的死而"感到茫然"，[①]大约不单因胡风一人，其中也深深掩藏了对这一代人命运的悲悯罢。在同一篇文章里，艾青也忆及另一个亡友田间。算起来，他与田间相识较早，胡风那篇关于《大堰河——我的保姆》的评论，还是他从中撮合的呢。在艾青印象里，早年的田间单纯、热情，"不会超过二十岁"，"已是出名的诗人"。当时，田间是上海光华大学的学生，并不介意艾青刚刚从监狱里释放，"在亭子间里过笔墨生涯"，是一个不很得志的文人。在某种意义上，艾青被文坛所注意，渐次步入其中，与田间的热情引荐不无关系。尤令艾青感动的是，1938 年春，当他从山西临汾回到武汉，生活陷入困窘的时候，从胡风处得知，田间在华北前线多次来信，对他的进退表示出极大的关切。危难之中尤见真情，这是艾青怎么也不能释怀的。因而，他在文章末尾感叹道："胡风是 1985 年 6 月 8 日逝世的，终年八十

---

① 艾青:《思念胡风和田间》。

三岁;同年 8 月 30 日,田间也死了,终年六十九岁,他和胡风逝世相隔不到一百天。可怕的癌症又夺走了我的两个朋友。”①

在中国文化传统中,朋友著文凭吊亡友,活着的人为死者立碑铭志,以托哀思,是常见的事。文字之间,既有丧友的痛惜,也有对自己生老病疼的自怜,哀哀之声,尤其动人。80 年代未完之际,艾青的朋友胡风、萧军、李又然和田间等人纷纷谢世,熟识的人已经不多,这对艾青是尤为伤感的。在致友人的信札中,他连连发出“常在病中,力不从心”的悲鸣,在感喟之余,我们似乎也感应到了一个世纪老人内心深深的孤寂。

九　最后岁月

最后几年的艾青,饱尝了不断住院的苦痛。

1990 年 3 月某天,他应邀去北京张自忠路七号参加《中流》杂志召开的座谈会,意外滑倒,造成右肩胛骨处的粉碎性骨折,遭受了命运最沉重的一次打击。从此,艾青基本丧失了生活能力,这位一生倔强的老人,再也没能从轮椅上站起来。三个月后,他开始由妻子高瑛代笔给朋友写信,稳隐伤痛,溢于笔端:“我有两件事要告诉您:一件事,3 月里我摔了一跤,造成右侧肱骨粉碎性骨折,现换上了一段假体,手术比较成功。我刚出院,右手还不能持笔,此信只好由我的妻子代笔了;另一件事:我已经搬进了新居,还是个四合院,在城市中心。”②从 1928 年春的《游痕》两首诗开始,老人一生勤于笔耕,留下了二百四十余万字的文章、作品,与笔打了六十二年之久的交道。突然间不能“持笔”,对他自然是残酷的。

① 艾青:《思念胡风和田间》。

② 艾青:《致悦然》,1990 年 6 月 18 日。

同年 10 月 23 日，他又告知友好："我的右手仍不能使用，此信由高瑛代笔，她问候你。又说，"我常常想起远方的一些朋友，怀念在心。遗憾的是，我不易远行，只能在家里等待着朋友们。"[①]在 30 年代末，他曾有过"不能写作，还不如死了为好"的断言，未想数十年后竟成事实。

然而，更大的苦痛还不是不能提笔写作，而是从此老人与协和医院病房之间的"不解之缘"。现在我们把艾青频频住院治疗的诊断书摘录如下：

1990 年 3 月 21 日至 6 月 8 日，住院七十九天。入院诊断：1. 右肩关节脱位；2. 右肱骨外颈骨折；3. 高血压冠心病。出院诊断：1. 右肩关节脱位肱骨颈粉碎骨折，右肱骨(人工)置换术后；2. 冠心病、高血压；3. 前列腺肥大。

1992 年 8 月 11 日至 12 月 16 日，住院一百二十七天。入院诊断：L1 腰椎压缩性骨折。出院记录中的目前情况仍为 L1 腰椎压缩性骨折。

1994 年 1 月 11 日至 11 月 23 日，住院三百一十六天。入院诊断：1. 冠心动脉粥样硬化性心脏病，心肌供血不足，心肌梗塞待除外，心功能衰竭Ⅱ-Ⅲ；2. 肺部感染；3. 全身皮疹原因待查；4. 前列腺肥大。出院诊断：冠心病、心绞痛、心功能Ⅲ级、类天疱疮、糖尿病、丙型肝炎、前列腺肥大、留置尿管定期开放。

1995 年 1 月 16 日至 6 月 1 日，住院一百三十六天。入院诊断：发热、咳嗽、右下肺炎、冠心病、类天疱疮、前列腺肥大、糖尿病、丙型肝炎。出院诊断：肺炎、冠心病、非胰岛素依赖型糖尿病、丙型肝炎、类天疱疮、前列腺肥大、膀胱造瘘术后。

在 1990、1992、1994 和 1995 年的四年间，艾青有六百五十八天是在

---

① 艾青：《致安娜》，1990 年 10 月 23 日。

医院中度过的，几乎占了四年的一半，可谓是风烛残年了。

也许是对病的苦痛的转移吧，艾青突然对“吃”发生了兴趣。早上6点多钟起床之后，偶尔看点书，稍事休息，便开始用早餐。一般主食是稀饭或者面条，再放进若干的海参炖的鸡汤、骨头汤。炖汤是很讲究的，先把海参打碎，然后置入鸡汤、骨头汤里以温火慢慢炖，直到把鸡或骨头连同海参炖得很烂，才可饮用。饭间他最喜喝酸牛奶，约三四瓶，因患糖康病，不宜多吃糖，故以木糖醇代替。据家人说，他最讨厌吃药，有时趁其不备置入口中，察觉后立即吐出，无奈只好将药事先捣碎，悄悄混入酸牛奶里，一并喝下，居然常常奏效。除每顿必有的海参汤外，中饭、晚饭多喜食南豆腐，霉干菜或雷里红。神情稍好时，每天还饮一小浅杯加饭黄酒。霉干菜为艾青故乡小菜，这使他想起故乡过年吃年饭的种种情景来。农历腊月下旬，家家开始掸尘洗扫，筹办年货。二十四夜祭灶神，俗称“谢灶”。二十八或二十九盛供“三牲”、“五谷”祝福，又叫“谢年”。除夕夜，先祭祖后聚餐，叫“吃年饭”。席间除肉、鸡等外，必有鱼、猪肠、年糕、馒头、饭。全家按长幼辈份入座，外出未归者，要留座位摆碗筷。吃菜有序，先吃“三合菜”以示阖家和睦；再吃豆腐包，叫“背地垫”，预兆来年五谷丰登。酒、菜、饭不得吃光，表示有吃有余。艾青幼时，始觉这种规矩颇有趣，后渐生厌倦，尤其对不能吃完这一项甚不习惯。他还记得，散席前，长辈用草纸揩小孩嘴巴，叫“擦屁股”，以示童言无忌。然后，关门以放鞭炮为乐。“吃”在这里或者也充满返老还童的意味。据韩作荣回忆，一次他去探望艾青，“看到他坐在客厅的椅子上，一张小木桌横在胸前，用手抓食着儿童食品，并用手示意请客人食用”，不由涌出一阵感慨：“再伟大的人物，也会有风烛残年的日子。”[①]据说，艾青后来很少说

① 韩作荣：《缅怀艾青》，《作品》1996年第9期。

话，问他东西好吃否，顶多伸出一个手指头，表示“好、好”，形象与儿童酷似。[①] 然而，吃食只能减轻、却不能彻底消除病的苦楚。早在1973年冬，他就曾对友人说过如此宿命的话：“人的一生总难免有所耽误”，因为，“瞬息万变的世界”不是人能预知的。[②] 这说明他对死早就抱有达观、坦然的态度。但病痛的折磨如此之久，却令他不堪忍受。一种叫做“类天疱疮”的奇痒之症，是艾青1994年1月住进协和医院内科病房时被发现的。其症状先是周身突然奇痒无比，然后手臂、后背、最后全身都生出许多元宵大小的水泡。为此，他曾先后数次住院治疗，护士用针抽泡中积水，实在无法，便往体内注射激素，以抑痛苦。后来改在家中设病房：由请来特护与高瑛及妹妹轮流照顾。一天，实在忍受不住痒后刺疼的艾青，忽然大叫：“疼煞我也！”声音凄厉，痛苦，令人不忍。此病稍缓，前列腺肥大忽又发作。1995年初夏，在协和医院做膀胱手术，痛苦解除，但从膀胱中插进一根管子，并安装一个尿袋。艾青要求起床，家人托住尿袋、输液瓶将其扶向沙发，刚刚看了一两个电视节目，又感不适，接着扶回床上。一天往复数次，病人、家人均不堪其负。30年代末，艾青在《我怎样写诗的》一文中说到他写作时的“洁癖”，一点墨汁滴于白纸上都令他不能忍受。如今，在床与沙发之间这么反复折腾，内心深处的痛苦，是难以言表的。

俄国诗人叶赛宁是艾青一生喜爱的为数不多的几个诗人之一。1981年10月，艾青写过《关于叶赛宁》一文，纪念这位令人着迷的诗人，其中有这样的引诗和文字：

---

① 据高瑛1996年9月21日回忆。

② 艾青：《致李纯青、谈家芳》，1973年12月9日。

再见，朋友，不相握，不交谈，
无须把愁和悲锁在眉尖——
在这样的生活中，死并不新鲜
但活着，当然，也不叫人稀罕。

他已患了精神抑郁症，这一年(1925 年)的 12 月，他自杀。那时，他才三十岁。他死时，马雅可夫斯基曾说："死是容易的；活着却更难。"

同是农民的儿子，亦有极相近的忧郁气质，艾青也谈到对于"死"的问题的理解："不相握，不交谈"，"在这样的生活中，死并不新鲜"。那么，"这样的生活"究为何指呢？恐怕永远是个谜了。诗人吕剑曾说过，在我们这一代人中间，艾青是一个谜，他的内心是任何人也进不去的。是的，艾青是 20 世纪中国诗人中少有的几个智者之一，他不是一般人所能真正了解的。在这里，关于叶赛宁的诗，似乎成了艾青生命的一种预言。

1996 年 3 月 26 日，协和医院外面的街上忽然狂风大作。这一天，久病之中的艾青精神约略见好，一大早就起了床。熟悉的护士见状，还说："艾先生病见好了。"9 时许，他特地刮了脸，给人背诵了孙中山遗嘱的全文，其中有"革命尚未成功，同志仍需努力"等句。明天是他 86 岁生日，亦是他与高瑛结婚四十周年，家人特地请了一些朋友，预备今天接他回家，略作庆贺。突然，艾青呼吸停止，心脏不再跳动，家人大骇，连忙请医生抢救。医生无计可施，于是进行电击。达十几分钟之久。他的气管被切开，鼻子、腹部均被插上各种管子。这样忙了两个多小时，艾青的心脏才恢复跳动，但很微弱，人仍处于高度昏迷状态。

几日后，艾青从昏睡中醒来。一天，家人推着轮椅，打算让他到户外晒晒太阳。他身上盖着一床红色的毛毯，又是病中的老人，样子颇古怪，在院子里引起人们的注意，有人还多看了他几眼。这时，一直沉默不语的艾青，突然嘟囔了一声："看什么呢，我又不是红衣主教。"要在平时，人们又会为他的幽默而发笑了。然而，在这陌生的地方，谁会理睬一个来日无多的老人呢！

1996 年 5 月 5 日晨 4 时，再度昏迷的艾青溘然长逝。

图书在版编目(CIP)数据

艾青评传 / 程光炜著. —南京：南京大学出版社，2015.8

(中国现代文化名人评传)

ISBN 978-7-305-15457-7

Ⅰ.①艾… Ⅱ.①程… Ⅲ.①艾青(1910～1996)-评传 Ⅳ.①K825.6

中国版本图书馆 CIP 数据核字(2015)第 144228 号

出版发行 南京大学出版社
社 址 南京市汉口路 22 号 邮 编 210093
出 版 人 金鑫荣

丛 书 名 中国现代文化名人评传
书 名 艾青评传
著 者 程光炜
责任编辑 黄雪媛 施 敏 编辑热线 025-83596027
照 排 南京紫藤制版印务中心
印 刷 南京爱德印刷有限公司
开 本 635×965 1/16 印张 33 字数 396 千
版 次 2015 年 8 月第 1 版 2015 年 8 月第 1 次印刷
ISBN 978-7-305-15457-7
定 价 80.00 元

网址:http://www.njupco.com
官方微博:http://weibo.com/njupco
官方微信号:njupress
销售咨询热线:(025)83594756

* 版权所有,侵权必究
* 凡购买南大版图书,如有印装质量问题,请与所购图书销售部门联系调换

出版统筹　金鑫荣
责任编辑　黄雪媛　施　敏
责任校对　刘志强

装帧设计　敬人书籍设计工作室
吕敬人 ＋ 黄晓飞